살집
팔집

살집

슈퍼아파트의
진짜비밀

팔집

고종완 저

다산북

내 집은 살 집인가, 팔 집인가?
슈퍼아파트 vs 좀비아파트

집을 사고 팔때 실패한 적이 있는가? 부동산 성공을 꿈꾸는가? 도약이 필요한 순간이 있다. 남다른 깨달음을 얻거나 세상과 비밀을 공유하고 싶을 때다. 이것은 즐거운 주거생활과 행복한 노후준비를 위한 점프(Jump)다. 전작인 『부동산투자는 과학이다』가 나온 지 어언 15년이 흘렀다. 지금도 스테디셀러로 꾸준히 읽히는 것은 다 독자들의 관심 덕분이다. 강산이 1.5번 바뀌고 부동산시장의 흐름도 크게 세 번 바뀌었다. 정권은 네 번이나 교체됐다. 코로나19 사태 이후 대내외적 정치·경제·사회·문화 환경이 급변하고 있다. 지진처럼 우리의 일상을 뿌리째 흔들고 있다. 부동산시장과 주거생활이 변하면서 삶의 트렌드와 가치도 크게 변하고 있다. 혼돈스럽다. 혼돈(Chaos)을 극복하기 위해서는 원리, 법칙, 기준, 가치와 같은 새 질서와 규칙이 필요하다.

전대미문의 소용돌이 속에 어디로 향해야 할지 도통 갈피를 잡지 못하는 형국이다. 부동산시장은 경계선 위에서 오리무중에 빠질 공산이 더욱 커졌다.

이러한 변화는 우리에게 새롭고 어려운 도전과제를 던져주고 있다. 부동산시장의 불확실성 증대는 안정된 주거와 안전자산을 선호하는 사람들에게 이전과 전혀 다른 패러다임과 의사결정과 행동을 요구하고 있다. 혼돈의 해독제 같은 종합적이고 본질적인 처방전이 필요한 시점이다. 접근방식과 분석방법의 틀(Frame)과 툴(Tool)을 통째로 바꿔야 한다.

서문을 읽는 것만으로도 책 한 권을 읽는 효과를 기대해도 좋다. 서문은 20년을 함께한 나의 부동산 기록이다. 아파트가치측정(Valuation)과 가격예측모델을 통해 결정장애를 해결해주는 아파트추천 자산관리앱 '살집팔집'의 히스토리를 압축한 요약이다. 부동산전문가와 부동산학도를 위해 쓴 이 책은 아무나 흉내 낼 수 없는 부동산의 철학과 원칙, 성공원리가 고스란히 담겨 있다. 부동산을 제대로 아는 것은 주거생활, 부의 확장, 노후대책을 위해 미래좌표를 설정하는 중요한 일이다. 다소 장대하고 심오하더라도 서문부터 차분하게 완독할 것을 권한다. 명쾌한 해법과 성공의 길을 찾을 것이다. 곱씹을수록 진한 맛이 우러날 것이다.

좋은 삶이란 무엇인가? 어떤 삶이 좋은 삶인가? 궁극적이면서도 철학적인 질문이다. 심리학자와 행복학자들은 공통으로 가치와 의미가 가득한 삶이라고 정의한다. 날마다 새롭게 피어나는 꽃처럼 창조하며 부족한 곳을 채워가는 인생이라고 말한다. 고난과 역경, 실패를 극복하는 마음, 방법, 기술이 중요하다. 고(故) 차동엽 신부님은『무지개 원리』에서 "인생은 밑그림이 절반이다"라고 얘기하며 밑그림을 채워가는 7가지 원리를 실천하는 삶을 가르쳐주셨다. 성철스님과 법정스님은 집착과 번뇌를 버리고 성찰과 무소유의 가치를 깨닫게 해주셨다. 국민멘토 김형석 연세대 명예교수님은 여러 저서에서 "무엇을 위해 어떻게 살아야 하는가?"를 강조하셨다. 즉, 인간다운 삶을 위해 정신적 행복과 물질적 행복의 조화를 이루는 인생살이다. 책, 그림, 음악, 자연, 집을 즐기는 삶도 흐뭇하다고 생각한다.

부동산도 마찬가지다. '좋은 집이란 무엇인가? 어떤 집이 좋은 집인가?'가 관심사다. 누구나 던지는 주거행복에 관한 공통적인 물음표다. '어디에 살 것인가, 어디에 살고 싶은가?'라는 현실적 궁금증과도 직결된다. 부동산경제학에 답이 있다. 최소비용, 최대효과의 효율성 원칙이다. 경제학적 관점에서 바라본 주택시장은 주택에 관해 철학적 가치와 깊은 의미를 부여한다. 의사결정과 행동 그리고 부동산가치(Real Estate Value)에 영향을 미치는 원리와 법칙을 찾고 근본적인 해법을 제시하고 있다.

주택의 본질적 개념과 기능은 두 가지다. 주거공간으로서의 주거기능과 자산으로서의 투자기능이다. 요즘은 은퇴자에게 주택연금 대상으로의 연금기능도 중요하다. 그래서 주택은 다목적 댐에 비유되기도 한다. 이 세상에 주택만큼 소중하고 긴요한 자원이 있을까? 집 한 채만 잘 골라도 주거문제, 자산문제, 노후문제를 한 방에 해결하고 주거행복, 부의 확장, 노후대책 등 세 마리 토끼를 한꺼번에 잡을 수 있기 때문이다.

필자가 창안한 AI 빅데이터기반 아파트가치분석시스템 아파트추천 앱 '살집팔집'은 간단명료하게 설명해준다. 좋은 집이란 살기(Live) 좋고, 사기(Buy) 좋은 주택을 의미한다고 말이다. 살기 좋다는 단어는 살고 싶다는 뜻이 담긴 '주거편리성(주거가치)'을, 사기 좋다는 말은 사고 싶다는 뜻이 담긴 '투자매력도(투자가치)'를 각각 나타낸다. 따라서 이 두 가지 가치를 모두 갖춘 교집합 완전체아파트를 '슈퍼아파트(Super Apartment)'로 명명한다. 그 반대는 좀비아파트(Zombi Apartment)가 된다. '살집＝슈퍼아파트, 팔집＝좀비아파트' 공식을 얻게 된다는 뜻이다. 다시 말해 살기 좋은 주거가치와 사기 좋은 투자가치, 즉 사는(Live) 곳과 사는(Buy) 것은 둘 다 중요하며 조화가 필요하다. 쉽게 말하면 가치라는 렌즈로 아파트의 불순물을 걸러서 슈퍼아파트를 추천받을 수 있고, 자신에게 맞는 정보를 수집하고 선별해서 미래가격까지 예측 가능하다. 한마디로 아파트의 모든 가치를 총망라한 창작품이다.

부동산 격언에 '주택은 그의 성(城)이다'라는 말이 있다. 안식처, 피난처, 힐링처 등 보호막 역할을 충실히 수행한다. 실제로 영국에서는

'삶의 시작은 주택마련에서부터', '은퇴의 시작은 주택대출금을 모두 갚는 날부터'라는 인식과 관행이 널리 퍼져 있고 그 뿌리가 깊다. 그만큼 주택을 소중하게 여기고 있으며, 라이프사이클도 주택구입과 노후 대책에 초점이 맞춰져 있음을 알 수 있다. 최근 최악의 주거 대란을 겪고 있는 우리나라의 현실과 특히 '영끌(영혼까지 끌어모은다)'하는 30대 젊은 층의 내 집 마련 열풍에 비춰 볼 때 새삼 교훈이 되고 시사하는 바가 크다.

한국인에게 아파트는 삶의 궤적이고 성공의 대명사, 신분의 상징으로 통한다. 개인의 생활양식과 사회적 관계를 결정하며 삶의 질과 행복지수에도 직접적인 영향을 끼친다. 주택은 가계자산의 76% 이상을 차지하고 있다. 은퇴를 시작한 1·2차 베이비부머세대(약 1,650만 명)의 경우 100세 시대라는 길어진 노후에 대한 대책을 세우느라 걱정이 많다. 국민연금, 주택연금, 농지연금 등 소위, 공적연금 3종 세트가 답이 될 수 있다. 가입자 수가 급증하는 주택연금은 근간이 되고 농지연금 비중도 커지고 있다. 가까운 일본의 사례는 타산지석으로 삼을 만하다. 10년 전 일본이 앞서 경험한 것처럼 우리나라도 자산과 소득 부족으로 국민 절반 가까이가 노년빈곤, 노년파산, 노년난민으로 전락할지도 모른다.

구체적으로 '살집팔집'에서 말하는 좋은 집, 좋은 아파트란 무엇일까? 그 비밀의 열쇠는? 요즘 대세가 된 최신트렌드 '똘똘한 한 채'와도 크게 다르지 않다. 남녀노소 할 것 없이 살기 편하면서 쾌적하고 동시에 주택자산의 투자가치가 높은, 소위 슈퍼아파트를 선호한다는 점이다.

아파트를 구매할 때 한국인은 어떤 요인을 가장 우선으로 고려할까? 주택소비자 주요 특성을 조사 연구한 보고서는 이를 잘 대변하고 있다. 우리나라 사람들은 주택을 구매할 때 어떤 지역에 살 것인지, 어떤 이웃을 만날 것인지, 교육과 교통은 어떠한지, 경제적 이득을 취할 수는 있는지 등을 종합적으로 고려한다. 다시 말해 입지특성, 아파트단지특성, 거주자특성, 아파트 구조적 특성과 물리적 특성, 브랜드, 자산가격상승 가능성 등을 판단하고 결정한다는 뜻이다.

그 가운데서도 가장 중요하게 여기는 요인은 자산의 경제가치, 투자가치가 얼마나 증가할지에 대한 경제적 이득이었다. 최근 한국자산관리연구원과 서울대사회발전연구소가 각각 조사한 결과도 같았다. 고소득층, 강남권 거주자, 젊은 직장인일수록 이런 현상은 뚜렷하게 목격됐다. 주택은 사는(Live) 곳이지 사는(Buy) 것이 아니라는 일각의 주장과는 배치되는 결과라고 할 수 있다. 다시 말해 교육환경, 교통시설, 편의시설, 쾌적성, 이웃수준(소득, 직업, 교육수준)도 중요하지만(이는 주거가치를 결정하는 요인이다), 자산가치의 상승, 투자가치, 시세차익을 기대할 수 있는지가 더 중요한 결정기준이 된다는 것을 알 수 있다. 집에 대한 부동산과학의 이론과 한국인이 가진 주거에 대한 심리의 공통점은 집이 소중한 주거공간인 동시에 투자자산이라는 것이다.

부동산정책도 마찬가지다. '집＝거주공간'이라는 단순한 개념공식으로 접근하거나 반대로 '집＝투기대상'이라는 논리로 세금, 대출, 전매, 재건축규제를 남발하는 것은 둘 다 적절한 대응방안이 아니다. 망국적 투기나 다주택자는 규제하되 실수요자는 보호하고 권장해야 한다. 1주택을 원칙으로 하되 은퇴자의 안정적인 노후를 지원하기 위해서 또는 지방소멸을 방지하기 위해서는 예외적으로 2주택을 허용하는 정책도 고려할 만하다. 은퇴한 사람들은 임대수익 목적으로, 지방 거주자는 자녀교육 혹은 은퇴 후 주거공간으로 활용할 수 있다. 따라서 LH·SH 등 공공기관이 주체가 되어 주택공급을 독점하고 있는 지금의 현실과 토지임대부, 환매조건부, 지분적립형 등의 공공자가 정책은 원점부터 재검토해야 한다.

이를테면 공공주도공급대책은 국민의 호응도 낮고 실효성 측면에서 성공 가능성은 크지 않을 전망이다. 미국, 유럽, 일본 등 선진국 사례에서 배우듯 관주도의 강력한 추진체계는 필요하지만, 실행계획은 민간이 짜는 게 더 효율적이라고 판단된다. 이른바 민관산학합동 방식의 도심재개발, 도시재생, 신도시정책이 가장 바람직하다. 정부가 섣불리 시장에 간섭했다가 발생하는 정책실패는 시장실패보다 더 무섭기 때문이다.

좋은 주택정책이란 무엇일까. 미국, 유럽과 같은 선진국에 모범답안이 있다. 그들이 시행하는 것처럼 집이 꼭 필요한 중산층에 대해서는 자가주택 촉진책 또는 주택장려책을 펴면 좋겠다. 연도별로 주택이 어느 지역에서 얼마만큼 공급되는지, 중·장기 공급계획을 세밀하게 밝힐 필요도 있다. 저금리와 풍부한 유동성을 활용하는 주택금융제도의 활성화도 필수적이다. 30~50년의 장기모기지론(주택담보대출)제도의 개편이 절실하다. 주택문제는 단순히 현재의 주거문제를 해결하겠다는 임시방편에서 벗어나야 한다. 정확한 수요예측을 통해 중·장기적으로 주거복지, 경제문제, 노후문제를 종합적으로 해결하는 근본적인 처방책과 중장기 로드맵을 짜야 한다.

수요자 맞춤형 공급대책도 나와야 한다. 여기에는 소득계층에 따라 필요한 주택을 적기에 공급하는 3가지 원칙이 있다. 첫째, 전 국민의 15%에 이르는 빈곤층, 장애인, 주거취약계층에 대해서는 공공임대주택을 조속히 확충하고, 둘째로 중산층에게 양질의 저렴한 중소형 아파트를 분양공급하고, 셋째로 고소득층 주택공급은 온전히 시장 자율에 맡기는 방안이 그것이다.

문제는 이러한 과제와 좋은 '집=슈퍼아파트'를 고르는 일이 결코 쉽지 않다는 데 있다. 슈퍼아파트를 고르고 보유하고 싶은 갈망은 누구나 공통적으로 갖고 있고 아주 절실하다. 하지만 구체적인 기준과 방법을 아는 이가 드물다. 믿을 만한 내 집 마련 표준모델도 없는 게 현실이다. 이 분야에 대한 높은 관심에도 불구하고 학계와 연구계의 학술논문과 보고서 등 연구실적이 극히 미흡한 편이다. 필자가 아파트 가치평가를 위한 지표개발에 관한 학위논문을 발표한 2011년만 해도 참고할 만한 선행논문이나 연구사례가 없어서 크게 애를 먹은 적이 있다. 오해할지도 모르겠다. 감정평가의 목적과 평가방법, 기법 및 제도개선에 관한 연구결과는 풍부하다. 하지만 개별아파트에 대한 저평가·고평가 여부, 내재가치기반으로 개별아파트의 시장가치를 측정하고 미래가격예측을 실증분석한 논문은 필자가 처음이었다. 그리고 필자의 논문과 '살집팔집'이 제공하는 아파트경쟁력종합지표는 감정평가의 목적, 용도, 접근방식, 방법, 활용법에서 크게 차이가 난다. 근본적으로 다르다는 점을 밝혀둔다.

최근 들어 수많은 부동산 앱과 프롭테크기술이 난무한다. 하지만 단편적 아이디어와 기술 측면에 치우쳐 개별아파트가 좋은 집인지, 나쁜 집인지를 감별해주고 수요자의 조건과 상황에 꼭 맞는 서비스는 찾기가 어렵다. 즉, 주거가치와 투자가치가 높은 슈퍼아파트를 알려주는 앱과 웹, 책은 전무한 실정이다. 실거래가와 더불어 진짜 집값에 해당하는 내재가치(Intrinsic Value)를 평가(Valuation)하고 등급화(Rating)하여, 진품명품 아파트를 실시간으로 추천해주는 프롭테크는 없다. '살집팔집' 앱이 국내 최초이고 세계 처음이다. 아직 미국에도 없다. 7년 이상의 끈기와 인내, 10억 원 이상의 자금이 소요된 난해하고 힘든 과정을 겪은 결과물이다. 성과와 보람도 큰 작업이었다. 우리 생활에서 없어서는 안 될 필수앱이 될 것이라고 확신한다.

특히 대표지표를 발굴하고 중요도에 따라 가중치를 정하고 시장가격과 내재가치의 괴리 정도를 실증하는 일과 그 결과를 도표와 그래프로 구현하는 작업은 구도자가 득도하는 과정과 진배없었다. 맨땅에 헤딩하는 식이다. 다행히 결과는 만족스럽다. 부동산 문제로 고민하고 아파트에 대한 선택장애, 결정장애를 겪고 있는 평범한 중산층, 영끌하는 MZ(밀레니얼+Z세대)세대, 집 한 채로 노후를 준비하는 은퇴

계층에게도 도움이 될 것이다. 이 땅의 모든 장삼이사(張三李四)를 향해 멀리서도 빛을 비추는 등대 같은 역할을 할 것이다. 언제나 가까이에서 도움을 주는 양탄자를 타고 오는 기적 같은 마법사가 되기를 소망한다.

필자는 오랜 꿈이 있다. 자산관리 측면에서 고객 중심, 사회적 가치를 실현하는 새로운 부동산 세상을 만들고 싶었다. 예컨대, 표면적으로 드러난 시장가격(실거래가) 외에 개별아파트 가격이 저평가·고평가됐는지를 쉽게 알 수 있도록 진짜 집값을 꼭 밝혀내기를 15년 전부터 작정했다. 그래서 내재가치분석에 집중하고 워런 버핏의 가치투자 원칙, 기업과 주식가치 평가방법에 골몰할 수밖에 없었다. 필자의 본래 전공인 인사교육부문의 인재평가와 육성이론도 참고가 됐다.

마침내 내재가치를 산출하고 미래가격(Future Price)을 예측하는 확률까지 제시함으로써 실수요자의 매매 의사결정에 도움을 주게 됐다. 내 집이 살집인지, 팔집인지를 언제든 알려주고 집을 사고팔 때 누구나 경험하는 선택장애, 결정장애 문제를 힘껏 덜어줄 수 있어서 다행이다. 개별아파트의 주거가치등급, 투자가치등급을 큐레이팅해서 알려주는 것 외에도 지역(시·군·구)별, 역세권별 큐레이션 방식으로 슈퍼아파트를 추천해주고 있다. 초개인 맞춤형 서비스도 제공한다. 자금규모, 원하는 지역·원하는 평형을 입력만 해도 단박에 원하는 슈퍼아파트를 찾게 해준다. 적은 노력으로 얻는 효과는 최고다.

주택시장은 복잡계가 작용하는 고차방정식이다. 그래서 전통적 이론에다 새로운 접근방식을 더했다. 부동산학, 도시공학, 경제학이 통섭하는 융합지식과 필자가 주창하는 미래부동산과학이 밑바탕이 되고 결정적인 힘을 주었다. 미래의학에서 본떠 '성장의 부동산과학'을 연구하는 선구자로 변신한 것이다. 실패예방, 정밀분석, 자산증식, 포트폴리오 재구성이 지향점이다. 기존의 관점과 전통적인 접근방식은 모방에 그칠 뿐이다. 사람들이 알고 있거나 익숙한 것을 모방하는 일은 단지 반복하는 것일 뿐 창조와는 거리가 멀다. 1/n에 불과하고 익숙한 것이 하나 더 늘어나는 것에 그치기 때문이다.

따라서 '살집팔집'은 가치원리, 가치측정체계, 융복합지식, 과학법칙, 미래부동산과학이 총동원되고 총망라된 전대미문의 창작품이라고 해도 무방하다. 선택과 판단 기준이 세밀하고 까다로우면 까다로울수록 오히려 선택 자체는 쉬워지는 법. 기준은 정밀할수록 더 낫다. 악마는 디테일에 있다고 하지 않는가. '살집팔집'은 입지를 비롯한 5가지 부동산특성, 4대 측정체계와 20개 투자지표, 10년 빅데이터가 활용됐다. 지표별로 개념정의와 의미가 다르다. 구간에 따라 데이터값을 생성하는 계산법과 산출공식도 각각 따로 개발했다. 인공지능 알고리즘으로 전국 8,000개 아파트를 낱낱이 분석하고 비교하고 미래를 예측했다. 아파트의 모든 가치를 담았다. 디테일의 정수를 보여준다. 내집 마련의 깔끔 솔루션이라고 할까.

독자의 이해를 돕기 위해 '살집팔집'에서 슈퍼아파트를 고르는 3

가지 과정과 비법을 단계별로 소개한다. 이 책의 하이라이트다. 아파트 선택의 종결자가 될 것이다. 하나씩 보자.

첫 번째 단계는 주거가치(Living Value)를 측정하고 평가하는 일이다. 개별아파트단지가 얼마나 주거생활에 편리한지 주거편리성, 주거만족도, 주거적합도를 고려해 평가한다. 교통, 교육, 편의시설, 녹지공간이 4대 핵심요소다. 주거가치 측정지표로는 직주근접도, 단지세대수, 인구밀도 역세권, 교육시설, 편의시설, 녹지, 전세가율 등 10개 측정지표가 있다. 이를 총합해서 주거가치등급을 산출했다. 활용법은 등급의 높고 낮음에 따라 자산가치보다는 거주가 편리한 아파트에 방점을 둔다. 직주근접형 아파트를 선택할 때 굉장히 유용하며 전세입자가 계약을 할 때 부동산경기가 하강할 때 활용하면 도움이 된다.

두 번째 단계는 투자가치(Investing Value)를 측정, 평가하는 일이다. 개별아파트단지가 얼마나 자산가치가 높은지 투자매력도, 자산가치증가, 투자적합도를 나타낸다. 투자가치를 측정하는 주요 지표로는 용적률(대지지분), 공시지가변동률, 서비스산업 LQ(입지계수)지수, 매매가격변동률, 인구증감률, 가구증감률, 주택보급률, 소득증감률, 대중교통망계획, 정비사업계획, 지역개발계획 등 20개다. 이를 총합하면 투자가치등급을 산출할 수 있다. 내재가치가 높다는 것은 시장가치와 시장에서 거래되는 매매가격수준이 높거나 오를 가능성이 크다는 것을 의미한다. 미래가치(Future Value)를 더해 창출된 투자가치는 가격상승 확률을 더 키우는 역할을 한다고 볼 수 있다. 투자가치등급은 자산가치 증가나 경제적 이득에 비중을 두는 이들이 활용하기에 적합하다.

세 번째 단계는 주거가치와 투자가치를 동시에 실현하는 교집합 완전체, 즉 슈퍼아파트를 선별하는 일이다. 어쩌면 가장 중요하고 최종적인 단계에 해당한다. 당연히 숫자가 매우 적고 제한적일 수밖에 없다. 주거편리성과 투자매력도 두 마리 토끼를 한꺼번에 잡을 수 있는 일석이조, 금상첨화의 선택방법으로 '똑똑한 한 채'를 찾는 비결과도 같다. 실수요자에게 성공을 향한 길잡이가 되고 내 집 마련의 새로운 표준모델이 된다.

그렇다면 '살집팔집'은 과연 믿을 만한가? '살집팔집'의 독창성과 우수성은 다음 4가지 절차와 방식으로 충분히 검증됐다. 중국 등 해외 진출도 가능한 이유다.

- 저명 학술지 발표 및 학위논문으로 이론적 검증 완료
- 지표개발을 통한 아파트가치평가모델 국내 최초 원천기술특허 취득
- 벤처기업인증 및 신기술자금지원(4억 원)
- 공공기관주최 빅데이터경진대회 수상(2회)

덧붙여 말하면 이렇다. 첫째, 학술지에 연구논문 게재와 학위논문 취득으로 과학성과 체계적 이론을 갖추고 실증분석까지 마쳤다. 지난 2011년 한양대도시대학원에서 '자산관리 측면에서 부동산가치평가를 위한 지표개발'이라는 박사논문을 부동산학술지에 발표했다. 둘째, 국내 최초로 '컴퓨터기반 아파트가치평가시스템(2015)'을 원천기술

특허받았다. 셋째, 정부로부터 벤처기업과 신기술을 인증받았으며 한국감정원과 공공빅데이터학회가 각각 주최한 공공빅데이터기반 창업경진대회에서 각각 수상했다.

사람들은 '살집팔집'의 예측력이 얼마나 정확한지 묻는다. 아파트는 제품이 획일화, 표준화되고 가격과 거래가 투명하게 공개돼 완전시장에 가깝다. 가격예측과 실증분석, 사후검증도 어렵지 않았다.

가격예측력은 꽤 높은 것으로 증명됐다. 지난 2~4년간 시장테스트를 위해 KB국민은행 리브온과 매경닷컴을 통해 시제품을 오픈베타 방식으로 실증한 결과 정확도는 86%로 나타났다. 시장평균대비 45~50% 이상 상승된 수치를 실현했다.

누가 언제 어떻게 사용하면 가장 좋을까? 아파트 문제해결사 '살집팔집'은 아파트의 선택과 예측 문제로 고민하는 이들에게 비장의 무기나 다름없다. 최악을 선택할 것인가? 최선을 선택할 것인가? 부동산 전문직업군에게도 다목적, 다용도 활용이 가능하다. 게다가 100세 시대를 맞아 주거생활의 미래좌표를 설정하는 일은 굉장히 중요한 삶의 과제가 아닐 수 없다.

- 아파트 주거가치와 투자가치가 궁금할 때
- 내 집값이 오를지 내릴지 알고 싶을 때
- 여러 아파트 가운데 꼭 하나를 선택해야 할 때
- 지역별·역세권별로 슈퍼아파트를 찾을 때

- 자금·지역·평형 조건에 따라 초개인화 맞춤형 아파트를 찾을 때
- 복잡한 아파트 문제를 한 방에 해결하는 마법사가 간절할 때

'살집팔집'의 구체적인 활용법과 비즈니스모델(BIZ Model)은 무엇일까? 필요와 수요에 따라 크게 5가지로 나눠볼 수 있다.

첫째, 실수요자를 포함해 장기투자자가 최대 수혜자가 된다. 아파트를 사고팔 때, 개인 맞춤형 아파트를 찾을 때, 미래가격예측이 궁금할 때, 은퇴주택으로 갈아탈 때, 선택장애에 빠질 때 해결사가 된다.

둘째, 공인중개사다. 입지선정, 상담자문업, 분양대행, 공동중개, 구매대행도 가능하다. 주택담보대출과 자동차 대출, 보험, 카드, 펀드와 리츠 상품판매도 가능하다. 특히 화재보험, 생명보험을 중개사가 판매할 경우 시너지 효과는 클 것으로 기대된다. 금융디지털과 부동산디지털 통합서비스 체제를 구축할 수 있다.

셋째, 자산관리서비스를 제공하는 금융회사다. 은행, 증권, 보험, 카드, 캐피탈회사 등 금융회사가 단골손님의 아파트를 매매 혹은 교체할 때 가치정보 및 투자해법을 제공할 수 있다. 보유하는 아파트의 자산가치를 정기적으로 진단하고 알려주는 알리미서비스도 있다.

넷째, 공기업, 대기업, 중소기업의 종업원 또는 퇴직단체다. 구매대행계약을 체결, 내 집 마련 등 주거복지를 지원할 수 있다. 전국 어디에 거주하든 비대면으로 개별 특화된 맞춤형 서비스를 받을 수 있다. 시간과 비용절감은 물론 세무, 법무, 대출 등 통합서비스도 제공된다.

다섯째, 포털사이트와 플랫폼기업, 이커머스기업과의 협업이다. 신개념 자산관리라는 부가적인 서비스 제공을 할 수 있다. 네이버, 카카오, 금융그룹, KT·SKT 등 통신그룹, 쿠팡, 배민 등 플랫폼기업과도 아파트 매물정보와 실거래가, 주거가치, 투자가치, 가격예측정보를 공유하고 새로운 비즈니스를 창출할 수 있다.

국내시장 검증 후 중국, 일본, 베트남 등 해외부동산시장 진출도 검토 중이다. 요즘 부동산업계의 최대 화두 가운데 하나는 부동산시장 변화와 함께 중개업의 위기에 관한 것이다. 중개업은 20년 후에는 우리 곁에서 사라질지도 모를 벼랑 끝 생존위기를 맞고 있다. 인공지능과 로봇이 인간을 대체하게 될 때 사라질 것으로 예상하는 직업은 의외로 많다. 의사, 변호사, 회계사와 함께 공인중개사도 거론된다. 비대면 문화와 블록체인 등 디지털기술의 혁신, 프롭테크산업의 발전은 사람의 일자리에 치명적인 위협요인이 되고 있다. 중개서비스 수준과 중개보수에 대한 부정적 여론과 정책 방향도 도마 위에 오르고 있다. 말 그대로 사면초가에 빠졌다. 창조적이고 '파괴적 혁신'이 필요한 시점이다. 중개혁신공동체를 통한 업무방식의 변화와 중개서비스 품질혁신, 집단지성, 디지털지능만이 유일한 해결책이다.

필자는 전국 3,000명 중개혁신공동체로, '삼중회(혹은 K리얼티 회원)'를 모집하고 있다. 부동산 세상을 바꾸고 고객과 사회적 가치를 실현하는 데 앞장설 뜻있는 중개사모임이다. 공동체란 생활이나 행동,

목적을 같이하는 집단으로 유기적 통일체를 말한다. 그래서 참가자격이 까다롭다. 공동체 정신에 부합하는 올바른 인격은 물론 혁신서비스를 주체적으로 시행할 수 있는 도덕성, 전문성, 자질을 갖춘 인재가 대상이다. 이들은 부동산가치분석사, 자산관리마스터, 부동산애널리스트 교육 과정을 이수한 후에 지역의 자산진단센터와 리서치센터를 운영한다. 미래부동산을 선도할 얼리어댑터(Early Adopter)로서, 이노베이터(Innovator)로 활동할 계획이다. 단순한 부동산 유통전문가에서 부동산과 금융을 통합하는 '자산관리형 안심중개서비스'를 담당하는 진짜 전문가로 환골탈태한다는 뜻이다.

'빨리 가려면 혼자 가라!', '멀리 가려면 함께 가라!'는 격언이 있다. 지금 당장 혁신하지 않으면 어떻게 될까? 서서히 끓어오르는 냄비 속 개구리처럼 도태되고 종국적으로 사라질 것이 틀림없다. 익숙한 일을 계속할 것인가? 새로운 일에 과감하게 도전할 것인가? 선택만 남았다!

『살집팔집』은 묻고 따지고 답하는 책이다. 소크라테스의 산파술(문답법)과 메타인지 학습법을 차용했다. 부동산투자나 주택마련을 할 때 후회한 적이 있는가? 최악의 선택을 한 일이 있는가? 그렇다면 이 책을 집어 들어라! 이 책을 집어 든 순간, 당신은 행운아가 된다. 후회할 일이 없을 것이다. 최선의 선택을 하게 될 것이다.

기대를 얻기는 쉬우나 기대에 부응하기는 어려운 법이다. 이 책은 대체할 만한 다른 것이 전혀 없기에 독자의 기대를 충족할 것이다. 『살집팔집』은 아파트 선택을 가까이에서 도와주는 근본적인 원리서이고 지혜모음집이다. 이 책과 앱은 '살집팔집'이라는 동명이인으로 웹(web)과 함께 삼총사다.

'살집팔집'은 공인중개사, 건설인, 디벨로퍼, 분양상담사, 자산관리사, 보험설계사를 비롯해 은행, 증권, 자산운용사, 부동산신탁사, 캐피탈 등에서 종사하는 부동산인과 금융인에게 바이블 역할을 하는 교범과 전범이 될 것이다. 내 집 마련을 준비하고, 집 한 채로 행복한 노후를 준비하는 이들에게 성공 비결서, 주거행복 지침서가 됐으면 좋겠다. 아파트 투자의 끝판왕이 되리라.

필자는 경험이 많다. 정부, 공공기관, 학계, 연구계, 산업계, 금융계 등에서 투자심의, 자문위원활동도 활발하다. '살집팔집' 전성시대가 오고 있다. 앞으로는 아파트를 선택할 때 친구나 지인, 인터넷에 묻는 일이 없기를 바란다. 시간낭비이고 비과학적 방법이다. 내 아파트가 살집인가, 팔집인가 혹은 슈퍼아파트인가, 좀비아파트인가가 진짜 궁금하다면 '살집팔집'에 초간단하게 입력만 하라! "유레카! 신세계!"라고 외칠 게 분명하다. 절대로 실패하지 말라! 지금 당장 거인의 어깨 위에 올라타라! 아파트 선택을 도와주는 1분 해결사가 대기 중이다.

2021년 봄
고종완 한국자산관리연구원장

차례

1부 기본원리 편

1장 진짜가 나타났다! 새로운 부동산 세상: 슈퍼아파트의 막강한 힘

2부 사례분석 편

4장 정책, 주거문화, 메가트렌드의 변화: 미래주거생활

5장 '살집팔집'의 과학적 분석 틀과 툴: 내 집 마련 새로운 표준

6장 극강대결 투자가치 최후 승자는? 거인의 어깨 위에 올라타라!

7장 미래가치최고 '성장지역33' 미리보기: 핵심입지분석

3부 실전투자 편

8장 3기 신도시는 제2판교, 광교가 될까?: 엘도라도의 땅

9장 1% 노력으로 100% 수익 달성하기: '살집팔집' 초간단 사용설명서

10장 자산관리형 안심중개서비스: 파괴적 혁신

11장 대한민국 슈퍼아파트 'BEST 1000'을 PICK 하다

1부

기본원리 편

1장

진짜가 나타났다!
새로운 부동산 세상
: 슈퍼아파트의 막강한 힘

인생에서 꼭
만나야 할 사람과 부동산

꼭 만나야 할 세 사람

인생은 게임이다. 쉬운 삶이 있고 어려운 삶이 있다. 누구를 만나는가에 따라 운명과 삶의 방향이 결정되기도 한다. 살다 보면 내 인생에 꼭 만나야 할 세 사람과 꼭 필요한 세 사람이 있다고 한다.

먼저, 꼭 만나야 할 사람은 누굴까. 나의 최고를 기대하는 사람, 내가 듣고 싶은 얘기를 말해주는 사람, 운명처럼 다가온 그 사람이다. 이해가 될 것이다. 시기하거나 질투하지 않고 진심으로 나의 성공을 빌어주는 사람이다. 사촌이 땅을 사면 배가 아프고 학교 친구가 성공했다는 풍문만 들어도 마음이 불편해지는 세상이다. 가족이나 진짜 친구가 아니면 진심으로 축하해주기란 불가능하다. 만날 때마다 내가 듣고 싶고, 알고 싶어 하는 것을 말해주고 가르쳐주는 사람은 보배롭고 귀한 존재다. 학교 스승, 신부, 목사, 스님을 비롯해 인생멘토, 종교멘토, 사업멘토 등이 꼭 만나야 할 사람에 해당한다. 필자도 부동산에 관해 꼭 필요한 지식과 정보를 말해주고 싶다. 그런 스승이 그립고 나도 누군가에게 그런 존재가 됐으면 좋겠다. 운명 같은 만남은 각자가 생각하고 만들어갈 일이다.

꼭 필요한 세 사람

삶의 문제 혹은 사회문제를 해결해주는 사람도 우리 곁에 꼭 필요한 존재다. 각계각층의 훌륭한 리더도 있다. 김범수 카카오 의장은 사회적 문제해결을 위해 재산 절반을 사회에 환원했고 이해진 네이버 의장, 김봉진 우아한형제들 대표도 기부에 앞장서고 있다. 김광두 국가미래연구원장(전 서강대 교수), 김진표 국회의장(전 경제부총리), 김동연 전 부총리도 애국심이 깊고 국리민복, 민생경제에 헌신하는 분들이다. ESG경영 및 사회적 가치를 추구하는 최태원 대한상공회의소 회장님(SK그룹회장)과 어려운 골목식당을 도와주는 백종원 더본코리아 대표도 본받을 만하다. 이렇듯 세상을 바꾸는 모범사례(Best Practice)는 대할 때마다 흐뭇하다.

사회문제처럼 가까이에서 우리 일상을 지켜줄 꼭 필요한 세 사람이 있다.

첫째는 천사 같은 의사다. 100세 장수시대와 코로나19 사태를 맞아 건강과 질병에 대한 관심이 높아졌다. 돈이 아무리 많아도 몸이 아프면 무슨 소용이 있겠는가? 언제든 건강문제를 상담하고 아플 때마다 도움을 받을 수 있는 가까운 의사 친구는 천사나 다름없다.

둘째는 해결사 같은 변호사다. 복잡해진 사회의 이해관계와 갈등 속에서 법적 문제를 깔끔하게 해결해주는 유능한 변호사를 말한다. 실제로 주변에서 계약서 하나 잘못 작성하는 바람에 패가망신하는 사례가 흔하다.

셋째는 재산지킴이 같은 자산전문가다. 자산을 늘려주고 든든하게 지켜주는 평생파트너는 친구처럼 따뜻하다. 인생을 살면서 돈 문제는 피할 수가 없다. 돈은 인생을 자유롭게 하며 멋진 경험, 사랑하는 사람과의 행복한 시간을 선물한다. 은퇴 후엔 꿈꿔왔던 제2의 삶을 도전할 수도 있다. 어쩌면 노후엔 경제적 자유가 최고 지향가치가 아닐까. 필자는 과거 여러 언론에서 부자들이 가장 만나고 싶은 인물로 선정된 적이 있으며 2015년 《시니어조선》이 조사한 '대한민국 시니어가 가장 만나고 싶은 인물 1위'에 뽑힌 적이 있다. 앞으로 MZ세대를 대상으로 한 평판 조사에도 도전하고 싶다. 이 책을 쓰게 된 또 하나의 이유이기도 하다.

꼭 필요한 부동산 3가지

살아가는 동안 꼭 필요한 부동산은 첫째가 주택이다. 삶의 필수품이다. '의식주'라는 말에서 알 수 있듯 지구를 떠날 때까지 땅과 집 없이는 생존 자체가 불가능하다. 한국인에게는, 특히 도시인에게 아파트는 가정기반, 가족행복의 원천, 삶의 궤적을 나타내는 원형이 됐다. 누구에게나 아파트에 관한 선택장애를 해결하는 조력자, 해결사 역할을 해줄 이가 꼭 필요하다. '벼락거지', '영끌'로 '패닉바잉(Panic Buying, 공포에 기인한 사재기)'하는 30대는 생애최초주택으로, 40~50대는 직주근접주택으로, 60~70대는 은퇴주택으로 절실한 상황이 전개되고 있다. 따지고 보면 '벼락거지, 서포자(서울 거주를 포기한 사람), 이생망'이란 단어도 다 아파트 때문에 생겨난 신조어가 아닌가.

특히 아파트는 결국 부(富)의 대명사, 신분의 상징이 됐다. 주거계급과 주거자본주의를 가르고 경제적 불평등의 주범, 물신주의 표징이 됐다고 해도 과언이 아니다. 아파트는 그 자체로 돈이 된 지 오래다. 돈은 더럽고 악할 수 있지만, 잘만 쓴다면 약이 될 수 있고 경제적 자유를 준다. 그 무엇도 대체할 수 없는 행복을 선사하기도 한다. 돈이 있어야 내 인생의 진정한 주체가 되고 라이프사이클을 지나며 선택권을 행사할 수 있다. 역설적으로 경제력이 있을 때 비로소 무소유도 가능한 것이 아닐까?

아파트는 그 자체가 경제이고 주거행복, 가족행복, 노후행복과 직결된다. 예를 들어 좋은 이웃과의 관계와 소통은 커뮤니티, 공동체 의식과 가치체계를 창출하고 삶의 질을 높이는 문화적 상징이 되기도 한다. 한편 살아가는 동안 꼭 필요한 부동산의 둘째는 수익형·상업용 부동산이다. 상가, 상가주택, 꼬마빌딩, 오피스텔 등이다. 셋째는 농지다. 농지연금대상으로 적합한 수도권과 대도시 인근의 농지가 관심 대상이다.

꼭 필요한 주택, 슈퍼아파트

'내 집은 살 집인가, 팔 집인가?'의 줄임말이 '살집팔집'이다. 이 책과 앱의 제목은 동일한 브랜드가 됐다. 이는 '좋은 집이란 무엇인가?'에 대한 궁극적 질문으로부터 시작됐다. 좋은 집에 대한 저마다의 생각은 다르다. 부동산과학은 좋은 집이란 살기(Live) 좋고, 사기(Buy) 좋은 집이라고 명확히 정의하고 있다. 살기 좋은 집은 주택을 주거공간으로 인식하고 거주 편리성, 쾌적성, 만족도가 높은 곳이다(주거가치). 사기 좋은 집은 주택을 자산 공간으로 인식하여 자산가치의 증가, 경제적 이득, 투자매력도가 높은 곳(투자가치)을 뜻한다. 여기서는 '주거가치+투자가치'가 높은 아파트를 특별히 선별하여 슈퍼아파트라고 부른다. 그 반대는 좀비아파트다.

한편, '살집팔집'은 주택의 두 가지 기능과 용도를 고려하여 주거가치등급과 투자가치등급을 각각 따로 평가, 공표하고 있다. 요컨대, 우리에게 꼭 필요한 주택은 슈퍼주택, 슈퍼아파트가 되는 셈이다. 그 말은 슈퍼아파트를 선택하는 일은 주거생활에서 선택이 아니고 필수가 됐다는 뜻이다.

덧붙이자면 슈퍼아파트를 평가(Valuation)하는 기준으로는 입지, 수익, 희소가치를 반영하는 측정지표가 활용되었고(이를 내재가치라고 한다), 주택가격은 미래이익이 중요하므로 미래가치 개념을 더해 투자가치지수와 등급을 최종적으로 각각 산출했다.

따라서 슈퍼아파트를 고르는 일은 결정장애를 해결하고 현재 주거생활, 자산가치뿐 아니라 미래가치까지 염두에 둔 장기 포석이 된다.

꼭 필요한 책과 애플리케이션, 살집팔집

책과 앱이 넘치는 세상이다. 프롭테크 바람을 타고 자산관리 책과 앱이 봇물 터지듯 쏟아지고 있다. 경제불안, 주거불안을 해결하기 위한 현대인의 필수품으로 여겨지기 때문이다. 하지만 옥석 구분이 필요하다. 김형석 교수님의 가르침대로 '무엇을 위해 어떻게 할 것인가?' 하는 궁극적 질문에 대한 답은 크게 다르지 않다고 생각한다. 어떻게 생각하고 에너지를 모을 것인가? 선택과 집중, 실천이 중요하다. 더 많은 사람의 인간다운 삶을 위해 사회에 도움이 되고 유익한 일을 행하는 것이다. 기독교에서 말하는 이웃사랑이고 불교에서의 선업공덕을 의미한다.

시중에는 이미 많은 좋은 책과 재테크 책이 범람하고 있다. 그동안 책 쓰기를 주저하고 출판이 늦어진 이유도 짝퉁이나 짜깁기 책을 내고 싶지 않아서였다. 그저 그런 책 한 권이 또 세상에 나온 것이 아니라 경제학적 이론과 부동산에 관한 새로운 생각과 통찰을 선사하고 싶었다.

부동산에 관한 A에서 Z까지의 핵심적 이론과 통찰력, 전략, 사례, 투자대상까지 총망라했다. 부동산과 아파트에 관해 첫 단추를 잘 끼울 수 있도록 신경을 썼다. 머리말과 1장, 2장에 더 많은 공을 들였다. 그래서 『살집팔집』은 주거행복과 주거성장사다리를 타고자 간절히 꿈꾸는 이들에게는 선택이 아니고 필수가 될 것이다.

난해하더라도 처음부터 차분하게 읽기를 권한다. 이 책에는 재미있고 흥미진진한 포인트가 많다. 궁극적인 가치와 문제해결책을 끝까지 탐구하고 결과를 제시하기 때문이다.

행복지수와 부의 확장

사람들은 누구나 행복을 꿈꾼다. 헌법에는 모든 국민의 행복을 추구할 권리가 보장되어 있다. 그러나 행복하길 소망하고 행복하게 살 권리가 있음에도 불구하고 우리는 그리 행복하지 못하다. 내가 살아가는 동안 행복감을 느끼지 못하고 불행한 삶을 살아가고 있다면 그 이유가 뭘까. 심리학자와 행복학자들은 연구결과를 통해 인간이 행복해지기 위해서는 4가지 조건을 충족해야 한다고 조언한다. 행복의 필요충분조건으로 돈, 건강, 가족, 직업을 꼽는다.

이 가운데 첫 번째는 돈이다. 더 나아가 경제, 재정, 부도 다 같은 말이다. 과거 행복연구보고서에서 건강이 가장 중요한 가치를 차지한 것과 비교하면, 최근 들어 돈과 부에 대한 사람들의 생각과 중요도가 변하고 있음을 알 수 있다. 따지고 보면 돈과 건강은 동전의 양면과도 같다. 돈이 많아야 제대로 된 음식과 운동·취미생활 그리고 질병 치료를 받을 수 있다. 물질적 풍요는 심신건강과 심리적 만족도로 이어진다. '돈＝건강'은 아니지만 현대의학이 발달하면서 돈으로 건강을 책임질 수도 있는 관계성을 완전히 부정하기는 어려워졌다. 우리 주변에 암과 같은 큰 질병이나 희귀병에 걸려 제때 고가의 치료방법이나 치료약을 공급받지 못해 고통받는 이들이 수두룩하지 않은가.

행복해지고 싶은가? 돈과 건강, 가족, 일자리를 챙겨라! 무엇보다 현재와 미래를 풍족하게 살아갈 수 있게 하는 금융자산과 부동산을 축적하는 일이 소중하다. 부의 축적, 자산축적 없이 행복을 추구할 수 없다. 그렇다고 해서 부자가 되면 바로 행복한 사람이 되는 것도 아니다. 건강해야 하고 가족 간에 화목하고 직업만족도도 높아야 한다. 모든 것이 갖춰졌을 때 비로소 진짜 행복, 자아실현이라는 최고 단계에 이를 수 있다.

부동산에 숨은 가치의
놀라운 비밀

양탄자를 탄 마법사, 신세계가 열린다!

부동산투자도 최고·최선의 선택을 해야 한다. 후회할 일은 하지
말아야 한다. 양탄자를 탄 마법사를 만날 수 있다면 얼마나 좋을까?
주택시장에서 누구나 마법 같은 성공, 기적 같은 마법을 꿈꾼다.『살집
팔집』을 기획하고 저술을 시작할 때 마법처럼 성공하는 3가지를 소망
했다. 마치 전혀 새로운 물질을 만드는 연금술사처럼 부동산 신세계
를 찾는 희망을 품었다. 2021년 다행히 꿈과 희망은 현실이 됐다. '살
집팔집'을 검색하고 활용하는 것만으로도 80%의 만족을 기대해도 좋
다. 파레토법칙이다. 신세계를 열기 위한 기본구도와 실천단계가 중요
하다. 네 가지 단계가 있다.

- 생애주기별 밑그림을 그려라!
- 맞춤형 자산관리 마스터플랜을 짜라!
- 단계별 실행계획을 세워라!
- 골치 아프면 '살집팔집'에 맡겨라!

삶의 시작은 내 집 마련, 주거사다리를 타라!

부(富)의 출발점은 무엇일까? 주택마련이다. 차가(借家)보다는 자가(自家)가 최선책이다. 미국의 심리학자인 에이브러햄 매슬로의 인간 욕구 5단계 이론이 이를 잘 대변해주고 있다. 그의 이론에 따르면 의식주는 가장 기본적인 생존욕구를 충족하는 바탕으로 안정, 안전, 존중, 자아실현 등의 욕구순서로 나아간다고 한다.

먼저, 부를 축적하고 확장하기 위해서 우리는 무엇을 할 수 있을까. 가장 보편적이고 가장 쉽게 시작할 수 있는 방법이 바로 주택마련이다. 주택을 구매하는 것이 부의 축적을 위한 첫 단추를 끼우는 출발점이 된다. 이때 주거사다리를 활용하는 방식이 제격이다.

'월세 → 반전세 → 전세 → 자가' 등 주거사다리는 복잡하고 장기간이 소요된다. 그럼에도 불구하고 매우 효과적이며 성취적인 방법이다. 우리나라만 있는 전세제도는 자가로 가는 징검다리 역할을 한다. 잘만 활용하면 내 집 마련 기간과 비용을 훨씬 줄일 수 있다. 전세의 장점을 십분 이용하면 전세보증금을 징검다리 삼아 내 집 마련에 쉽게 다가갈 수 있다.

'살집팔집'은 필요한 사람과 좋은 집을 연결해주는 자산관리 책과 애플리케이션이다. 생애최초주택 구매자는 물론 더 좋은 집으로 갈아타고자 하는 교체투자자, 여러 아파트 가운데 어느 아파트를 고를지 고민하는 실수요자에게 슈퍼아파트를 추천해준다. 집 한 채로 행복한 노후를 준비하고자 하는 은퇴준비자에게는 연금이 듬뿍 나오는 '울트라슈퍼아파트'를 추천해준다.

진짜 부자는 누구? 경쟁하지 말고 창조하라!

은퇴자의 꿈은 월천대사다. 은퇴 후에 매월 1,000만 원의 소득을 보장받는 대단한 사람을 일컫는다. 총자산은 30억 원 이상으로 대한민국 20% 안에 드는 진짜 부자다. 하지만 부자라고 해도 모두 다 행복한 사람이 되는 것은 아니다. 행복 총량의 법칙이 있다. 하지만 경제적 만족 없이 현실에서 행복을 얻기란 불가능하다.

부자가 되는 것보다 부자로 사는 것이 더 어렵다는 얘기도 있다. 재벌 사후에 벌어지는 자녀들의 재산싸움은 꼴불견이다. 평범한 중산층은 그럴 일이 없으니 어쩌면 다행한 일인지도 모르겠다.

최근 들어 주식과 부동산시장의 급등으로 재테크 서적이 서점의 베스트셀러 자리를 차지하고 있다. 주식과 부동산 광풍을 보며 평생 돈을 벌기 위해 일했는데 정작 돈 공부는 안 했다고 한탄하는 사람들도 많다. 돈에 대한 건강한 관심은 고무적이다. 하지만 2021년은 자산시장의 과열로 고점 징후가 뚜렷했다. 변곡점이 임박했다는 사이클도 무시해선 안 된다. 수익관리 못지않게 위험관리가 중요해진 시대가 오고 있다.

부동산 개발사업과 투자성공으로 수천억 원 또는 수조 원 이상을 거머쥔 거부를 만날 때마다 던지는 질문이 있다. "돈이 많아서 얼마나 행복한가요?" 돈을 모은 과정이 너무 고통스러웠기 때문인지 그다지 행복하지 않다고 말하는 이도 있다. 하지만 그들은 분명히 얘기한다. 더 이상 돈에 연연하지 않아도 되니 기쁘다고 말이다. 돈을 벌기 위해 원치 않는 일을 하지 않아도 되는 지금이 더 행복하다고 말한다. 주변에는 돈이 목적이 아니라 취미생활로 부동산투자를 하는 사람들도 꽤 있다. 그런 사람 중에 진짜 부자가 더 많다.

당신은 경제적 자유를 원하는가? 아니면 일이 아니라 적성과 취미가 부동산투자인가? 우리는 지금 그 사이 어디쯤 살고 있는 듯하다. 진짜 행복한 사람은 물질적 행복과 정신적 행복의 조화와 균형을 찾은 이가 아닐까. 평생 즐겁게 부동산 공부를 하고 취미처럼, 습관처럼 투자활동을 할 수 있다면 좋겠다. '살집팔집'과 함께라면 가능한 일이고 기회가 많을 것이다. 상위 20% 안에 꼭 들어가야 한다. 경쟁하지 말고 창조하라!

디지털 부동산시대, 경쟁하지 말고 독점하라!

아날로그 시대는 가고 디지털전환(Digital Transformation) 시대가 왔다. 디지털 금융에 이어 디지털 부동산 시대에 대비할 필요가 있다.

소득과 자산 양극화가 더 심해질 수 있기 때문이다. 디지털 부동산은 디지털기술을 활용한 부동산상품 또는 서비스라는 의미다. 중개, 관리 기능을 정보기술을 바탕으로 전자적인 수단을 통해서 수행하는 것이다. 디지털기술을 응용해 부동산상품 또는 서비스를 다양한 형태로 개발 및 제공한다. 미래에는 금융과 부동산의 통합서비스가 가장 이상적이 된다. 이 책은 데이터 분석으로 부동산가치를 창출하는 방법에 관한 책이다. 이해와 통찰력, 아이디어와 실천력이 요구된다. 한 번이 아니라 두 번 세 번 읽어볼 만하다.

필자의 학위논문을 비롯해 여러 가지 부동산 교과서와 연구보고서가 여기에 총체적으로 집대성됐다. 단순한 재테크 책이 아니다. 철학과 사상, 역사, 문학 등 인문학과도 연결되어 있다. 경제철학과 성공원리, 법칙도 가득하다. 부동산에 관한 고정관념과 오해를 타파하는 계기도 될 것이다.

'새로운 기술은 기적을 만든다'고 하지 않는가. 역사가 흐른다고 기술이 저절로 생겨나지 않기 때문이다. 과거에는 성공이란 남의 것을 빼앗는 제로섬 사회였지만 21세기는 디지털기술로 혁신하는 창조적 사회다. 스탠퍼드대학교의 명강의를 담은 책 『제로 투 원』에서 페이팔 공동창업자인 피터 틸이 우리에게 한 말이다. 성공에도 길이 있다.

미래가치는 성장변화와 미래이익에서 찾아라!

부동산과 주식의 공통점은 뭘까. 투자를 통해 수익을 극대화하고 위험을 최소화하는 것이 목표다. 그러기 위해서는 부동산과 기업이 갖고 있는 본질적 가치인 내재가치와 미래에 발생할 것으로 기대되는 미래가치를 파악하고 있어야 한다. 내재가치는 주로 입지에서 발생한다 입지가치가 가장 중요하다. 미래가치는 특정 지역의 성장력에 달려 있다. 부동산시장의 미래는 해당 지역의 변화, 도시 공간구조의 변화, 지역경제의 변화에서 촉발된다. 종국적으로는 해당 부동산이 자리 잡은 위치와 입지의 변화가 가격변동을 겪게 되는 것이다. 만일 성장하지 않는 지역이 있다면 정체되고 쇠퇴하고 축소되기 마련이다. 이는 마치 달리는 자전거가 멈추면 넘어지는 것과 같은 이치다.

단기 성장도 중요하지만, 지속성 있는 성장력이 더 중요하다. 그리고 현재 이익보다 미래이익을 더 중시해야 한다. 기업에서 매출과 영업이익, 현금 흐름, 성장력이 미래이익을 좌우지하는 요소이듯 부동산의 미래가치도 크게 다르지 않다. 입지·수익·희소·미래가치가 중요하다. 새로운 생각, 새로운 기술, 새로운 투자의 발견과 결합으로 얼마든지 새로운 부동산 세상을 만들 수 있다는 뜻이다. 해당 지역의 내재가치와 성장잠재력을 미리 파악하는 것은 좋은 집을 발견하는 핵심 중의 핵심이다.

가치가 가격을 결정한다, 독립변수와 종속변수

모든 것의 가치(Value)는 시장에서 가격으로 결정된다. 가치와 가격은 같은 방향으로 움직인다. 하지만 우리가 그토록 알고 싶어 하는 시장가격이나 실거래가는 독립변수가 아니라 종속변수다. 가격 이전에 가치가 존재한다는 것으로, 가치가 가격을 결정한다는 뜻이다. 이렇듯 가격상승의 조건은 가치상승으로부터 기인한다. 그래서 건설사, 디벨로퍼, 중개사는 시장가격보다 입지, 토지가치 등 본질적 가치분석에 더 주력해야 한다.

가치의 개념은 다양하다. 부동산에는 사용가치와 교환가치도 있고, 내재적 가치와 표면적(외재) 가치도 있다. 현재가치와 미래가치 개념도 따로 존재하며 시장가치와 시장가격의 개념도 중요하다. 집값이 오를지 내릴지에 관련해서는 내재가치와 시장가격을 비교해 저평가, 고평가 상태를 판별하는 데 도움이 된다. 사실, 과거나 현재의 가격을 아는 것만으로 미래가격을 미리 내다볼 수는 없다. 내재가치는 현재가격을 결정하지만, 미래가격은 미래가치가 결정적으로 영향력을 끼치기 때문이다. 내재가치에 미래가치를 더한 투자가치가 궁극적인 가치가 된다.

따라서 가치와 가격의 관계를 이해하는 것이 무엇보다 중요하다. 육안으로 확인 가능한 시장가격과 그토록 알고 싶어 하는 미래가격은 독립변수가 아니다. 내재가치·미래가치는 독립변수이고, 시장가격(Market Price)은 종속변수에 해당한다. 내재가치는 입지가 절반 이상의 절대적 비중을 차지하며 입지가치뿐 아니라 수익가치(임대수익+자본수익), 희소가치(공급의 제한성이나 한정성)도 포함된 포괄적 개념이다.

이제 이해가 되는가? 본질가치에 해당하는 내재가치와 가격과의 관계, 입지와 가격과의 상관도를 알지 못하면 곁가지 원인과 이유를 근거로 극히 주관적인 주장, 표피적 가치, 파편적 생각을 되풀이할 수밖에 없다는 사실을 말이다. 이 대목에서 부동산가치도 다양한 가치가 씨줄, 날줄처럼 얽히고설켜 새로운 가치를 만들고 종국적으로 가치가 가격을 결정한다는 사실을 깨우쳤으면 좋겠다. 일종의 가치사슬(Value Chain)이다.

부동산에 남은 미지의 연구 영역은? 가치사슬 관계

주식시세는 중학생도 언제든지 찾아볼 수 있다. 하지만 주가의 원천이 되는 기업가치와 내재가치를 아는 것은 전혀 다른 차원이다. 주식시세가 적정한가는 또 다른 질문이 된다. 이쯤 되면 중학생이 내재가치를 알아내기는 어렵다. 얼치기 전문가도 사정은 다르지 않다. 입지인자, 입지조건, 입지환경, 입지변화를 종합적이고 정밀하게 분석하지 않고는 현재 자리 잡은 위치의 고정성에 따른 독점권의 가치와 입지 자체가 창출하는 우월성에 따른 입지잉여, 입지프리미엄을 산출해낼 수 없기 때문이다. 입지경쟁이다.

주택시장은 우리가 알고 있는 것보다 훨씬 다양한 경제 환경의 내외적 요인들이 한꺼번에 작용하고 있다. 우리가 잘 모르는 비밀이 숨어 있다. 가격결정이나 가격변동과 관련된 비밀을 푸는 열쇠는 바로 가치에 있다.

그럼에도 불구하고 더 이상 부동산에 숨은 가치의 비밀을 모르거나 믿지 않는 이들이 아직도 수두룩하다. 아직도 탐험되지 않은 지구의 자연과 원시생활을 보여주는 《내셔널지오그래픽》을 떠올려보자. 지구촌이라고 말하지만 실제로는 우리가 탐험하고 찾아야 할 원시인이 살고 있는 미지의 영역은 아직도 무궁무진하게 남아 있다는 징표다.

부동산도 사정은 크게 다르지 않다. 내가 알고 있는 지식이 전부이거나 나만 옳다는 생각은 버려야 한다. 이유는 간단하다. 지식과 경험 부족 때문이다. 가짜 전문가는 부동산 공부를 제대로 하지도 않을뿐더러 수박 겉핥기식 지식과 얕은 상식만으로 추종자들을 현혹하고 있는 것으로 보인다. 부동산 초보자인 '부린이'와 문외한들은 진짜 지식, 진짜 전문가를 판별할 지식과 판단력이 떨어진다. 그들은 그저 화려한 언변과 유명함에 열광하는 것이다.

부동산의 미개척 내지 미지의 영역은 가치와 가격과의 관계, 내재가치 측정, 저평가 고평가의 기준, 버블측정 기법, 미래가격예측 분야 등으로 남아 있다.

2020년 코로나 사태 이후 글로벌 주가와 집값의 과열, 즉 자산시장의 폭등도 연구대상이다. 공급부족, 정책실패, 저금리와 과잉유동성, 상승기대감의 광범위한 확산 등이 상승요인으로 꼽힌다. 하지만 주요 요인 외에도 우리가 알 수 없는 이유와 정보는 충분하다. 예컨대 버블이 얼마나 축적되었는지, 언제쯤, 얼마나 빠질지 등이 관심사다.

20~30대의 시장반란현상도 원인규명대상이다. 주택구매계층에서 철저하게 소외되었던 이들의 묻지마식 주택구매 열풍은 이례적이고 충격적이다. 전통적인 40~50대 주거소비계층을 완전히 압도하고 신주류로 등장한 것 또한 풀어야 할 숙제가 아닐까.

부동산의 숨은 비밀을 찾아 떠나는 즐거운 여정

부동산은 보물섬과 같다. 보물섬에 숨어 있는 보석과 보물을 찾는 노력과 과정이 학습이다. 부동산 공부는 즐거운 주거생활, 풍요로운 자산증식, 행복한 노후준비를 위한 슬기로운 여정이다. 아파트의 숨겨진 가치, 숨은 비밀을 찾아 떠나는 보물찾기 여행에 비유된다. 비밀은 누구에게나 존재한다. 숨은 비밀은 누군가가 찾아 나서지 않으면 발견할 수가 없다. 코로나19 백신이 이를 잘 입증하고 있다. 만일 화이자, 모더나, 아스트라제네카 등이 백신을 발명하지 않았다면, 코로나바이러스의 면역체계를 알아채지도 못하고 예방하지도 못했을 것이다. 4차 산업혁명 시대를 맞아 의학, 과학, 공학 분야의 기술혁신은 괄목할 만하다. 유전자(DNA)분석을 통해 암과 치매, 난치병을 고칠 수 있다.

부동산도 다르지 않다. 부동산의 숨은 진짜 비밀은 뭘까. 주거가치와 투자가치다. 주거가치는 비밀이 별로 없는 데 반해 투자가치는 비밀이 가득하다. 마치 보석과 보물이 광맥 속에 숨어 있는 광산과도 같다. 주거환경, 주거시설, 주거가치는 육안으로 혹은 발품으로 쉽게 발견할 수 있다. 교육·교통, 편의시설, 쾌적성은 발품을 파는 현장조사, 임장활동만으로 충분하기 때문이다. 요즘은 '직방, 다방, 한방, 호갱노노' 등의 부동산 앱을 통해 누구나 쉽게 파악할 수 있다. 문제는 투자가치를 측정하고 평가하고 분석하고 예측하는 일이다. 투자가치는 가치의 보전성이나 가치저장수단에서 발생한 개념이다. 토지와 건물은 실물자산으로 이용 가능한 사용가치는 물론, 다른 재화와 교환할 수 있는 가치수단이 된다. 게다가 시간이 지나면 유용성, 희소성, 유동성

증가로 경제적 가치가 증가하기도 한다.

부동산 비밀을 푸는 열쇠, 투자가치 20개 지표

부동산의 숨은 비밀을 푸는 열쇠는 무엇일까. 주거가치 지표는 따로 설명하고자 한다. 여기서는 주택가격에 직접적 영향을 미치고 가격을 결정하는 토지, 건물의 이익과 직결되고 입지 등의 내재가치와 도시 공간구조의 변화를 예고하는 미래가치를 반영하는 측정지표를 살펴보자.

등기부등본에 숨어 있는 대지지분, 공공데이터를 통계기법으로 가공해야 알 수 있는 공시지가변동률과 지가변동률의 3년, 5년, 10년간 추이, 3차 산업입지계수 등 입지가치를 측정하는 지표와 미분양물량 및 신규입주물량추이, 인허가추이 등 희소가치를 측정하는 지표가 대표적이다. 미래가치 측정지표로는 대중교통망계획, 정비사업계획, 각종 지역개발계획, 지역소득증감률 등 도시성장 관련 지표가 있다.

다시 말해 부동산시장과 주택의 특성을 반영하고 투자가치를 측정하는 20개 지표가 아파트 경쟁력을 평가하는 종합지수로 탄생했다. '살집팔집'은 이를 바탕으로 개별 아파트를 추천하고, 미래가격을 예측하며, 큐레이션서비스를 제공하고, 초개별 맞춤형 아파트도 찾아주는 4가지 기능을 종합적으로 수행하는 아파트 종합지표이자 문제 해결사다. 아파트의 모든 가치를 새롭게 정립하고 부동산의 근본가치를 도출했으며 미래과학의 시각에서 가치를 재발견했다.

아파트 선택과 결정장애를 덜어주는 진짜 해결사

어떻게 하면 부동산을 통해 기쁨을 누릴 수 있을까? '살집팔집'의 효능은 생각보다 대단하고 실효성이 크다. 실례로 유료상담을 하다 보면 선택 효과와 자체효능을 직접 체험해보고 놀라는 고객이 대부분이다. '살집팔집'에서 제공하는 투자지표와 각종 그래프, 계량화된 점수, 다른 아파트와의 투자가치 비교, 큐레이션서비스에 만족하는 이들이 많다.

내담자와의 상담절차가 끝나면 자료를 리포트 형태로 출력해서 쉽게 보관하고 참고할 수 있도록 제공한다. 빅데이터와 디지털기술로 결합된 해당 아파트에 관한 '투자가치와 주거가치 가치분석' 보고서를 내담자들이 보물 다루듯 소중히 여기는 모습도 인상적이다.

비싼 상담료를 내고 귀중한 시간을 할애한 소수에게만 아파트 주거가치와 투자가치분석정보를 제공할 것인가? 불특정 다수에게 공개할 것인가? 고민 끝에 일단 앱으로 출시했다. '살집팔집'의 활용원칙은 3가지다. '첫째, 주거가치등급을 확인하라. 둘째, 투자가치등급을 확인하라. 셋째, 슈퍼아파트를 감별하고 개별 맞춤형으로 실행하라'이다.

아파트추천, 큐레이션, 초개별 맞춤형 서비스는
완전한 결정체

지금 가는 길은 끝이 아니다. 끊임없이 창조하고 창작해야 한다. '안다는 것은 창작이다'라는 프리드리히 니체의 말도 있다. 창조는 상상력이며 무한도전이다. 창업은 혼자 했으나 함께 성장할 투자자, 경영자도 필요하다. 자본도 중요하지만 기술능력, 마케팅, 경영역량을 가진 전략적 투자자를 찾는 길이 해결과제다. 공동창업자 찾기란 결혼하기와 같다고 한다.

그런 분에게 이런 얘기가 도움과 이해가 될지 모르겠다. '살집팔집'은 아파트 문제를 해결하는 구원투수가 될 수 있을까? 만능해결사까지는 몰라도 선택장애, 결정장애에 빠졌을 때 상당한 도움이 되는 것만큼은 확실하다고 장담한다. 완전한 결정체다.

2021년 4월 현재, 아파트 주변 환경을 실감나고 알기 쉽도록 디지털기술로 보여주고 주민평판을 알려주고 실거래가를 실시간으로 보여주는 앱은 차고도 넘친다. 하지만 아파트를 선택할 때 참고할 만한 진짜 집값을 알려주고, 학술적 기반으로 살집인지 팔집인지를 단박에 추천하고 골라주는 앱은 없다. 국내 최초 특허기술로 초개별 맞춤형 서비스를 제공하고, 측정지표와 최종등급화를 통해 아파트의 종합경쟁력을 평가하고 추천하는 경쟁사는 아직 없다. 짝퉁은 있어도 경쟁제품은 없다는 뜻이다.

오래전부터 본받고 싶었던 해외 모범사례가 있다. 좋은 펀드와 나쁜 펀드를 평가하여 전 세계 투자자에게 알려주는 글로벌 펀드 평가회사 모닝스타를 처음부터 벤치마킹했다. 라임사태, 옵티머스사태를 경험하면서 더욱 확신하게 됐다. 부동산과 아파트시장에도 그러한 사기 사건이 벌어지지 말란 법이 있는가? 지식이 부족하고 경험이 짧은 평범한 실수요자를 위해 좋은 집과 나쁜 집을 감별해주고 싶었다. 여러 아파트 가운데 선택을 고민하는 이에게는 콕 찍어 추천해주고 싶었다. 실패를 예방하고 아파트 선택장애를 해결해주는 게 근본 목적이다.

'살집팔집' 출시 후 가장 빈번한 질문과 의문은 '과연 믿을 만한가' 하는 신뢰성 문제였다. 여러 번 언급하지만 그래서 더욱 신경을 썼다. 이론적 기반이 없거나 권위 있는 학술지 게재나 연구논문이 제대로 없거나 특허기술로 인정받지 못하면 객관적 신뢰를 얻기는 불가능하기 때문이다.

구도(求道)과정에서 얻은 세 번의 깨달음, 가치주의 신비

지난 15년을 돌이켜 보면 성공을 위한 연구 과정은 결코 순탄치가 않았다. 인패위성(因敗爲成)이다. 실패로부터 성공을 이룬다는 사자성어다. 실패를 막아주고 맞춤형으로 성공방식을 이끄는 진짜 해결사, 추천마법사를 꿈꿨다. 모닝스타처럼 펀드투자를 통해 실패를 막고 좋은 펀드를 골라주는 일이 꿈이었다. 만일 실패할 경우 주택은 펀드에 견줄 수 없을 만큼 훨씬 더 큰 고통과 아픔을 주기 때문이다. 소중하고 값비싼 재화이기도 하고 삶의 운명과 행복지수를 결정하는 필수품이기 때문에 더욱더 그러할 것이다.

그래서 고백한다. 부동산가치와 가격예측을 고민하고 궁리하는 일은 득도(得道)를 향한 수도승처럼 지난한 과정이었다. 지금은 흐뭇하지만, 고통으로 점철된 시간이었다. 노후준비까지 할 수 있는 연금술사의 비책과 마법을 담았기에 사용자에게 등대와 내비게이션 역할을 해줄 것이라 기대한다.

그동안 세 번의 구도심(求道心)과 깨달음의 순간이 있었다. 가치주의(Valueism) 신비의 경험이다. 첫 번째 깨달음을 얻게 된 시기는 15년 전, 전작을 내놓으면서였다. "부동산은 토지와 건물로 구성되어 있다", "건물가치보다는 토지가치가 변하지 않는 근본가치에 해당한다", "토지는 입지가치와 직결되어 있다", "미래가격은 현재가치가 아니라 미래가치에 달렸다"는 가치원리를 깨닫는 순간이었다.

두 번째는 박사과정을 밟고 있을 때였다. 연구를 통해 추상적인 입지개념을 명확히 하고 입지가 내재가치의 절대 비중을 차지한다는 사실을 깨달았다. 부동산 특성에 따라 내재가치체계를 입지, 수익, 희소가치로 가치측정체계를 정립하는 순간이었다. 그때까지 말만 무성하던 미래가치나 성장가치의 개념도 학술적으로 재정의하면서 지적 깨달음으로 전율을 느끼기에 충분했다. 지금도 입지가치, 미래가치의 중요성을 얘기하는 사람은 많다. 하지만 그 실체적 개념과 측정지표, 중요도(가중치), 주택가격과 본질가치와의 실증분석, 개별아파트에 응용한 사례분석, 아파트의 건물가치와 토지가치의 구분, 대지지분의 3.3㎡당 대지지분가격의 산출, 내재가치와 시장가격의 괴리도를 이해하는 이는 드물다. 여러 아파트 가운데 어떤 아파트를 고를지 주거가치와 투자가치를 따로 평가하고 등급화하는 연구 성과물은 없다.

세 번째는 '도시공학+부동산학+경제학'의 융합지식을 토대로 도시부동산의 변화법칙을 발견한 순간이다. "도시는 공간과 기능으로 이뤄져 있다", "도시의 공간구조가 바뀌면 지역경제와 입지가 변화한

다", "입지가 바뀌면(위치의 상향), 토지가치(Land Value)가 바뀌고 시장
가격(Market Price)이 오른다"는 원리를 알아채면서 깨달음을 얻었다.
이것은 부동산의 지리적 위치는 고정돼 있지만 사회적, 경제적, 행정
적 위치는 가변하는 특징을 지닌다는 이론과도 일맥상통한다.

도시부동산변화 법칙

주택가격의 결정모형과 변동요인

이 책은 부동산 세상을 바꾸고, 주택의 가치를 평가하고, 새로운 가치를 창조하는 가치 이론서이자 과학적 방법서다. 부동산은 지역에 따라 도시부동산과 비도시부동산으로 구분된다. 도시의 주택시장에서 주택가격결정은 아주 중요한 주제다. 누구나 가장 큰 관심이 있는 영역이지만 해답은 간단치가 않다. 주택이 소비되는 가격 단위는 매우 복잡하고 난해하다. 주택가격을 결정하는 요인들은 입지, 물리적 속성, 환경 등 다양하다. 이것이 바로 주택가격 변동요인이다.

먼저, 헤도닉 모형(Hedonic Price Model)은 주택가격을 다양한 속성들의 함수로 나타내기도 한다. 예를 들면, 교통시설, 교육시설, 공기오염 등 환경적인 지역특성과 평수, 방의 개수, 욕실 수 등과 같은 다양한 구조적 특성들의 집합을 반영하는 것이다.

도시는 공간으로 구성되어 있다. 공간시장에서 결정된 임대료와 자본시장에서 결정된 이자율에 의해 주택가격이 결정된다는 자산가격이론도 있다. 이 이론은 자산가치와 장래의 수익성을 평가하여 여기에 이자율이나 할인율을 적용해서 현재가치를 구한다. 미래소득을 현재가치로 계산하는 할인율이 중요하다. 할인율은 이자율과 밀접히 연관된 변수다. 임대료가 오르면 내재가치도 증가하기 마련이다. 주택가격의 변동요인은 생각보다 다양하고 복잡하다.

도시부동산변화의 개념과 시장 메커니즘

선행지수지표법도 있다. 인구, 소득, 일반경기, 수급, 금리 및 유동성, 주거선호도, 대체재의 존재 여부, 상승기대감 등이다. '도시 공간구조가 바뀌면 성장과 쇠퇴에 따라 지역의 위치성이 바뀌고, 입지(Location)가 바뀌고, 지가(地價, Land Price)가 바뀌고 매매가격이 바뀐다'는 법칙이다. 법칙은 속일 수가 없다.

도시공학+부동산학+경제학의 융합지식을 토대로 필자가 발견한 도시부동산가격의 변화법칙은 큰 틀에서 도시 공간구조와 가격결정 메커니즘, 입지가치와 가격과의 관계를 이해하는 데 무척 유용하다. 도시 공간구조와 기능이 바뀌면 부동산의 위치(입지)가 바뀌고, 위치(입지)가 바뀌면 입지가치가 바뀌고, 가치(Value)가 바뀌면 시장가격(Price)이 바뀐다는 것이다. 입지와 위치는 비슷한 개념이지만 닮은 듯 다르다. 도시토지의 가치를 결정하는 데 가장 중요한 것은 위치와 입지다. 토지는 다른 생산요소와 달리 이동이 불가능하며 대체도 어렵기 때문이다. 따라서 위치의 독점성과 입지의 우월성은 가격에 결정적인 영향을 끼친다.

여기서 부동산가치는 입지로부터 출발하며 수익, 희소가치 등의 내재가치와 미래가치를 포함하는 포괄적 개념이다. 요즘 부쩍 중시되는 미래가치는 미래이익에서 발생하며, 내재가치에다 미래가치를 더해 투자가치의 개념을 새롭게 재설정했다. 도시입지이론에 따르면 입지적 속성에 대한 소비자의 가치가 변화하면 부동산시장의 상대적 가격도 변화한다. 예컨대, 지하철이 개통되면 출퇴근이 편리해져서 '유용성 증가-수요증가'로 가격이 오른다. 또한, 지역변화 및 입지변화로 미래가격이 오를 것으로 예상될 경우 사람들은 지역변화가 가시화되기 이전에 서둘러 매입에 나선다. 이러한 수요증가로 현재가격이 오르는 현상이 나타날 수 있다.

이는 부동산의 특성 가운데 위치의 가변성과 입지변화와도 직결된다. 부동산은 지리적 위치는 고정되어 있지만 사회적, 행정적 위치는 가변하기 때문이다. 실제로 '살집팔집'에서 입지가치의 비중은 전체 투자가치의 52%를 차지할 정도로 중요도와 가중치가 높게 나타난다.

주택가격결정이론과 변동요인들

부동산시장은 경제학에서 말하는 완전경쟁시장과 구별되는 여러 특성이 있다. 주택가격을 결정하는 이론과 가격변동요인과 결정과정은 실로 다양하며 복잡하다. 지역성으로 인한 경쟁제한, 비조직화된 구조, 계층화된 수요, 단기공급의 제한성과 수급조절의 곤란, 불투명성하고 불완전한 시장이다. 부동산시장에서 주택가격의 변동과 결정요인은 복잡하고 다양하며 발생 → 형성 → 결정 단계를 거친다. 주택가격결정에 직접적 영향을 미치는 요인은 뭘까. 주택가격 변동요인 혹은 결정요인이다. 주택가격은 변동요인에 의해서, 수요공급의 결정요인에 의해서 가격이 발생되고 형성되고 결정되기 때문이다. 부동산과학에서는 5가지를 꼽는다. 입지, 부동산 자체(건물)의 가치변화, 수요와 공급의 불일치, 부동산경기의 변동·유동성 등이다. 한편 부동산경제학에서는 가격결정의 메커니즘으로 '가격발생 → 가격형성 → 가격결정' 세 단계와 여러 요인을 제시하고 있다.

발생요인으로는 유용성, 상대적 희소성, 유효수요, 양도성 등의 네 가지를, 형성요인으로는 개별적, 지역적, 행정적 요인에 해당하는 각양각색의 수십 가지 인자를 들기도 한다. 무엇보다 결정요인이 중요하다. 주택은 공급의 단기 탄력성은 낮지만 장기 탄력성은 높은 편이다. 주택 수요의 증가요인으로는 인구증가, 소득증가, 선호도증가, 대체불가성, 가격상승기대감 등이 있다. 공급증가요인으로는 공급자 수, 택지보유량, 건축기술의 발달, 부동산금융제도, 금리, 규제정책, 대체재가격, 가격상승 기대감 등이 있다. 가격상승 기대감으로는 신도시, 택지개발, 대중교통망계획 등의 지역 성장잠재력을 뜻하는 미래가치요인도 크게 주목받고 있다.

도시부동산법칙의 네 가지 의미

앞서 언급한 도시부동산변화 법칙을 좀 더 구체적으로 부연 설명해 보자. 네 가지 특별한 의미와 실체적 진실을 알 수 있다.

첫째, 도시는 공간과 기능으로 이뤄져 있으며 도시가 성장, 쇠퇴함에 따라 지역경제와 위치와 입지, 지가 메커니즘을 통해 부동산가격이 변화한다는 점이다. 부동산은 토지와 그 정착물(이하 건물)로 구성되어 있다는 사실도 원가 측면에서 중요하다. 소비자는 도시 공간구조가 어떤 장소에 자리 잡았는지, 입지조건과 환경, 개별부동산의 토지상태와 이용 상황에 따른 직접적인 영향을 고려하기 때문이다.

둘째, 가치와 입지와의 관계도 굉장히 중요하다. 도시부동산의 가치(Value)는 입지(Location)에 따라 크게 좌우된다. 예컨대 아파트의 크기나 노후도가 비슷해도 어디에 입지했느냐에 따라 가격은 막대한 차이가 발생하며, 입지에 따라 지가가 천차만별임을 알 수 있다. 일반적으로 입지와 부동산가치와의 관계를 보면 입지가치가 부동산가치의 절반 이상을 차지한다고 알려져 있다.

셋째, 도시부동산의 가격변동은 주로 건물보다는 토지가치의 변화에서 촉발된다. 부동산가격은 입지변화, 건물변화(재건축 재개발 등), 경기변동·금리변동·유동성변화, 정책변화 등의 여러 가지 요인이 작동한다. 하지만 입지환경과 요인에 따라 크게 좌우된다는 사실은 진리다. 입지는 매도자, 매수자가 합의하는 매매가격에 거래가 이뤄진다. 따라서 지역의 지가와 토지가치는 도시 공간의 구조적인 변화, 입지변화, 근린지역과의 관계, 토지이용도 등에 따라 크게 달라진다.

넷째, 입지는 주거가치와 투자가치 모두 공통으로 막대한 영향력을 미친다는 점이다. 입지요인은 '살집팔집'에서 공통으로 살기(Live) 좋은 주거가치와 사기(Buy) 좋은 투자가치등급산출과정에 절대적인 비중을 차지하고 있다. 입지는 가격발생요인인 유용성(효용성, 편익)을 통로로 입지와 긴밀한 관계가 있다. 개별입지는 독점이나 제한적으로 존재하며 각각 다른 유용성과 편익을 창출하고 토지가치를 발생한다는 것이다. 그래서 입지경쟁을 통해 우월한 입지는 그 자체가 한정성을 지니며 유용성을 통해 아파트 주거가치를 반영한다. 더 나아가 입지특성은 주거가치뿐 아니라 토지가격의 변화를 통해 아파트 투자가치를 결정하는 주요 요인으로 작용한다. 주거가치와 투자가치는 아파트 투자를 떠받치는 양대 기둥이다.

주택시장에 나타나는 실제상황과 입지요인들

아파트 가격이 상승하는 요인은 교육환경, 교통여건, 풍부한 재정, 고용인구증가, 소득증가, 수요증가, 지가상승, 가격상승 등 다양하다. 다시 말해 입지환경, 입지조건, 입지인자, 입지경쟁, 입지우열에 따라 입지잉여, 입지프리미엄이 형성된다. 즉, 입지가치에 따라 지대(토지임대료)와 토지가격이 결정되는 것이다. 토지가격이 상승하면 부동산가격은 원가개념에서 자연스레 상승한다. 그리고 부동산 가격상승은 곧 지가상승을 뜻한다. 건물은 감가상각되기 때문에 시간이 경과하거나 부동산경기가 좋아진다고 오를 이유가 없다.

그러므로 지가(地價)로 표시되는 땅값은 도시성장 잠재력을 나타 내는 미래가치의 바로미터 기능을 하기도 한다. 도시가 성장하면 입지 변화가 일어나게 되고 이는 지가상승으로 이어진다. 반대로 지가추이 를 보면 도시가 성장하고 있는지, 아닌지를 판가름할 수도 있다. 그래 서 필자가 "땅값이 오르면 집값도 오른다", "땅값이 오르는 지역이 곧 성장지역이다", "성장지역 여부는 지가추이로 충분히 알 수 있다"라 며 땅값이 오르는 이유로 인구, 소득, 기반시설, 행정계획 등의 네 가 지 성장지표를 강조하는 이유다. 반대로 집값이 오른다는 것은 땅값이 올랐다는 것을 의미한다. 필자가 15년 전에 설정한 이 가설은 필자의 논문으로 실증분석한 결과 비로소 참된 진리, 곧 명제(命題)가 됐다.

도시부동산변화법칙과 강남아파트

여기서 궁금한 점이 있다. 강남 집값이 유달리 많이 오르는 이유는 뭘까. 결론부터 말하면 입지가치가 우월하고, 입지가 태반을 차지하는 내재가치가 뛰어나고, 입지변화로 나타나는 미래가치가 높기 때문이 다. 즉, 강남아파트는 높은 입지경쟁력, 커다란 입지잉여로 땅값이 높 게 형성된 것이 집값이 비싼 가장 중요한 이유다. 원가개념이다. 혹자 는 건물이 견고하거나 화려해서 그렇다고 말할지도 모르나 분양가상 한제하에서 강남, 강북 아파트의 건물 품질 차이는 찾아보기 어렵다.

입지가치에 이어 성장지역의 미래가치도 한몫하고 있다. 강남은 교통, 교육, 편의시설, 쾌적성이 최고의 주거환경을 갖췄음에도 미래의 성장변화도 다양하고 활발하다. 신설되는 GTX-A·B·C·D를 비롯해 2·3·4·5·6·7·8·9호선과 신분당선 연장선도 강남을 통과하거나 경유할 계획이다. 서울 3도심권의 핵심이자 미래 가장 큰 변화가 예상되는 만큼, 향후 10~20년 서울의 교통허브, 핵심입지, 주거선호도, 대체불가성, 주거사다리의 정점, 초과수요, 유효수요, 가격상승기 대감이 종합적으로 작용하고 있다. 때문에 2030~2040년까지 강남권 아파트의 최고급 주거입지, 명품 주거단지의 위상은 철옹성처럼 굳건할 전망이다.

신축, 구축, 재건축과 입지가치, 성장가치

지금까지 말한 것을 토대로 요약하면 도시부동산변화법칙은 '입지=토지가치=내재가치'다. 달리 표현하면 '입지의 변화=지역의 변화=성장가치'가 된다. 그러니까 수익, 희소가치도 중요하지만 결국 내재가치의 주류는 입지가치이고 입지가 지역변화, 도시의 공간적 구조와 기능의 변화로 지가변동을 통해 미래가격에 직접적이고 결정적인 영향을 끼친다는 사실을 알 수 있다.

이는 신축, 구축, 재건축 아파트의 투자가치에도 지대한 영향을 미친다는 것을 말한다. '살집팔집'은 지은 지 15년 이내 아파트는 신축, 16~30년은 구축, 31년 이상은 재건축으로 구분해 주거가치, 투자가치를 각각 측정해서 분석하고 있다. 그런데 신축아파트의 경우 3.3㎡당 땅값은 인근지역 아파트에 비해 높게 나타나는 경우가 일반적이다.

왜 그럴까. 이는 신축아파트는 입주 초기에는 주거편리성, 높은 주거 만족도로 건물가치가 크게 부각되고 높게 평가되기 때문이다. 이는 비싼 가격만으로 단순히 내재가치 대비 고평가 상태로 단순 진단하기는 어렵다는 뜻이기도 하다.

하지만 이런 현상이 영구적인 것은 아니다. 시간 경과로 건물의 감가상각이 본격화되면 구축아파트와 비교해 높게 평가된 땅값은 낮아지거나 인근지역 구축아파트와 비슷한 수준으로 회귀할 개연성은 농후하다. 입주 10~15년까지는 내재가치 대비 고평가된 수준을 유지하겠지만, 구축아파트로 편리성과 만족도가 떨어지는 순간 주변보다 높게 형성된 입지프리미엄은 유지되기 어렵다는 뜻이다. 실제로 최근 가격급등으로 주목받은 초고가 아파트인 신반포 아크로리버파크 단지의 경우 건물감가상각 후 대지지분 $3.3m^2$ 땅값은 주변 아파트보다 3,000만 원 이상 높은 것으로 드러났다. 현재 거래되는 실거래가 기준, 입지가치와 내재가치 기반으로 따져본 자산가치는 '매매가격〉내재가치', 즉 고평가 상태로 볼 수 있다. 하지만 신축아파트의 특성상 새 아파트 프리미엄은 가격발생요인인 유용성, 상대적 희소성, 유효수요, 양도성 등으로 볼 때, 향후 10년 이상 신축아파트 프리미엄이 유지될 것으로 추측된다.

주거가치와 투자가치의 관계, 필요충분조건

주거가치와 투자가치는 어떻게 다르고 같을까? 어떤 관계인지 잘 모르거나 혼동하는 이가 많다. 이미 언급한 대로 입지를 고리로 주거가치와 투자가치가 상호 연관적이고 유기적인 관계다. 하지만 '주거가치＝투자가치' 등식은 성립하지 않는다. 가짜 지식으로 무장한 가짜 전문가 중에 아직도 그런 생각과 지식수준에 머무는 사례가 허다하다. 바로잡을 필요가 있다. 주거가치는 집값이 오르기 위한 필요조건일 뿐 충분조건이나 완전조건이 아니기 때문이다. 그래서 머리말에서부터 '살기 좋은 주거가치 아파트+사기 좋은 투자가치 아파트'의 조건을 공통으로 충족하는 교집합 아파트가 완전체라고 말한 이유다.

'살집팔집'을 자세히 뜯어보면 그 이유와 결과가 확연히 드러난다.

먼저, 투자가치등급에 반영되는 가치체계와 지표구성을 보자. 투자가치는 총 20개 측정지표로 짜였다. 첫째, 입지가치로는 용적률·용도지역·공시지가변동률·지가변동률·역세권거리·교육시설·서비스산업LQ·개발밀도 등이다. 둘째, 수익가치로는 매매가격변동률·전세가격변동률·건물노후도 등이다. 셋째, 희소가치로는 단지세대수·주택보급률·미분양추이·신규물량추이 등이다. 넷째, 미래가치로는 대중교통망·정비사업계획·지역개발계획·인구증감률·가구증감률·지역소득증감률이다.

다음으로 주거가치는 10개 측정지표로 구성됐다. 직주근접도·인구밀도·전세가격변동률·전세가율·단지세대수·건물노후도·역세권거리·교육시설·편의시설·녹지시설 등이다. 요약하면 주거가치에는 없는 용적률·지가변동률·매매가격변동률·희소가치·미래가치 등이 투자가치에는 반영되어 있다는 것을 알 수 있다.

즉, 측정지표만 봐도 '주거가치≠투자가치'라는 결론에 도달할 수 있다. 따라서 활용전략이 중요하다. 집값이 오르기 위해서는 '주거가치＝필요조건, 투자가치＝충분조건'을 모두 충족해야 한다. 필요충분조건 즉, 완전 조건을 충족하는 슈퍼아파트를 선택하는 길만이 성공의 지름길이 된다.

교통, 교육, 편의시설, 녹지만으로 가격예측은 반쪽짜리

일각에서 교육·교통, 편의시설 등 입지조건과 환경만으로 아파트의 투자가치를 분석하고 예측하는 이들은 반쪽짜리 예측에 그치는 오류를 범한다. 이러한 오류를 피하기 위해서는 본질적 기능과 본질가치, 가치와 가격의 관계, 내재가치와 시장가격의 관계, 가격결정요인, 미래가격예측에 관한 경제적 모형 등을 조금 더 공부하고 숙고할 필요가 있다. 무엇을 어떻게 공부해야 할지 사례를 통해 보자. 건물의 편리성으로 주거가치는 높으나 투자가치가 낮은 사례로 주상복합아파트와 주거용 오피스텔(아파텔)을 들 수 있다. 일반 아파트에 비해 높은 용적률로 지은 탓에 대지지분이 적고, 재건축 가능성도 작다. 때문에 순수 아파트에 비해 가격이 적게 오르는 현상이 나타난다. 건물은 감가상각되어 시간이 경과할수록 건물가치는 떨어지고 내재가치도 하락한다. 그래서 주상복합과 아파텔은 15년 이후에는 경기 상승기에도 건물감가상각으로 시장가격이 정체되거나 하락하는 경우가 적지 않다.

반대로 주거가치는 낮으나 투자가치가 높은 사례로는 재건축단지를 들 수 있다. 쇠락한 주거환경과 건물노후화로 주거가 불편하고 전세가도 낮은 편이다. 하지만 낮은 용적률(넓은 대지지분) 덕분에 투자가치는 몹시 높게 나타난다. 재건축 후에는 더욱더 넓은 새 아파트로 변신이 가능하고 입지와 토지가치에서 발생하는 높은 개발이익이 기대되기 때문이다. 재건축이 추진된다면 새 아파트 프리미엄까지 더해져 가격상승 가능성은 배가된다는 점은 이미 설명한 바와 같다. 이렇듯 주거가치와 투자가치는 서로 닮은 듯 다른 개념이다. 면밀하게 구분해서 살펴볼 필요가 있다는 얘기다.

최종 행동전략은? 아파트 선택은 제가 할게요!

우리는 아파트를 사고팔 때 어떡해야 할까. 어떻게 하면 후회하지 않고 최고 최상의 투자를 할 수 있을까. 최종 행동전략은? 실패를 줄이고 성공에 이르는 필승법칙이 있다. 전체 시장흐름과 더불어 특정 지역 부동산시장의 움직임을 연계해서 살펴볼 필요가 있다. 지역은 행정권, 생활권, 상권별로 세분화되고 계층화되어 있기 때문이다. 개별 아파트단지의 주거가치와 투자가치도 따져봐야 한다. 다시 말해 입지, 수익, 희소가치 등 부동산에 내재하는 진짜가치(내재가치)를 산출하고 미래가치지표를 통해 미래가격이 오를지 내릴지를 미리 추정해봐야 한다. 전체 시장흐름과 특정 지역 움직임도 개별아파트 가격결정에 영향을 미치지만, 개별아파트의 입지특성, 단지특성, 거주자특성 등에 따라 개별 집값은 얼마든지 차별화될 수 있기 때문이다. 주택투자에서 매매시기·성장지역·주거상품 선택의 3박자 법칙이나 3대 투자원칙을 강조한 이유도 이 때문이다.

근본원인을 알아야 근본해법을 찾을 수 있는 법이다. 원인의 진짜 원인이 근본원인이다. 내 아파트가 슈퍼인지, 좀비인지, 지금 아파트보다 혹은 여러 아파트 가운데 슈퍼아파트를 어떻게 고를 것인지, 나의 경제력(자금), 선호지역·거주면적을 고려한 최적화된 아파트는 우리 동네 어디에 숨어 있는지 알아내야 한다. 이런 수고를 덜기 위해 슈퍼 중의 슈퍼인 울트라슈퍼아파트, 즉 가격대비 투자가치가 가장 높은 아파트는 도대체 어떤 아파트인지 '살집팔집'에 가입하고 입력하는 것만으로도 금방 답안지를 받아 볼 수 있게 됐다. 전국 8,000개 개별아파트단지를 평가(Valuation)하고 계량화, 등급화, 가격예측하는 자산관리 경제모델을 개발한 덕분이다.

이는 누구나 알고 싶어 하고 도움받고 싶었던 부동산선택과 주택가격을 예측하는 영역이었지만 미국, 유럽의 그 어느 전문가도 시도한 적이 없는 불모지였다. 어쩌면 무모한 도전이었다. 작은 성과와 첫걸음을 뗀 것만으로도 보람과 자부심을 느낀다. '살질팔집'은 자신있게 말한다. "초간단 입력만 하세요! 아파트 선택은 제가 할게요!"

'살집팔집'의 놀라운 탄생과 스토리텔링

남다른 히스토리 네 가지

부동산 세상을 바꾸고 새로운 부동산가치를 발견했다. '살집팔집'은 가치라는 렌즈를 통해 아파트가치를 필터링하고 선별해서 추천해주는 감별사다. 주거가치, 투자가치 제공과 큐레이션서비스, 가격예측정보를 집대성한 결정체다. 생동감 넘치고 현장감 있는 신비주의 경험이다.

'살집팔집'은 어떻게 탄생했을까? 상담하고 강의할 때 질문에 답하는 과정에서 자연스럽게 생겨났다. '살집팔집'은 부동산에 관한 본질적 의문과 현실적 궁금증에서 촉발됐다. 질문 내용은 본질적이다. "서울지역의 어떤 주택은 집값이 많이 오르고 어떤 집은 왜 적게 오르는 것일까? 같은 동네라도 집값이 많이 오르는 아파트와 떨어지는 아파트가 있는데 구체적인 원인과 이유는 무엇일까? 집값이 국지적으로 움직이는 것은 물론이고 개별아파트마다 천차만별인 집값은 어떻게 설명하는 것이 가장 합리적인가? 미래 집값이 오를지 내릴지를 알 수 있는 예측지표나 전망기법은 따로 있을까?" 등이다.

좋은 아파트와 나쁜 아파트, 가짜와 진짜, 진품과 명품을 감별하는 기준과 방법을 찾는 일이 급선무였다. 우리의 최종 목적지는 나쁜 아파트를 버리고 좋은 아파트로 갈아탈 수 있도록 포트폴리오를 재구성하는 일이다. 개별 맞춤형 자산관리서비스가 핵심이다. 학구적 호기심과 내재가치이론, 미래부동산과학이 밑바탕이 되었음은 물론이다. 미래부동산과학을 새롭게 여는 개척자 정신과 프리미엄 자산관리서비스를 혁신하고자 하는 선구적 의지가 아니었다면 불가능한 과제였다.

그래서 '살집팔집'에는 남다르고 특별한 스토리 네 가지가 담겨 있다. 첫째, 부동산은 특별한 가치를 지니고 있다는 점, 둘째, 가치가 가격을 결정한다는 원칙, 셋째, 가치와 가격의 관계, 넷째, 워런 버핏의 가치투자법칙이다.

5번의 성공과 2번의 실패, 금융에서 배우다

살면서 많은 경험을 통해 교훈과 시사점을 얻었다. 우선 첫째로, 아파트 투자 5번의 성공과 2번의 실패경험이 교훈이 됐다. 실패 원인은 여러 가지다. 타인의 말에 속았거나 주거가치를 우선하고 투자가치를 소홀히 했기 때문이다. 다행히 인패위성(因敗爲成)이라는 사자성어처럼 결국은 실패가 성공으로 귀결됐다.

둘째, 금융처럼 부동산도 객관적 지표를 응용할 수 있다는 영감을 배우고 실행했다. 금융에서는 주식과 기업가치를 평가하는 매출액, 영업이익, 현금흐름 등 재무제표나 투자지표를 주요한 분석 툴(Tool)로 사용한다. 하지만 부동산은 객관적 지표와 데이터를 활용한 분석도구, 그리고 가치분석방법, 평가모델이 부족했다. 많은 궁리 끝에 워런 버핏식 재무제표분석법과 투자지표를 활용한 부동산가치 측정과 평가지표가 필요함을 알게 됐다. 미래의학도 한몫했다. 아파트도 토지를 기반으로 내재가치를 창출할 수 있었다. 그래서 '건강진단하듯 자산진단하자'가 모토가 됐다.

셋째, 시장의 근원적 질문이 결국 연구시발점이 되고 종착역이 됐다. "지금 집을 사야 할까요? 팔아야 할까요?", "어느 지역이 가장 유망할까요?", "어떤 아파트가 투자가치가 높을까요?" 질문에 대한 답은 간단치 않다. 부동산 경기예측은 일기예보 맞히는 것과 다르다. 거시경제예측도 어렵다. 그래서 시장전망은 단기, 중기, 장기로 구분하고 선행지표도 세분화했다. 경험칙과 연구보고서 등에 나타난 파급효과에 따라 단기선행지표, 중기선행지표, 장기선행지표를 정립하게 됐다.

'살집팔집'의 맞춤형 큐레이션서비스는 신의 한 수

주택은 한 번 매입하면 10년 이상 거주하는 공간이고 장기 투자재에 해당한다. 10년 앞을 내다보고 특정 지역의 시장전망과 함께 개별

아파트의 투자가치가 높은지, 보통인지, 낮은지를 측정, 평가하는 일은 무엇보다 중요하다. '살집팔집'은 콘텐츠가 강하다. 성공을 보여준다. 처음부터 끝까지 차별화되어 있다고 하겠다. 비장의 무기다.

'살집팔집'의 수요자 맞춤형 큐레이션서비스는 단연 압권이다. 간단한 검색만으로도 역세권·시·군·구 지역별로 슈퍼아파트를 리스트 형태(3개 이상 원칙)로 실시간으로 추천한다. 초개인화 조건별 맞춤형 서비스는 압권이다. 개인이 원하는 매입금액, 지역(시군구), 평형을 입력하면 3가지 조건에 맞는 최적화된 슈퍼아파트를 바로 발견할 수 있다. 진정한 프롭테크의 힘이다. 내 마음에 쏙 드는 주거편리성과 자산가치 증식 확률이 동시에 높은 슈퍼아파트 한꺼번에 거머쥘 수 있다. 게다가 전국에 산재한 똘똘한 한 채에 해당하는 아파트를 초간단 검색만으로 선택할 수 있다는 점은 신의 한 수에 해당한다. 슈퍼아파트를 고르는 디지털기술의 혁명이다.

슈퍼아파트의
비밀과 본질가치

베일에 가려진 비밀을 푸는 열쇠는?

프롭테크는 비밀에 도전하는 기술이다. 주택의 숨겨진 가치의 비밀을 푸는 내재가치, 가격예측, 좋은 주택과 나쁜 주택을 감별해주는 프롭테크기술은 기대가 된다. 다만 내재가치를 평가하고 가격예측을 하는 프롭테크는 미국시장에서도 아직은 걸음마 단계이고, 그런 연구실적과 기업도 희귀하다. 참고하고 본받을 만한 모범사례가 적다.

대한민국은 아파트공화국으로 불린다. 국민 대다수가 가장 선호하는 주거공간으로 자리 잡은 지 오래다. 건축공법과 기술의 발전으로 품질과 설계, 주거편리성은 세계 최강으로 제품의 표준화, 규격화, 동질성을 확보하고 있다. 거래량, 가격 등이 공개돼 다른 부동산과 달리 완전시장에 가깝다. 그럼에도 불구하고 아파트의 가격결정원리, 가치와 가격과의 관계, 가격예측 기법 등에 관한 연구실적은 턱없이 부족한 실정이다. 이를테면 주택시장과 소비자, 아파트특성을 반영하는 가치측정체계와 지표개발, 가격과 가치와의 시계열 분석이나 정확도 실증분석 연구나 자료는 거의 전무한 실정이었다.

그래서 필자가 직접 밝혀내야 할 아파트가치의 비밀과 DNA분석, 연구과제가 너무 많았다. '살집팔집'은 아파트 선택문제 해결을 위해 밸류에이션, 추천, 예측의 실마리를 찾으며 첫 단추를 끼웠다. 하지만 완성도와 정확도를 높이기 위한 연구과제는 아직 많다.

부동산 무지개원리 7가지

오래전 고(故) 차동엽 신부님의 명저, 『무지개 원리』를 읽고 감탄한 나머지 밤새워 여러 번 보고 또 본 적이 있다. 이 책을 쓸 때도 가장 먼저 꺼내 곱씹어 볼 만큼 명저다. 무지개 원리를 본떠 '아파트 무지개 원리'를 응용해서 창안해봤다. 부동산의 근본이치와 보편적 진리를 가치평가나 측정 측면에서 체계화했다. 이 책을 관통하는 본질이자 키워드다.

• 먼저, 3가지 선택원리로 부동산 성공투자 3대 원칙이다. 원칙은 반드시 지켜야 할 규범, 기본 규칙, 법칙이다.
 – 시기선택
 – 지역선택

‒ 상품선택

• 다음, 4가지 본질가치법칙이다. 법칙은 하위의 규범이다.

‒ 주거가치

‒ 투자가치

‒ 내재가치

‒ 미래가치

• 위 7가지에 3가지 내재가치법칙을 더해 10가지 원리를 만들 수
도 있다. 원리란 사물의 근본이치나 보편적 진리다.

‒ 입지가치

‒ 수익가치

‒ 희소가치

주거가치는 필요조건, 투자가치는 충분조건

주거가치와 투자가치는 어떤 상관관계가 있을까? 이 둘은 부동산
시장을 떠받치는 양대 기둥으로 어느 한 가지가 부족해도 온전한 집
을 채울 수 없다. 주거가치와 투자가치 개념을 제대로 이해하지 못하
고 오해하거나 잘못 알고 있는 이가 허다하다. 대표적 사례가 주거가
치가 높으면 투자가치도 덩달아 높다고 단언하는 얼치기 전문가다. 상
식과 지식은 언제나 일치하는 게 아니다. 예외도 있는 법이다. 부동산

경제학은 깊은 지식과 통찰력, 활용법을 함께 알려준다. 주거가치와 자산가치(투자가치)는 서로 다른 개념으로 각각의 의미를 지닌다. 서로 연관성은 있으나 가치 측면에서 동의어는 아니라는 뜻이다.

그 이유를 살펴보면, 주거가치는 주거편리성을 뜻하고 자산가치·내재가치·투자가치는 투자매력도를 나타낸다. 부동산 교과서는 가격이 결정되는 완전조건을 설명할 때 주거가치는 필요조건이고 투자가치는 충분조건이라고 설명한다. 다시 말해 주거가치는 투자가치에 영향을 끼치기는 하지만 필요충분, 즉 완전조건은 아니라는 얘기다. 그러므로 '주거가치가 높다고 해서 반드시 투자가치가 높은 것은 아니다'는 뜻이다. 반대로 '투자가치가 높다고 해서 반드시 주거가치도 높은 것은 아니다'는 말이 된다.

주거가치와 투자가치 중 어느 한 가지 가치만을 근거로 가격이 오를지 내릴지를 판단하는 것은 파편적, 부분적으로만 옳을 뿐이다. 종합적이고 완전한 입체분석은 아니라는 결론이다.

주거가치, 투자가치등급으로 가격을 예측하다

부동산 공부를 10년 이상 한 베테랑이라고 말하는 이들 중에도 이 부분을 모르거나 간과하는 이들이 꽤 많다. 살기만 좋은 곳이면 집값도 많이 오를 것이라고 오해하거나 착각하는 사람들이 대부분이다. 지금까지 출시된 주택이나 아파트 관련 프롭테크 기술은 우리 동네 주거환경과 편의시설이 얼마나 많고 아파트단지 가까이에 잘 배치되고 있는지, 실거래가는 얼마인지를 알려주는 것에 그치는 앱이 대부분이다. 그리고 미래가격을 예측하는 앱 가운데도 주거환경과 기반시설 혹은 거시경제 분석에 기초해서 추정하는 경우가 대부분이다. 단편적 단상에 불과하다.

반은 맞고 반은 틀린 생각이다. 주거가치=투자가치 등식은 더 이상 성립하지 않기 때문이다. 살기 좋은 주거가치≠사기 좋은 투자가치다. 정책, 금리, 소득, 일자리 등 거시경제지표는 부동산시장 전체에 영향을 미치는 거시적 요인이다. 이들 요인이 개별부동산에 영향을 주긴 하지만 이것만으로는 충분하지 않다. 우연적이고 파편적인 것들을 하나로 합해야 한다.

개별아파트에 내재하는 대지지분, 지가변동률 등 입지가치와 건물노후도, 단지세대수 등 수익가치, 희소가치, 미래가치를 반영하는 지표를 통해 종합적으로 정밀하게 측정하려는 노력이 필요하다. 그렇지 않으면 아파트의 투자가치와 가격예측은 불가능하거나 공염불에 그치기 때문이다.

성공공식은? 도시부동산변화법칙

어떻게 하면 새로운 부동산 인생을 살 수가 있을까? 부동산투자의 기쁨을 누릴 수 있을까? 부동산에도 성공공식이나 성공법칙이 있을까? 필자는 도시부동산변화법칙, 아파트가치분석의 틀(Frame)과 툴(Tool)을 새롭게 정립했다. 부동산에 관한 새로운 생각이다. 이는 부동산가치측정체계와 지표(Indicator), 가격예측모형, 선별기준이다. 부동 산가치의 재발견과 새로운 투자기준이라는 점에서 부동산시장과 투 자활동·가치연구의 대지각변동이 예상된다.

부동산에 숨겨진 본질가치(Fundamental Value)를 발견하고 새롭게 접근하는 과학적 분석방법은 3가지 측면에서 주목된다. 첫 번째는 부 동산의 특성을 이론적 바탕으로 가치발생 원천인 입지, 수익, 희소가 치로부터 내재가치(Intrinsic Value) 지수(Index)를 생성한 것이다. 두 번 째는 내재가치에다 미래가치(Future Value)를 더해 투자가치(Investing Value)지수를 창출했다. 내재가치, 미래가치, 투자가치가 실거래가라 고 불리는 시장가격과 더불어 아파트의 진짜 집값을 창출한 것이다.

세 번째는 실거래가 대비 투자가치가 높으면 이는 저평가상태로 적극적인 매수대상이 된다. 슈퍼아파트가 그 주인공이다. 좀비아파트 의 경우, 실거래가가 투자가치보다 높으면 이는 고평가상태로 소극적 인 매도대상이 된다. 이를 구체적으로 뒷받침해주는 결정적 증거는 핵 심투자지표로 제공되는 개별아파트의 3.3m^2당 대지지분가격이다.

따라서 '내재가치+미래가치=투자가치'와 시장가격(Market Price) 을 비교하여 아파트의 미래가격(Future Price)을 예측하는 신개념의 자 산관리 경제모형은 현재의 부동산과학 수준에서는 진일보한 연구결 과로 평가받을 만하다.

적정한 시세산정은?
내재가치가 진짜 집값, 실거래가는 표면가치

아파트의 적정시세를 알 수 있을까? 사람들이 가장 궁금해하는 사항이다. 표면적 가치에 해당하는 실거래가는 쉽게 접근할 수 있는 데 비해, 내재가치라고 불리는 적정한 가격은 베일에 가려져 있다. 적정한 매매가격은 의사가 내시경으로 오장육부를 관찰하듯 입지, 수익, 희소가치를 정밀한 데이터분석을 통해야 비로소 발견할 수 있다. 사람의 육안이나 임장활동만으로는 알아채기 힘들다.

그래서 필자는 수학, 통계적 수리를 바탕으로 우선순위를 정하는 인공지능 알고리즘을 활용했다. 부동산의 가치를 믿는다는 가치주의(Valueism) 신념과 부동산의 본질가치가 시장가격을 결정한다는 가치원리다. 내재가치 대비 시장가격이 낮은 가치부동산이야말로 진짜 부동산이라는 가치투자원칙이 밑거름됐다.

집값도 표면적으로 드러나는 가짜 집값과 내면에 존재하는 진짜 집값 두 종류가 있다. 표층분석과 심층분석의 차이에서 나온다. 부동산경제학은 내재가치를 진짜 집값으로 부른다. 내재가치는 시장가격을 서로 비교할 때 쓰인다.

다시 말해, 내재가치는 시장가치를 만들고 시장가치를 화폐로 환산한 가격이 바로 시장가격이 되는 것이다. 부동산경제학은 내재가치 개념 때문에 다소 까다롭고 복잡해 보이지만 이를 알고 나면 되레 접근과 의사결정이 간결해지는 장점이 있다. 기준이 까다로울수록 결정은 쉬워지는 법이다. 아는 만큼 보인다는 말이 실감 난다고 할까.

요컨대, '내재가치＝시장가격'이 되는 것이 균형상태로서 균형가격이 성립하는 접점이 된다. 하지만 시장가격은 수요초과, 공급초과, 정책변화, 금리변동·심리 등 여러 요인으로 변동이 심하고 괴리가 있는 경우도 있다. 그러한 이유로 사람들은 '실거래가 외에 지금 사고파는 아파트 가격이 적정한지, 적정한 가격은 얼마인지?'를 궁금해할 수밖에 없다. 아쉽게도 지금까지 아파트를 사고팔 때 적정한 산출가격이 얼마인지를 알려주거나 손쉽게 찾을 수 있도록 도와주는 솔루션이나 앱은 없었다. 왜 그럴까. 연구가 부족하고 과학적으로 참고할 만한 분석모델이 없었기 때문이다. 혹자는 지금 거래되는 가격이 바로 적정한 가격이라거나, 적정한 가격인지 아예 알 수도, 알 필요도 없다고 말하는 이가 많다. 매수하고 싶으면 묻지도 따지지도 말고 그냥 매수하라고 주장하기도 한다. 참으로 어이없는 경우가 비일비재하게 일어나고 있다. 이러한 상황에서 '살집팔집'이 적정한 가격에 해당하는 투자가치와 가격예측정보까지 동시에 제공하고 있음은 주지하는 바와 같다.

감정평가사, 중개사는 가치와 가격을 산출하는 진짜 전문가

부동산을 사고파는 이들은 실거래가를 보고 매수매도 호가를 제시한다. 결국 중개사의 말에 따라 가격을 절충하고 계약 시 매매가격을 상호합의해 결정하는 것이 관행이다. 그리고 가격절충이 어렵거나 실거래가를 알 수 없거나 고가 부동산인 경우 감정평가사에 의뢰해 산출된 적정한 가격을 기준으로 매매가격을 정하기도 한다.

부동산경제학은 내재가치기반으로 적정한 시장가격은 산출 가능하다고 일러 준다. 특히 상가, 오피스 등 비주거용과 달리 아파트는 품질이 동일하고 거래가 빈번하며 정보가 투명하게 공개돼 완전시장에 가깝다. 부동산은 토지와 건물로 구성돼 있어서 거품이 거의 없는 원가법을 활용하면 이를 추정하고 추산하는 일은 그렇게 어려운 일도 아니다. 그렇다면 어떤 방법이 있을까? 여기 3가지 방법이 있다.

첫 번째로 감정평가사는 그런 일을 하는 고도로 숙련된 최고 전문가다. 3방식 6방법에 의해 부동산의 적정한 가치와 적정가격을 산출한다. 두 번째는 개업공인중개사로서 현장에서 유통을 담당하고 구체적이고 개별적인 매매가격을 절충하는 유통전문가다. 실거래가는 물론 매수자와 매도자 간 호가를 기초로 가격절충을 꾀하고 적정한 거래가격을 제시하는 일을 행한다. 세 번째는 내재가치기반으로 개별 아파트의 내재가치를 추정하는 방법이 있다. 일반적으로는 장차 발생하는 미래 임대료수익의 합계를 할인율을 적용하여 현재가치를 산출하는 계산법이 있다. 예를 들어 매월 받는 임대수익이 증가하면 내재가치도 증가하게 된다는 뜻이다. 미래 임대료 수익 증가 → 내재가치 증가 → 시장가치 증가 → 시장(매매)가격 상승으로 이어질 수 있다. 다만 매매가격 상승이 임대료를 끌어 올리는가는 그럴 가능성이 커 보이지만 아직도 명확히 규정되거나 실증된 바는 없다는 것이 정설이다.

한편으로 내재가치는 입지, 수익, 희소가치의 종합으로 시장가치와 직결된다. 시장가치를 화폐로 환산한 가격이 바로 시장가격이 된다. 내재가치 혹은 투자가치와 시장가격을 비교할 수도 있고, 원가법에 따라 건물감가상각 후 대지지분 $3.3m^2$ 땅값을 인근지역(시·군·구) 평균치 혹은 타 아파트의 비교를 통해 판단할 수도 있다. 아파트를 비롯한 부동산의 본질가치인 내재가치(투자가치)는 진짜 집값이 될 수 있다는 뜻이다.

내재가치와 미래전략으로 보는
부동산시장

개별 집값은 시장흐름과 지역계층구조에 따라 결정

아파트를 사고팔 때는 내재가치라는 적정한 가격을 파악한 후 시장가격과 비교해 저평가·고평가 여부를 판단할 수 있다. 함부로 저평가 구간에서 매수하거나 고평가 구간에서 매도하면 아니 된다. 내재가치와 투자가치, 시장가치와 시장가격과의 관계를 정확히 알고 있다고 자신할 수 있을까? 여기서 주의할 점이 있다. 시장흐름이 보이고 개별 아파트가치를 알게 되면 투자행동이 확신에 차고 투자활동은 자유롭게 된다. 하지만 시장흐름은 전체 시장과 더불어 특정 지역시장의 종합분석이 매우 중요하다. 그리고 개별부동산가격과 시장흐름은 부분과 전체의 관계인 만큼 동일하게 움직이지는 않는다는 점도 기억해둘 필요가 있다. 왜냐하면 부동산시장은 지역별로, 중심시장과 서브시장

(Sub Market)으로 나뉘고 지역별로 계층구조가 형성되기 때문이다. 따라서 집값은 세분화된 지역과 시장의 계층구조에 따라 결정되며 전체적으로는 국지적 양상을 나타내기 마련이다. 즉, 집값이 오른다고 서울지역의 모든 아파트 가격이 동반상승 혹은 동일 상승을 실현하지는 않는다. 예컨대 "지금 서울아파트를 사도 될까요, 아닐까요?"라는 질문은 포괄적으로 우문에 가깝다. 서울은 넓은 데다 수많은 하위시장으로 세분화되고 행정권, 생활권별로 특정시장이 존재하고 있다. 집값이 결정되고 움직이는 요인과 작동원리는 각각 다르다.

내재가치와 시장가격이 괴리될 때, 차익거래 성행

만일 내재가치와 시장가격 사이에 차이가 커지면 시장에는 무슨 일이 벌어지는 걸까? 부동산경제학은 내재가치 증가율보다 시장가격이 빠르게 상승할 때 차익을 노린 차익거래나 재정적 거래가 증가한다고 말한다. 그리고 과도한 가격상승은 결국은 거품을 낳고 쌓인 거품은 결국 어느 시점에서 터질 수밖에 없다고 경고하고 있다.

우리가 지금 이 순간 거품징후와 거품붕괴론에 관심을 갖는 이유가 있다. 예측하면 2021년 주택시장은 거품이 쌓이고 축적되고 폭발하는 과정이 나타날지도 모른다. 2021년은 부동산경기가 전환되고 거품이 터지는 초기의 현상을 경험할 가능성을 배제하기 어렵기 때문이다.

먼저, '어떤 경우에 차익거래가 성행하며 거품이 자라는 걸까. 주택시장으로 부동자금이 급속히 유입되고 집값도 급등한 때다. 2020년이 대표적 사례다. 저금리에 풍부한 유동성, 즉 이자율 인하, 3,100조 원이 넘는 과잉동성이 부동산과 주식시장으로 유입되고 자산수익률 증가로 나타났다. 유동성이 10% 늘어날 때 경제성장률은 0.9% 오른다는 연구보고서도 있다. 늘어난 시중 부동자금의 55% 정도가 부동산으로 유입된다는 한국은행보고서는 최근 미친 집값의 원인이 어디 있는지를 잘 말해주고 있다.

거품측정지표로 살펴본
강남과 마·용·성의 운명은?

2021년 주택시장은 최고정점에 가까이 다가서거나 변곡점을 맞고 있다는 관측이다. 다주택자 규제로 인한 똘똘한 한 채로의 쏠림현상은 특정 지역의 가격폭등 기폭제가 됐다. 강남권(강남, 서초, 송파, 강동구)과 마·용·성·광(마포, 용산, 성동, 광진구)을 비롯해 부산해운대, 대구수성구, 대전서구, 세종시가 대표적이다. 특정 지역에 대한 집값 폭등은 자연스레 거품을 자라게 했다는 분석이다. 한국자산관리연구원의 자체분석에 따르면 지역마다 차이가 있겠지만 10~20%의 거품이 축적된 것으로 추정된다. 강남권은 20~30% 거품이 낀 것으로 예상된다. 앞으로 가격이 하락할 경우 과거 경험과 거품붕괴법칙을 보면 이들 지역이 하락을 주도할 확률이 커 보인다. 요컨대, 금리인하 → 유동성증가 → 자산수익률 상승 → 내재가치상승 → 시장가격의 악순환이 나타날 가능성이 커 보인다.

아무튼 2021년에는 시장흐름과 매도자와 매수자 우위 상황이 달라질 개연성이 농후하다. 거품발생과 축적, 거품붕괴 우려가 동시에 나올 것으로 관측된다. 만일 지난 7~8년간의 부동산시장급등이 급락으로 급속하게 냉각되면 집값 폭락은 물론 금융과 실물시스템이 동시에 마비되는 경제위기를 맞을지도 모른다. 지난 1997년 말 외환 위기와 2008년 겪었던 서브프라임 모기지사태가 참고가 된다. 이때 발생한 하우스푸어, 렌트푸어는 어땠는지는 살아 있는 교훈이 된다고 할까.

2021년은 고점과 변곡점이 나타나는 대전환기, 갈아타기 적기

그런 의미에서 2021년은 그 어느 때보다 변동성이 큰 해다. 따라서 '살집팔집'의 쓰임새와 활용성이 빛을 발하는 순간이 될 것 같다. 부동산시장변화와 투자지형 지각변동에 때맞춰 나온 느낌이다. 집값이 미친 듯 폭등할 때의 투자대상과 투자자세, 전략은 비교적 단순하다. 내가 살고 싶은 곳, 사고 싶은 곳에 서둘러 매입하거나 투자하는 방안이 효율적이다. 아파트의 진짜가치와 가격예측에 대한 정보와 기준을 꼭 지켜야 한다. 핀셋규제라는 정책실패로 풍선효과이나 확산효과가 강하게 확장됨에 따라 수도권, 지방 할 것 없이 온 나라에 아파트 광풍이 불었다. 미친 집값, 미친 전셋값으로 투기장이 됐다. 한라산, 설악산, 지리산 빼고 전국이 다 올랐다고 해도 지나침이 없다.

하지만 2·4대책 발표로 시장 기류가 미묘하게 변하는 조짐이 감지된다. 정책 기조가 수요억제에서 공급확대로 기조가 전환됐다. 이에 따라 공동주택 공시가격 급등, 6월 1일 이후 다주택자가 양도세, 종부세 중중과조치를 앞두고 매수감소, 매물증가현상과 가격상승폭 둔화현상이 나타났다. 특히, 도심권과 3기 신도시 등에서 200만 호가 넘는 신규분양이 쏟아지는 공급대책은 물량 면에서 압도적이라고 판단된다. 오는 7월부터 3기 신도시에서 사전청약이 개시되는 점도 시장 안정에는 긍정적이다. 영끌하는 30대의 패닉바잉을 억제해 기다림의 인내와 여유를 유발할 수 있기 때문이다. 막대한 분양예정물량과 세금 중과 등으로 현재로서는 2021년 하반기 이후는 추가적인 상승보다는 안정국면으로 전환될 공산이 커 보인다. 성장지역과 슈퍼아파트로 갈아타기에 적기가 된다.

경기변동과 버블붕괴에 따른 다주택자 매물은 어찌 될까?

부동산경기변동 사이클이 급격하게 요동치면서 집값 거품붕괴 우려, 다주택자 매물 출시 가능성이 시장뇌관으로 떠오르고 있다. 2021년 6월 1일 이전에 다주택자 세금 중중과조치로 228만 채가 넘는 다주택자 매물이 얼마나 출시될지, 임대사업자가 보유한 160호를 넘는 등록해제매물이 언제, 얼마만큼 나올지가 관전 포인트가 된다. 인플레이션 가능성과 함께 슬금슬금 오르고 있는 국고채금리, 시장금리도 새로운 복병으로 나타났다. 한계기업, 자영업자, 가계 부채 폭탄도 잠재적 위험으로 다가온다. 영업이익으로 이자도 갚지 못하는 한계상황에 놓인 좀비기업과 자영업자의 신용위험이 커지고 있다. 가계부도의 위험도가 높아지고 있기 때문에 한국은행 총재와 금융위원장도 고도의 경계심이 필요하며 특단의 대책이 수반돼야 하는 상황이다. 아무튼 지금의 시장 흐름은 상승에서 안정이나 하락국면으로 기저적 전환이 예상되는 시점을 맞고 있다. 다만, 서울시장의 규제완화와 재건축활성화 정책 공략은 중장기적으로 바람직한 정책이나 단기적으로는 시장불안요인으로 작용할 수도 있다고 판단한다. 단기급등을 경계하고 중장기적 공급 확대에 중점을 두고 순차적 계획과 이주대란을 막는 묘책이 필요하다.

아파트 성공투자의 3대 원칙

'살집팔집'의 뜨거운 반응과 내 집 마련의 필살기!

2021년 5월 10일 '살집팔집' ver.2.0이 출시되면서 시장의 반응은 아주 뜨겁다. 1%를 위한 새로운 서비스가 불확실하고 답답했던 부동산시장에 혜성같이 등장했기 때문이다. 한마디로 필살기, 내지 비장의 무기가 된다. 그동안 내 집 마련을 하고자 하는 수요자들은 실거래가격만 보고 계약하곤 했다. 그런데 최근에는 진짜 집값에 해당하는 내재가치를 보고 구매하겠다는 이들이 큰 폭으로 늘어나고 있다. 이러한 추세에 따라 '살집팔집'에 매도를 문의하고 결정하는 사람들이 급증하고 있다.

앞으로는 아파트를 매매할 때 '살집팔집'을 검색하고 할 것인가? 아니면 실거래가만 보고 할 것인가? 이렇게 두 가지 부류로 나눌 수가 있게 됐다. 한 가지 선택지만 가능하다. 만일 주거가치와 투자가치를 미리 알 수 있는 기회를 놓친다면, 당신은 깜깜한 정보로 의사결정하고 투자를 서두르는 우를 범할지도 모른다. 반드시 후회하고 최악의 선택을 할지도 모른다.

강남권 투자자를 중심으로 '만부회'('월 1만 원으로 부자되기' 유료회원) 가입도 조금씩 증가하고 있다. 슈퍼아파트는 내재가치와 미래가치를 동시에 지닌 진짜 아파트로 똘똘한 한 채에 해당한다. 이런 아파트는 오를 때는 평균치보다 많이 오르고 내릴 때는 적게 내리는 블루칩 성격을 지니고 있다.

영끌하는 MZ세대라면 놓치지 말아야 할 2% 성공비책

성공하는 사람의 특징은 2% 차이에 있다. 영끌하는 MZ세대의 분노와 매수전략이 연일 화제다. 벼락거지, 서포자, 이생망 같은 신조어도 우후죽순 생겨나고 있다. 집을 안 샀더니 별안간에 거지가 되고, 서울집 사는 것을 포기해야 하고, 한마디로 이번 생은 망했다는 것이다.

2021년은 영끌하는 MZ세대에 기회와 위험을 동시에 제공하고 있다. 성공하는 사람은 남들과 2%가 다르다고 한다. 부동산시장에서도 성공하려면 2%의 룰을 지켜야 한다. 3가지 이유 때문이다. 첫째, 부동산경기 변동상으로 볼 때 기존 아파트 매입보다는 신규분양으로 대상과 방법을 바꿀 필요가 있다. 경기변동이나 시장흐름이 큰 줄기에서 변화하고 있다. 2021년은 근본흐름을 바꾸는 원년으로 분기점이나 분수령을 맞을 것으로 전망된다.

둘째, 자산관리 측면에서 지금까지와는 차원이 다른 전략, 전술이 요구된다. 가령 "서울은 집값이 끝없이 오를 것이다", "오를 수밖에 없다"는 환상에서 벗어날 필요가 있다. 국내 부동산경기는 주택통계가 발표된 지난 1986년 이후 35년간 '5~7년 상승-4~6년 하락'이라는 소위 10년 주기설이 적용된다. 묻지마식 투자는 위험과 실패에 노출될 공산이 커 보인다. 그렇다면 대전환기를 맞은 실수요자는 과연 어떡해야 할까. 투자자세는 신중하고 선택은 스마트해져야 한다. 살집=슈퍼아파트는 보유하거나 매수하고 팔집=좀비아파트는 처분하는 것이 유리하다. 2021~2022년은 실수요자의 자산교체가 필요한 시점이다. 다주택자는 다운사이징 혹은 슬림화 전략을 권한다. 좀비는 과감하게 처분하고 슈퍼아파트는 장기보유전략이 바람직하다.

'살집팔집'은 투자위험을 줄여주고 성공의 길을 안내하는 내비게이션과 같은 길잡이가 된다. 망망대해 빛을 비추는 등대 역할이다. 목표수익률, 기대수익도 중요하지만, 하락위험과 리스크 관리는 필수적이다. 아파트 투자를 했다가 이익보다 손실이 난 경우 정신적 고통과 스트레스는 두 배 이상이라는 연구결과도 있다. 주식이든 부동산이든 투자실패는 경제적 손실에 그치지 않고 우리의 영혼마저 갉아먹는다.

초간단 입력만으로, 성공보장 80% 파레토 법칙

아파트를 사고팔 때 '살집팔집' 단 한 번 쉽게 초간단 검색하는 것만으로 86% 이상 성공을 얻을 수 있다면 믿을 것인가? 일종의 파레토 법칙이다. 80:20의 법칙으로 상위 20%가 전체 부의 80%를 차지하 듯 '살집팔집'에서 제공하는 슈퍼아파트 20%가 전체 아파트수익률의 80%를 차지할 것으로 예상된다.

'살집팔집'에 궁금한 것들을 입력만 하면 1분 안에 다음 3가지를 확실하게 알려준다. "아파트 선택은 제가 할게요"라고 말한다. 첫째는 내재가치 대비 시장가격이 낮을 때 매수하고 높을 때는 매도하라는 것 이다. 둘째는 땅값이 오르면 집값이 오른다는 것이다. 집값이 오른다 는 것은 결국 땅값이 오르는 것으로 귀결된다. 건물은 리모델링이나 재건축을 하지 않는 한, 시간이 경과해도 그 자체의 가치가 절대 증가 하지 않기 때문이다. 세 번째는 지하철개통, 공원조성, 도심개발 등 대 형 개발호재가 발생할 경우 이는 지가상승 → 집값상승으로 나타난다 는 것이다. 해당 역세권의 입지환경 및 공간구조 변화와 지역경제 활 성화로 인해 가장 먼저 인구증가 → 지가변동 → 임대료 변동 → 매매 가격 변동을 유발하는 선순환 고리가 작동되기 때문이다. 참된 경제다.

'살집팔집'이 실패하는 3가지 장면

'살집팔집'의 예측력은 80%라는 높은 적중률 내지 정확도를 자랑 한다. 20%는 미처 인지하지 못하는 요인 등으로 유동적일 수 있다. '살 집팔집'의 가격예측력이 빗나가는 경우는 다음과 같은 3가지 장면을 가정해 볼 수 있겠다. 현실적으로 불가능하다는 점을 미리 말해둔다.

첫째, 시장가격이 한번 오르더니 멈출 줄 모르고 영원히 오르는 현상을 목격하는 일이다. 부동산시장은 주기적으로 상승과 하락을 오간다는 10년 주기설 내지 벌집 순환모형이 작동하지 않는 것이다. 실물경제로 말하면 40개월 단기 키친파동, 9~10년 중기 주글라파동·50년 장기 콘트라띠에프 경기순환도 일어나지 말아야 한다는 뜻이다. 부동산경기는 주기적으로 순환변동을 반복한다.

둘째, 땅값은 오르는데 집값은 떨어지는 황당한 일이 벌어지는 장면이다. 땅값과 집값이 늘 동시에 움직이지는 않는다. 집값과 전셋값처럼 동행하기도 하고 선행하기도 한다. 하지만 중·장기적으로는 동행하는 모습이 뚜렷하게 나타난다. 지난 2010년 이후 10년 동안 땅값은 꾸준히 상승했지만, 집값은 2014년 이후 7년째 올랐다. 땅값과 집값은 단기적으로 미스매치나 불균형성장을 보이기도 했지만, 5~10년간 중·장기적으로는 같은 궤적을 그리고 있음을 알 수 있다. "땅값이 오르면 집값도 오른다", "집값이 오르면 땅값도 오른다"가 진리다.

셋째, 지하철이 개통된 후 역세권 땅값과 집값이 떨어지는 예기치 못한 일이 발생하는 장면이다. 경기 불황기를 제외하고는 지하철 개통 후 역세권 집값이 떨어질 확률은 제로에 가깝다. 혹여 불황기에 그런 일이 예외적으로 발생하더라도 이는 일시적 현상으로 시장이 정상화되면 집값은 오르기 마련이다. 지하철 개통은 미래가치가 바뀌면 미래가격도 바뀐다.

따라서 '살집팔집'의 투자원리와 법칙은 참된 명제가 되고 성공확률은 80% 이상 높게 나타나는 것은 당연하다고 하겠다.

차별성, 대체불가, 경쟁제품이 없다

'살집팔집'에서만 배울 수 있는 것들

'살집팔집' 전성시대가 오고 있다. '살집팔집'에서만 오직 배울 수 있거나 알 수 있는 것들이 있다. 남이 절대 흉내 낼 수 없는 대체불가능한 특징 네 가지가 있다.

첫째는 아파트는 토지와 건물로 구성되어 있다는 기본 학습 개념이다. 건물은 감가상각되면서 가치가 떨어지지만 토지는 쉽게 가치가 떨어지지 않는 영속성 있는 영원한 근본가치에 해당한다. 다만 신축아파트는 예외다. 신축아파트는 건물가치가 많은 비중을 차지한다. 반면에 20년 이상된 구축아파트의 경우는 토지가치 비중이 높아지고, 특히 재건축아파트는 토지가 절대적 비중을 차지한다. 따라서 신축, 구축, 재건축아파트 구분에 따라 '슈퍼아파트'의 결정적 요인은 다소 상

94

이하게 작용한다. 토지는 아파트의 입지가치와 내재가치를 결정하는 주요 요인으로 등기부등본에 숨어 있다.

둘째는 현재 이익보다 미래이익에 더 중요한 영향을 미치는 미래가치, 성장가치가 높은 성장지역에 대한 성장학습이다. 도시부동산법칙에 따르면 성장잠재력이 뛰어난 성장도시나 성장지역은 미래가치 또한 높다. 인구증가·소득증가·인프라증가·행정계획 등 4대 성장지표가 바로 미래가치를 판가름하는 주요 기준이 된다.

셋째는 '주거+자산+연금' 3대 가치를 지닌 일석삼조의 자산인 '슈퍼아파트'에 관한 응용학습이다. 예를 들어 성장지역에 위치하고 대지지분이 넓고 땅값이 꾸준히 오르며 전·월세가격이 지속상승하고 수요대비 공급이 제한되며 미래성장력이 높은 아파트단지가 바로 슈퍼아파트다.

넷째는 가격대비 투자가치가 높은 아파트, 소위 '가투비' 아파트를 찾는 비밀병기를 찾는 학습이다. 개별아파트의 건물가치를 감가상각한 후 3.3m^2당 대지지분의 땅값을 산출해 인근지역 아파트단지와 비교해보면 내재가치 대비해 시장가격이 고평가·저평가 상태인지 손쉽게 파악할 수 있다.

기존의 전통적 방식과 '살집팔집'이 제시한 새로운 방식

'살집팔집'은 슈퍼아파트의 실체적 진실과 우리가 잘 몰랐던 숨겨진 진짜 비밀을 알려준다. 남들과 다른 특화된 장점을 자랑하는 오리지널 콘텐츠 혹은 킬러콘텐츠는 아무나 흉내 낼 수 없고 대체불가능하다고 하겠다. 슈퍼아파트와 좀비아파트를 감별하는 객관적 기준과 방법은 무엇일까? 진실과 비밀을 밝히기 위해서는 이전의 방식과는 전혀 다른 새로운 접근방식이 필요하다.

먼저 '얼마나 살기(Live) 좋은 아파트인가?'를 판단하는 공간으로써의 주거편익가치를 분석해 예측하는 방법과 기준이다. 주거가치를 파악하고 분석하는 일은 전통적 이론과 수많은 연구논문을 통해 이미 잘 알려져 있다. 예를 들어 교통·교육·편의시설·녹지공간이 풍부할수록, 주거생활에 꼭 필요한 주거환경과 시설·자원·기능이 잘 갖춰질수록 주거편리성과 주거만족도가 높아지며 주거가치 또한 상승한다는 뜻이다.

다음으로 '얼마나 사기(Buy) 좋은 아파트인가?'를 말해주는 자산으로서의 투자가치는 좀 더 까다롭고 깊이 있는 숙고와 궁리를 요구한다. 아파트 투자가치는 중요한 분야임에도 이에 관한 자세한 이론과 연구는 미흡한 편이다. 이를 다루는 교과서도 많지 않다. 전통적인 이론은 가격발생, 가격형성, 가격결정 과정을 알려주고 있다. 임대료 기준으로 내재가치를 추정하는 계산법도 있다. 사용권의 가격인 현실 임대료와 미래 임대료를 기준으로 자산가치, 자산가격의 원천을 근거로 내재가치를 추정하는 계산공식이다.

하지만 전통적 이론의 문제점과 한계도 일부 드러났다. 부동산가치의 원천은 다양하고 복잡하다. 다양한 가치·수익·미래가치 추정이 어려운 데다 불확실성이 해소되지 않기 때문이다. 부동산투자를 통해 기대하는 수익은 두 가지로 임대수익(Income Return)과 자본수익(Capital Income Return)이다. 현재 발생하는 이익보다 미래이익이 더 주요하지만 이를 제대로 반영하지 못하는 한계를 내재하고 있다.

따라서 기존의 연구와 이론에서 벗어나 새로운 접근방식과 분석방법을 고민하고 시도할 필요성이 제기됐다. 필자가 15년 전부터 폭넓고 밀도 있게 연구한 분야가 바로 새로운 접근방식과 과학적 분석방법이다. 아파트 본질가치를 측정하기 위한 가치체계 정립과 평가지표 개발, 중요도(가중치), 데이터분석, 계량화 산술공식, 레이팅(등급화), 추천 알고리즘이 바로 그것이다.

전체 시장만 볼래, 개별 집값도 볼래?

전체시장의 흐름과 특정시장의 움직임은 같거나 다를 수가 있다. 특정시장의 동향과 개별아파트단지의 가격변동폭도 똑같지가 않다. 부동산시장은 세분화되고 계층별로 구조화되어 있으며, 개별 특성이 강하다. 이를테면 전체시장이 안정되어 있다고 해서 개별 집값이 움직이지 않는 것은 아니다는 뜻이다. 혹자는 묻는다. "서울이나 세종시 아파트를 지금 사도 될까요?" 질문이 너무 광범위하고 포괄적이다. 질문 속에 답이 있는 법인데 이런 질문을 받으면 정확한 답을 할 수가 없다. 구체적인 질문일수록 명확한 답을 줄 수 있다. 묻는 이는 아마도 관심 지역인 서울이나 세종시 부동산시장 전망에 관해 궁금한 듯하다. 부동산 전망이 좋으면 본인이 생각해둔 서울 어느 지역의 어떤 아파트를 살지 이미 작정한 상태에서 질문하는 것일 테다.

그런데 이러한 질문과 접근방식은 크게 잘못됐다. 주택시장의 흐름을 아는 것과 개별 집값을 예측하는 일은 서로 다르다. 상호연관성은 있으나 반드시 일치하지 않는다. 아파트를 사고팔 때 전체 시장흐름과 특정지역 시장, 개별 집값은 각각 다르게 움직인다. 이를 '지역별 계층화된 구조'라고 한다. 예를 들어 서울이 오를 때 부산, 대구 등의 지방 대도시는 내릴 수도 있다. 그 반대의 경우도 있다. 아울러 서울지역도 상위시장인지, 하위시장(Sub Market)인지에 따라 온도 차가 다르고 가격등락 폭도 다를 수밖에 없다.

개별아파트 가격결정에 결정적인 영향을 미치는 요인은 특정 지역에 미치는 요인도 중요하지만, 개별아파트에 특화된 요인이 좀 더 중요하게 작용한다. 예를 들어 가격발생요인인 유용성, 상대적 희소성, 유효수요를 비롯해 대지지분, 지가변동률, 교육·교통시설 등 입지특성과 단지규모, 가격변동률 등의 단지특성 그리고 미래 지역변화 요인(미래가치) 등이 더 커다란 영향력을 끼친다는 뜻이다.

따라서 앞으로 아파트를 사고팔 때는 전체 시장의 추세를 살펴봐야 하지만 특정 지역 시장의 변화와 개별부동산의 가격변동도 동시에 종합적으로 관찰할 필요가 있다. 무엇보다도 내가 보유하거나 관심을 두고 있는 개별아파트에 관한 주거가치와 투자가치를 미리 아는 것이 가장 중요한 해결과제가 된다. 꼭 명심하자.

참고로 부동산 교과서에는 호황에 강한 부동산도 있지만, 불황에 강한 부동산과 안정형 부동산도 존재한다. 경기의 호·불황에 따라 투자대상은 얼마든지 달라질 수 있다는 뜻이다. 아파트도 호경기에는 크고 화려한 대형 고급주택과 재건축이, 불경기에는 작고 가벼운 소형 저가주택이 뜬다고 알려져 있다. 아파트를 매매할 때 '살집팔집'은 이렇게 말한다. "더 이상 고민하지 마세요! 개별아파트에 대한 선택과 투자가치 정보는 제게 맡겨주세요!"라고 말이다.

말로 할래? 감으로 할래? 아니면 확실한 데이터로 할래?

'살집팔집'의 근본적 차별성과 특장점은 여러 가지다. 유사제품도 있고 짝퉁도 있다. 원천특허기술이기 때문에 지표와 지수에 의한 아파트 경쟁력 평가, 슈퍼아파트와 좀비아파트의 감별, 가격예측 경쟁제품의 출현은 거의 불가능한 상황이다. 총 4가지 이유가 있다.

첫째는 '말로 할래? 감(感)으로 할래? 데이터로 할래?'다. 즉, 설득력과 마케팅 방법의 차이다.

아파트를 매매할 때 지금까지는 주로 말로 혹은 감(感)으로 했다면 앞으로는 확실한 데이터로 해야 한다. 예전에는 '친구 따라 강남 간다'는 말처럼 주변인, 친구, 친척의 말에 주로 의존하고 직관이나 동물적 감각에 의존하는 경우가 많았다. 심지어 부동산 중개업소조차 왜 이 이파트가 좋은지, 진짜 좋은 집인지, 왜 사야 하는지, 투자가치개념과 통계, 데이터 자료를 기반으로 설명하는 곳은 거의 없다. 그저 근거가 부족하고 증거가 남지 않는 공허한 말(說)로 설득하기에 바쁘다. 듣는 순간에는 솔깃하지만 공감력은 떨어진다. 말은 공허할 수 있지만 통계와 데이터는 절대 거짓말을 하지 않는다.

'살집팔집'은 10년 빅데이터와 각종 주택통계, 20개 지표와 그래프를 사람의 주관적 판단 없이 계산된 공식이다. 컴퓨터가 데이터값을 산출했다. 수학적 알고리즘을 통해 입지·수익·희소·미래가치를 측정하고 등급화하고, 미래가격을 예측하고, 추천하는 프로세스를 거쳤다.

실거래가만 알래? 진짜 집값도 알래?

둘째는 '실거래가만 알래, 진짜 집값(투자가치)도 알래?'이다. 즉, 표면적 가치냐 내재적 가치냐의 문제를 명확히 한 것이다. 아파트를 사고팔 때 실거래가를 알고 계약하는 것은 기본이다. 언제 어떤 아파트가 거래됐는지를 모르고 매도자나 중개업자가 하자는 대로 계약을 체결하는 이는 아마도 없을 것이다. 하지만 실거래만 알고 집을 사고팔면 어떻게 되는 것일까? 실거래가는 최근 시세를 알려주는 표면가치일 뿐 진짜 집값은 아니다.

실거래가는 집값이 오를지 내릴지를 알려주는 경제적 예측지표는 더더욱 아니라는 얘기다. 미래가격을 예측하기 위해서는 1차로는 내재가치 대비 시장가격(실거래가)이 저평가·고평가됐는지를 진단해야 한다. 2차로는 미래가치측정을 통해 미래이익이 발생할 확률이 높은지, 낮은지를 따져볼 필요가 있다. 왜냐하면 현재가치는 현재가격에 90% 이상 반영되지만, 미래이익은 미래변화와 미래가치에서 발생하기 때문이다.

만일 이런 절차를 생략하면 어떤 일이 벌어질까? 실거래가만 보고 집을 덜컥 샀더니 집값이 떨어져 손해 보는 경험을 당할 수 있다. 반대로 팔았더니 집값이 급등해 해약해야 하는 경우가 발생할지도 모른다. 두 가지 사례 모두 '살집팔집'에서 제공하는 투자가치등급과 가격예측정보를 놓치면 언제든지 현실이 될 수 있다는 뜻이다. 그래서 생겨난 말이 있다. 실거래가만 보고 계약하면 바보 된다! 진짜 집값도 동시에 봐라!

1년 앞을 볼래? 10년 앞을 볼래?

셋째는 '1년 앞을 볼래, 10년 앞을 볼래?'다. 즉, 단기투자냐 장기투자냐의 차이다.

아파트를 구매할 때, 몇 년 앞을 내다보고 투자하는 것이 바람직할까? 주택을 교체하는 주기는 얼마 동안으로 잡는 것이 좋을까. 여기에는 두 가지 기준이 적용된다. 주택통계가 나온 1986년 이후 주택경기 변동 사이클을 보면 10~12년 주기로 5~7년 오르면 4~6년간 하락하는 사이클이 출현하고 반복되는 순환변동주기를 감지할 수 있다. 이러한 현상은 필자가 주장하는 10년 주기설의 배경이다(참고로 일본은 15년, 미국은 20년 주기설이 있다).

과거 34년 동안 3번의 상승과 2번의 하락이 있었다. 국토부가 발표한 주거실태조사를 보면 자가주택 보유기간은 약 10년으로 나타난다. 그리고 서울 및 수도권 등 성장지역의 경우 지난 30년간 집값의 고점이 높아지는, 우상향하는 그래프가 출현한다. 단기보유보다는 장기보유전략이 자산관리 전략 면에서 유리한 것으로 드러났다. 한국보다 10~20년 이상 앞선 미국, 영국, 프랑스, 독일 등 선진국의 집값 추이를 볼 때 앞으로 10년 이상 국내 주택가격상승추세는 유지될 것으로 전망된다. 워런 버핏은 10년 보유할 주식이 아니라면 단 10분도 보유하지 말라고 조언한다. 하물며 부동산은 더더욱 그렇지 않을까.

건물가치만 볼래? 토지가치도 볼래?

넷째는 '건물가치만 볼래, 토지가치도 볼래?'이다. 이는 건물과 토지 간의 가치 차이를 말한다.

아파트를 살 때 사람들이 가장 놓치기 쉬운 부분이 바로 건물가치와 토지가치를 구분하지 못하는 것이다. 부동산은 토지와 건물로 구성돼 있다. 내재가치는 외면하고 표면적으로 드러난 실거래가나 건물가치만 보고 매매가격을 결정하면 안 된다는 뜻이다. 왜 그럴까. 재건축대상인 잠실주공5단지와 인접한 아시아선수촌 사례를 들어 보자. 2021년 4월 말 기준으로 잠실주공5단지 34평형(전용 77㎡, 매매가격 약 24.3억 원) 아파트의 건물가치 감가상각 후(30년 이상으로 건물 잔존가치는 없다) 대지지분가치로 본 3.3㎡당 땅값은 약 1억 700만 원 선이다. 반면에 건물 평형 기준으로는 3.3㎡당 매매가격은 약 7,150만 원에 달한다. 비교단지인 아시아선수촌의 38평형(전용 99㎡, 매매가격 25.8억 원) 아파트의 경우 3.3㎡당 땅값은 1억 600만 원이고 건물 평형 기준으로는 3.3㎡당 6,790만 원으로 나타났다.

따라서 토지가치인 대지지분 기준으로 따져본 두 아파트의 내재가치 차이는 거의 없다. 내재가치 대비 시장가격은 고평가·저평가상태가 아닌 균형상태에 놓여 있음을 알 수 있다. 그래서 현재가격에서 두 아파트를 매입한다면 투자가치의 절대 차이는 거의 없다.

하지만 건물기준으로만 보면 달라진다. 360만 원의 차이가 발생한다. 아시아선수촌이 저평가됐다고 오판할 수도 있다. 현실에서는 실제로 그렇게 판단하고 매수를 감행하는 이가 주변에 드물지 않다.

재건축뿐 아니라 구축·신축아파트를 매수할 경우 건물 평형만 보고 결정하는 우를 범해서는 안 된다. 건물의 감가상각 후 3.3㎡당 땅값이 해당 아파트의 진짜 집값이 되는 이유다. 강조한 대로 아파트는 토지와 건물로 구성돼 있다. 여기서 얻은 교훈이 있다. 신축아파트는 건물가치가 중요하지만, 시간이 경과함에 따라 건물가치는 비중이 감소하고 토지가치는 상승한다는 것이다. 그래서 구축 재건축 등 노후화된 아파트일수록 토지가치의 비중은 더욱 커진다. 그리고 재건축을 추진할 경우, 건물가치는 증발되고 오직 토지가치만 남게 된다는 사실을 잊지 말자.

아파트는 고비용,
고수익 매력덩어리

탐색비용, 정보비용, 기회비용, 거래비용 덩어리

부동산은 세상에서 가장 비싼 내구재이고 살아가는 동안 가장 많은 비용을 내게 하는 소비재다. 반면에 잘만 고르면 어느 재화보다도 투자수익과 행복지수를 높이는 놀라운 마법도 선물한다. 아파트를 구매하러 다니는 순간부터 손품과 발품을 파는 데는 탐색비용과 정보비용이 들어간다. 교통비는 물론 바쁜 현대인에게 시간도 비용이 된다. 실제로 집을 구매하는 데는 두 달의 고민과 6번의 현장 방문, 수차례의 중개업소 방문은 필수적이다. 살면서 가장 어려운 일이 이혼 다음으로 집 구하기와 집짓기라는 말이 생겨날 정도다.

문제는 손품을 팔아 정보를 챙기고 발품을 팔아 매물을 찾았다고 하더라도 내게 꼭 필요한, 꼭 맞는 좋은 주택, 좋은 아파트인지는 알 수 없다는 것이다. 주거가치와 투자가치는 손품과 발품을 팔고 친구나 중개사의 말을 귀담아 듣는다고 해서 답을 찾을 수는 없기 때문이다. 선택장애가 발생하는 근본 이유다.

'살집팔집'은 바로 이 지점에서 수요자의 결정장애를 풀어주고 불편과 고민을 단박에 해결해주는 해결사 역할을 한다. 주거가치와 투자가치가 높은 슈퍼아파트를 입력만으로 1분 이내에 찾아준다. "앞으로는 지인이나 인터넷이나 여러 중개사에게 물어보지 마세요! 아파트 선택은 제가 답변드릴게요!"라고 말하고 싶다. 지역별·역세권별로 슈퍼아파트를 언제든지 자동 검색할 수 있다. 자금·지역·평형만 입력해도 내 조건에 딱 맞는 최적합 슈퍼아파트를 찾아주기도 한다. 20개 투자지표는 그 이유를 알기 쉬운 그래프로 일목요연하게 보여준다. 검색 이후 경험하게 되는 주거행복과 투자수익, 자신감은 덤이다.

투자와 투기의 차이는?
사는(Live) 곳과 사는(Buy) 곳의 차이!

주택은 투자일까, 투기일까? 투기와 투자의 근본적 차이는 뭘까? 본질적 개념, 과학적 체계성과 실증적 근거가 중요하다. 부동산 교과서는 주택은 주거공간이고 투자자산에 해당한다고 일러 준다. 하지만 정부정책과 다주택, 실거주 여부를 둘러싸고 갑론을박이 한창이다. 투자와 투기의 차이는 경계가 모호한 탓에 늘 논쟁거리가 된다. 사전적 의미로 투기란 단기간에 시세차익을 얻는 행위를 말한다. 반면에 투자란 '이익을 얻기 위해 어떤 일이나 사업에 자본을 대거나 시간이나 정성을 쏟는 것'으로 정의된다. 자본투자만을 의미하지 않으며 책을 읽는 독서활동과 지적노력도 투자에 해당한다.

따라서 '1주택자＝투자, 2주택자＝투기'라는 정책적 정의는 다분히 인위적이고 단조롭고 이분법적이다. 다주택을 보유한 것이 장기간 이익을 얻기 위해 탈세와 비리 등 비정상적 투기활동의 결과가 아니라면 투자에 해당한다. '다주택자＝투기꾼' 등식은 비논리적이며 객관성이 떨어진다. 예를 들어 65세 이상 은퇴자, 부모를 부양하는 이들에겐 2주택 정도는 허용해야 한다고 생각한다.

혹자는 말한다. 투기와 관련해 일각에서는 주택은 사는(Live) 곳이지 사는(Buy) 것이 아니라고 주장한다. 투기를 경계하는 말일 테다. 표피적으로는 이상적이고 고상한 말로 다가오지만, 이 또한 올바른 해석이나 주장과는 거리가 있다. 부동산학은 확실한 지침을 주고 있다. 주택은 사는 곳(Live)이자 사는 것(Buy) 두 가지 모두에 해당한다고 말이다. 의식주처럼 삶의 필수품이고 가계의 주요 자산이며 노후 안전판이기 때문이다. 한국인은 가계자산의 76%가 주택이고 국민연금에 이어 노후준비 2순위가 주택연금이다. 노후대책으로 주택을 빼놓고 뾰족한 방법을 생각할 수 없는 게 현실이다. 공허한 논쟁은 사회적 비용만 증가시킬 뿐이다.

'살집팔집'의 '가격예측 정확도'는? 놀라운 시장 반응!

'살집팔집'의 경제예측모형은 충분히 검증되고 신뢰도가 높고 정확도는 자랑할 만하다. 당연히 아파트의 가격예측력이 얼마나 정확한지 묻는 이가 많다. 아파트는 독특하고 매력적인 부동산이다. 주거가치, 투자가치 측면에서 장점이 많다. 한국 아파트는 더욱 그러하다. 다른 부동산과 달리 제품이 획일화, 표준화되고 가격과 거래도 투명하게 공개돼 완전시장에 가깝다. 시장분석, 수요예측, 가격전망도 가능하다. 데이터와 통계를 취득하고 축적하고 종합적으로 추이를 분석하면 가치측정과 실증분석, 가격예측, 의사결정, 투자전략의 방향성을 어렵지 않게 추정할 수 있기 때문이다.

그래서 두 가지 실증분석과 시장반응을 테스트했다. 3~4년 전부터 조선일보가 주최하는 트렌드쇼와 재테크쇼, 매일경제신문사가 주최하는 머니쇼 등에서 강연할 때 핵심성장지역 소개와 더불어 지역별로 슈퍼아파트 Best 10을 추천한 적이 있다. 그때 추천한 아파트를 중심으로 예측의 정확도를 사후 분석한 결과, 그 정확도는 86% 이상이다. 시장 평균치의 2배 이상의 높은 초과수익률을 기록했다.

그리고 지난 2~4년간 시장테스트를 한 결과도 매우 긍정적이다. KB국민은행 리브온과 매경닷컴을 통해 '살집팔집' 오픈베타 방식으로 테스트한 결과도 만족한다는 사용자 반응이 훨씬 더 많았다.

리얼한 전쟁터, 100만 원이 10억 원으로?

고객과 상담을 하면 더욱 현장감이 넘친다. 유료상담을 하다 보면 까다로운 고객들이 있다. 하지만 생동감도 있다. '살집팔집' 데이터분석리포트를 본 이후에는 아무리 까다로운 고객이라도 무척 놀라워하며 감탄한다. 10년간 투자지표가 나타내는 데이터의 힘과 통계수치 앞에서 부정하기보다 수긍하고 수용하는 사람들이 꽤 많았다. "아하! 그래서 내 아파트가 투자가치가 낮았군요!" "데이터를 보니 앞으로 어떻게 될지도 어렵지 않게 추정 가능하군요!" "건물가치보다 토지가치를 더 중요하게 봐야 하겠군요!" "현재가치보다 미래가치를 내다보는 안목이 생겼습니다!" 하고 말이다. 100만 원의 상담료가 1억 원, 아니 10억 원의 경제적 효과를 창출한다면 믿겠는가? 괜한 투기 부채질이 아니다. 실거주와 장기투자를 통한 실수요자의 주거안정, 주거행복을 쟁취하기 위한 치열한 주거선택의 고민이 과학적 해법을 만나서 창출한 기적의 성과라고 할 수 있다. 물론 부동산경기의 장기활황이 가장 근본원인임을 부정하기는 어렵다.

국민 모두를 지켜주는 안심중개서비스

국민 모두의 재산을 든든하게 지켜주고 키워주는 '자산관리형 안심중개서비스'를 선보인다. 부동산산업과 부동산시장은 조만간 천지개벽과 지각변동을 맞을 전망이다. 중개사는 자산관리사로 환골탈태하고 중개혁신공동체의 대변신이 불가피해 보인다. 사례를 들어보자.

중개사는 본디 부동산 유통전문가다. 지금까지 저마다의 실력과 경험을 바탕으로 주관적인 말로써 고객을 설득하는 것이 종전 업무방식이고 관행이었다. 하지만 디지털전환시대에는 달라져야 한다. 앞으로는 고객을 대상으로 아파트의 적정한 가격과 가격예측, 지역분석은 필수 업무가 된다. 고객이 각종 데이터를 요구하고 논리적이고 체계적인 설명을 요구하기 때문이다. 20~30대는 특히 그런 경향이 강하다. 40~50대도 말이 아닌 높은 지식과 통계, 데이터에 대한 신뢰가 높다. 빅데이터와 인공지능기반으로 고객에게 설명할 때 훨씬 설득력이 높아진다. 데이터와 수치, 통계는 거짓말을 하지 않는다.

'감(感)으로 투자할래, 데이터로 투자할래?' '말로 설명할래, 데이터로 설명할래?' 누가 더 신뢰도가 높을까. 답은 이미 정해져 있다.

'살집팔집'은 이미 오래전에 디지털전환, 프롭테크기술, 데이터기반의 아파트가치분석과 가격예측정보제공을 위한 만반의 준비태세를 갖춰 왔다. 예컨대, 아파트 주거가치 10개 측정지표와 투자가치 20개 측정지표를 개발했다. 지표 하나하나 개발에 소요된 기간만 5년이 걸렸다면 믿을 것인가? 국내 저명한 부동산학자, 도시공학자, 경제학자, 감정평가사, 금융인, 건설인, 분양대행 및 자산관리 종사자 등 각계에 대한 설문조사와 포커스 면접을 여러 번 거쳤다. 지표의 중요도와 상관도, 가중치의 조정, 가치와 가격과의 관계와 실증을 위한 통계분석에만 2년여의 검증기간이 소요됐다. 그런 다음 원천특허취득에 1년, 신기술 벤처기업인증에 6개월, 공공데이터 경진대회 수상 2회 등 7년간의 절치부심과 수고로움이 더해졌다. 진짜 전문가는 데이터로 증명한다. 자신감이 없을수록 공중에 사라질 말이 늘어날 뿐이다.

가짜 뉴스, 가짜 지식, 가짜 부동산, 가짜 전문가 동시주의보!

가짜 뉴스에 이어 가짜 지식, 가짜 지식인, 가짜 전문가가 여론의
지탄 대상이다. 인문학이든 종교든 연예계이든 주식이든 부동산이든
가짜가 넘치고 판치는 세상이다. 잘 알지도 못하는 가짜 지식을 팔고
전문가 행세를 하는 이들이 부쩍 많아졌다.

부동산도 마찬가지다. 유튜브와 투자동호회 카페 등을 통해 부동
산투자를 부추기고 과학적 근거나 실증분석 없이 가짜 뉴스와 가짜
지식을 판매하는 이들이 부지기수다. 오죽하면 "부동산 교수의 말과
반대로 하면 큰돈 번다"는 얘기가 있을까. 혹자는 부동산경기예측은
신만이 알 수 있다거나 정부에 물어봐야 안다거나 하는 등 무지를 드
러내기도 한다. 더 나아가 어떤 이는 대놓고 자기는 족집게라는 식의
자화자찬도 난무한다. 이 책은 가짜 부동산, 가짜 전문가에겐 경종이
되고 실수요자에게 복음서가 되기를 바란다.

적정한 가격을 알 수 없다는 뒷북예언가, 사이비전문가

부동산학개론이나 원론서를 읽은 적이 있는가. 부동산을 함부로
예측하는 예언가적 행태는 부동산경제학, 도시경제학 교과서를 한 번
도 읽지 않은 자들의 궤변이고 무지와 무경험의 소치다. 기상청의 일

기예보가 100% 맞지 않는다고 할머니의 관절염을 믿는 것과 무엇이 다른가? 심지어는 아파트의 적정한 가격산정은 알 수 없다거나 내재가치 개념도 모른 채 오르는 아파트가 더 오를 수밖에 없다는 황당한 주장도 나오는 형국이다. 아마도 강남, 마·용·성을 지칭해서 그런 듯하지만, 과거 통계와 경험을 보면 강남권 아파트의 경우 오를 때도 많이 오르지만 내릴 때도 급락한 사례가 많았음을 기억할 필요가 있다. 산이 높으면 골이 깊은 법이다. 산고심곡(山高深谷)이다. 조건과 상황, 시장흐름에 따라 더 오를 수도 있겠지만 내릴 가능성도 열려 있다는 뜻이다. 미국 예일대 로버트쉴러 교수는 평균회귀법칙에서 주식과 주택 등 모든 자산은 중장기적으로 평균값에 회귀한다는 원리를 밝힌바 있다.

최근들어 깜짝 놀랄 만한 황당한 일도 주변에서 벌어지고 있다. "개별아파트 가격이 언제 얼마만큼 오를 것이다"라고 구체적인 수치까지 제시하는 이들도 생겨났다. 이는 경제학을 근본부터 부정하고 혹세무민하는 일과 다름이 없다. 경제학은 인간의 경제행위와 경제현상을 연구하는 사회과학으로 인과관계를 분석하는 논리적, 체계적, 종합적 학문이다. 경제예측은 가능하나 미래는 불확실하므로 가설을 전제로 실증분석하는 일이 중요하다. 수많은 요인이 영향을 미치고 변수가 작동하는 불확실한 미래변화를 맞아 주식가격과 집값이 언제 얼마만큼 오른다는 예측은 아무리 주관적이지만 가능한 일이겠는가? 이렇게 객관적 근거 없는 상상력이 도를 넘는 예측 행위는 시장의 혼란만 가중시키고 시장참여자를 기만하는 행위와 다름이 없다. 주변에 그런 이가 있다면 이는 얼치기 전문가, 아니면 무지하거나 과잉예측하는 사이비 전문가가 틀림없다.

부동산경제학과 진실한 교훈 몇 가지

부동산경제학이 우리에게 일깨워 주고 있는 몇 가지 진실을 소개한다. 첫째, 기업이든 주식이든 금융이든 부동산이든 모든 재화는 가치를 지닌다. 둘째, 사용가치와 교환가치가 있다. 셋째, 주택은 주거공간이고 투자자산이다. 넷째, 기업과 부동산에는 본질적으로 내재하는 내재가치가 존재하며 가치가 가격을 결정한다. 즉, 가치는 독립변수이며 가격은 종속변수다. 다섯째, 따라서 기업의 내재가치와 주택의 내재가치를 평가(Valuation)하여 이를 시장가격(주가와 집값)과 비교해서 고평가·저평가 여부를 판단하는 일이 중요하다. 한편 부동산 경기변동을 예측하는 이론과 기법도 잘 발전되어 있다. 그런데 사람의 힘으로는 시장이 어떻게 움직일지 흐름을 예측할 수 없다거나 적정한 가격에 해당하는 내재가치를 알아낼 방법이 없다고 말하는 이가 있다면, 이는 무지한 발언이다. 물론 경기예측이나 시장전망은 어렵고 까다로운 분야다. 확률적으로 방향성만 알아챌 수 있으며 사후에 확인 가능한 일이다. 내재가치도 사전에 개략적으로 임대료 등을 통해 추정할 수 있으나 불확실성은 남아 있다. 미래 경제예측은 가능한 영역이나 100% 정확히 알 수 없다는 얘기다. 특히, 이 같은 주관적이고 이론적, 논리적 근거가 없는 주장을 믿고 투자했다가 낭패를 당한 선의의 피해를 생각하면 끔찍하다. 근거 없이 큰소리치는 점쟁이나 뒷북 예언가와 무엇이 다를까.

'살집팔집'의 진짜 효능 5가지

'살집팔집'이 다른 프롭테크 혹은 중개플랫폼, 정보사이트와 근본적으로 차별되는 효능은 다음과 같다.

첫째, '실거래가+진짜 집값+미래예측'까지 동시 제공한다!

내 아파트의 진짜 집값은 무엇일까? 경제학에서는 '내재가치', 시장기본가치를 뜻한다. 미래가치까지 더해 '살집팔집'에서는 투자가치와 동의어로 사용한다. 아파트에 내재된 본질적인 입지가치, 수익가치, 희소가치, 미래가치를 포괄하는 개념이다. 용도에 따라 주거가치와 투자가치를 분리하여 등급을 산출했다.

둘째, 지역과 역세권별로 큐레이션과 개별 특화 맞춤형 서비스다!

'살집팔집' 간편 검색만으로 우리 동네(시·군·구)와 역세권에 숨겨져 있는 슈퍼아파트, 똘똘한 한 채를 통째로 만날 수 있다. 주택매매에는 다른 재화와 달리 많은 거래비용과 주택탐색비용이 들어간다. 금전적 비용뿐 아니라 정신적 비용도 포함된다.

'살집팔집'은 주택거래비용과 시간, 스트레스, 선택장애를 한 방에 시원하게 날려줄 것이다. 개별 특화 맞춤형 서비스가 여러분을 기다린다.

셋째, '주거가치, 투자가치, 가격예측'은 삼총사다!

주거가치는 주거편리성을, 투자가치는 투자매력도를 나타낸다. 두 가지가 결합해 진짜 집값과 가격예측정보를 창출한다. 특히 투자가치 등급은 높음, 보통, 낮음의 3단계로 구분해 별점으로 표시해 누구나 알기 쉽게 했다.

꿀팁을 드린다. 앞으로는 아파트를 사고팔 때 실거래가만 보지 말고 진짜 집값도 함께 보라고 말이다. 실거래가만 보고 매매하면 바보가 될 수 있다. 미래가격, 미래이익을 놓치지 않는 현명한 선택을 해야 한다.

넷째, 유전자(DNA) 분석하듯 투자지표를 일목요연하게 보여준다!

20개 투자지표를 낱낱이 파헤쳐 일목요연하게 보여준다. 왜 투자가치가 높은지를 10년간 빅데이터기반의 도표와 그래프로써 시각적으로 구현했다. '부동산의 가치(Value)를 믿는다'는 철학에서 출발한 가치주의(Valueism)에 기초하며 내재가치는 미래가치와 더해져 투자가치로 연결될 수 있다. 투자가치와 시장가격을 대비해 저평가·고평가 상태를 판단할 수 있으며 향후 가격 방향성을 예고하는 척도가 된다.

다섯째, 국내 최초 특허기술로 학술논문, 공공기관수상 등 3단계 공적 검증을 마쳤다.

특허청, 기술보증기금, 한국감정원, 공공빅데이터협회, 한양대학교 등 국가기관과 대학교, 학회로부터 3단계 검증을 받았다. 공신력을 인정받았다. 다른 프롭테크 기업이나 정보사이트와 과학성, 독창성, 신뢰성 측면에서 차별되는 이유다.

'살집팔집'의 장점과 한계

선(先) 지역선택, 후(後) 물건선택 하라!

아파트를 고를 때 가치투자법 외에 꼭 지켜야 할 원칙이 몇 가지 있다. 그 가운데 가장 손쉽고 탁월한 방법이 있다. 선(先) 지역선택, 후(後) 물건선택이 바로 그것이다. 아파트를 고를 때 지역선정부터 하고 그다음으로 해당 지역의 아파트 매물을 관찰하고 매입하라는 것이다. 일반적으로 사람들은 이를 거꾸로 진행한다. 대체로 아파트를 사고자 할 때 서울 전 지역 혹은 내가 사는 동네 혹은 살고 싶은 동의 아파트단지를 모조리 찾아다니는 경우가 많다. 보통 2개월 동안 6번 정도 동네 아파트를 방문한다고 통계가 말해준다. 발품을 판 결과가 최선의 아파트 선택으로 이어진다면 다행이지만 그렇지 않은 결과라면? 그 성과는 미지수다. 한정된 시간에 한정된 정보를 가지고 범위를 넓게 잡아서 투자활동을 해서는 최대 효율성을 기대할 수 없다. 살기 좋고, 사기 좋은 슈퍼아파트를 고르는 비책은 네 가지다.

먼저, 성장지역을 선택하는 일이다. 도심권이든 신도시든 외곽지역이든 성장지역을 선택하는 일이 가장 첫 번째 중요한 과제다. 인구증가·소득증가·인프라증가·행정계획이 받쳐주는 지역이 최상급이다. 반대로 인구감소, 소득감소, 인프라 정체, 행정계획이 따로 존재하지 않는다면 이는 정체지역·쇠퇴지역이나 축소지역에 해당한다. 비성장지역은 피하고 성장지역을 선별하자.

두 번째는 성장지역 내 슈퍼아파트단지를 고르는 일이다. 이 부분이 좀 더 까다롭다. 앞서 언급한 대로 주거가치를 따져 봐야 한다. 슈퍼아파트는 단순하게 역세권인지 아닌지, 오피스텔 밀집지역인지 아닌지, 학군이 좋은지 아닌지, 생활편의시설이 좋은지 아닌지 등을 보고 판단할 일이 아니다. 직주근접성, 인구와 자원과 실리적 밀도 등 얼마나 살기 좋은지를 종합적으로 따져 봐야 한다.

세 번째는 살기 좋은 투자가치를 따로 계산해야 한다. 예를 들어 대지지분, 공시지가변동률, 지변율, LQ지수 등 입지가치를 비롯해 매매가격변동률, 전세가격변동률 등 수익가치, 주택보급률, 신규인허가 물량 등 희소가치, 도시계획 등 미래가치를 측정하는 투자지표를 점검해야 한다.

마지막으로 가격대비 투자가치 핵심지표인 아파트 매매가격 대비 3.3㎡당 땅값을 주변 아파트와 비교한 후 최종적으로 결정해야 구매 과정이 완결되는 것이다.

개인에게 최적화된 맞춤형 중개서비스, 초개인 알고리즘

아파트 걱정은 덜고 안심거래하는 방법이 있을까? '살집팔집'은 개인별 수요자 맞춤형 서비스와 큐레이션 특화서비스를 제공한다. 초개인 알고리즘기반 자산관리서비스로 최적화된 주거상품을 추천해준다. 자산관리형 안심중개서비스도 제공한다. 3가지는 없고(No), 3가지는 있는(Yes) 독특한 서비스다. 허위매물, 권리하자 매물, 투자가치 없는 매물은 절대 제공하지 않는다는 원칙을 지켜나갈 방침이다. 아울러 지역분석, 권리분석, 세무분석, 가치분석 등을 제공한다. 수요자가 알고 싶고 꼭 알아둘 필요가 있는 사항에 대해서는 분석리포트를 계약서와 별도로 작성해서 제시할 계획이다. 그렇게 되면 소비자 만족도가 높아지고 전속중개의뢰가 늘어날 것으로 기대된다.

로켓배송처럼 최단기간에 최저비용으로 수요자에게 가장 적합한 최적화된 맞춤형 아파트를 찾아주는 구매대행서비스도 준비 중이다. 소비자는 기회비용과 시간, 스트레스를 줄일 수 있는 새로운 서비스와 혜택이 주어질 것이다. 핵심서비스는 3가지다.

첫 번째, 지역별로 슈퍼아파트를 추천하는 방식이다. 시·군·구별로 슈퍼아파트를 검색하면 투자가치 1등급에 해당하는 슈퍼아파트가 리스트 형태로 실시간 제공된다. 관심 지역을 분주하게 현장 답사하거나 번잡한 임장활동을 생략해도 된다.

두 번째, 역세권별로 슈퍼아파트를 추천하는 방식이다. 역세권의 거리에 맞춰 1차 250m, 2차 500m, 3차 1,000m 차례로 슈퍼아파트의 검색이 가능하다. 물론 역세권에 가까울수록 집값이 비싸다는 사실과 미래역세권을 고려해 활용하면 더블링(doubling, 배가) 효과를 누릴 수 있다.

세 번째, 개인별로 특화된 3가지 조건, 즉 자금·지역·평형을 입력하면 실시간으로 슈퍼아파트를 콕 집어서 알려준다.

따라서 슈퍼아파트를 골라서 투자할 때 성공확률은 86%가량으로 높은 편이다. 일반인이 손품과 발품을 충분히 팔더라도 개별아파트의 주거가치와 투자가치를 알아내기는 거의 불가능한 영역이다. 시간과 비용투입으로 해결되는 문제도 아니다. 이제부터는 무료로 혹은 약간의 비용으로 해법을 찾을 수 있게 됐다. "인터넷이나 지인에게 묻지마세요! 당신의 아파트만 입력하면, 1분 이내 답을 찾을 수 있습니다."

최대 수혜는 MZ세대? 40~50대? 은퇴세대?

'살집팔집'의 최대 수혜층은 1·2차 베이비부머에 속하는 은퇴층과 더불어 생애 최초로 영끌하는 MZ세대가 될 것이다. 투자가치와 가격예측정보도 모른 채 깜깜이 투자를 감행하는 20~30대는 집값이 떨어질 경우 위험과 실패에 직면할 확률이 높다.

40~50대는 어느 정도 경험과 자본이 있기에 '살팔팔집'을 사용하는 그 자체만으로 큰 도움이 될 것이다. 50~60대는 은퇴주택 갈아타기와 관련해 결정적 도움을 받을 수 있다. 잘만 사용하면 '살기 좋고, 사기 좋고, 연금 좋은' 일석삼조 아파트 선택이 가능하다.

특히 전환기가 예상되는 2021년 이후에는 좀비아파트에서 슈퍼아파트로 갈아타기를 희망하는 실수요자에겐 절호의 기회가 된다. 자산을 교체할 때 활용하면 더욱 값진 자산배분 전략의 활용 도구가 된다. 은퇴층이든 MZ세대든 집값이 오를 때는 시장평균보다 크게 상승하고 내릴 때는 상대적으로 적게 하락하는, 소위 블루칩 효과를 누리는 슈퍼부동산을 매입하거나 갈아탈 수 있다.

이혼 다음으로 어려운 집 사고팔기, 한 방에 끝내는 법

아파트를 사고, 파는 일은 그 자체가 비용과 스트레스를 크게 유발한다. 주택은 우리가 지구에 사는 동안 가장 비싼 내구재로 기회비용과 거래비용이 생각보다 크게 들어간다. 한번 매입하거나 개발하고 나면 예전의 완전한 상태로 회복이 어려운 '비가역성(非可逆性)'도 존재한다. 오죽하면 집 사고파는 일이 이혼 다음으로 스트레스가 높다고 하지 않는가. 부동산 실패 후에 겪는 정신적 물질적 고통은 성공했을 때의 기쁨보다 두 배 이상 높다고 한다.

그렇다면 우리는 어떡해야 할까. 아파트를 사고팔 때 놓치면 후회하는 구매비법, 한 방에 끝내는 필살기를 소개한다.

첫째, '살집팔집'을 검색해 리서치센터와 저자칼럼, 고종완TV(유튜브)를 통해 시장 전체의 흐름을 진단한다. 둘째, 개별아파트의 실거래가는 물론 주거가치, 투자가치와 미래가격예측정보까지 완전하게 파악한다. 셋째, 똑똑한 한 채에 해당하는 가격대비 투자가치가 높은 가투비 아파트(이는 매매가격에서 아파트 건물가치를 감가상각 후 대지지분의

$3.3\,m^2$당 지가를 산출해 인접 혹은 인근지역 아파트 가격과의 비교를 통해 손쉽게 계산할 수 있다)를 최종 선택하면 된다.

따라서 2021년 이후 아파트를 사고팔 때 '살집팔집'이 제공하는 정보취득과 가치평가, 판단 기준, 활용전략은 선택이 아니라 필수가 된다. 다시 말해, 전국 3,000개 회원 공인중개사가 현장에서 리얼타임으로 제공하는 리서치리포트와 데이터분석기반 아파트 주거, 투자가치분석보고서는 깜깜한 밤에 길을 찾는 이들에겐 든든한 내비게이션 역할을 할 것이다.

'살집팔집' 효과적인 3가지 사용방법

아파트 선택의 해결사이자 자산관리 필수 앱 '살집팔집'의 효과적인 3가지 사용법을 소개한다. 바쁜 현대인, 특히 부동산지식과 경험이 부족한 MZ세대를 위해 가심비, 즉 비용대비 만족도를 고려해서 정리해봤다.

첫째, '살집팔집' 무료회원 가입이다. 전국 8,000개 아파트의 주거가치, 투자가치등급을 한눈에 파악할 수 있다. 살집인지 팔집인지 7초 안에 감별해 준다.

둘째, 월 1만 원으로 부자되기 모임인 '만부회'에 유료가입하는 것이 보다 효과적이다. 주거가치, 투자가치등급 뿐만 아니라 내재가치, 미래가치, 투자가치를 가늠하고 설명하는 20개 지표를 알기 쉽도록 도표와 그래프 형태로 일목요연하게 보여준다. 앞서 설명한 3가지 큐레이션서비스는 물론 급매물, 남보다 앞서 매물동향 시장의 미묘한 움직임, 변곡점 포착, 급매물 등 중개현장에서 매일 일어나는 초특급정보를 취합해서 수시로 제공한다.

셋째, 우리 동네에 가까운 '살집팔집' 회원중개사를 방문하거나 전화로 문의하는 방법이다. '살집팔집' 회원중개사를 방문하면 20개 투자지표 데이터를 근거로 슈퍼아파트인지 아닌지 즉시 가치를 판단해주는 것은 물론 지역분석리포트와 이동하거나 교체하기에 적합한 아파트도 골라서 추천해준다. '살집팔집' 혁신공동체를 통해 가장 짧은 시간에 가장 저렴한 비용으로 공동중개도 가능하다.

'살집팔집'의 한계는? 투자 시 유의할 점

'살집팔집'이 100% 완벽한 솔루션은 아니다. 빈틈과 허점은 없을까? 있다면 구체적으로 무엇일까? '살집팔집'은 대체불가한 필수앱이지만 단점도 있다. 아파트를 사고파는 수요자와 중개사, 건설사, 개발사, 분양대행사, 보험설계사, 자산관리업 종사자, 학생들에게 큰 도움이 될 수 있다. 그러나 유의할 점도 있다. 시장변화, 정책변화 등 예상치 못한 상황변화에서 몇 가지 한계와 문제점도 나타났다. 예측력을 높이기 위한 지속적인 지표개선과 보완 노력이 필요해 보인다.

첫째, 인구 50만 명 이하의 지방 중소도시 아파트가 분석대상에서 제외되어 수요자 불만이 제기되고 있다. 거래량 부족의 문제에도 불구하고 분석대상 지역을 점차 확대할 필요가 있다.

둘째, 거래량·금리·유동성·정책변화·심리적 밀도 등 단기변동과 관련된 일부 지표의 수정보완의 필요성이다. 단기적 변동에 취약성은 단점이다.

셋째, 단기·중기·장기로 구분해 가격 변동성을 예측하는 기법의 보완 노력이 요구된다.

그럼에도 불구하고 투자실패 예방이나 위험관리에는 상당한 효과가 있는 것으로 판단된다. 예를 들어 성장지역에 위치한 주거가치와 투자가치가 높은 슈퍼아파트는 상대적으로 내릴 때 적게 내리고 오를 때 많이 오르는 것으로 나타났다. 일종의 블루칩 효과를 기대해볼 수 있다는 뜻이다.

따라서 일확천금을 노리거나 단기간에 막대한 시세차익을 겨냥한 대박투자자, 갭투자자에게는 어울리지 않는 방법이 될 것이다. 적어도 5년 이상 장기적이고 지속해서 시장 평균수익률보다 높은 초과수익을 기대하는 실수요자에게 더 쓸모가 있다는 얘기이다.

발칙한 부동산
상상 3가지

슈퍼부동산, 슈퍼아파트가 지배하는 디지털 세상

앞으로 다가올 새로운 부동산 세상, 바람직한 부동산 미래상, 비전에 대해 3가지를 상상한다. 이른바, 발칙한 상상이다. 키워드는 미래부동산과학, 4차 산업혁명, 디지털전환, 비대면시대의 뉴노멀이다. 이는 과학적 가치분석과 슈퍼부동산, 슈퍼아파트가 지배하는 세상을 말한다.

아파트를 비롯한 부동산을 사고팔 때 수요자 관점에서 수고로운 발품을 팔지 않고도 최적매물을 최적가격에 골라 최저비용과 최고 서비스로 거래하는 세상을 꿈꾼다. '가투비' 슈퍼부동산이 대표적이다. 가격대비 투자가치 높은 똘똘한 한 채를 말한다. 그렇다면 집을 살 때 불편한 발품과 시간비용을 팔지 않고도, 골치 아픈 고민을 하지 않고도, 누구나 쉽게 슈퍼아파트를 찾을 수 있게 될 것이다. 디지털부동산이 지배하는 세상이 왔다. 디지털경제, 디지털부동산 시대를 맞아 슈퍼도시, 슈퍼부동산, 슈퍼아파트가 대세가 되는 그런 부동산 세상을 꿈꾼다.

부동산과 금융의 통합, 원스톱서비스

사람들이 필요로 하는 부동산과 금융서비스가 따로 분리되지 않고 둘이 한 쌍이 되어 원스톱서비스 혹은 통합서비스가 제공되는 경제적 일상을 상상해본다. 지금도 이를 표방하는 은행이나 핀테크 기업이 있지만 아직은 걸음마 단계에 불과하다. 소비자가 체감하거나 원하는 수준에는 한참 미치지 못한다. 예를 들어 연령, 소득, 가족수, 직업 등에 따라 개별 맞춤형으로 어느 지역·어떤 아파트, 몇 평형의 가격이 얼마인 아파트를 큐레이팅(선별)해주고 추천까지 하는 앱과 서비스는 없었다. 개별 맞춤형으로 지역별·역세권별, 개인의 자금력, 선호지역·주거가치와 투자가치까지 고려한 특정아파트까지 구체적으로 알려주는 아파트 선택과 추천 앱은 '살집팔집'이 최초다.

따라서 집값이 가장 많이 오를 '성장지역'에 '슈퍼아파트'를 추천해주고 투자가치분석, 가격전망을 리얼타임으로 제공해주는 프리미엄서비스는 상상 그 이상이라고 할 수 있다. 아파트수익률은 극대화하는 반면, 대출은 최저이율로 받고 세금도 최저로 부담하며 법률위험도 최소화해주는 주거서비스를 제공할 수록 문제해결이 너무나 쉬워진다. 부동산과 금융의 통합자산관리서비스로 대출, 보험, 카드, 캐피탈 등 금융상품은 물론 세무, 법률, 유지보수 서비스까지 가능하다면 더 할 나위 없이 좋다. 이사, 인테리어, 가구, 가전도 원스톱으로 연결해주는 편리한 일상과 주거생활을 꿈꿔 본다.

지역을 거점으로 하는 자산관리마스터

누군가 집사 역할을 해줄 진정한 자산관리전문가가 필요한 세상이다. 현재로선 지역의 유지, 터줏대감으로도 불리는 개업공인중개사가 최적임자가 아닐까. 동네 사정에 밝고 부동산 동향은 물론 언제든지 주민과 소통할 수 있으며 구청, 동사무소, 건축사, 이삿짐센터, 인테리어, 은행, 보험회사 등 금융회사와도 친근하다. 역동적으로 연계활동이 가능한 장점이 많다.

우리가 살면서 꼭 곁에 두어야 할 세 사람으로 의사, 변호사, 자산관리전문가가 있다고 앞서 언급했다. 실물자산관리전문가로서 개업공인중개사의 역할이 기대되는 대목이다. 벤치마킹하고 주목할 만한 업종이 있다. 바로 동네마다 포진한 편의점이다. 편의점은 단순히 생활물품만 판매하지 않고 택배, 식당, 여행, 공공업무대행, 금융상품까지 생활밀착형 지역거점으로 눈부시게 진화하고 있다. 개업공인중개사는 앞으로 주민들의 자산을 늘려주는 자산관리마스터, 부동산가치를 분석해주는 애널리스트가 되어야 한다. 지역거점이 강조되는 요즘, 고객 이익을 최우선으로 하는 고객가치 중심의 중개혁신에 도전할 필요가 있다.

전국 3,000명 게임체인저와 공동지성의 힘!

디지털전환시대에는 초연결과 융합이 상상력과 창의력의 원동력이 된다. 경쟁을 뛰어넘는 창조시대가 온다. 로봇이 사람을 대체하고 일자리가 사라지는 위험이 다가오고 있다. 특히 주식 영업, 펀드매니저, 애널리스트와 같은 일자리는 급성장하는 블록체인기술과 직거래로 언제든 도태될 수 있다. 이는 한국뿐 아니라 전 세계의 공통적인 현상이다.

부동산중개업도 예외는 아니다. 국가로부터 투기 조장이나 시장교란의 주범으로 내몰리고 정당하게 인정받지 못하는 중개사는 진퇴양난에 빠졌다. 레드오션에 빠진 부동산 중개시장에서 스스로 활로를 찾지 못하면 중개사는 점점 더 외면받고 20년 후에는 역사 속으로 사라질지도 모른다.

하지만 꿈과 희망, 성공의 길도 열려있다. 고(故) 이병철 삼성그룹 회장님은 사업보국을, 고(故) 이건희 회장님은 자식과 마누라 빼고 다 바꾸라는 혁신을, 고(故) 정주영 현대그룹 회장님은 길이 없으면 길을 만들라는 도전정신을, 고(故) 구인회 회장님은 인간 중심의 기업가정신을 각각 강조하지 않았던가.

중개업도 사회적 가치, 기업가정신, 혁신정신, 인간존중 경영이 절실한 때가 왔다. 성패는 변화와 혁신에 달렸다. 필자도 공인중개사다. 더불어 자산관리연구원을 운영하며 중개산업과 자산관리를 선도할 소수의 핵심리더인 게임체인저를 육성하고자 한다. 부동산코치, 가치분석사, 입지분석사, 건물관리사, 애널리스트, 자산관리마스터 등 고객과 시장이 요구하는 미래유망분야, 새로운 직업도 창직할 계획이다.

급변하는 세상에서 혁신중개사가 가장 먼저 할 일은 부동산 세상을 바꾸는 진정한 어벤저스에 도전하고 참여하는 방법이 있다. 전국 3,000명 혁신 공인중개사의 '중개혁신공동체'를 만들 수 있다면 더할 나위 없이 좋겠다. 100만 명의 '집 한 채로 행복한 노후준비하기 실천본부(집행본)'와 시너지 효과는 막대할 것으로 기대된다. 직면하는 각종 부동산 문제를 효과적으로 해결하기 위해서는 공동체와 공동지성의 힘이 절대적이다. 하루바삐 구태의연한 업무수행방식과 종전의 고객 영업방법을 먼저 바꿔보자. 아날로그에서 디지털로 바꾸고 1회 단순영업에서 평생영업으로 획기적으로 개선할 필요가 있다.

집 한 채로 행복한 노후준비하기

집 한 채로 행복한 노후를 준비할 수 있을까? 2년 전 필자의 KBS 〈아침마당〉 70분 강의 후 요즘 들어 문의하는 이들이 부쩍 늘었다. 답은 '가능하다'다. 쉽지 않겠지만 한국형 솔루션으로 미리 준비할 경우 결코 불가능한 일은 아니다.

한국은 이미 65세 이상인 노년 인구가 20%에 육박하는 초고령사회를 눈앞에 두고 있다. 게다가 노년 빈곤율과 노년 자살률이 경제협력개발기구(OECD) 국가 중 1위다. 일본처럼 5~10년 뒤에는 고령 인구의 40% 이상이 노후빈곤, 노후파산, 노후난민으로 전락할지도 모른다. 통계는 암울하고 비관적이다. 그런데도 국가도 개인도 공기업도 금융기관, 학계도 뚜렷한 법을 내놓지 못하고 있다.

고령사회의 암울한 전망을 타개하기 위해서도 한국형 자산관리 솔루션의 마련과 실천은 절대적으로 중요한 과제다. 그렇다면 어떤 해법이 있을까? 필자가 직접 창안한 은퇴준비 또는 노후준비 경제모형을 소개하고자 한다. 이는 주택연금, 국민연금, 농지연금 등 소위, 공적연금 3종 세트를 기본자산으로 슈퍼부동산, 보험, 증권, 펀드, 개인연금 등 우량한 금융자산의 포트폴리오를 재구성하는 일이다. 은퇴 후 매달 300만 원의 생활비를 공적연금으로 조달하는 것이 목표다.

구체적인 행동전략도 추진하고 있다. 집 한 채로 행복한 노후를 준비하고 실천할 수 있도록 일명 '집행천사(집 한 채로 행복한 노후준비를 실천하는 사람들)' 조직을 결성할 계획이다. 국내 굴지의 금융그룹과 더불어 회원을 위한 부동산과 금융자산관리교육도 준비 중이다. 취지와 목적에 공감하는 MZ세대와 1·2차 베이비부머세대를 비롯해 취지에 공감하는 은퇴준비자 여러분의 많은 참여를 기다린다.

디지털전환시대에 필요한 3가지 마법사

디지털전환시대에 평생파트너로 아파트 문제를 해결해줄 3가지 마법사가 찾아온다. 첫째는 빅데이터 인공지능으로 움직이는 '살집팔집' 마법사다. 사람을 대신해 가까이에서 친구처럼 코치처럼 자산관리 마스터 역할을 수행한다. 고객이 원하는 아파트를 찾아주고 결정장애에 빠질 때마다 아파트를 선별해주고 추천해준다. 큐레이션서비스도 제공한다.

둘째, 마법사는 우리 동네 혁신중개사다. 자산관리형 안심중개서비스를 제공한다. 지역분석 애널리스트가 행정권, 생활권, 상권 분석을 해준다. 부동산 시장동향과 매물, 시장가격변동·매수자 매도자 동향을 상세하게 그것도 말이 아닌 리포트 형태로 설명해준다. 데이터까지 디테일하게 제시한다. 매물이 좋은 집인지, 좋은 부동산인지도 20개 지표를 통해 알기 쉽게 도표와 그래프로 정밀하게 투자가치를 분석해준다.

셋째, 마법사는 변호사, 법무사, 세무사, 회계사, 감정평가사, 건축사 등 전문가집단이다. 입지분석은 한국자산관리연구원이, 권리분석 등 법률분석은 전문변호사와 법무사가, 세무분석은 세무사와 회계사가, 건물하자와 안전성 분석은 건축사가, 수익분석은 필자가 창안한 '적정가격산출 및 가격예측' 특별프로그램이 자동으로 지원해주는 시스템이다.

2장

도시부동산변화법칙
: 미래부동산과학의 힘

부동산은
종합응용과학이다

부동산학은 과학일까, 아닐까?

이 책의 탐구주제는 부동산이다. 핵심은 자산관리다. 부동산은 보물섬이다. 캐면 캘수록 빛나는 보석처럼, 알면 알수록 빠져드는 양파 같은 보물섬이다. 그렇다면 과학일까, 아닐까? 답은 부동산학은 과학이다. 학문적 체계성과 과학성을 갖추고 현실문제에 대한 해결책도 제시하고 있다. 특히 한국은 부동산산업이 국가경제에서 차지하는 비중이 커지고 주거복지 분야의 중요성도 증가하고 있다. 최근 들어 금융과 자본시장과의 연계성이 높아지고 부동산과 금융시장도 통합되고 있음은 주목된다. 한국의 부동산학계와 연구수준도 상당히 높은 단계로 지속 발전하고 있다.

그렇지만 이와 같은 물음이 여전히 던져지는 데는 그럴 만한 이유가 있다. 국내 명문이라고 하는 SKY 대학 학부과정에 부동산학과가 없고 부동산학의 정체성도 확고하지 않기 때문이다. 부동산학의 독자성, 과학성, 정체성을 온전히 인정받는 노력이 더욱 필요하다고 본다.

필자는 15년 전부터 부동산학문의 과학화와 보급에 앞장서 왔다. 전작인 『부동산투자는 과학이다』도 그런 취지에서 제목을 지었다. 국민자산을 키우고 노후를 든든하게 준비하는 핵심자산으로서의 주택, 내 집 마련, 주택연금 등 부동산 자산관리는 무엇보다 중요한 사회적 과제가 됐다. 문재인정부 들어 부동산정책이 계속 실패하는 이유도 따지고 보면 위정자와 정책입안자의 부동산에 대한 올바른 지식과 통찰력, 시장 이해력이 절대적으로 부족하기 때문이다.

부동산 문제는 복잡계처럼 복잡하고 다양한 요인이 씨줄 날줄처럼 서로 얽혀 있다. 수학으로 따지면 고차방정식이다. 주택이란 무엇인가에 대한 개념적 정의도 너무 다양하고 해법도 중구난방이다. 부동산학에 대한 학술적 해석과 견해도 분분하다.

과학은 '왜'가 시발점이며 객관적 태도가 필수적이다. 과학은 원인과 결과의 관계, 즉 인과성과 상관계수를 밝히는 것으로 부동산과학도 부동산에 일어나는 현상과 활동의 인과관계 법칙을 연구하는 학문이라는 뜻이다. 즉, '부동산활동이 인간과의 관계에서 어떻게 바람직하게 이뤄져야 할 것인가' 부동산 문제를 해결하고자 하는 사고와 체계를 연구하는 학문으로 지속 성장과 발전이 요구된다.

따라서, 날카로운 통찰력과 갑작스러운 문제를 해결하는 능력이 중요하다. 부동산학은 엄밀히 말해 과학에 속하며 응용, 경험, 규범, 종합과학이라는 독특한 학문적 특성을 보인다. 아울러 부동산과학은 경제, 경영, 행정, 정책, 건축, 토목, 지리, 도시공학 등 대부분의 인접 학문을 포괄하는 종합학문이다. 최근에 융·복합 이론과 새로운 접근방식이 이뤄지고 있는 점은 긍정적이고 주목할 만한 변화다. 변화의 중심에 필자와 『살집팔집』이 있다고 자부한다.

전통이론과 미래과학의 충돌

'성장주냐, 가치주냐?'는 주식시장의 해묵은 논쟁이다. 전통적 가치론자는 기업의 내재가치 즉, 현재 자산가치를 중심으로 기업과 주식가치를 평가한다. 반면에 성장론자는 기업의 성장력을 중심으로 평가한다는 점에서 근본적인 차이가 있다. 지금은 내재가치와 성장가치 둘 다 중요하기 때문에 이런 논쟁은 불필요한 싸움이 되었다. 이를 일찍이 깬 이가 바로 '오마하의 현인'으로 불리는 투자의 달인 워런 버핏이다. 그는 최근 가치투자의 개념에 성장을 더하여 재설정하고 이를 실행하고 있는 것으로 알려졌다. 내재가치에 성장가치를 더해 새로운 가치투자의 개념을 창출한 것이다. 과거 의식주를 기반으로 하는 전통적인 제조기업과 생활밀착형기업에 투자를 집중했다면 얼마 전부터 애플, 아마존 같은 IT, 플랫폼 성장기업에 투자를 확대하고 있다. 그의 투자방식을 살펴보면, 가치투자해법은 진일보하고 '내재가치+성장가치'가 새로운 가치투자의 원칙으로 자리매김하고 있음을 알 수 있다.

한국은 가치투자의 역사가 짧다. 아직도 자산가치를 중시하는 내재가치이론에 갇혀 있는 느낌이다. '내재가치냐, 성장가치냐'를 따지는 일 자체가 우물 안 개구리식 사고와 다를 바가 없기 때문이다. 이는 이분법적인 흑백논리, 불필요한 프레임 논쟁에 불과하다.

이러한 이유로 미래부동산과학은 더 주목되며 '살집팔집'이 창출하는 성과물도 더욱 돋보인다. 부동산 본질가치를 측정하고 분석하는 부동산DNA 분석기법은 종합적이고 정밀한 분석기법을 의미한다. '살집팔집'은 입지, 수익, 희소, 미래가치를 내시경처럼 정밀검진한다.

전통적 기존방식과 새로운 과학적 접근방식

부동산과학이 추구하는 새로운 부동산 세상은 무엇일까? 부동산의 다양한 가치를 새롭게 정립하는 일이다. 부동산과학의 목적은 부동산 문제의 근본해결을 통해 인간의 보편적인 삶의 질, 삶의 만족도, 행복지수를 높이는 데 있다. 부동산 문제는 생각보다 다양하고 복잡하다. 종류도 다양하다. 자연물로서 부동산, 환경으로서 부동산, 공간으로서 부동산, 위치로서의 부동산, 자산으로서 부동산 등으로 나눌 수도 있다. 여기에서는 공간, 위치, 자산으로서의 부동산, 특히 주거용 부동산을 다룬다. 아파트 공간과 위치, 입지, 자산에 관해 발생하는 가치와 유용성, 활용법에 대해 집중 논의한다.

특히 자산관리 관점에서 좋은 부동산과 나쁜 부동산, 좋은 아파트와 나쁜 아파트, 슈퍼아파트와 좀비아파트를 확실하게 판별하고자 한다. 그것도 융합적 지식과 객관적 기준으로 말이다. 이는 마치 건강증

진을 위한 의사의 본능처럼 자산증진을 위해서 부동산 본능이 자리
잡고 있다.

기존 이론에 바탕을 둔 접근방식과 전통적 방법으로는 좋은 아파
트와 나쁜 아파트를 감별하는 데에 한계가 있다. 부동산에 본질적으로
내재하는 내재가치기반의 접근방식은 전통적 방법만으로는 설명이
쉽질 않다.

필자는 15년 전에 이미 전통적 방식에 한계를 절감하고 '접근방식
자체를 바꾸는 게 답이다'라는 결심을 했다. 그래서 새로운 접근방식
으로 지표개발과 데이터분석을 통해 부동산의 내재가치와 시장가격
과의 괴리 여부, 미래가격을 예측하는 일에 몰두했다. 미래부동산과학
에 대한 과감한 도전이었다. 도전 끝에 지난 2011년 학위논문을 발표
하며 이를 완성했다. 부동산의 고유한 특성으로부터 원천된 부동산가
치체계(입지가치, 수익가치, 희소가치, 미래가치)를 정립하게 되었고, 새로
운 4대 가치체계를 측정할 수 있는 20개 평가지표를 개발하기에 이르
렀다. 부동산의 가치를 새롭게 정립하게 되었다.

이를 바탕으로 AI빅데이터기반 디지털기술로 계량화, 지수화, 등급
화하여 그 결과물로 주거가치등급과 투자가치등급을 창출하게 됐다.
가치투자의 결정체, 종결자로 자부한다.

미래부동산과학과 '살집팔집'

미래부동산과학이 온다! 투자지형이 확 바뀐다!

이 책의 탐구핵심은 내재가치와 미래가치다. 미래부동산과학이 우리 곁에 다가오고 있다. 아직은 용어에서부터 연구분야와 연구자도 생소하고 역할도 크지 않다. 미래부동산과학이란 무엇일까? 우리는 어떻게 투자해법을 바꿔야 할까?

앞으로 미래부동산과학은 새로운 학술영역으로 상당한 도전과 파란이 예상된다. 이미 실현되고 있는 미래의학이 이를 잘 대변해주고 있다. 미래의학은 질병 예방과 난치병 치료, 맞춤형 의료서비스를 목적으로 유전자 정밀분석이 핵심이다.

미래부동산과학도 실패예방과 저평가 고평가 여부, 슈퍼아파트와 좀비아파트의 감별, 가격예측을 위해 부동산의 본질가치를 심도 있게 정밀분석하는 일이 중심이 된다. 다시 말해 입지, 수익가치를 중심으로 내재가치의 산출과 적정한 거래가격의 추정, 미래가격까지 예측하는 독창적인 연구분야가 될 것이다. 미래부동산과학이 현실화되면 주거생활과 투자활동에 커다란 영향을 끼칠 것이 틀림없다. 투자지형도와 투자지도가 확 바뀔 것으로 기대된다.

미래부동산과학의 3가지 의미

미래부동산과학은 3가지 의미와 가치가 있다. '성장의 부동산학'이라는 미래지향적 의미가 첫 번째 가치다. '현실 부동산 문제를 근본적으로 해결한다'는 지향점이 두 번째 가치다. 세 번째는 '수요자 개별 맞춤형 평생 자산관리가 가능해진다'는 것이다.

'살집팔집'은 미래부동산과학의 도움을 받아 시장 전체의 흐름은 물론 개별아파트의 가치를 분석한다. 진짜 아파트인지 가짜 아파트인지, 내재가치 대비 시장가격이 고평가·저평가됐는지를 리얼타임으로 판가름할 수 있다. 가치척도와 특성에 따라 서열화, 비율화, 등급화했다.

기존 이론과 데이터를 통해 충분히 설명하지 못하는 한계를 극복했다. 문제에 대한 접근방식을 근본적으로 바꾸고 실증적 근거와 데이터분석에 기반한 과학적 접근방식과 아파트 선택의 기준을 바꾼 게 가장 커다란 특징이고 의미다.

의학과 부동산학의 본질과 닮은 점

의학과 부동산과학의 닮은 점은 무엇일까? 묻고 따지는 일이다. 다른 듯해 보이지만 묘하게도 닮은 구석이 많다. 특히 목적과 구성요소, 접근방법에서 그렇다. 사람이 살아가는 동안 가장 중요한 문제를 본질적으로 해결한다는 점이 두 학문의 큰 공통점이다.

부동산부터 따져 보자. 부동산은 토지와 건물로 구성돼 있다. 사람은 육체와 정신 혹은 영혼으로 채워져 있고, 아파트는 토지와 건물로 구성되어 있다. 토지는 영속성, 무한성의 특성으로 인간의 정신(영혼)과 비슷하고 건물은 유한성, 감가상각의 특성으로 육체의 노후화를 상징하기도 한다.

바로 이 지점에서 과학의 으뜸인 의학과 부동산은 공통가치를 공유하게 된다. 의학의 건강진단과 종합검진절차와 방법이 가장 합리적이며 체계적인 방식인 점을 깨닫게 된 게 바로 이 책과 '살집팔집' 앱의 탄생 배경이다. 수학, 물리학이 자연과학의 본류이나 인간이 직면하는 현실문제를 해결하는 사회과학의 본질은 같다. 논리적, 체계적으로 원인을 진단하고 과학적 해법을 사용하고 있다. 물론 자연과학과 사회과학은 차이가 있다. 자연과학은 인과관계가 명쾌하고 규칙적이며 질서 정연하다. 해는 항상 동쪽에서 뜨며 봄·여름·가을·겨울 등 사계절의 질서가 정연하게 돌아간다는 점이다. 반면에 경제학, 경영학, 행정학 등 사회과학은 자연과학처럼 질서 정연하지는 못하고 불규칙적이다. 인간심리가 일관성이 부족하고 사람마다 선택하는 경제, 투자활동도 제각각 복잡하며 예외적 현상도 다반사이기 때문이다. 하지만 자연, 사회과학 모두 현실적인 삶의 문제를 중시해 해결하고 삶의 질을 높이는 게 근본목표임을 생각하면 본질가치, 접근방식은 같다고 하겠다.

미래의학에서 한 수 배우다

요즘 새롭게 뜨는 '미래의학'은 근본적 변화와 놀라운 성과를 우리에게 보여주고 있다. 병에 걸린 환자를 단순히 치료하기보다는 질병예방과 난치병 치료에 근본적인 목적을 두고 있다. 그래서 개인의 유전자(DNA)분석과 맞춤형 치료법을 연구하고 있다. 이를테면 데이터기반의 정밀분석을 통해 암환자를 수술하지 않고도 유전자 조작이나 유전자가위를 통해 유전적 요인에 의한 질병의 가능성과 난치병을 예방한다. 암에 걸린 사람도 유전자 맞춤형으로 치료하는 과학적 기술을 사용한다. 의학이 추구하는 질병의 미래예측과 기존의 질병 치료에 대한 접근방식을 개선하고 개별 맞춤형 의료서비스까지 목적과 지향점이 바뀌고 있다.

의학과 의사는 돈의 많고 적음으로 사람을 진단하지 않는다. 건강한 사람과 건강하지 않은 사람을 구별하여 건강을 증진시키고 질병을 예방한다. 육신과 정신이 건강한 삶이 미래의학이 추구하는 새롭고 참된 세상이 된다.

마찬가지로 부동산 투자실패를 예방하기 위해 부동산에 숨겨져 있던 내재적인 본질가치와 미래가치 정밀분석, 개별 맞춤형 서비스를 제공하는 것이 절대적으로 필요하다. 미래의학이 새롭고 참된 세상을 추구하는 것처럼 미래부동산과학도 새로운 부동산 세상을 만들기 위한 창조적 노력과 가치의 재발견에 매진할 때다.

한국형 미래부동산과학의 밝은 전망

부동산의 종류가 다양한 만큼 이론적인 접근과 분석틀도 각각 다르다. 이를테면, 주거용과 비주거용 부동산이 다르고, 도시부동산과 비도시부동산의 가치원리와 작동원리가 다르며 미국과 한국의 가격 결정요인도 각각 다르다. 그래서 부동산을 바라보는 관점과 분석방법도 차이가 있다.

한국은 부동산과학의 발상지가 아니다. 미국과 일본 교과서를 토대로 국내 교과서가 번역되고 서술되다 보니 학술적 언어도 낯설고 때로는 생뚱맞기도 하다. 부동산학은 미국에서 탄생하고, 일본에서 꽃을 피우고, 한국에서 혁신하고 있다는 평가다. 미국조차도 부동산학은 경제, 경영 등의 다른 학문에 비해 학문적 역사가 짧고 학자와 연구계층도 경제나 금융만큼 두텁지 않은 느낌이다. 반면에 한국의 부동산과학의 연구실적은 성장을 거듭하고 있다.

앞으로 한국 부동산의 발전가능성은 무궁무진하다. 한국형 부동산 시장을 이해하고 미래를 통찰하고 정책을 연구하는 학자, 연구가, 학도들이 많아지기를 기대한다. 특히 지역 부동산전문가로 활동하고 있는 공인중개사의 역할과 책임이 더 커지고 활발해질 것이다.

본질가치의 핵심인 토지의 가치에 주목하라!

부동산은 토지와 건물로 구성된다. 토지는 무한·영속성의 특성이 있는 반면 건물은 유한성, 감가상각이 되는 특성을 지닌다. 아파트도 토지 위에 높은 용적률로 건물을 지어 주거공간을 만든 것이다. 그래서 아파트의 본질적 가치는 입지가치를 반영하는 토지 등 3가지다. 원가 측면에서 구성요소인 토지와 건물가치의 합이다. 필자가 "아파트도 토지다", "땅값이 올라야 집값이 오른다"고 주장하는 근거다.

부동산에 숨은 내재가치, 즉 DNA를 정밀분석하는 입장에서 토지는 영원불멸하고 신비한 존재다. 이른바, 월러스 워틀스가 『부자가 되는 과학적 방법』에서 말한 '우주 만물의 근원적 물질'이 바로 토지를 의미하는 것은 아닐까 하는 상상도 한다. 지구가 멸망하지 않으면 끝까지 인류 곁에 남을 근원적 물질로 토지 빼고 무엇이 있을까?

사례를 보자. 3~4년전부터 구축아파트와 신축아파트 간 가격 격차가 더욱 커지고 있다. 정부규제로 새 아파트의 공급부족현상이 일어났고 수요자의 선호도가 변하면서 똘똘한 한 채로의 쏠림현상이 나타났다. 이에 따라 새 아파트의 과도한 가격상승이 일어나게 된 것이다. 이는 내재가치와의 괴리가 커지고 있다는 방증이다.

그렇다면 경제학 관점에서 바라본 부동산가치와 가격변화는 어떠할까? 조만간 균형가격을 찾는 과정이 도래할 것으로 보인다. 고평가된 특정 지역 15년 이내의 신축아파트는 가격하락이, 반면에 저평가된 일부 지역 20년 이상 된 구축아파트는 가격이 상승하거나 덜 떨어지는 등 가격변동이 나타날 가능성이 크다.

주택가격결정을 결정하는 3가지 이론

경제학에서 주택가격, 즉 내재가치를 계산하는 방법은 다양하고 까다롭다. 가장 효과적인 방법은 무엇일까? 워런 버핏의 가치투자원칙과 금융, 주식, 기업의 가치평가원리에서 모티브와 영감을 크게 얻었다. 유전자(DNA)정밀분석법도 참고가 됐다. 기존의 내재가치이론과 분석방법에다 새로운 접근방식연구에 10년 이상을 고민하고 궁리했다. 3가지 방법이다.

첫째, 주택가격결정이론으로 헤도닉가격모형(Hedonic Price Model)은 주택가격을 다양한 속성들의 함수로 나타낸다. 예를 들면, 교통시설, 교육시설, 공기오염 같은 환경 등의 지역특성, 평수, 방의 수, 욕실 수 등과 같은 다양한 특성들의 집합을 반영한다. 다양한 특성을 반영한다는 측면에서 훌륭하지만 광범위하고 정밀한 데이터가 필요하다는 점이 문제로 지적된다.

둘째, 자산가격모형(Market Fundamental Value Function)도 있다. 도시는 공간으로 구성되어 있으므로 공간시장에서 결정된 임대료와 자본시장에서 결정된 이자율에 의해 주택가격이 결정된다는 이론이다. 자산가치와 장래의 수익성을 평가하여 이를 이자율이나 할인율을 적용해서 현재가치를 구한다. 임대료가 오르거나 이자율이 내리면 자산(내재)가치도 증가한다. 임대료와 이자율에 의해 내재가치가 결정되면 재정적 거래가 일어나고 내재가치와 시장가격(자산가격)도 균형을 찾게 된다. 자산가격이론에 따르면 주택가격은 해당 주택의 내재가치에 의해 결정된다는 것을 알 수 있다. 하지만 타 지역 주택가격의 변화가 자기 지역 주택가격의 변화를 일으키는 현상에 대해 설명할 수 없는 한계를 지닌다(김지현,『부동산경제학의 이해』, 이프레스)

셋째, 필자가 고안한 도시부동산변화법칙이다. 내재가치 추정뿐 아니라 아파트 가격을 예측하는 데 무척 유용하다. 도시 공간구조가 바뀌면 지역의 위치(성장과 쇠퇴)와 입지(Location Value)가 바뀌고, 지가(Land Price)가 바뀌고, 시장가격(Market Price)이 바뀐다는 내용이다. 입지와 수익성이 주류를 이루는 내재가치와 미래가치가 핵심이다.

'도시공학+부동산학+경제학'의 융합지식을 토대로 탄생했다. 큰 틀에서 도시 공간구조와 가격결정 메커니즘, 입지가치와 시장가격과의 관계를 분석한 경제모델이다. 입지는 토지가치에 절대적 영향을 주므로 입지가 시장가치를 좌지우지한다는 것이 핵심이다. 토지는 다른 생산요소와 달리 이동이 불가능하며 대체도 어렵다.

부동산의 위치독점성과 더불어 입지의 우월성은 수요자 입장에서 아파트를 선택할 때 최우선 고려사항이 된다. 최근 연구결과는 입지로 대표되는 내재가치 외에도 미래가격을 결정하는 해당 지역의 성장잠재력을 뜻하는 미래가치에 방점과 주안점을 두기도 한다. 현재가격, 현재가치보다는 미래변화로 발생할 미래이익과 미래가치가 더 중요하다는 뜻이다.

자산가격은 내재가치와 미래가치가 핵심

삶에도 가치기준이 있듯, 부동산에도 가치기준이 있다. 아파트 가격을 결정하는 중요한 요소로는 '입지+수익+희소=내재가치'와 미래가치를 꼽을 수 있다. 실례로 2019년 서울대사회과학문제연구소가 발표한 자료에 따르면 주택을 구매할 때 한국인이 가장 우선으로 고려하는 사항은 주택구매 후 기대되는 경제적 이득, 즉 자산으로서의 투자가치임이 드러났다.

아파트 경쟁력을 종합평가(Valuation)하고 슈퍼아파트와 좀비아파트를 등급화(Rating)한 가격예측 경제모형인 '살집팔집'도 이와 크게 다르지 않다. 가치와 가격과의 관계를 토대로 입지로부터 출발해 수익, 희소가치 등 내재가치와 미래가치를 포괄한 투자가치등급을 산출하고 있다. 도시입지이론에 따르면 입지적 속성에 대한 소비자의 가치가 변하면 부동산시장의 상대적 가격도 변한다고 알려졌다. 만약 지하철이 개통되면 출퇴근이 편리해져서 유용성 증가 → 수요 증가로 가격이 오른다. 또한, 지역경제활성화로 미래가격이 오를 것으로 예상될 경우 사람들은 지역변화가 가시화되기 이전에 서둘러 주택매입에 나섬으로써 수요 증가로 현재가격이 오르는 현상이 나타날 수 있다는 것이다.

이 밖에도 주택가격결정에 중대한 영향을 미치는 요인으로는 부동산 자체(건물)의 가치변화, 수요와 공급의 불일치, 부동산경기의 변동·유동성을 들 수 있다. 예를 들어 재건축, 리모델링 등으로 새 건물로 바뀌는 경우, 주거선호도가 증가하는 경우, 상승기대감 등으로 수요가 증가하는 경우, 부동산경기가 개선된 경우, 유동성이 현저하게 증가한 경우에 주택가격은 오른다.

입지를 중심으로 내재가치를 파악하는 새로운 방법

앞서 살펴본 대로 단순히 미래의 임대료합계를 현재가치로 총합하고 할인하는 방법 외에 또 다른 방법이 있다. 임대료만으로 내재가치를 산출하는 방법은 한계가 있다. 미래 할인율과 이자율이 정해져야 하는데 미래는 불확실해서 정확히 알 수 없다는 문제점이 노출된 것이다. 결과적으로 미래가치는 물론 현재시점에서 정확한 내재가치 추정은 불가능할 수도 있다.

필자는 두 가지 방법을 찾았다. 하나는 부동산은 토지와 건물로 구성되어 있다는 것을 토대로 건물을 감가상각한 이후의 3.3m^2당 땅값을 산출해 인근지역 아파트단지와 비교한 방법이다. 토지는 입지가치를 나타내며 입지환경은 모두 지가에 반영된다는 점에서 지가는 내재가치의 대표지표로서 손색이 없다.

또 하나는 부동산의 여러 가치, 즉 입지가치, 수익가치, 희소가치를 측정하고 평가해 내재가치를 산출하는 새로운 방법이다. 이 두 가지 방법을 혼합하여 마침내 2011년 박사논문에서 입지·수익·희소·미래가치를 바탕으로 한 가치측정체계와 20개 측정지표를 개발했다. 그리고 새로운 내 집 마련의 표준으로, '살집팔집'을 창안했다.

워런 버핏의 안전마진법칙과 부동산가치투자원칙

'도시부동산변화법칙'은 투자가치와 가격과의 관계 특히 미래가치를 추정하는 계산법, 가격이 발생하고 형성되며 결정되는 과정 등에 깊은 이해와 통찰력을 준다. 기존의 내재가치, 미래가치이론과 연구논문은 희귀하며 제한적이다. 도시공학, 경제학, 부동산학의 융합지식과 미래과학이 아니면 도전하여 해결방안을 찾기란 거의 불가능한 영역이다. 그런 측면에서 '도시 공간구조가 바뀌면 → 부동산의 위치(입지를 포함한다)가 바뀌고 → 내재가치가 바뀌고 → 투자가치가 바뀌고 → 시장가격이 바뀐다'는 법칙은 굉장히 유용하고 활용범위가 넓다.

가치투자의 창시자인 벤저민 그레이엄과 워런 버핏의 내재가치투자법은 귀감이 되고 모범사례가 됐다. 그들은 회사가 벌어들이는 돈과 순자산가치에 따라 기업과 주식가치가 결정된다는 가치투자법을 창안했다. 특히 워런 버핏은 내재가치와 시장가치와의 괴리를 통한 저평가·고평가법칙과 안전마진원칙을 만들었다. 예를 들어 보자. 워런 버핏은 아무리 우량한 기업이라고 할지라도 내재가치 대비 시장가격이 비싼 주식은 쳐다보지도 않았다. 안전마진을 확보할 수 없기 때문이다. 그는 실제로 재무제표를 보고 수익 변동성이 적고 안정적인 기업, 내재가치 대비 주가가 낮은 기업, 성장력이 담보되는 기업만 골라 투자한 것은 잘 알려진 사실이다.

이러한 3가지 기준과 원칙은 부동산가치평가에도 그대로 적용할 수 있다. 임대수익과 자본수익이 안정적인 아파트, 내재가치 대비 시장가격이 저평가된 아파트, 앞으로 성장성이 예상되는 미래가치 높은 아파트가 바로 가치투자원칙에 의한 슈퍼아파트로 탄생하게 됐다.

부동산 안전마진을 확보하라!

부동산 안전마진을 확보하기 위해 미래부동산과학의 힘을 빌렸다. 목표와 자신감을 갖고 정밀한 과학적 가치분석에 전념할 수 있었다. 내재가치와 시장가격과의 괴리율에 기반한 안전마진(Safety Margin) 확보와 가격예측모형에 대한 탐구였다. 예를 들어 주식의 가치를 평가할 때는 PER(주당순이익), PBR(주당순이익), EB(기업가치), EBITA(이자 및 세전이익), EV/EBITA(기업가치/현금창출능력) 등 재무제표분석과 PER(주당순이익), PBR(주당순자산), PCR(주당현금흐름), PSR(주가매물비율), ROE(자기자존이익률) 등 다양한 지표들이 활용된다.

아파트 투자가치를 분석하기 위해서도 지표들이 필요하다. 필자는 부동산의 고유한 물리적, 인문적 특성을 이론적 토대로 삼아 가치측정체계를 정립해서 대표적인 측정지표 20개를 발굴했다. 용적률(대지지분), 공시지가변동률, 매매가격변동률, 전세가격변동률, 주택보급률, 신규입주물량, 인구증감률, 소득증감률, 재정비계획, 대중교통망계획, 각종 개발계획 등이 대표지표에 해당한다.

궁극적으로는 20개 지표에 대한 데이터값을 계산, 총합점수를 기반으로 내재가치지수(Intrinsic Value Index), 미래가치지수(Future Value Index)와 투자가치등급(Investment Value Rating)을 결정(Rating)하고 가격예측(Price Forcast)을 하게 됐다. 물론 주거가치도 따로 계산, 산출함으로써 주거선택에 관한 균형을 취하고 투기에 악용되는 것을 방지하며 투자와 주거가치가 동시에 높은 슈퍼아파트를 쉽게 찾을 수 있도록 배려했다. 안전마진, 안전자산, 안전지대는 '살집팔집'의 3대 지향점이다. 안전마진을 확보하는 안전자산에 투자를 집중함은 물론 경기 변동에도 흔들리지 않는 안전지대(Safety Zone)를 떠나서는 안 된다.

미래과학의 개척자와 도시부동산변화법칙

필자의 꿈은 미래부동산과학자다. 지금까지의 연구실적을 바탕으로 많은 연구성과를 거두고 싶다. 새로운 분야, 새로운 방법의 혁신이 필요한 때다. 부동산DNA를 인공지능으로 연구하는 미래부동산과학 선구적 개척자 역할을 하고 싶다. 앞으로 부동산DNA인공지능연구가로 활동할 계획이다. 그렇다면 그러한 노력의 하나로 내세울 만한 성과나 업적이 있을까? 작지만 3가지를 꼽는다.

첫째, 도시부동산 변화법칙의 발견이다. 도시는 공간으로 공간구조가 바뀌면 위치가 바뀌고, 위치가 바뀌면 가치가 바뀌고, 가치가 바뀌면 가격이 바뀐다는 원리다. 여기서 말하는 위치와 가치는 주로 토지가치와 연관된다는 점을 알아둘 필요가 있다. 새로운 교통망의 확충으로 신설역세권에 편입된 아파트 가격이 오르면, 이는 부동산의 공간구조변화와 함께 사회적·경제적·행정적 위치가 변화한 것으로 볼 수 있다. 다시 말해 아파트가 자리 잡은 장소의 입지환경이 바뀌고 거주인구, 유동인구가 증가하고 구조가 증가함에 따라 부동산의 위치가 상향되고 주거편익이 높아져서 결국 땅값이 오르고 집값이 오른 것으로 분석할 수 있다. 즉, 아파트의 가격상승은 건물이 아닌 토지가치가 근본 원인이 된다. 미래과학은 모두가 살고 싶고, 사고 싶은 미래부동산,

도시부동산에 1차 관심을 둔다. 2차 관심은 농어촌, 즉 비도시용 부동산이 될 것이다.

둘째, '슈퍼아파트'가 주거생활의 행복을 주고 자산가치를 지켜주며 노후를 보장한다는 것을 밝혀낸 것이다. 지금까지 사람들은 살기가 좋으면 당연히 사기도 좋은 아파트라는 잘못된 상식과 고정관념에 빠져있었다. 그런데 '살집팔집'의 출현으로 살기 좋은 주거가치와 사기 좋은 자산가치나 투자가치는 개념부터가 완전히 달라지게 되었다.

살기(Live) 좋은 아파트는 사기(Buy) 좋은 아파트가 될 수 있지만 그렇지 않을 수도 있다. 두 가지 가치는 상호 영향을 미치는 연관성은 있지만 동일한 개념은 아니기 때문이다. 논리적으로는 집합이론으로 설명이 가능하다. 첫째는 '주거가치+투자가치'를 공통으로 충족하는 교집합 아파트가 슈퍼아파트가 된다는 것이다. 둘째는 수학적으로는 주택가격과 관련해 주거가치는 필요조건, 투자가치는 충분조건으로서 이 두 가지 필요충분조건이 완전히 충족될 때 비로소 집값상승이 이뤄진다는 것이다. 수요자 입장에서 인구에 회자되는 똘똘한 한 채의 개념도 이와 크게 다르지 않을 것이다. 여기에 미래과학은 현재가치보다는 미래가치를 분석하고 예측하는 연구에 한 걸음 더 다가설 것으로 기대된다.

셋째, 미래부동산과학은 부동산 문제가 직면한 여러 가지 문제를 해결하는 방법과 이를 담당하는 전문가 양성을 목표로 한다. 살기 좋고 사기 좋은 아파트단지에 자산진단센터와 지역리서치센터를 개설하여 주민들의 자산관리에 힘을 쏟을 계획이다. 지역밀착형 자산관리

거점 역할이다. 금융과 부동산상품의 통합서비스도 제공한다. 중개서비스 품질도 고객가치 중심으로 혁신할 예정이다. 예를 들어 허위매물 없고, 권리하자 매물 없고, 투자가치 없는 매물은 중개하지 않는, 소위 자산관리형 안심중개서비스를 준비하고 있다.

고령층을 위한 한국형 자산관리솔루션도 실행할 방침이다. 국민연금, 주택연금, 농지연금 등 이른바 공적연금으로 노후를 설계하고 지원해주는 합리적인 노후대책을 마련하는 데 기여하고 싶다.

미래과학의 성장가능성은 무궁무진하다

미래과학의 성장성은 무궁무진하다. 미래에서 창조하면 구원을 받을 수 있다. 미래를 안다는 것은 창작이다. 머지않아 미래과학의 열풍이 몰아닥치고 자산관리분야와 자산관리서비스에 대지각변동이 예견된다. 금융과 부동산이 초연결되고 디지털전환과 블록체인기술, 데이터분석으로 비대면시대를 맞아 활짝 열릴 전망이다. 부동산과 금융의 통합이 대세이고 통합서비스가 새로운 세상이 된다.

라임사태, 옵티머스사태처럼 부동산 사기 사건도 빈번해지고 있다. 수익률 극대화와 더불어 위험관리, 원본보장책이 더욱 중요해졌다. 실패를 예방하고 위험을 관리하면서도 장기적인 수익을 추구하는 방향으로 자산관리 목표도 전환돼야 한다. 조정기 혹은 불황기에 대한 대비책도 필요하다.

각자도생(各自圖生)시대다. 가족도 친구도 더 이상 나의 미래를 책임질 수는 없다. 가족도 더 이상 평생 보험이 될 수 없는 세상이라면 내가 주체가 되어 미래를 완벽하게 준비할 수밖에 없다. 이런 시대에 우리는 과연 누구에게 의지할 것인가? 부동산에도 든든한 '내 편'이 절실해진 것이다. 안전마진을 확보하는 안전자산(슈퍼부동산), 안전자산을 창출하는 안전지대(성장지역)가 핵심과제다.

미래부동산과학에 관심 있는 많은 전문직업군 종사자와 학도들의 많은 호응과 참여를 기다린다. 부동산DNA를 함께 공부하고 연구하는 부동산가치분석사, 부동산애널리스트, 자산관리마스터를 양성하는 교육을 계획하고 있다. 부동산DNA는 유전자라는 뜻도 있고, 데이터(DATA), 네트워크(Network), 인공지능(AI)의 약자를 의미하기도 한다. 부동산 세상을 통째로 바꾸고 고객가치, 사회적 가치를 지향하는 전문가를 대상으로 메타인지 학습방법과 인텐시브 방식으로 스파르타식 도제훈련도 계획하고 있다. 상상 그 이상을 기대해도 좋다.

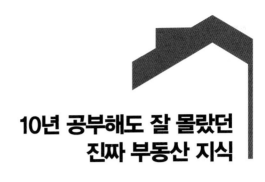

10년 공부해도 잘 몰랐던
진짜 부동산 지식

진품명품 아파트가 있을까?

KBS 〈진품명품〉 프로그램을 즐겨 본다. 골동품과 미술품의 진위를 판단하고 감정가격을 매기는 과정과 그 결과는 매번 흥미진진하다. 물건을 감정하는 감정인의 날카로운 해설과 능력, 경험이 돋보이는 장면은 지적 호기심을 자극하기에 충분하고 깊은 인상을 남긴다.

부동산의 진품명품은 무엇일까. 당연히 진품도 있고 가품도 있다. 슈퍼아파트는 진품, 좀비아파트는 가품에 속한다. 그중에는 누구나 갖고 싶어 하는 슈퍼 중의 슈퍼아파트, 즉 울트라슈퍼아파트도 있다. 울트라슈퍼아파트는 가격대비 투자가치가 가장 높은 해당 지역의 최고 슈퍼아파트를 말한다. 주거이동사다리의 최정점에 위치한 블루칩아파트로 불리기도 한다.

지인지감(知不知鑑)하듯 지부지감(知不知鑑)하라!

논어에 나오는 지인지감(知人知鑑)이라는 사자성어가 있다. 만나는 사람이 재능이 있는지 없는지를 잘 알아보는 식별력이나 감식력을 뜻한다. 사람을 알게 되면, 좋은 사람인지, 나쁜 사람인지 혹은 능력자인지, 그렇지 않은지를 감별하는 능력도 된다. 이를 알고 나서 부동산 공부를 하는 동안 부동산에 지인지감을 대입해서 필자가 지부지감(知不知鑑)이라는 신조어도 만들었다. 부동산을 알면 좋은 부동산과 나쁜 부동산을 감별할 줄 알아야 한다는 뜻이다. 지부지감을 실천하기 위해 도시공학, 경제학, 부동산학을 통섭하고 융합하는 지식을 그토록 쌓았는지도 모른다. 그 성과물이 바로 '살집팔집'이다.

거두절미하고 묻겠다. 당신은 지금 부동산이 고민인가? 그렇다면 '살집팔집'이 마법의 기적을 이루는 해법사가 된다. 아파트 선택 문제의 근본해결책을 줄 수 있다. 선택장애, 결정장애를 줄여주고 내가 간절히 찾고자 하는 진짜 아파트를 나 대신 단박에 발견해 주기 때문이다. 이전의 지식과 고정관념을 버리고 투자지형과 투자지도를 다시 그려라! 그리고 흙 속의 진주를 찾아라!

우리가 살면서도 잘 몰랐던 우리 동네 가까운 곳에 슈퍼아파트가 숨어 있다면 믿을 것인가? 실패한 과거는 잊어라! 과거보다 현재가, 현재보다 미래가 더 중요하다. 과거는 지나갔고 우리가 살아야 하는 시간은 미래다. 이 책은 과거보다 미래, 현재가치보다 미래가치와 미래이익, 미래행복을 중시하고 있다. 지금부터라도 '미래의 좌표를 설정하라!'가 훌륭한 길이다.

부동산은 '토지'와 '건물'이 본질

여러 번 언급하고 있다. 그만큼 중요하다는 뜻이다. 부동산은 토지와 건물로 구성되어 있다. 토지와 건물의 가치, 이 두 가지만 알면 부동산의 본질가치는 물론 원가 측면에서 부동산가격결정과 가격예측을 정확하고 손쉽게 할 수 있다. 입지가치를 분석할 때 특히 유용하다. 그렇다고 수익가치와 희소가치가 중요하지 않다는 뜻은 아니다. 그럼에도 토지가치를 대표하는 입지요인, 입지특성, 입지가치가 가장 중요하다. 수익가치와 희소가치도 결국 입지경쟁, 입지잉여, 입지의 우월성으로부터 발생하거나 절대적으로 영향을 받기 때문이다. 예컨대 강남아파트 가격이 가장 먼저 오르고 가장 많이 오르고 가장 비싼 이유도 대체불가능한 입지요인, 입지환경 때문이다. 꽤 복잡하고 난해하게 보이지만, 자산가치 측면에서 본다면 단순하다. 토지와 건물이 지닌 가치 덕분이다. 높은 땅값이 높은 분양가와 시장가격을 결정한다.

부동산에서 발생하는 모든 가치와 이익도 따지고 보면 종국적으로 토지와 건물로부터 창출된다. 건물가치는 아파트 입주 초기에는 시장가격에 비중 있고 강하게 작동하지만, 시간이 지나 노후할수록 토지가치의 비중이 높아지고 30년 후의 잔존가치는 대지지분인 토지만 남게 된다. 부동산시장에는 경제원리만 작동되는 것은 아니다. 정책도 있고 심리적 요소도 많은 영향을 미친다. 하지만 근본가치는 토지와 건물이며 그중 토지가 본질가치의 바탕을 이루고 있다는 점을 꼭 기억하자.

진짜 부동산을 찾으려면 본질적 개념부터 재설정하라

공부와 투자를 하는 데 있어서 선결 과제 가운데 첫 단계는 사물과 현상에 대한 개념을 재설정하는 것이다. 개념을 재설정하지 않으면 기존의 시각과 관점을 탈피하기 어렵다. 부동산을 공부하려면 부동산이 가진 본질적 가치를 찾는 일이 가장 중요하다. 부동산이 다른 재화와 근본적으로 구분되는 본질적 개념은 무엇일까?

부동산을 공부하고 직업으로 삼은 이들 중에도 부동산의 개념을 제대로 설명하는 이가 생각보다 드물다. CEO특강이나 대학원 수업을 하다 보면, 부동산이 무엇인지 묻는 필자의 질문에 정확하게 답하는 사람이 의외로 적어서 놀라곤 한다. 그저 "동산이 아닌 게 부동산 아닌가요?", "리얼에스테이트(Real Estate)죠?" 하고 되묻는 경우가 다반사다. 개념과 실체를 제대로 모르니 자꾸 반문하는 것이다.

리얼에스테이트(Real Estate, 토지) 속에 부동산의 의미와 실체적 진실이 담겨 있다. 진짜 자산이라는 뜻이다. 부동산은 학자나 교과서에 따라 다양한 개념과 다양한 해석을 낳는다. 여기서는 부동산의 개념을 특별히 자산관리관점에서 3가지 문장으로 재정의하고자 한다.

① 부동산은 '토지'와 '건축물'로 구성되어 있으며 '지역성, 입지성, 위치성'을 지닌 독특한 '가치재화'다.
② 지리적 위치는 고정되어 있으나 사회적 경제적 행정적 위치는 가변한다.
③ 부동산은 공간구조가 바뀌면 위치가 바뀌고, 위치가 바뀌면

가치가 바뀌고, 가치가 바뀌면 가격이 바뀐다.

첫째, 부동산은 토지와 건물로 구성돼 있다. 사람에 비유하면 정신과 육신으로 구별되는 단순한 이치와 같다. 문제는 토지와 건물의 근본적 특성이 서로 다르다는 점이다. 토지는 무한·영속성의 특징을 지니는 반면에 건축물은 유한성, 감가상각 된다는 것이다. 사람에 비유하면 토지는 정신에, 건물은 육신에 비유할 수 있다. 토지와 건물의 특성을 설명할 때 사람에 대한 비유를 자주 들곤 한다. 그렇게 말하면 수강생 입장에서 좀 더 쉽게 다가가고 이해하기 쉽고 오랫동안 학습효과가 남기 때문이다.

건물이 셀까? 토지가 더 셀까?

토지와 건물로 구성된 아파트는 투자가치 측면에서 어느 쪽이 더 중요할까? 필자는 먼저 둘 다 중요하다고 말한다. 부동산의 자산가치는 두 가치가 합체되어 발생하기 때문이다. 각각 따로 가치가 발생하기도 하지만 아파트, 빌딩, 상가처럼 합체되어 나타나는 경우도 많다. 건물은 임대수익, 토지는 자본수익과 연관성이 높은 것으로 알려져 있다. 하지만 내재가치 측면에서는 토지가 영속성, 무한성의 특성으로 가치보전기능과 가치저장수단이 훨씬 뛰어나다. 토지가 근본가치라는 뜻이다.

하지만 상황에 따라 다른 경우가 발생하기도 한다. 예를 들어, 아파트 입주 초기에는 건물가치가, 입주 후기에는 토지가치가 더 부각되기도 한다. 상가는 건물가치가 단독주택은 토지가치가 더 높은 중요도를 차지하는 등 주택종류와 건물연령에 따라 두 가지 가치비중은 다르다.

투자가치 측면에서는 누가 더 셀까? 아파트는 빈 땅(대지) 위에 높은 용적률로 지은 주거공간이다. 우리가 흔히 부르는 24평, 34평 하는 것은 건축물로서 우리가 주거생활에 실제 사용하는 공간면적을 말한다. 건축물의 면적이 바로 아파트가치의 전부가 아닌 것이다. 대지지분도 있다. 문제는 대지지분의 경우 평소에 특별한 관심을 가지고 등기부등본을 들여다보지 않으면 집주인조차도 모르는 경우가 허다하다. 대지지분은 등기부등본에 숨어 있다. 등기부등본을 봐도 총면적대비 혹은 지분비율로 표시되어 일반인은 쉽게 알 수 없게 적혀있다. 문외한이나 초보자는 대지지분, 용적률이라는 단어조차도 생소하게 느껴진다.

대지지분의 가치를 파악하는 것은 아주 중요하다. 대지지분은 건물이 아닌 토지가치를 의미하며 내재가치에 해당한다. 더 나아가서는 입지가 변할 경우 미래가치와도 직결된다. 건물가치도 중요하지만 치명적인 단점이 있다. 시간이 지나면 노후화되고, 노후화되면 감가상각 되고, 자산가치가 감소한다는 점이다. 지금 새 아파트일지라도 20~30년 후에는 노후아파트나 재건축아파트로 쇠락할 수밖에 없다는 뜻이다.

그렇게 되면 회계장부에 남는 건물의 잔존가치는 제로(0)로 바뀌게 된다. 따지고 보면 재건축·재개발이 뜨는 이유도 토지가치 덕분이고 토지가치의 증식 여부에 따라 가격은 결정된다고 해도 과언이 아니다. 주상복합아파트가 순수아파트에 비해 가격이 낮고 오르지 않는 이유도 바로 거기에 있다.

신축아파트는 건물가치, 구축아파트는 토지가치가 중요!

요즘 대세인 인기 아파트는 지은 지 10년 이내의 새 아파트다. 성장지역의 중소형 새 아파트가 똘똘한 한 채의 구성요건이다. 당연히 시장가격, 즉 매매가격과 전세가격도 비싸게 거래된다. 이를 두고 새 아파트의 건물가치 중요성을 드러낸 것 아니냐고 말할지도 모르겠다. 반은 맞고 반은 틀리다. 두 가지 이유로 그렇다.

먼저, 한 가지는 주거가치와 투자가치를 구분할 필요성이다. 새 아파트는 주거편리성이 높고 공급이 한정돼 있어서 가격발생 요인인 유용성과 희소성을 높인다. 그래서 수요도 증가하고 시장가격도 비싸게 거래된다. 새 아파트는 주거가치가 높고 이것은 투자가치에 영향을 끼치며 '주거가치+투자가치' 상승으로 이어져 결국 자산가치가 증가한다.

다음 한 가지는 입주 후 15년 이내의 신축아파트는 아파트의 구성요소인 토지와 건물 가운데 건물가치가 훨씬 돋보인다는 게 부동산 교과서의 설명이다. 이런 신축아파트들은 시장가격의 형성과 결정에도 높은 비중을 차지하는 것으로 알려져 있다. 새 아파트의 유용성과 효용성으로 인한 수요가 늘어나 임대료 증가, 매매가격의 상승을 유발한다는 것이다. 즉, 사용가치가 교환가치를 증가시켜 '사용가치+교환

가치'의 등식이 성립되고, 주거가치가 투자가치를 증가시켜 '주거가치
+투자가치'의 총합으로 새 아파트에 대한 매매와 전세의 가격이 동반
상승한다.

여기서 드는 의문이 있다. '새 아파트에 대한 수요자의 선호도증가
로 혹은 희소성증가로 가격이 급등한 경우 이것을 거품으로 볼 수 있
는가?' 하는 문제다. 이에 대해 뚜렷하게 근거를 밝힌 연구논문과 보
고서는 없다. 유동성증가가 아닌 선호도와 대체불가성, 상승기대감으
로 인한 수요증가나 수요곡선의 이동으로 인한 가격상승은 거품으로
단정하기 어렵다는 뜻이다. 다만 시장의 기대를 뛰어넘는, 원가를 초
월하는 과도한 가격급등은 결국 거품을 축적하고 빠질 수밖에 없다는
것도 사실이다.

건물의 속을 들여다봐야 실패가 없다

아파트를 사고팔 때 아파트 건물 평수만 알고 계약하면 될까? 토
지 평수도 알면 문제없는 걸까? 용모나 스펙 등 외형적 가치만 보고
인재를 채용하거나 결혼할 경우 낭패를 당하는 경우가 많다. 그 사람
이 얼마나 진실하고 능력이 뛰어나며 성장가능성이 있는지를 종합적
으로 관찰해 볼 필요가 있다. 겉으로 드러난 표면적인 가치보다 숨어
있는 내면의 가치를 동시에 보고 종합적으로 판단해야 한다는 뜻이다.

부동산가치도 표층분석보다 심층분석이 더 중요하다. 육안으로 보
이는 건물가치는 물론이고 등기부에 숨어 있는 토지가치를 동시에 종

합적으로 따져 볼 필요가 있다. 예를 들어 지하철이 개통됨에 따라 집값이 오르는 경우를 생각해보자. 이때 아파트 가격이 오른 원인이나 상승요인은 토지일까? 건물일까? 자산가치의 상승은 어디서 비롯해된 것일까?

당연히 토지 가치상승에 따른 아파트 자산가치가 상승한 것으로 봐야 한다. 왜냐하면, 지하철개통과 건물가치상승은 아무런 연관성이 없기 때문이다. 지하철개통으로 도시 공간구조가 바뀌고 지역경제가 활성화돼 입지가 변한 것이다. 즉, 해당 부동산의 유용성과 수익성, 미래가치가 증가해서 토지가치의 상승으로 집값이 오른 것으로 해석해야 함이 마땅하다.

땅값이 올라야 집값이 오른다는 말은 명제이고 참된 진리다. 반대로 집값이 올랐다는 것은 땅값이 올랐음을 의미한다. 수차례 언급한대로 건축물은 시간이 지남에 따라 노후화, 감가상각된다. 시간 경과로 건물가치가 저절로 상승하는 일은 발생하지 않는다. 그렇다고 해서 건물가치가 수익가치와 자산가치에 전혀 영향력을 미치지 않는다는 뜻은 아니다. 예를 들어, 지하철개통으로 주거편리성이나 교통편익이 창출되면 유용성, 편리성, 주거만족도가 오른다. 이에 따라 주거수요가 많이 늘어나 투자가치가 오르며 결과적으로 집값이 오르기도 한다.

부동산시장은 복잡계, 고차방정식이다

부동산시장은 복잡계로, 시장을 분석하는 것은 고차방정식을 푸는 일처럼 난해한 작업이다. 그래서 원인을 찾기도 쉽지 않고 해법을 찾기도 까다롭다. 쉽게 생각하고 판단하고 행동하면 낭패를 당하기 십상이다. 이런 현상은 정책도 그렇고 공급자도 그렇고 수요자 또한 마찬가지다. 문재인정부가 부동산정책에 실패한 원인도 따지고 보면 공급부족의 현상을 놓치고 투기수요억제에만 치중하다가 헛발질을 남용했기 때문이다.

아파트의 주거가치등급에 10개 측정지표가, 투자가치등급 산출에 20개 측정지표와 10년간 빅데이터가 활용된 것도 부동산시장에 영향력을 미치는 요인이 얼마나 다양하고 각양각색임을 보여주는 대목이다. 주거가치와 투자가치는 의미와 활용법도 서로 다르다. 무엇보다 산출된 내재가치와 시장가격과의 관계와 등급판정, 가격예측 확률도 다르게 나타난다. 특히 핵심투자지표인 $3.3m^2$당 아파트 땅값도 인근지역이나 동일생활권의 다른 아파트 또는 평균과 각각 비교할 필요가 있다.

가치분석결과를 토대로 슈퍼아파트와 좀비아파트를 감별하고 맞춤형 큐레이팅 방식의 서비스하는 것을 보면, 복잡한 부동산시장과 해법을 찾는 일이 얼마나 고차적인 방정식을 푸는 과정인지를 잘 알 수 있다. 참고로 '살집팔집'은 고난도의 고차방정식을 풀고 해결과제를 찾았다. 마침내 원하는 아파트를 쉽게 추천해 주면서 결정장애를 덜어주고, 맞춤형으로 큐레이션과 가격예측까지 선사해준다.

사용가치는 건물, 교환가치는 토지에서

경제학에서 말하는 사용가치는 주거가치와, 교환가치는 자산가치 (투자가치)와 주로 연결된다고 볼 수 있다. 부동산은 가치의 종류도 다양하고 가치들 사이의 연계성도 씨줄 날줄처럼 얽혀 있어서 가치와 가격과의 관계도 쉽게 파악하기 힘들다. 사용가치에 해당하는 주거가치는 건물에서 주로 발생하고 교환가치에 해당하는 투자가치는 주로 토지에서 발생한다고 한다. 이를테면 임대수익은 토지와 건물가치로부터 발생하지만, 자본수익은 주로 토지가치에서 창출된다는 것이다. 따라서 집값이 오르려면 건물가치보다 토지가치와 집값을 견인하는 다른 요인들을 주목할 필요가 있다.

부동산투자의 목적은 자산증식 및 투자수익 극대화에 있다. '임대수익+자본수익=총수익'이고, 즉 복합수익이 중요하다는 뜻이다. 임대수익과 자본수익의 추정을 위해서는 건물과 토지가치의 추정이 선결과제가 된다. 실제로 원가법에서는 토지와 건물가치를 추정하는 것만으로도 객관적인 적정한 자산가격을 산정할 수 있다. 여기에다 임대수익과 자본수익추정을 더하면 훌륭한 자산가격 예측모형을 만들 수 있게 된다. '살집팔집'은 이러한 연구의 첫 시도였고 성과다. 거래되는 시장가격과 시장가치와의 괴리 정도를 추정해서 만든 투자가치기반의 가격예측모형은 그만큼 유용하고 활용범위도 넓다.

지역분석과 입지분석의 차이

지역분석과 입지분석은 어떻게 다를까? 지역은 넓은 개념이고 입지는 비교적 좁은 개념이다. 하지만 신도시 입지나 항만입지, 공항입지처럼 지역과 입지는 혼용되는 경우도 흔해서 혼란스러울 수 있다.

부동산은 '지역성, 입지성, 위치성을 지닌 독특한 가치재화'라고 정의할 수 있다. 부동산은 지역과 입지분석을 떼어놓고서는 자산가치를 제대로 측정하거나 평가할 수 없다. 실제로 부동산을 개발하거나 사고팔 때 가장 먼저 하는 일이 지역분석, 입지분석이다. 실무에서는 입지분석을 광의적으로 보고 지역분석까지 포함하기도 한다. 하지만 엄밀히 말해 지역분석과 입지분석은 다르다.

먼저 지역분석이란 무엇일까. 부동산에서 지역은 용도별로 행정권을 기초로 주택은 생활권, 상가는 상권으로 나뉜다. 공간적 범위에 따라 주변분석, 역세권분석, 근린지역분석, 인근지역분석, 광역분석으로 구분하기도 한다. 지역별로 차별성, 양극화가 나타나는 이유도 지역성의 차이에서 비롯해되는 것이다.

다음으로 입지분석이란 무엇일까. 개별부동산의 입지가치를 분석하는 일이다. 그런데 입지란 무엇일까. 부동산 공부에서 입지의 개념을 이해하는 일은 무엇보다도 가장 중요한 과제다. 하지만 부동산개념을 정확하게 설명하는 이가 드물 듯 입지도 마찬가지다. 입지개념, 입지가치, 입지분석의 대상과 방법도 모르는 이가 많다. 전문가든 문외한이든 입지의 중요성은 누구나 외치면서 "정작 입지가 무엇인가?" 하고 물으면 우물쭈물하거나 얼버무리는 태도를 보이기 일쑤다. 심지어 "로케이션(Location) 아닌가요?"라며 되묻기도 한다. 한마디로 입지란 대상 부동산이 자리 잡은 환경이자 조건이고 다양하며 변화하는 특징을 지닌다.

위치의 가변성과 도시의 성장잠재력

입지가 환경이고 변화한다면 위치는 해당 부동산이 자리 잡은 점(点)이고, 선(線)이고, 면(面)이다. 점을 이으면 선이 되고, 선을 이으면 면이 된다. 고정적이다. 부동산의 지리적 위치는 고정되어 있지만 사회적, 경제적, 행정적 위치는 가변하는 특징을 지닌다.

지리적 위치의 고정성은 부동성을 말한다. 사회적 위치의 변화는 인구구조의 변화로 인구수, 가구수의 증감 여부다. 경제적 위치의 변화는 소득과 인프라의 증감여부를 말한다. 행정적 위치의 변화는 국토계획, 도시계획, 지역개발계획이다. 예컨대, 재건축 재개발 등 도시정비계획, 도시재생계획이나 신도시도 행정계획에 속한다. 도시이론에서는 성장사이클원리와 흥망성쇠법칙이 있다. 모든 도시는 80~100년 주기로 성장과 쇠퇴를 주기적으로 반복하며 성장과 정체, 쇠퇴(축소) 국면을 거듭한다는 도시이론이다. 성장도시와 성장지역이 따로 있다는 뜻이다.

위치의 변화는 도시공학의 성장이론과도 맞닿아 있다. 성장지역 선택과 관련해 굉장히 중요하다. 위치의 변화는 지역성장잠재력과 연관성이 높기 때문이다. 부동산 성공 3원칙 혹은 3대 투자비법에서 성장도시·성장지역이라는 용어가 많이 등장할 것이다. 성장지역을 선택해야 성공투자의 지름길을 찾을 수 있다.

그렇다면 성장지역인지 비성장지역인지는 어떻게 알 수 있을까? 4대 성장지표인 인구증가, 소득증가, 인프라확충, 행정계획을 보면 알 수 있다. 도시공학의 성장이론과 부동산학의 위치성 이론은 공통점이 있다. 성장지표와 여기서 말하는 위치성의 변화는 같은 개념으로 볼 수 있다. 표현상의 차이는 있지만 동일한 원리로 해석된다. 부동산은 종합응용과학이자 경험과학이라는 말이 실감 나는 대목이다. 도시이론과 부동산과학이론의 융·복합지식이 빛을 발하는 지점이기도 하다. 도시이론에서 성장지역은 인구(가구수 포함)증가, 소득(구매력)증가, 인프라확충, 행정계획이다. 부동산이론에서 말하는 사회적, 경제적, 행정적 위치의 변화와 큰 틀에서 같다.

성장지역은 땅값이 오른다! 땅값이 오르면 성장지역!

부동산의 위치가 상향되면 부동산시장에는 어떤 변화가 나타날까? 지역경제가 살아나고 인구증가, 소득증가로 수요가 증가하고 부동산가격도 오르게 된다. 가장 구체적인 변화는 입지와 지가변동에서 뚜렷하게 목격된다. 바로 토지가치가 상승하고 집값이 오른다. 그래서 투기수요나 투자자, 디벨로퍼는 주택이나 건물보다 토지투자에 더 관심을 쏟는다. 부동산의 위치가 바뀌면 입지가 바뀌고, 토지가치가 바뀌고 가격이 오른다는 이러한 법칙을 성장지역이론이라고 한다.

토지가치, 즉 땅값이 오르는 경우는 두 가지다. 하나는 희소성의 특성과 공급의 제한성으로 땅값이 오르는 것이다. 다른 하나는 성장도시·성장지역에 해당할 경우 땅값은 위치와 가치의 상승요인으로도 뚜렷하게 오른다. 이를테면 성장지역의 4대 지표인 인구구조의 변화, 소득구조의 변화, 인프라스트럭처의 변화, 행정계획의 변화가 실제로 토지시장과 지가변동에 직접적인 영향력을 미친다는 것이다. 이는 필자의 연구논문을 비롯해 부동산 교과서와 여러 보고서를 통해 충분히 사실관계로 판명됐다.

그렇다면 내가 살고 있는 동네나 아파트단지가 성장지역인지 아닌지를 어떻게 알 수 있을까? 가장 손쉬운 방법은 매년 발표되는 공시지가변동률과 분기별로 나오는 지가변동률을 관찰하고 추이를 추적해 보는 일이다. 누구나 마음만 먹으면 쉽게 알 수 있다. 공시지가변동률을 살펴보면, 지역의 성장성인 미래성장잠재력과 연관성이 매우 높다. 지가변동의 추이를 관찰해 보면 지역성장성을 가늠해 볼 수 있다는 뜻이다.

지역분석은 행정권, 생활권, 상권 분석

지역분석에는 종류와 공간적 범위가 따로 정해져 있다. 거주는 행정권, 주거는 생활권, 상가는 상권으로 각각 분류할 수 있다.

행정권과 생활권, 상권은 분석대상과 범위가 각각 다른 개념이다. 공간적 범위가 다르고 분석목적과 방법도 제각각이다. 집값, 상가, 빌딩 등에 미치는 영향력, 요인이 각각 다르므로 분석 시 유의해야 한다. 이를테면 생활권과 상권의 영향이 미치는 권역이 다름에도 구나 동과 같은 행정권을 기초로 예상 상권을 일률적으로 설정해 가망고객, 매출액, 이익 등을 추정하는 것은 합리적인 방법이 아니다. 또한, 집값이 오르거나 비싸다고 해서 상가나 빌딩 가격이 동시에 오르거나 비싸지는 것도 아니다.

대체로 집값이 오르면 땅값이 오르고, 일정한 시간이 흐른 뒤에 원가 측면에서 상가, 빌딩 가격이 오르는 것이 일반적이다. 물론 그 반대의 경우가 발생하기도 한다.

주택은 필수재화로 동일생활권 개념이 존재한다. 예를 들어, 강남구, 서초구, 송파구는 강남권이라는 동일생활권에 해당한다. 주민의 소득, 직업, 수준이 동일하며 주거이동에서 자유롭고 동질성이 유지되기 때문이다.

반면에 상가와 사무실은 삶을 유지하기 위한 필수품에 해당하지는 않는다. 주택과 달리 비주거용 부동산은 경제상황이나 경기흐름에 따라 수요 크기가 변하며 공실, 임대료와 매매가격변동폭도 주택보다 심한 편이다. 인구, 소득 등의 주민에 대한 정부통계는 행정권, 주택은 생활권, 상가는 상권 위주로 중요성을 지닌다.

위치와 입지의
공통점과 차이점

위치는 단 하나밖에 없는 독점권!

위치와 입지는 어떤 차이점이 있을까? 쉽게 설명하기 어려운 꽤 까다로운 개념으로, 용어의 사용법에 미묘한 차이가 있다. 이 질문은 실제로 심도 깊게 공부하는 석·박사과정에서 자주 듣는 질문 중 하나다. 입지와 위치의 영어식 뿌리는 같거나 유사하다. 우리가 알고 있는 로케이션(Location)과 시추에이션(Situaion)이다. 사전적 의미로 위치는 '일정한 곳에 자리를 차지하는 것 또는 자리', 입지는 '인간이 경제활동을 하기 위해 선택하는 장소'로 정의한다. 자리나 장소나 용어의 뜻으로는 큰 차이가 없다.

위치는 이 지구상에 단 하나밖에 존재하지 않는다. 위치는 입지와 달리 독점적이고 고정적이다. 동산과 부동산의 가장 근본적 차이는

'위치의 고정성' 즉, 부동성이다. 이러한 위치의 부동성은 부동산거래와 가격형성에 있어서 지역별 차별화를 초래하고 가격 양극화를 촉발하는 촉매제가 된다. 이 지구상에 동일한 위치에 존재하는 부동산은 오직 하나이기 때문이다. 부동산의 위치를 바꾸거나 인위적으로 이동할 수 없다는 점에서 특정위치에 자리 잡은 토지는 '위치의 독점권'을 갖게 된다. 따라서 절대적 가치권으로서의 위치의 독점권은 희소성보다 더 희소함을 의미한다.

부동산을 거래하거나 매매한다는 것은 법률적으로는 사용, 수익, 처분권 등 재산권을 의미한다. 경제적으로는 위치의 독점권을 거래하는 것으로도 볼 수 있다. 결국, 부동산의 가치는 위치에 달려 있다고 해도 과언이 아니다.

위치에 대한 가치는 어떻게 평가하나?

위치에 대한 가치, '위치권'은 어떻게 측정하고 평가하는 것일까. 시장에서 평가하는 위치의 가치측정기준은 수급의 원리다. 공급은 적고 수요가 많으면 위치 우월성을, 반대의 경우는 열위성을 가질 수밖에 없다. 주관적 판단이 아니라 객관적 판단이 기준이 되어야 하는 것은 물론이다.

대체재의 존재 여부도 중요하다. 대체재가 없다면 이 세상 단 하나의 독점권의 가치를 지니는 이상, 말 그대로 부르는 게 값이 될 수도 있다. 혹시 서초동 삼성그룹 사옥 앞에 떡 버티고 있는 작은 건물을 봤는가? 삼성동 GBC 빌딩 옆의 상가건물은 본 적이 있는가? 대형건물 입구 주변뿐 아니라 개발예정지의 알박기 땅도 대표적인 위치의 독점권이 어떤 가치를 지니는지를 잘 말해준다. 부동산은 위치가 절대적 우월성을 지닌다는 의미를 꼭 이해하기를 바란다.

입지의 정확한 개념을 아는가?

국내 부동산 교과서를 보아도 입지개념은 위치개념과 혼동되는 경우가 많고 추상적 표현이 대부분이다. 입지의 개념을 추상적, 포괄적으로 모호하게 서술한 탓에 무엇인가는 알 것 같으면서도 손에 잡히지는 않는다고 말하는 이들이 많다. 입지개념이 모호한 탓이다. 부동산 현장이나 건설회사, 개발회사, 투자자 회의 때 사업부지선정과 관련해 입지경쟁, 입지선정, 입지분석, 입지가치평가를 둘러싸고 상당한 혼란, 혼선을 일으키는 결정적 원인이 되기도 한다.

실제로 개발컨설팅과 투자상담 과정에서 입지선정오류나 분석방법의 실수는 투자실패로 이어지는 경우가 많다. 부동산은 입지라는 말이 있다. 첫째도 입지, 둘째도 입지, 셋째도 입지라고 얘기한다. 중요성을 말하기 전에 입지의 정확한 개념과 뜻을 이해하는 것이 순서이고 선결과제가 아닐까. 입지는 환경이고 조건이며 요인과 인자로 구성돼 있다. 입지경쟁과 입지잉여, 우월성 여부가 가장 중요한데, 여기서 살펴볼 것은 환경, 다양성, 변화 이 3가지다.

입지는 환경이다

수요를 창출하는 것은 위치뿐 아니라 입지요인, 입지환경이 막대한 영향을 미친다. 위치가 고정적이고 불변적인 공간이라면 입지는 위치를 둘러싼 환경, 상태, 조건으로 유동적이라고 정의할 수 있다. 다시 말해 부동산의 가치는 어디에 위치해 있느냐도 중요하지만 어떻게 자리 잡고 있느냐, 즉 입지상태, 입지조건, 입지요인을 따져 봐야 한다. 로케이션(Location)과 컨디션(Condition)을 합친 게 시추에이션(Situation)이라는 단어다.

따라서 입지는 컨디션, 조건, 인자, 환경을 포함하는 입지상태, 입지환경, 미래변화를 의미하기도 한다. 입지의 관점에서 바라본 부동산 거래는 입지거래라고 할 수 있다. 예를 들면, 부동산개발은 토지와 건물의 개발이 아니라 입지조건과 환경, 미래변화에 맞는 입지개발로 볼 수 있다. 부동산평가의 측면에서는 토지와 건물의 가치를 평가하지만, 입지평가가 최우선이 되기도 하는 이유다. 주거입지는 교통환경, 교육환경, 쇼핑환경, 쾌적한 환경을 꼽을 수 있다. 환경에는 공간과 시설이 포함된다.

입지는 용도별로 다양하다

입지는 건물과 용도에 따라 다양하게 고려된다. 주거입지는 쾌적성과 편리성을, 상업입지는 접근성과 수익성을, 공장입지는 비용성과 생산성 등을 각각 들 수 있다. 예컨대, 주택은 주거입지로서 교통·

교육·편의시설·녹지시설 등 주거환경과 인자가 가장 중요하다. 삶의 필수재화로 주거입지는 주거가치와 자산(투자)가치에 커다란 영향력을 미친다. 또한, 주거입지는 인접한 상업입지에 영향력을 주고 반대로 상업입지는 인접한 주거입지에 상호 영향을 미치기도 한다. 생활권과 상권의 범위는 다르지만 인접한 경우 시너지 효과를 누릴 수도 있다. 예를 들어, 상권이 번성한 주거지역 아파트 가격이 그렇지 않은 지역에 비해 땅값과 집값이 더 비싼 경우를 흔하게 볼 수 있다. 강남 테헤란로 주변 아파트가 대표적이다.

입지는 시간에 따라 변화한다

입지는 시간이 경과함에 따라 변화할까? 이 부분이 위치와 입지의 개념을 구별하는 차이점이나 포인트가 된다. 모든 입지는 고유한 역사성, 문화성, 개별성을 지닌다. 시간 경과에 따라 과거 입지, 현재 입지, 미래 입지가 각각 다르며 또한 변화하는 특성이 있다.

입지의 미래변화를 예측하는 일은 부동산 성공투자의 원천이 되고 성패를 가르는 요체가 된다. 사례를 들어 보자. 성공한 대표적인 디벨로퍼 전설 중에는 현재 입지보다 미래 입지를 더 선호하는 경향을 가진 사람이 있다. 지금은 그저 그렇거나 좋은 입지환경이나 조건을 갖춘 땅은 아니지만, 미래변화를 내다보고 토지를 집중 매입해서 성공하는 사례를 보곤 한다. 중·장기적으로 최상입지로 변모할 원지나 유휴지, 논밭, 임야가 대상이다.

훗날 이를 개발하는 최적합자로서 선견지명을 가진 디벨로퍼는 이를 절대 놓치지 않는다. 현재 입지 상태, 환경, 조건이 뛰어나면 당연히 토지가격이 비쌀 것이므로 미래 저평가상태에 선점을 통해 싼 가격에 매입하는 것이다. 선매입, 장기투자 전략이다. 입지변화, 미래가치를 꿰뚫어 보는 혜안과 통찰력이 탁월하다.

반면에 LH, SH가 분양하는 알짜택지를 분양받아서 아파트와 오피스텔을 소비자 입맛에 맞게 고급스럽게 지어서 고가분양가임에도 완판을 통해 성공한 디벨로퍼도 봤다. 이 또한 입지가치를 극대화한 케이스로 본받을 만하다. 두 가지 사례 모두 부동산의 투자이익은 토지와 건물의 최유효 이용에서 비롯되고 창출된다는 것을 잘 보여준다. 입지환경, 입지다양성, 미래 입지가 입지의 우월성, 입지잉여, 입지가치를 결정하는 3대 지표임을 꼭 기억해두자.

입지분석의 네 가지 범위

입지분석에서 중요한 업무인 입지분석의 공간적 범위는 어떻게 설정할까? 어떻게 세분화하느냐가 중요하다. 입지는 환경이지만 주거용, 상업용, 산업용 등 부동산 종류에 따라 지역분석, 시장분석, 입지분석의 범위가 문제가 된다. 그리고 행정권, 생활권, 상권도 각각 다르게 설정된다. 입지분석 범위는 네 가지다.

첫째, 주변 지역이다. 해당 부동산이 위치한 곳에서 보통 도보 10분 이내로 접근 가능한 1km 이내 지역이다. 주변 지역분석으로 자주 사용하는 방법으로 역세권분석이 있다. 1차 역세권은 250m, 2차는 500m, 3차는 1,000m를 말한다. 역세권에 가까울수록 입지가치는 상승하고 집값도 비싸진다.

둘째, 동일생활권이다. 근린지역으로 읍·면·동에 해당한다.

셋째, 인근지역이다. 시·군·구에 해당한다. 주택시장에서 자주 언급되고 쓰인다.

넷째, 광역지역이다. 특별시, 광역시, 도 단위 행정구역이다. 주변지역 분석이 가장 영향력이 크고 광역지역분석은 사용빈도가 낮고 중요도도 떨어진다.

핵심입지선정과 3가지 밀도론

입지분석이 추구하는 최종 목적지는 어디일까? 그것은 바로 핵심입지(Core Location)를 발견하는 일이다. 핵심입지 선정은 입지선정 절차의 화룡점정 단계이기도 하다. 결국, 입지공부의 끝은 성장지역 가운데도 최적 입지, 핵심입지를 발견하고 그곳에 부동산 입지를 선정하는 과정이다.

그런데 부동산 입지는 경쟁적이다. 하나의 유일한 독점적 위치는 존재하지 않는다. 입지환경과 조건, 입지인자에 따라 우월한 입지와 열등한 입지로 양분된다. 입지가 우월한 부동산은 생각보다 흔치 않다. 가장 훌륭한 입지는 비로소 최적입지인 핵심입지가 된다. 돈과 사람이 몰리는 곳이다. 네 가지 밀도가 높은 중심 중의 중심에 해당하는 데, 그 네 가지 밀도란 인구밀도, 자원밀도, 심리적 밀도, 성장밀도를 의미한다.

핵심입지는 거주인구, 유동인구, 활동인구가 증가하고 인간에게 필요한 물자와 시설, 공간이 밀집화되며 누구나 가고 싶은 쏠림현상이 나타나는 장소다. 앞으로 성장력이 기대되는 곳이면 금상첨화가 된다. 대개는 현재도 땅값이 가장 비싼 곳이기도 하다. 하지만 성장잠재력도 높아서 미래 토지가치와 자산가치는 더욱 증가할 가능성이 크다. 예를 들면 잠실은 제2롯데월드, 삼성동은 코엑스, 명동은 충무로 1가 24번 지가 대표적이다.

부동산의 5대 특성과
4가지 가치창출

부동산의 고유한 특성 5가지

이 책에서 가장 중시할 이론적 부분은 부동산의 고유한 특성이다. 바로 부동산의 고유한 특성으로부터 부동산의 근본가치와 시장변화, 가격변동이 촉발되기 때문이다. 부동산은 토지와 건물의 특성에 따라 여러 속성이 존재한다. 부동성, 영속성, 부증성, 개별성, 인접성, 용도의 다양성, 병합합병의 분할성·사회적·경제적·행정적 위치의 가변성 등 다양하고 복잡한 고유한 특성이 있다. 이 때문에 부동산과학(科學)에서 가장 중요한 이론 중 하나는 동산과 달리 부동산만이 갖는 본래 고유한 특성을 파악하는 일이다.

부동산시장과 시장가치, 시장가격에 강력하고 막대한 영향을 끼치는 다음 5가지 특성을 소개한다. 이들 요인은 직간접적으로 아파트가치를 창출함은 물론 '살집팔집'의 주거가치, 투자가치, 가격예측에 필요한 측정지표의 개발과 등급확정, 슈퍼아파트와 좀비아파트를 감별하는 이론적 뿌리가 된다. 하나씩 살펴보자.

부동성(不動性)

부동성의 특징을 지닌다. 부동산은 말 그대로 움직이지 않는, 즉 동산(動産)과 구별되는 부동산(不動産)으로 '지리적 위치의 고정성'이다. 부동산의 가장 고유한 특성으로 부동산이 움직이지 않으므로 임장활동(臨場活動)은 필수적이다. 투자자는 투자결정 전에 반드시 현장답사, 현장조사가 필요하다. 소위 발품을 팔아야 한다. 이를 소홀히 할 경우 부동산의 입지가치(立地價値)를 정확히 평가하기 어려울뿐더러 예기치 못한 손해를 당할 수도 있다. 디지털전환, 프롭테크 시대에는 발품과 손품이 동시에 필요하다. 이 책과 '살집팔집' 앱에서 말하는 '입지가치' 및 '수익가치' 창출의 원천이 된다.

부증성(不增性)

부동산은 부증성(不增性)의 특징을 지닌다. 부동산은 공급이 늘어나지 않는다는 뜻으로, 건물보다는 토지가 이에 해당한다. 건물은 신축, 증축을 통해 면적이 증가할 수 있지만, 토지는 기본적으로 면적의 증감이 없다. 물론 새만금지구처럼 인위적 계획에 의해 국토면적이 다소 증가하는 경우도 있지만, 지도를 바꿀 만큼 그 비율이 높지 않다는 뜻이다. 부증성은 상대적 희소성(稀少性)의 원리에 따라 희소가치와 연관성이 높다. 부증성, 희소성, 희소가치가 우리나라 부동산가격, 특히 공급이 부족한 아파트 가격에 미치는 영향력이 절대적이다. 일본과 마찬가지로 한국도 국토는 좁고 인구는 많은 탓에 부동산가격상승이 불가피하다. 예를 들면 2014년 이후 서울을 비롯한 수도권의 집값과 급등배경에는 만성적 구조적인 아파트 공급부족이 자리 잡고 있다. '살집팔집'에서 말하는 '희소가치' 및 '수익가치'의 창출 원천이 되기도 한다.

영속성(永續性)

부동산은 영속성(永續性)의 특징을 지닌다. 토지의 생명은 건축물이나 인간의 수명과 달리 무한하고 영속적이다. 세상의 모든 재화는 한정된 수명을 지니고 있는 데 비해 유독 토지만은 지구가 멸망하지 않는 한 무한성과 영속성을 지닌다. 영속성의 원리가 왜 중요할까. 재개발·재건축, 뉴타운사업의 기반이 되며, 도시재생(都市再生, Urban-Regeneration)이 가능한 배경이 된다. 일반적으로 도시의 경우 도시의 성장사이클원리와 흥망성쇠이론, 인근지역 라이프사이클이론에 따르면, 도시는 짧게는 40~50년 단위로, 길게는 80~100년 단위로 성장과 쇠퇴라는 사이클을 주기적으로 반복하고 순환 변동한다. 건물이 노후화되면 그 토지 위에 새로운 건물을 지을 수 있는 것도 토지의 영속성 때문이다. 이러한 토지의 영속성, 무한성으로 가치보존기능을 가지게 되며 하방경직성도 나타나게 된다. 토지가 지닌 영속성은 이 책과 '살집팔집' 앱에서 말하는 '수익가치' 및 '미래가치'의 원천이 된다.

개별성(個別性)

부동산은 개별성의 특징을 지닌다. 60억이 넘는 인구 중에도 얼굴 모양이 똑같은 사람이 없듯이 똑같은 부동산은 존재하지 않는다. 개별성이 왜 중요할까. 부동산은 은밀성, 비표준화, 비조직화된 시장으로 주식처럼 완전시장이 아니다. 완전시장으로 거래와 가격이 투명하게 공개되지 않는다. 다만, 아파트시장은 거래가 빈번하고 거래신고제와 인터넷의 발달로 실거래거래가와 거래량이 공개돼 완전시장에 가깝다. 표준화된 주택상품인 아파트도 엄밀하게 말하자면 같은 위치, 같은 재료, 같은 설계로 만들어졌지만 동일상품은 아니다. 같은 동·같은 층에 있는 아파트의 경우도 조망권, 일조권은 약간씩 다르며 개별 아파트 가격은 다르다. '살집팔집'에서 부동산의 개별성은 개별아파트의 주거가치와 투자가치의 차이 혹은 가격예측확률에 반영되어 나타난다.

인접성(隣接性)

부동산은 인접성의 특징을 지닌다. 부동산은 지도상에 점과 선으로 연결되어 있으면서 다른 부동산과 끊임없는 연속성과 이웃 지역과 인접성에 따른 상호관계를 형성하고 있다. 이를테면 인접 지역·인접 부동산에 변화가 발생할 경우 그 충격이나 파급효과는 단기간 내에 이웃한 인접 지역의 부동산에도 직접적 영향력을 미친다. 예를 들면 송파잠실지역에 제2롯데월드가 준공된 이후 대형개발호재 → 아파트 가치증가 → 잠실아파트 가격상승 → 강동구·광진구 아파트 가격상승 촉발 등 연쇄반응과 상승선순환이 발생한다.

반포주공1단지의 재건축 확정으로 이웃한 흑석지구 아파트 가격과 재개발이 탄력을 받은 것도 하나의 예다. '강남구-성동구, 서초구-동작구, 광화문-마포'도 동일한 인접성 원리가 작동하는 대표지역이다.

| 부동산 5대 특성 |

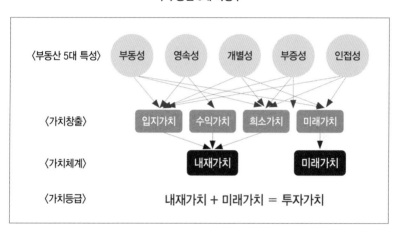

표면적 가치는 건물, 내재적 가치는 토지

부동산은 토지와 건물로 구성되어 있다. 부동산은 표면적(외재적) 가치와 내재적 가치 두 가지 가치를 지닌다. 표면적 가치는 육안으로 쉽게 알아챌 수 있는 건물가치와 시장가격(실거래가격)을 의미한다. 아파트와 오피스빌딩, 상가 등 부동산을 사고팔 때 외형적인 건물과 가격조건만을 따져 보고 부동산을 거래하면 표면적인 외재가치나 표층가치만 보고 결정하는 셈이 된다.

눈에 보이지 않지만 부동산에 숨겨진 내재가치나 심층가치, 진짜 집값을 발견하는 일이 부동산에서는 더욱 중요하다. '살집팔집'은 입지, 수익, 미래가치를 비롯한 20개 투자지표와 10년간 빅데이터분석을 통해 진짜 집값에 해당하는 내재가치지수와 미래가격을 예측하는 미래가치지수를 산출하는 데 성공했다. 그래서 실시간으로 필요할 때 언제든지 내 아파트가 살집인지, 팔집인지, 슈퍼아파트인지, 좀비아파트인지 감별하고 추천해 줄 수 있다. 수요자의 발품과 손품은 물론이고 아파트 선택과 선택장애를 해결해 주는 쾌거를 이뤘다.

매매가격은 소유권 가격

부동산경제학에서 부동산 매매가격은 소유권의 가격을, 임대가격(임대료)은 사용권의 가격을 의미한다. 매매가격이 전세가격(보증금)보다 높은 이유는 주택을 사용할 수 있는 권리 외에 소유자만이 가지는 임대료를 받을 수 있는 수익권, 처분권 등 재산상의 다른 권리들이 크기 때문이다.

자기 소유의 부동산을 직접 사용하고 있을 경우에는 자신이 임차인이 되고 자신으로부터 임대료를 받는 구조가 된다. 이를 귀속임대료(Imputed Rent)라고 한다. 자기소유 부동산을 수익성이 낮은 용도로 자기가 사용하고 있다면 이는 기회비용의 개념에서는 손해를 보고 있다. 부동산은 사고파는 행위를 하는 순간부터 탐색비용, 정보비용, 거래비용이 발생하는 고비용 상품이다. 보유, 사용할 때까지는 기회비용도 발생한다. 관리효율성, 매매효율성을 다 따져보는 자산관리가 굉장히 중요해지는 이유다.

임대료는 사용권 가격

임대료 혹은 임대수익은 부동산자산가치의 원천이 된다. 전통이론에서는 임대료수익을 누리는 부동산소유자의 권리의 가치가 내재가치가 된다고 말한다. 매입하거나 투자하는 시점 이후 발생하는 모든 임대료수입을 현재가치로 합한 값이다. 예를 들어, 소유기간 1년간 m^2당 연간 임대료가 10만 원인 토지의 내재가치는 할인율 10%인 경우 100만 원, 할인율이 5%인 경우는 200만 원이 된다. 할인율은 이자율과 밀접하게 연관된 변수이므로 이자율이 떨어지면 할인율도 떨어지고 부동산 자산가치는 오른다.

2020년 금리인하로 주택 등의 부동산 가격이 올랐던 때를 떠올려보자. 그때는 이자율이 내리고 유동성이 커지면서 부동산 자산가치 혹은 내재가치가 증가한 원인이 가장 크다. 물론 거품도 쌓였다. 당연히 내재가치 증가로 인한 집값상승은 가격거품에서 제외돼야 한다. 내재가치요인 외에 투기수요나 집값상승기대감의 광범위한 확산과 유동성증가, 투자목적의 주택구매, 재정적 차익거래증가는 집값 거품의 주된 원인이 된다. 주택가격거품론에 대해서는 다른 장에서 따로 논의하겠다.

전세가격이 매매가격을 절대로 앞지를 수 없는 두 가지 이유

2010년에서 2013년 사이, 집값은 안정세를 보인 반면 전셋값이 올랐던 때가 있었다. 집값이 안정세를 보이고 반대로 전셋값이 오르기 시작하던 2010~2013년 사태는 참고가 된다. 집값은 내리거나 미동도 않는데 전셋값이 계속 오르다 보니 이대로 가다가는 전셋값이 집값을 웃도는 이상한 상황이 연출되지 않을까 하는 우려가 제기됐다. 당시 언론에 필자는 당연히 그런 일이 발생하지 않을 거라고 답했다. 그러나 많은 이들이 그럴 가능성은 배제하지 않았다.

전세는 우리나라만 존재하는 특수한 주거제도면서 주거유형이다. 집값이 오르고 전세가격이 지속해서 오르면 역전도 가능할까? 앞으로 비슷한 일이 발생하지는 않을지 경제학적 관점에서 따져 보자.

먼저 전세가격은 오르고 매매가격이 하락하는 경우는 시장흐름이 추세적으로 바뀌는 과도기 혹은 변곡점에서 자주 목격된다. 공급부족으로 전·월세가격은 오르지만 실물경기, 금리, 정책, 구매심리, 주택담보대출규모추이, 해외부동산동향 등 아직 상승요인이 부족한 때다. 하지만 대중은 이런 변화의 흐름을 전혀 눈치채지 못하고 조만간 전세가격이 매매가격을 앞지를 것이라는 고정관념에 빠지기 마련이다. 더구나 전세제도는 우리나라밖에 없으므로 선진국 사례를 참고할 수 없어서 갈팡질팡하는 것은 어찌 보면 당연하다.

부동산경제학은 가치와 사이클 측면에서 전세가격이 매매가격을 앞지를 수 없는 원리를 알려주고 있다. 먼저 가치 측면에서 전·월세가격은 임대료로서 사용권에 대한 대가이고 매매가격은 사용권뿐 아니라 수익, 처분할 수 있는 완전한 권리, 즉 소유권 가격이라는 점이다. 부분적인 사용권이 사용권을 포함하는 전체적인 소유권 가격을 초과할 수는 없는 법이다. 임차인은 사용가치를 누리지만 집주인(임대인)은 '사용가치+교환가치'를 둘 다 활용한다는 특권을 지닌다. 임차인은 주거가치편익만을 얻지만 집주인은 발생하는 투자가치(임대수익+자본수익)를 누리고 있다는 점이 근본적으로 다르다.

다음으로는 시장이나 경기변동사이클 측면에서 전세는 매매에 선행하고 전·월세가격이 지속해서 상승할 경우 시장임대료 수익증가로 내재가치상승 → 자산가치상승 → 시장가격상승 → 매매가격상승으로 나타난다는 것이다. 전세와 월세증가는 미래 내재가치와 자산가치의 변화를 가져오고 집값도 결국 오른다는 뜻이다. 그리고 전·월세 가격상승으로 매매가격이 상승할 경우 이는 거품으로 볼 수 없다는 게 내재가치이론의 핵심이다. 따라서 부동산경기의 순환변동과 전세가율의 변화는 투자자뿐 아니라 실수요자가 절대 놓쳐서는 안 되는 핵심지표가 된다. 예를 들어, 전세가율이 최고치에 달할 때가 갭투자 등 매수적기가 되고, 반대로 전세가율이 최저치에 달할 때가 매도적기로 활용할 수 있다.

언제 얼마나 오를지는 신의 영역이다?

여기서 주의할 사항이 있다. 상담과 강의를 하다 보면 "내 아파트가 언제 얼마까지 오를까요?" 질문하는 사람이 있다. 필자를 신으로 착각하는 듯하다. 일례로 '잠실주공5단지를 보유하고 있는데 언제, 얼마의 가격으로 거래가 가능할 것인가?'하고 질문하는 경우다. 주식시장에서 족집게라는 사람들이 삼성전자는 언제쯤 얼마까지 오를 수 있다고 말하니까 이를 본떠 나온 질문이라고 생각한다.

결론부터 말하자면 주식이든 부동산이든 미래의 자산가격을 정확하게 예측하는 일은 불가능하다. 시장가격에 영향을 미치는 변수가 워낙 복잡 다양하고 얼마만큼의 강도로 움직일지는 아무도 모르기 때문이다. 경제학에서는 불확실한 미래를 불확실한 변수를 단초로 확실하게 알 수는 없다고 가르친다.

그런데도 증권사에서는 목표가라는 이름으로 실제 개별 주가를 예측하기도 한다. 이는 말 그대로 기업의 내재, 미래가치에 기반을 두어 얼마만큼 도달할 수도 있겠다는 목표 상한선이나 기대치를 수치로 나타내는 것이다. 어디까지나 투자참고용이다. 이를 100% 믿고 투자해서 손해를 입는다고 해도 배상청구를 할 수 없다는 얘기다.

부동산시장은 어떠할까? 사정은 크게 다르지 않다. 부동산활황기를 틈타 개별아파트 가격이 언제 얼마만큼 오른다고 수치로 예측하는 이들이 있다. 반대로 부동산경기예측 자체는 신의 영역으로서 불가능하다고 말하는 이도있다. 이는 둘다 올바른 생각이나 과학적 분석 방법이 아니다. 절대로 현혹돼서는 안 된다. 부동산경제학의 내재가치이론과 가격결정모형으로는 부동산 시장의 방향성은 예측가능하나 개별집값이 언제 얼마만큼 오를지를 가늠하는 일은 오직 신만이 알 수 있는 법. 다시말해 실물경제, 정책, 수급, 유동성, 심리, 주택담보대출규모, 해외부동산동향, 환율 등 거시적 변수도 파악하기 힘들고 파악한다고 하더라도 개별아파트 가격은 또 다른 평가영역이 된다. 워런 버핏조차도 정확한 기업의 내재가치는 공표하지 않는다.

'살집팔집'은 내재가치와 시장 가격의 괴리 여부를 측정하고 저평가·고평가의 기준으로 삼고 있다. 이마저도 추정일 뿐 시간이 흐른 뒤에야 정확한 전모는 사후에 드러나게 된다.

그런데도 왜 이런 언행이 성행할까? 상업적 이익이 목적이고 점치듯 흥미를 끌어 고객을 유인하기 위함이다. 전형적인 얼치기나 사이비 전문가의 행태로 보인다.

아파트 가격의 방향성 예측은 가능하다!

이 부분과 관련해 '살집팔집'은 어떻게 다른가? 두 가지가 다른 차별성을 지닌다. 투자가치등급을 바탕으로 미래가격을 예측한다는 점과 시장가격과 투자가치를 비교해서 오를지 내릴지 개별아파트의 방향성을 확률로 예측한다는 점이다.

예를 들어 보자. 잠실주공5단지의 경우 가격예측을 어떻게 할 수 있을까? 현재 거래되는 가격(실거래가) 대비 $3.3m^2$당 땅값(건물감가상각 후 대지지분가격이다)을 주변에 인접한 리센츠, 트리지움, 엘스, 아시아선수촌과 비교해 계산해보면 '잠5'의 내재가치 대비 저평가·고평가 상태를 어느 정도 판단할 수 있다. 만일 잠실5단지 아파트의 $3.3m^2$당 땅값이 아시아선수촌보다 낮게 거래된다면 이것은 어떻게 판단할 수 있을까? 저평가상태로 향후 시장가격이 오를 확률이 높다고 할 수 있다. 아파트 가격이 앞으로 얼마나 오를지 내릴지를 정확하게 예측하기는 불가능하다. 하지만 내재가치와 시장가격을 비교하면 저평가, 고평가 상태를 통해 방향성은 추정가능하다.

왜 우리 동네 아파트만 오르지 않는 걸까?

알 수 없는 것과 알지 못하는 것과는 다르다. 부동산의 적정한 가치와 가격은 산출가능하며 비교가능하고 예측할 수 있다. 다만 미래가 불확실하기에 100% 정확하게 알기는 어렵다. 내재가치와 시장가치나 시장가격도 마찬가지다. 그래서 내재가치와 시장가격은 일치하거나 균형을 이루기보다 괴리되는 때가 더 많다. 즉, '내재가치 >시장가격'일 경우 저평가, 그 반대일 경우는 고평가상태가 된다는 뜻이다. 저평가상태는 시장가격이 오를 확률이 높아서 재정적 거래, 즉 차익거래가 성행하고 유동성이 부동산시장으로 급속히 유입된다. 지난 2014년부터 2020년까지 한국의 주택시장이 그런 모습과 기저적 흐름을 보여주고 있다.

사람들은 필자를 만날 때마다 이렇게 자조 섞인 불평을 하곤 한다. "왜 내 아파트만 생각만큼 오르지 않는 걸까?", "다른 아파트는 잘만 오르던데, 내 아파트는 살기는 좋은데 가격이 오르질 않으니 어찌 된 영문일까?" 까닭을 모르니 답답해하고 속상해한다. 최근에 발표된 국토부의 주거실태조사 결과를 봐도 재밌는 통계가 등장한다. 응답자의

80%가 넘는 사람들이 내가 사는 동네, 내가 사는 아파트에 대해 주거만족도가 높다고 응답한다. 하지만 또 다른 보고서를 보면 "내 집값은 강남, 마·용·성 등 다른 지역에 비해 집값이 덜 올랐다", "우리 동네 아파트는 살기 좋은데 사고 싶은 집은 아닌 것 같다"는 식으로 불평한다고 한다.

왜 그럴까. 두 가지 이유가 있다. 하나는 부동산이 가지는 사용가치와 교환가치가 다르기 때문이다. 반복해서 언급한 대로 주관적인 주거가치와 객관적인 투자가치를 구별하지 못한 탓이다. 특히 자산가치의 증가와 관계가 깊은 투자가치는 주거만족도를 나타내는 주거가치와는 근본적으로 다르다는 것이다. 서로 상관관계는 있으나 100% 일치하는 필요충분한, 즉 완전조건관계는 아니다. 주거가치는 주관적, 심리적 요인이 작용하지만 입지, 수익, 희소가치 등 내재가치는 객관적이며 경제적 요인이 결정적 영향을 미친다는 뜻이다.

또 하나 다른 이유는 현재가치뿐만 아니라 미래가치가 미래가격에 중요한 영향을 미치기 때문이다. 따라서 지역의 미래변화를 예고하는 미래가치도 고려해야 한다는 점에 결정적인 차이가 있다. 미래가격에 대한 예측력을 갖기 위해서는 지역의 성장잠재력, 즉 성장가치와 미래가치까지 추정하고 가격에 어떤 영향을 미칠지 과거 경험과 통계기법을 활용해야 비로소 미래가격의 방향성을 읽을 수 있다.

집값이 오르면 더 오를까? 아니면 내릴까?

2020년처럼 집값이 급등하면 사람들은 시장을 내다보면서 2021년의 내 집값을 예측하기도 한다. 집값이 오르는 경우 어떤 이는 더 오를 것으로 말하고 어떤 이는 많이 올랐으니까 이제는 곧 내릴 것이라고 예단하기도 한다. 왜 두 가지 반응이 충돌할까? 첫 번째는 가격이 올랐으니까 앞으로도 더 오른다고 얘기하는 경우다. 집값 방향성이 그대로 유지되거나 관성의 법칙에 따라 집값 탄력성이 더 커질 것으로 내다보는 것이다.

두 번째는 지금까지 가격이 이미 오를 만큼 오르고 큰 폭으로 올랐으므로 반대로 내릴 것으로 내다보는 경우다. '산이 높으면 골이 깊다'는 속담처럼 말이다.

양쪽 시각 모두 일리가 있다. 주식투자하는 사람은 이런 경험을 하루에도 몇 번씩 마주할지도 모른다. 과연 누구 주장이 맞는 것일까. 둘 다 반은 맞고 반은 틀리다. 경험상으로 보면 좀 더 오르는 경우도 있고, 반대인 경우도 있기 때문이다. '어느 한쪽만 진리는 아니다'라는 뜻이다.

부동산경제학으로 본 답은 뭘까. 먼저 '한번 오르면 계속 오를 것이다'라는 주장은 경제학이론에서도 객관적 근거를 전혀 찾아볼 수가 없다. 오히려 많이 오르면 많이 내리는 경우가 허다하다. 주식시장은 이를 잘 대변해주고 있다. 주식투자자 중에는 뒤늦게 급등한 종목을 쫓아서 추격 매수했다가 상투를 잡은 경험이 그것이다.

부동산도 마찬가지다. 지난 1997년 IMF나 2008년 서브프라임 모기지사태 때 꼭지에서 아파트를 샀다가 2013년까지 6년간 집값이 떨어지는 바람에 고생한 사람도 여기에 해당한다. 그래서 과거가격과 미래가격은 오르고 내리는 원리가 전혀 다르다는 사실을 알아야 한다. 과거가 결코 미래가 될 수는 없기 때문이다. 만약 계속 오른다고 말하는 이가 있다면 무지한 까닭이거나 뒷북예언가가 틀림없다.

반대로 '곧 내릴 것이다'라는 주장도 설득력이 부족하다. 부동산 공급은 시차가 존재하고 단기적으로 공급이 제한되기 때문이다. 집값이 오르면 장기적으로는 공급이 늘어날 수 있지만, 단기적으로는 공급증가는 어렵다는 점(즉, 주택공급의 단기제한성)을 간과하고 있다. 의류와 식품과는 달리 주택은 택지확보부터 인허가, 분양, 준공, 입주까지는 장기간의 공급기간이 소요되는 특성이 있다. 따라서 신규입주물량이 언제 얼마만큼 이뤄질지, 공급예정물량과 공급부족사태의 해결전망에 따라 집값의 향방은 달라진다.

'살집팔집'의 한계와 맹점

'살집팔집'은 만병통치약은 아니다. 한계와 맹점도 있다. 10년간 빅데이터를 기반으로 거시지표와 미시지표, 잘 변하지 않는 용적률 등 영구지표와 변동지표가 섞여서 작동하고 있다. 그러다 보니 단기변동성보다는 중·장기 변동성 예측에 더 유효하다는 평가가 나온다. 단기투자보다는 5~10년 후를 내다보는 중·장기투자에 활용하면 더 유익하고 실효성이 크지 않을까 짐작된다. 따라서 시세차익을 노린 단기투자에는 적합하지 않은 경제적 예측모형이다. 삼성전자, LG 전자, 현대기아차, SK텔레콤, 네이버, 카카오처럼 블루칩 주식에 해당한다고 말할 수 있다. 내재가치와 미래가치가 높은 슈퍼아파트는 오를 때 많이 오르고 내릴 때 적게 내린다고 말할 수 있다.

예를 들어 인구증가·소득증가·인프라증가·행정계획이 받쳐주는 성장지역의 대지지분이 넓고 땅값이 지속해서 상승하며 공급이 제한적인, 주거가치와 투자가치가 동시에 상승하는 슈퍼아파트의 경우는 비성장지역의 좀비아파트에 비해 집값이 오를 확률이 더욱 높다고 예측된다. 언제 얼마만큼 오를지 내릴지는 알 수는 없는 법이다. 미래 집값의 방향성을 알 수 있는 것만으로도 아파트 선택에는 큰 도움이 된다고 하겠다.

자산관리형 안심중개서비스가 뜬다!

자산관리형 안심중개서비스의 3가지 목표

디지털 부동산 기반 '살집팔집'의 전성시대가 오고 있다. 이를 이용한 자산관리형 안심중개와 맞춤형 서비스가 대세를 이룰 전망이다. 세상을 향한 필자의 신개념 자산관리 목표와 방향은 확고하다. 부동산 문제를 고민하고 선택장애를 겪고 있는 장삼이사의 대중을 위해 자산관리형 안심중개서비스를 제공한다. 신개념으로 부동산과 금융의 통합 자산관리 시스템을 완성하는 과제를 추진하는 것이다. 부동산과학의 이론과 경제원리, 시장법칙을 공유하고 미래부동산과학의 힘을 사회적 문제해결 차원에서 실천하고 싶다.

필자가 진행하는 안심중개서비스는 3가지는 없고(3 No), 3가지는 있는(3 Yes) 서비스다. 허위매물, 권리하자, 투자가치가 없는 매물은 매매대상으로 절대 취급하지 않는다는 것이다. 반대로 있는 것 3가지는 진품매물만 있고, 등기부와 임대차계약서에 나타난 권리분석을 해주며, 부동산의 가치와 세무, 지역분석을 해준다는 뜻이다. 권리분석과 가치분석, 세무분석은 리포트(보고서) 형태로 제공하기 때문에 장기보관이 가능하다.

중개혁신 공동체의 탄생이 기대된다! 삼중회!!

디지털전환시대를 맞아 고객가치 중심으로 금융과 부동산 통합자산관리서비스를 제공하는 일은 진취적이고 바람직하다. 부동산전문가집단인 중개서비스와 업무수행방식을 혁신하고 국민의 신뢰와 존중을 받을 수 있도록 중개사의 자질과 역량을 높이는 게 중요한 목표다. 세무사, 회계사, 변호사, 변리사처럼 말이다. 더불어 편의점의 대변신처럼 지역밀착형 자산관리 서비스 거점으로 성장할 수 있도록 중개업소를 환골탈태하는 방향으로 대혁신하는 것이다.

이러한 목표는 갑작스러운 생각이 아니다. 필자도 공인중개사로서 말할 자격이 있다. 현장의 개업공인중개사를 만날 때마다 직업적 고민과 자괴감을 고백하는 이가 수두룩했다. 한편으로는 직업적 자부심과 역할에 대한 사회적 책임감을 느끼는 이들이 많았다. 언제까지 시장을 교란한 당사자 또는 단속대상으로 비난받고 억울해할 것인가? 언제까지 전문가적 위상과 자존감에 상처를 받을 것인가? 중개사의 위상정립과 활로개척이 절실하다. 돌파구는 무엇일까? 파괴적 혁신만이 살

길이다. 전국 3,000명의 혁신전사가 태동하고 있다. 부동산 세상을 바꾸는 일은 선택이 아니고 필수가 됐다. 2021년 중개혁신공동체, 일명 삼중회(혹은 K리얼티)가 우리 곁에 찾아온다! 기대해도 좋다.

중개혁신공동체의 제1목표는 자산증식

신개념 통합자산관리 내지 '자산관리형 안심중개서비스'를 제공하는 중개혁신공동체의 업무혁신 방향은 3가지다.

첫째, 자산증식이다. 부의 확장과 노후준비를 위한 개별 맞춤형 평생자산관리 전략이다. 자산증식을 향한 수익률 목표는 은행 예금금리의 3~4배며 시장평균수익률을 초과하는 수익률을 창출하는 것이다. 시장의 기대수익률은 2020년 말 기준으로 3~4% 선이다. 아무리 수익률이 높을 것으로 예상되는 상품 혹은 투자대상일지라도 투자위험이 큰 상품은 절대 피해야 한다. 라임과 옵티머스 사기 사태로 얻은 교훈을 잊지 말아야 한다. 일련의 사건들로 부동산 등 안전자산에 대한 관심과 선호도가 더 높아졌다. 부동산이 주식, 채권보다 낫다거나 최고라는 얘기가 아니지만 확실히 시장의 선호도는 이전과 달라졌다.

중개혁신 공동체의 제2목표는 위험관리

둘째, 위험관리다. 2021년은 투자리스크 관리에도 신경 써야 한다. 부동산 가운데도 아파트, 똘똘한 아파트에 대한 쏠림현상의 배경에는 수익과 위험관리라는 두 마리 토끼를 잡고자 하는 투자가의 고민과 선택이 담겨 있다. 이를 부동산경제학에서는 낙관론의 광범위한 확산과 심리적 밀도의 과도한 증가로 풀이한다.

실제로 2020년은 주식과 더불어 자산시장의 이상과열과 과도한 자산가치의 상승으로 고점에 임박했다. 집값은 최고치를 향해 멈출 줄 몰랐다. 자산가격은 거품을 형성하고 거품징후를 낳았다. 낙관론의 광범위한 확산은 뚜렷한 거품지표로서 투자위험도도 높아지고 있다고 우려한다. 고수익·고위험 법칙을 떠올려야 할 때다.

중개혁신공동체의 제3목표는 은퇴관리

셋째, 자산관리형 안심중개서비스의 제3목표는 은퇴관리, 노후준비다. 마지막 웃는 자가 결국 승리자란 격언이 있다. 초·중·장년기에 잘 먹고 잘 사는 것도 좋겠지만, 은퇴 후 70세 이후에 어떤 경제적 운명을 맞느냐가 더 중요하다는 말이다. 노년층의 멘토인 김형석 연세대 명예교수님은 인생의 황금기는 70~90세라고 했다. 70세 이후 건강한 육신과 정신, 경제적 준비와 풍요로움을 만끽할 수 있다면 100세 시대에 더 이상 바랄 나위가 없겠다.

자산관리 종착지는 포트폴리오 재구성

자산관리형 안심중개의 최종 종착지는 어디일까? 바로 자산배분과 자산조정이다. 부동산 자산관리란 포트폴리오 측면에서 자산배분과 최적의 투자전략을 통해 부동산 자산가치를 극대화, 위험최소화를 위한 전문적이고 종합적인 관리를 말한다. 필자가 학위논문에서 새롭게 설정한 개념이기도 하다. 자산가치 극대화, 위험최소화, 최적화전략, 자산배분, 포트폴리오가 그 핵심이다. 그리고 부동산투자성공의 3원칙을 꼭 지켜야 한다. 매매시기를 잘 포착하라!(타이밍의 원칙), 성장지역을 선택하라!(지역선택의 원칙), 슈퍼부동산을 선택하라!(상품선택의 원칙)

타이밍의 원칙은 적절한 시기선택으로 저가매수와 고가매도를 하고, 시장흐름을 잘 읽고 미리 대응하라는 뜻이다. 지역선택은 비성장지역은 피하고 성장지역을 선택하라는 뜻으로 인구, 소득, 기반시설, 행정계획 4가지 성장지표를 눈여겨보라는 뜻이다. 상품선택은 슈퍼부동산, 슈퍼아파트는 보유하고 좀비부동산, 좀비아파트는 처분하라는 뜻이다. 참고로 빌딩, 상가 등 상업용 부동산은 임대수익률과 자본수익률이 높은 복합수익부동산이 슈퍼가 된다.

따라서 자산관리란 가치분석을 통해 슈퍼부동산을 찾아내고 좀비부동산을 슈퍼부동산으로 갈아타며 10년마다 자산을 재배분하는 포트폴리오 재구성 전략이 핵심이다.

국민, 주택, 농지연금 3종 세트+알파(α)전략

100세 시대를 맞아 우리는 어떻게 노후를 준비해야 할까. 백가쟁

명식(白家爭鳴式) 해법으로만 논의되고 제시되고 있다. 하지만 뚜렷한 해법은 아직 없다. 혹자는 주식, 채권, 개인연금·퇴직연금, 저축예금, 펀드 등 금융상품으로, 혹자는 수익형 부동산, 토지, 주택을 권장하기도 한다.

필자는 특별하게 한국형 은퇴준비솔루션, '노후자산관리 경제모형'을 개발했다. 국민연금, 주택연금, 농지연금 등 '공적연금3종세트'를 기반으로 예금, 주식, 보험, 펀드, 리츠를 결합하는 방식이다.

이른바 '집 한 채로 행복한 노후준비하기 운동'이다. 미래가 불확실하고 경제가 불안하고 자산시장이 위험할수록 우리가 선택할 수 있는 선택지는 생각보다 많지 않다. 국가가 보장해 주는 자산만이 현재로선 가장 안전한 자산에 속한다. 채권도 회사채보다 대한민국 정부가 보증하는 국공채가 훨씬 안전한 것과 같은 이치다.

공적연금 3세트에 플러스 알파전략은 몹시 효율적인 자산관리 전략이 된다. 슈퍼부동산, 슈퍼주택, 슈퍼아파트, 슈퍼농지를 기초로 보험, 주식, 채권, 펀드, 리츠 등 슈퍼금융상품을 더한 알파전략이 강력한 해법이 된다.

주택은 10년마다 슈퍼주택, 아파트로 교체하는 등 주기적으로 포트폴리오를 재구성할 필요가 있다. 5년 뒤 우리도 일본처럼 노년빈곤, 노년파산, 노후난민이 급증할 것으로 우려된다. 국내외 경제환경의 불확실성은 더욱 증폭되고 기관이나 법인, 투자자와 달리 정보와 자금력이 취약한 개인의 경우 예측불가능한 투자위험에 노출될 가능성이 더욱 커진다. 그래서 노후자산은 가장 안전한 공적연금 위주로, 어떤 위험이 닥치더라도 원금은 보장할 수 있는 원금확보, 안전마진을 확보하되 대출상품 갈아타기, 보험상품 갈아타기 등 금융상품과도 통합된 자산운용전략이 최우선과제가 된다.

좋은 펀드 추천하는 모닝스타처럼, 슈퍼아파트 추천하는 '살집팔집'

2020년에 금융시장을 강타한 라임, 옵티머스 펀드사태와 부동산 사기 사태는 앞으로도 언제든지 재발하고 우리 앞에 나타날 수 있다는 점에서 주의해야 한다. 한편으로, 금감원 등 감독기관의 철저하고 치밀한 관리감독의 부재가 도마 위에 오르고 있다. 또 다른 여러 가지 허점도 보인다. 그러한 문제를 해결하기 위해 펀드가치를 객관적으로 평가하는 회사와 조직의 필요성이 대두되기 시작했다.

시류에 편승해 리서치 기능과 데이터분석을 통해 수많은 주식, 인덱스, 선물, 펀드를 평가하는 글로벌기업 '모닝스타'가 떠올랐다. 참고로 모닝스타는 성과 좋은 펀드와 나쁜 펀드를 객관적으로 측정, 분석, 제공해 주는 회사다. 민간회사지만 이러한 검증기능이 한국시장에도 제대로 작동했다면 라임, 옵티머스 사태는 일어나지 않았을지도 모른다. 당국의 허술한 관리감독도 문제지만 진짜 펀드, 가짜 펀드를 체계적으로 평가하고 공개하는 회사가 국내에 없었다니 허탈하고 씁쓸하기만 하다. 개미투자자들이 속수무책으로 당할 수밖에 없는 한국의 금융시장과 정책 수준은 참으로 부끄럽다.

그렇다면 부동산시장은 안전할까? 어쩌면 더 많은 위험이 도사리고 무방비 상태에 노출되어 있다고 해도 과언이 아니다. 금융은 금융위원회, 금융감독원도 있고 금융회사 자체에 리스크 관리부서도 따로 있다. 하지만 부동산, 건설, 중개업 현황은 어떠한가? 말하기조차 민망할 정도로 투자안전, 거래안전, 관리감독상태가 부실하기 짝이 없다.

필자는 누군가가 이런 일을 수행해야 한다고 생각한다. 라임과 옵티머스 사태를 계기로 수많은 부동산 사기사태와 실패사례를 반면교사로 삼기로 했다. 첫 번째는 도시부동산을 공부하는 박사연구였고, 두 번째는 자산관리연구원의 설립이었으며, 세 번째는 '퓨쳐스타'를 창업했다. '살집팔집'을 운영하는 퓨쳐스타는 모닝스타를 벤치마킹했다. 슈퍼아파트와 좀비아파트를 감별하고 추천하고 수요자 맞춤형으로 큐레이션 서비스를 제공하고 있다.

필자는 경험이 많다. 정부의 부동산정책, 주택정책위원을 비롯해 각종 도시계획위원 및 도시재정비위원, 산업단지공단위원, 각종 공사의 위원도 역임했다. 특히 자산관리 연구분야에서 국민연금, 공무원연금공단위원 등 선도적 역할을 하는 공공기관에서 오랫동안 수행했다. 따라서 전문가집단이 갖춰야 하는 경제학적 이론과 분석, 부동산시장에 대한 깊은 지식과 경험, 가치와 가격과의 관계, 깊은 지식과 경험, 본질가치에 대한 과학적 분석방법과 미래전략, 성장지역과 투자대상까지 공유하고자 한다. 묵직한 사명감으로 고객가치, 사회적 가치를 실천하고 싶다.

중개혁신공동체와 파괴적 혁신

신개념 부동산자산관리의 혁신과 사명의 구체적 실행방법은 뭘까. 두 가지 혁신을 생각해볼 수 있다. 첫째는 은행, 인터넷은행, 증권 등 금융회사와 공인중개사가 일체가 되어 금융과 부동산의 통합서비스를 제공하는 시스템과 조직을 만드는 일이다. 특히 중개업소가 지역 거점을 형성하고 거주자와 매일 소통하고 평생 주민밀착형 자산관리 서비스를 제공하는 혁신이다. 디지털 부동산시대를 맞아 가계자산의 76%를 차지하는 부동산자산관리 역할을 수행하는 주체는 지역 현장 중개사가 제격이다. 중개사의 역할과 기능은 어떻게 혁신되어야 할까.

예를 들어 보자. 우리 동네 아파트가 슈퍼인지 좀비인지를 감별하고, 앞으로 가격이 오를지 내릴지를 진단 예측하는 역할이 필요하다. 해당 지역의 성장성을 분석하고 시장을 전망하는 애널리스트가 될 필요가 있다. 아파트 계약 후에는 사후적인 서비스는 필수다. 아파트 매매와 전세 계약은 1회 계약으로 끝날 일이 아니다. 가전제품도 AS가 필수인데 고객 입장에서 가장 비싼 내구재인 주택을 사고팔고 난 뒤 사후서비스를 기대할 수 없는 게 중개 현실이다. 계약과 입주 후에도 아파트 실거래가와 자산가치의 변화, 주택교체 타이밍, 포트폴리오 전략 등 평생 자산관리서비스는 기본이다.

문제는 이들 업무를 혼자서 수행하기란 사실상 불가능하다는 점이다. 콘텐츠와 데이터분석, 디지털기술 등 문제해결능력과 정보공유, 변호사, 세무사 등 타 전문가와의 협업도 필수적이며 관리 시스템도 갖춰야 한다. 따라서 자산관리 혁신을 위해서는 업무방식과 영업방법의 전환, 혁신공동체, 집단지능, 디지털기술기반의 종합 솔루션이 요구된다.

기존에 말로 고객을 설득하고 영업했다면 이제는 데이터로 마케팅하고, 혼자 영업을 뛰었다면 앞으로는 공동영업망을 갖춰야 한다. 지탄받았던 직업에서 인정받는 전문가로, 단순 유통전문가에서 통합자산관리전문가로의 환골탈태도 해야 한다.

새로운 부동산 세상을 꿈꾸는 의지를 갖춘 게임체인저 역할을 기꺼이 수행할 3,000명을 모집할 계획이다. 전국 100만 명을 대상으로 '집 한 채로 행복한 노후를 실천하는 사람들(일명 집행천사)'과 힘을 합칠 경우 시너지 효과는 막대할 것으로 기대한다.

필자는 한양대학교에서 '자산관리 측면에서 부동산가치평가를 위한 지표개발(2011, 한양대도시대학원 도시개발경영전공)' 박사논문을 통해 부동산자산에 내재하는 것으로 추정되는 근본적인 경제적 가치를 객관적, 종합적으로 평가했다. 투자가치를 반영하고 평가하는 대표지표로 20개를 개발했다. 가치평가를 위한 지표개발의 연구방법으로는 첫째, 부동산에 내재한 경제적 가치를 객관적으로 평가하기 위한 구체적인 가치평가체계를 정립했다. 둘째, 가치체계별로 필요한 세부적인 평가지표를 개발했으며, 지표의 중요도를 고려하여 가중치를 부여했다. 셋째, 가치평가지표정립을 구축하고 이를 실증분석했다. 이

중 지표정립은 관련 이론 고찰 및 표적집단면접(Focus Group Interview)을 통해 분석했으며, 지표별 중요도 분석은 전문가설문을 활용해서 ANP(Analytic Network Process) 방법을 통해 도출했다.

논문을 요약하면 다음과 같다. 아파트의 가치평가지표 정립 결과, 투자가치평가 항목으로는 입지가치, 수익가치, 희소가치, 미래가치 등 4가지 가치체계를 정립하고 실증과정을 거쳐 최종 20개의 지표가 구축됐다. 다음으로 지표별 중요도 분석을 했다.

다음으로 중요도 분석결과를 기반으로 시범평가 아파트단지를 선정해 적용해 봤다. 시범평가 아파트단지는 강남(서초구, 강남구) 2개 구, 강북(마포구, 성동구) 2개 구의 총 4개 단지를 평가 및 측정했다. 실증분석 결과, 본 연구의 가치평가체계 및 대표지표(대지지분, 공시지가변동률, 역세권 여부, 매매가격변동률, 각종 도시계획 및 개발요인 등)는 아파트 가격과의 상관관계 및 미래예측력이 높은 것으로 나타났다.

결론적으로 부동산시장과 아파트가치특성을 반영한 아파트 가치평가체계 및 지표의 중요도로 본 투자가치평가모델과 아파트 경쟁력종합지표를 고안했다. 부동산의 내재가치측정, 가치상승 및 하락추세와 장래변동성, 즉 가격을 예측하는 데 75% 이상의 확률로 유효함을 통계적 기법을 통해 확인할 수 있었다. 향후 추가적인 연구를 통해 가치체계 및 평가, 측정지표를 보완, 개선한다면 더욱 진전된 유효한 연구성과를 끌어낼 수 있을 것으로 기대된다.

3대 투자비법은
시기·지역·상품선택
: 절대마법 성공공식

대체불가
신개념자산관리가 온다!

부동산 자산관리의 핵심 3요소

부동산자산관리는 자산선택, 적정한 가격산정, 가격예측이 3가지 핵심 3요소다. 어떤 자산을 선택할지, 적정한 매수가격은 얼마인지, 가격이 오를지, 내릴지를 예측하는 일이 투자의 최대 관건이고 요소가 된다.

삶은 선택의 연속이라는 말이 있다. 우리는 사는 동안 하루에도 수십 번, 수백 번 어쩌면 만 번 이상을 선택하고 결정하며 살아가는지도 모른다. "인생은 B와 D 사이에 C가 있다"는 장 폴 사르트르의 말이 생각난다. '탄생(Birth)과 죽음(Death) 사이에 선택(Choice)이 있다'는 뜻이다.

부동산 문제에도 선택과 결정의 장면과 순간이 찾아온다. '문제는 선택장애, 결정장애'라는 말처럼 선택과 결정이 절대 쉽지만은 않다는 것이다. 실패하지 않으려면 객관적인 선택기준과 지식, 지혜, 지능이 동시에 필요하다. 물론 투자습관도 중요하다.

자산선택이론도 마찬가지다. 부동산학개론에 나오는 수준의 지식만으로는 부동산의 다양한 가치와 가치를 가늠하는 지표와 가치가 반영되고 시장에서 거래되는 시장가격과의 관계나 영향 등을 모조리 알기는 불가능하다. 가치평가와 측정을 어떻게 할 것인지, 적정한 가격은 어떻게 산출할 것인지, 가격이 오를지 내릴지는 어떻게 예측할 것인지, 구체적 방법론을 아는 게 핵심과제다. 예컨대, 부동산과학이 가장 발달한 미국에서조차 단독주택에 대한 적정한 가격산정문제가 시장과 시장에서 가장 뜨거운 이슈가 되고 있다. 선진국의 프롭테크 기업조차 풀어야 할 미스터리한 영역이다.

그래서 부동산 석·박사과정에 공부하러 오는 이들의 학습목표와 고찰대상도 여기에 집중되기도 한다. 밀도 있게 학습하면 선택장애, 결정장애는 얼마든지 극복할 수 있다. 삶의 주인공은 '스스로 결정하는 사람'이다. 내가 결정하지 않으면 누군가에 의해 결정된다는 교훈을 명심하자.

부동산은 종합응용과학이라는 말에서 알 수 있듯 법률·행정·정책·경영·경제·건축·토목·금융·디자인·마케팅·심리·풍수지리까지 사람의 주거생활과 관련되는 수많은 인접 학문과 산업, 직업들이 연관되어 있다. 부동산 공부는 10년 이상은 필수이고 평생 공부할 만큼 무궁무진하다는 생각이다. 어느 한 분야에 조금 경험하고 아는 것만으로 부족하며 진정한 전문가와는 거리가 멀다. 메타인지 학습방법이 절실하다.

신개념 자산관리의 궁극적 목표 3가지

'살집팔집'이 지향하는 가치는 실패예방, 자산증식, 맞춤형 자산관리다. 특히, 실패예방은 미래의학이 추구하는 최고 가치로 성서의 황금률에 해당한다. 미래부동산과학은 이를 본보기로 삼고 있다. 행복학자들은 사람이 평생 행복하게 살기 위해서는 4가지 요소를 공통으로 꼽는다. 건강, 경제, 가족, 직업이다. 필자는 자산관리전문가로서 '건강관리를 하듯 자산관리를 하라'가 삶의 지침이 되고 신조가 됐다. 건강해지기 위한 첫 단계는 아프지 않는 것, 질병에 걸리지 않는 것이 절대적 과제다. 미래의학자들은 유전적 분석을 통해 암이나 난치병DNA를 발견하고 이를 가위질이나 조작하는 연구에 몰입하고 있다. 실패예방과 맞춤형 표적치료를 위한 선제적인 필사의 노력이다.

부동산자산관리도 마찬가지다. 세상이 급변하고 대내외적인 경제요인이 불확실해졌다. 예측불허 부동산시장에 직면해 각자도생과 뉴노멀(New Normal) 시대가 도래하고 있다. 자산관리도 새로운 표준이 필요하다. 목적, 방법, 접근을 새롭게 해야 한다.

첫째, 성공하려면 가장 먼저 실패를 예방하는 일이 가장 중요하다. 실패 후의 조치는 사후 약방문에 불과하기 때문이다. 부동산은 일단 투자결정을 하고 나면 원래대로 되돌리거나 원상회복이 거의 불가능한 특징을 지닌다. 이른바, 비가역성(非可逆性)이 존재한다. 기투입한 투자비용, 기회비용, 매몰비용을 회수하기가 사실상 어렵다. 따라서 부동산 실패의 후유증은 치명적이다. 디벨로퍼가 9번 성공해도 1번 실패하면 망하는 이유다. 고수익·고위험 법칙이 통용된다. 부동산 실패를 막는 지름길이 있다. 투자시기·투자지역·투자상품을 주도면밀하게 심사숙고해서 시장을 과학적으로 종합분석하고 예측하는 일이다.

둘째, 자산증식이다. 즉, 부(富)의 확장이다. 부동산은 아파트를 비롯한 주거용은 물론 상업용, 산업용, 특수용 부동산까지 공간으로서의 부동산, 자산으로서의 부동산가치를 지닌다. 토지와 건물로 구성되어 있으며 사용가치와 교환가치를 지닌다. 아울러 특정 지역에 속하면 위치성, 입지성을 지닌 독특한 가치 재화로 분류된다.

부동산의 자산가치나 자산가격은 어떠한 요인에 의해 변동되고 결정되는 것일까. 부동산과학은 여러 가지 요인과 경로, 메커니즘을 설명하고 있다. 가격에 직간접적인 영향을 미치는 가격의 발생과 형성, 결정요인의 3단계 가격변동을 제시하고 설명하기도 하고, 부동산에 본질적으로 내재하는 내재가치를 추정하여 내재가치가 시장가치를 결정하고 화폐로 환산한 가격이 시장가격이라고 말하기도 한다. 필자는 도시부동산법칙을 발견해 좀 더 쉽게 접근하고 측정이나 평가지표를 발굴해서 누구나 쉽게 알아보고 실증분석할 수 있는 '종합지표 가치측정모델['살집팔집'은 아파트 종합지표(Compex Indicators)이자 측정모델이다]'을 개발했다. 부동산 교과서에 따르면 '부동산은 지역성·위치성·입지성을 지닌 독특한 재화며, 지리적 위치는 고정되어 있지만 사회적·경제적·행정적 위치는 가변한다'고 규정하고 있다.

그러므로 3가지 부동산특성을 종합하면 '도시부동산가격변동의 법칙'을 도출할 수 있다. '도시 공간구조가 바뀌면 → 지역과 위치가 바뀌고 → 입지(Location)가 바뀌고 → 가치(Value)가 바뀌고 → 가격(Price)이 바뀐다'는 것이다. 알아두면 몹시 유용하다.

예를 들어 보자. 지하철이 개통되거나 신도시 입주 후에 재건축 후 인근지역 아파트 가격이 많이 오르는 이유가 뭘까. 도시 공간구조와 기능이 확 바뀐 것이다. 인구증가, 소득증가는 물론 교통망 확충과 새 아파트의 유용성(효용성, 편익)이 증가하고 지역성장과 지역경제가 활성화됨으로써 입지환경이 개선됨은 물론이고, 입지가치·수익가치·희소가치 증가로 내재가치(Intrinsic Value)가 증가하고, 시장가치와 시장가격이 증가하는 가치상승 연결고리와 선순환 현상이 나타났기 때문이다.

셋째, 맞춤형 자산관리서비스다. 사람들은 아파트를 선택할 때도 자금·가족수·직주근접지역·자산가치 등 여러 가지 요인을 동시에 종합적으로 고려할 수밖에 없다. 게다가 저마다의 상황과 조건은 연령별·소득별·남녀노소에 따라 각각 다를 수밖에 없다. 하지만 아파트를 선택하는 기준은 크게 두 가지 기준으로 나눌 수 있다. 살기 좋은 주거가치와 사기 좋은 투자가치가 그것이다. 이 두 가지 가치가 높은 아파트가 바로 슈퍼아파트임은 다 알고 있는 사실이다. 여기가 끝이 아니다. 슈퍼아파트 가운데도 가격대비 투자가치가 최고 높은, 소위 '울트라슈퍼아파트'를 고르는 일이 최종적으로 남았다.

울트라슈퍼아파트는 어떻게 찾을 수 있을까. '살집팔집'에서 제공하는 핵심투자지표의 결정체로써 해당 아파트의 건물가치 감가상각 후 대지지분가격을 계산해 3.3m^2당 땅값을 산출하면 쉽게 파악할 수 있다. 예를 들어, 잠실주공5단지 34평 아파트의 대지지분은 약 24평으로 실거래가 24억 원이라면 대지지분 3.3m^2당 땅값은 약 1억 원이 된다는 것이다. 만일 이 가격이 인근에 있는 아시아선수촌·장미아파트 등과 비교해 높게 형성됐다면 고평가, 낮게 형성됐다면 저평가 상태로 판단할 수 있다.

'살집팔집'은 여러 아파트 가운데 어떤 아파트가 최고인지를 선택할 수 있도록 도와준다. 지역(시·군·구)별·역세권별로도 슈퍼아파트를 단박에 찾아주고, 원하는 자금·지역·평형 등 3가지 조건만 입력해도 최적의 아파트를 3초 이내에 발견할 수 있다. 아파트 선택장애를 해결하고 추천해 주는 진짜 해결사다.

워런 버핏, 3박자 가치투자원칙

예측불허, 혼란스러운 시장을 이길 불패전략이 있을까? 부동산가치투자원칙은 무엇일까? '투자의 귀재', '오마하의 현인'으로 불리는 워런 버핏의 가치투자원칙으로 한 수 배운다. 그의 성공법칙은 부동산에도 적용할 수 있다. 그의 명언은 금과옥조와 같다. '원금을 잃지 마라', '유행을 좇는 투자는 위기를 맞게 된다', '10년 보유할 생각이 없다면 10분도 보유하지 마라', '저평가 가치주를 매수해 고가 매도하라', '성장가치가 높은 주식을 장기 투자하라' 등이다.

세계 최고 부자 가운데 한 사람이자 글로벌 구루(스승)이기도 한 워런 버핏은 지금도 주식을 고를 때 3가지 원칙을 지키는 것으로도 유명하다. 3가지 성공법칙이다.

먼저, 기업을 고를 때 아마존과 첨단기술이나 IT, BT 업종보다 생활밀착형 소비재를 고른다는 것이다. 코카콜라, 월마트, 보험회사가 대표적이다. 재무제표를 꼼꼼히 검토해서 변동성이 적고 안정적인 수익이 꾸준히 발생하는 회사를 선호한다.

두 번째는 내재가치 대비 시장가격이 저평가된 주식, 즉 주가가 내재가치보다 저렴할 때 매입한다는 점이다. 세 번째는 수익의 성장성, 즉 성장가치를 중시한다는 것이다. 이러한 투자원칙으로 그는 천문학적 이익을 얻었고 세계적인 거부가 됐다. 워런 버핏의 투자원칙을 부동산에 응용해보자. 업종선택은 부동산시장에서는 지역선택과 연관성이 높다. 기업은 업종으로 분류하지만 부동산은 지역성을 가지고 있고 지역분석이 가장 중요하기 때문이다. 내재가치 대비 시장가격이 낮을 때 투자하라는 시기, 타이밍의 원칙은 부동산투자에도 그대로 유효하다.

예를 들어 '살집팔집'은 내재가치 혹은 투자가치를 측정할 때 시장가격이 장기 급등하거나 내재가치를 초과할 경우 건물가치 감가상각 후 3.3m^2당 대지지분가격을 산정해서 동일생활권의 인접한 아파트와 비교해 거래되는 시장가격이 내재가치 대비 저평가·고평가됐는지를 즉시 인공지능으로 알려주고 있다. 워런 버핏의 투자원칙을 실현하고 있다는 뜻이다.

세 번째는 워런 버핏이 중시하는 기업의 지속가능성이나 성장력을 판가름하듯 해당 아파트가 위치한 지역과 입지의 미래가치를 측정하는 것이다. 현재는 살기 좋고 집값이 많이 오르는 지역이 선호도도 높고 매력적으로 보일 수 있지만 '살집팔집'의 판단 기준과 지표는 다르다. 투자가치 측면에서 현재가치와 미래가치를 동시에 측정하고 예측한다는 점이 근본적인 차이다. 예를 들어, 강남 가운데도 GTX, 위례신사선, 지하도시 건설 등 대형호재가 받쳐주는 삼성, 잠실지구와 통째 개발가능성이 큰 용산지역이 대표적인 미래가치가 높은 지역이다. 도심권의 서울역·청량리역 주변, 3기 신도시 인근지역도 미래가치를 키우는 성장지역이라고 하겠다.

2021년은 실패예방, 자산증식, 맞춤형 자산관리의 최적기

부동산가치의 모든 것은 슈퍼부동산, 슈퍼아파트에 담겨 있다. 2021년은 전환기로 갈아타기를 원하는 이들에겐 딱이다. 자산교체를 하기에 적합하다. 2021년은 부의 확장을 준비하기에 최적기다. 지금껏 기회를 놓쳤다면 2021년은 부의 확장을 기대하며 좀비아파트는 버리고 슈퍼아파트로 당장 갈아타라!

만약 2021년에 부동산경기가 하강하고 거래가 절벽을 맞으면, 집 한 채도 팔기가 어려워질 수 있다. 지난 7~8년간 집값 폭등으로 거품이 쌓인 데다 공급대책, 세금폭탄, 대출규제, 금리인상 등으로 임대사업자를 포함한 다주택자 매물출시가능성이 커졌기 때문이다. 주택경기변동사이클도 상승에서 안정이나 보합국면으로 전환될 개연성이 농후하다.

부동산시장은 상식과 달리 냉각기가 회복기보다 속도가 훨씬 빠르게 진행된다는 점도 부담이 된다. 과거 2009~2013년 때처럼 폭락장이 올 수도 있다. 하우스푸어, 렌트푸어가 양산되고 금리마저 오르게 되면 그야말로 집 있는 거지, 주거난민의 고통은 커질 수밖에 없다.

만일 그런 현상이 발생하면 무주택자는 어떻게 해야 할까? 그때를 절호의 내 집 마련 기회로 삼아도 좋다. 1주택자는? 슈퍼아파트로 갈아타기에는 집값이 안정된 때가 가장 적합한 시기가 된다. 집값이 크게 오르거나 크게 내리면 거래절벽으로 갈아타기 자체도 쉽지 않기 때문이다.

그렇다면 다주택자는 어떻게 해야 할까? 가급적 2021년 6월 1일 이전에 슬림화나 다운사이징 전략이 유리해 보인다. 늦어도 2021년 말까지는 좀비아파트나 절세대상 아파트는 처분하기를 권한다. 2022년 이후 거래가 안 되는 순간 너도나도 매물을 던지게 되는데, 이때 매물이 쌓이면 급락도 고려해야 하기 때문이다. 조정기 혹은 불황기 초기국면에는 슈퍼부동산을 선택하거나 갈아타기는 전략이 효과적인 방안이 된다. 이러한 점에서 슈퍼부동산에 대한 관심은 오히려 경기순환변동기에 더 커질 수도 있다는 뜻이다.

부동산에 대한 본질적 질문과 3대 성공원칙

본질적 질문 3가지

사람들은 나를 만날 때마다 언제 어디서나 3가지 질문은 꼭 던진다. "지금은 살 때인가요, 팔 때인가요?", "집을 산다면 어느 지역이 가장 유망한가요?" 그리고 "어떤 아파트를 고르는 것이 가장 좋은가요?"라고 말이다.

첫 번째 물음은 시기 선택에 관한 것이다. 저점매수, 고점매도 원칙을 얘기한다. 문제는 저점과 고점을 일반인이 미리 알기는 불가능하다는 점이다. 부동산은 장기변동성이 강하므로 "무릎에서 사고, 어깨에서 팔아야 한다"고 현실적 조언을 한다.

하지만 부동산 경기예측과 부동산시장 전망으로 어느 정도의 미래예측은 가능하지만 정책, 금리, 유동성 등 변수가 너무 많은 탓에 정확도는 떨어진다. 부동산경기측정지표를 분석하고 시장흐름의 움직임을 주의 깊게 관찰하는 일이 중요하다. 이를테면 10년 주기설, 벌집순환모형, 주택거래량과 가격지수를 전세가격지수와 전세거래량, 토지가격지수와 토지거래량과 눈여겨보라는 뜻이다. 선후행 관계가 있기 때문이다. 부동산경기는 수급, 실물경기, 소득, 정책, 금리, 유동성, 심리, 해외 부동산 동향 등 어느 한두 가지 이유로 큰 흐름이 결정되지 않는다. 그리고 일반경기와도 상승과 하락 사이클이 일치하지 않는 특징이 있다.

두 번째 물음은 지역 선택에 관한 것이다. 어쩌면 지역을 선택하는 일은 시기를 선택하는 일보다 주택가격결정에는 더 중요한 일인지도 모른다. 왜냐하면 부동산은 지역성·위치성·입지성을 지닌 독특한 가치재화로서 아파트가격변동에는 도시부동산변화법칙이 작동하기 때문이다. 이를테면 부동산가격변동에는 유용성, 상대적 희소성, 유효수요 등 가격발생요인뿐만 아니라, 지역변화 및 입지변화, 부동산 그 자체의 변화, 특정 지역에 대한 선호도, 대체재의 존재 여부, 경기변동·가격상승기대감 등이 복합적으로 작용한다.

지역 선택의 핵심은 성장지역을 고르는 일이다. 성장지역은 4대 성장지표를 보면 알 수 있다. 인구구조의 변화, 소득구조의 변화, 인프라스트럭처의 변화, 행정계획이다. 서울에 응용해보자. 2030서울도시플랜에 따르면 3대 도심권(강남·광화문·여의도)과 그 인접 지역이 대표적이다. 광역 중심지인 강동·용산·마포·성동·광진·영등포·동작·동대문·서대문을 꼽을 수 있다. 교통망과 업무·상업 시설 확충이 예상되는 창동·상계·수색·증산·영등포·목동·마곡·삼성·잠실은 지역 중심지에 해당한다. 이들 모두 미래성장지역으로 손색이 없다.

공원 조성과 교통망 확충으로 교통편익, 환경편익이 증가하는 한 강변뿐 아니라 공원화 등이 추진되는 중랑천·동부간선도로변·올림픽대로·강변북로·경부고속도로 주변도 유망하다. 관문지역으로 경기도 주목할 만하다. 성남·하남·과천·안양·광명·남양주·김포·고양은 서울과 연결되는 대표적인 관문지역이다. 세 번째 물음은 상품선택에 관한 것이다. 어떤 아파트가 가장 살기(Live) 좋고, 사기(Buy) 좋은 완전한 슈퍼아파트인가를 찾는 게 요점이다. 개별아파트의 주거가치와 투자가치에 관한 근원적 질문이며 주택구매결정의 마지막 화룡점정 단계다. 주거트렌드 변화와 미래투자가치도 포함하고 있다. 관심 있는 아파트가 여러 곳일 경우가 많고 아파트마다 특성이 있는 만큼 비교·분석이 요구된다. 특히 살고(Live) 싶은 곳과 사고(Buy) 싶은 곳이 충돌할 수도 있다. 예컨대, 한강변이나 공세권, 숲세권 아파트에 살고 싶은데 직장이나 자녀교육, 특히 투자가치를 고려하면 결정이 쉽지 않은 경우가 이에 해당한다.

'살집팔집'에서 얼마나 살기 편리하고 쾌적한가에 관한 주거가치등급은 10가지 측정지표와 등급을 발표함으로써 이를 해결하고 있다. 직주근접성, 교육·교통·편의시설·녹지시설 등 주거환경과 시설을 평가한다.

얼마나 사기 좋고, 사고 싶은가에 관한 투자가치등급은 20가지 측정지표와 등급을 주거가치와 따로 발표하고 있다. 입지, 수익, 희소가

치와 미래가치를 평가하는 지표가 이를 잘 설명하고 있다. 주거가치와

투자가치 지표는 다시 상세하게 설명하겠다.

매매시기의
원칙

　부동산에도 실패하지 않고 반드시 성공하는 필승법칙이나 성공공식이 있을까? 질문 속에 답이 있다. 앞서 살펴본 대로 성공방정식으로 3대 성공투자원칙을 상세하게 소개한다. 3가지는 꼭 지켜야 소기의 투자성과를 달성할 수 있다. 3가지가 완벽하게 합치할 때 투자성과는 극대화될 수 있다. 천재적 물리학자 알베르트 아인슈타인 명언처럼 근본원인을 알면 근본해법을 찾을 수 있는 법이다.

　그 첫 번째는 매매타이밍의 원칙이다. 저점매수·고점매도법칙이라고 할 수 있다. 저점에서 매수하고 고점에서 매도해야 수익률이 극대화된다. 서울을 비롯한 수도권은 지난 2013년이나 2014년부터 집값이 올랐기 때문에 주택경기는 2013년경이 바닥 내지 저점으로 볼 수 있다. 그렇다면 우리는 언제쯤 매수하는 것이 좋았을까? '무릎에서 사서 어깨에서 팔라'는 투자 격언을 생각하면 2013~2014년이 바닥에서 살 수 있는 1차 매수타이밍이다. 이후에는 전세가율(전세가격/매매가격)이 가장 높은 2016년임을 경험적으로 알 수 있다. 3차 매수적기는 2019~2020년 상반기로 추정된다. 정부의 부동산대책으로 주택가격이 조정을 보이지만 공급부족으로 전세가격은 꾸준히 오르는 상황에서 코로나19 사태로 금리인하, 양적완화조치가 시행된 시점과 맞물린다.

창조자, 선도자, 빠른 추종자, 느린 추종자

투자하는 시점에 따라 성공과 실패를 가르는 투자자 유형 4가지를 소개한다. 부동산경기변동과 관련해 적절한 시기를 포착하고 투자하는 사람들을 4가지 부류로 나눌 수 있다. 창조자, 선도자, 빠른 추종자, 느린 추종자가 그것이다.

창조자(Creator)는 아마도 1차 시기인 2013~2014년경 가장 먼저 창의적으로 움직이고 매매를 최초로 리딩한 창조성이 강한 투자자들이다. 전세가격이 움직이고 거래량이 30% 이상 증가하는 선행지표를 포착해 직관적으로 얼마간의 위험을 감수하고 선점투자에 나서는 사람들을 말한다. 이들은 주로 강남 재건축과 중소형 새 아파트를 대상으로 선택해서 매입했다.

얼리어댑터로 불리는 선도자(First-Mover)의 경우 2차 시기인 2016년경 적극 매수에 나섰을 것으로 추정된다. 이들은 주로 마·용·

성·광·동(마포·용산·성동·광진·동작구) 등 강남과 도심권에 인접한 강북 인기지역을 공략했다. 이른바 똘똘한 한 채가 탄생한 계기가 됐다.

빠른 추종자(Fast-Follow)의 경우는 3차 시기인 2019년경에 주택 매수에 나선 사람들로 보인다. 이들은 도심 외곽지역인 노도강(노원·도봉·강북구), 금관구(금천·관악·구로)와 관문지역(하남·성남·광명·고양(삼송·원흥))을 내 집 마련 대상으로 삼았다. 가격이 저렴하고 전세가격으로도 접근이 가능했다. 그리고 광역생활권에 속하고 출퇴근이 가능한 수도권 대도시 수·용·성(수원·용인·성남)을 비롯한 인천 등의 수도권 대도시가 풍선효과를 톡톡히 누렸다.

마지막으로 느린 추종자의 경우는 2020년 하반기 이후 막차수요에 합류한 것으로 추정된다. 인천·경기남부 중소도시와 의정부 등 경기북부는 물론, 세종시·부산·대구·대전 등 지방대 도시가 임대차 3법 시행과 전세가격급등, 규제의 반사이익으로 뜨겁게 달아올랐다

부동산경기를 측정하는 10가지 지표

그렇다면 2021년 이후에 매입한 사람은 어떻게 되는 걸까? 아마도 추격매수, 상투투자의 아픔과 고통을 피하기 어려울 것으로 관측된다. 국내 주택경기는 10년 주기설이 작동하며 벌집순환모형(Honey Comb-Cycle Model), 헤도닉 가격함수 등 주택경기의 순환변동이 작동하기 때문이다. 지난 35년간 주택경기 사이클을 관찰해보고 거품측

정지표, 정책기조변화 등을 종합적으로 고려하면, 5~7년간 상승하면 4~6년간 하락하는 사이클이 주기적으로 반복되고 있음을 목격할 수 있다.

부동산 교과서에서는 공통적으로 부동산시장에 중대한 영향을 주는 주요 변동요인으로 10가지를 꼽는다. 수급, 실물경기, 정책, 금리, 유동성, 거래량, 투자심리, 주택담보대출 잔고추이, 환율, 해외 부동산 동향 등이다. 주택시장에 직간접적인 영향을 미치는 주요 변수의 움직임을 고찰해보면 시장의 향방과 흐름은 어느 정도 예측할 수 있다.

문제는 주택경기의 변동은 불규칙적이며 국가마다 지역별로 각각 다르게 나타난다는 것이다. '일반경기보다 변동주기가 길다(2배 가량), 진폭이 크다, 회복기간이 길고 후퇴기간은 짧다(상승은 더디고, 냉각은 빠르다), 주택경기는 일반경기에 역행한다, 국지적 현상으로 나타나는 경향이나 전국적으로 확산되기도 한다'는 특징이 있다.

예를 들어 가장 최근에 나타난 주택시장의 기저 흐름을 살펴보자. 한국의 주택시장은 대세흐름과 추세전환으로 볼 때, 세 번의 대세상승과 대세하락이 있었다고 볼 수 있다. 한국은 역사적으로 집값이 7년 이상 오르거나 하락한 적이 한 번도 없었다. 2021년까지 주택가격이 장기 급등하면서 최근 출현한 주택경기 순환변동 사이클이 아마도 가장 길고 강력한 슈퍼사이클로 기록될 것으로 추정된다.

2013년 서울 강남을 필두로 상승을 시작한 주택시장은 공급부족, 규제정책부작용, 금리인하와 과잉유동성, 집값상승에 대한 광범위한 확산 등으로 매매가격과 전세가격 모두 장기간 동반 폭등했다. 2021

년 상반기 주택가격은 거래절벽 속에서 다소 진정되는 안정세가 나타나고 있다. 장기상승에 따른 피로도 및 세금인상, 대출규제효과, 금리인상, 공급확대정책의 여파로 해석된다. 이는 과도기적 국면으로 이해된다. 만일 상반기 주택거래량 지표가 5년 평균치 대비 30% 이상 급감하거나 가격안정세가 2분기 이상 지속될 경우 하반기 집값은 안정국면으로 전환될 확률이 높아 보인다.

지역선택의
원칙

부동산 3대 성공투자법칙의 두 번째는 지역선택의 원칙이다. 부동산은 지역성·위치성·입지성을 기반으로 하는 독특한 가치재다. 부동성의 특성으로 토지는 움직이지 않으므로 사람이 임장활동으로 움직여야 한다. 도시지역 가운데도 성장지역을 고르는 일이 시기선택 못지않게 가장 중요한 일이다. 선(先) 지역선택, 후(後) 물건선택이기 때문이다.

이때, 도시공학에서 강조하는 '흥망성쇠 이론'은 참고할 만하다. 모든 도시는 80~100년 단위로 성장과 쇠퇴를 주기적으로 반복하며 지역마다 도입, 성장, 성숙, 쇠퇴, 재개발기를 거친다. 서울은 얼마나 된 도시일까. 조선시대 한성부부터 따지면 700년 된 도시라고 할 수 있지만, 이는 4대문 안을 일컫는 말이고, 근대도시계획이 수립된 것은 일제 강점기인 1910년으로 봐야 한다. 그렇게 따지면 서울은 110년 된 도시로서 구도심은 근대도시계획이 수립된 지 100년이 넘었다. '흥망성쇠 이론'에 따라 광화문, 영등포, 청량리, 용산 등 원도심이나 구도심권은 재개발기 혹은 개발초기에 놓여 있다는 사실을 쉽게 알 수 있다.

강남은 40~50년 된 도시로 성숙기에 해당한다. 재개발기는 슬럼기라고도 하며 지가수준은 낮고 한계계층의 거주지로 전락한다. 재개발로 인한 이익이 재개발비용보다 크지 않으면 방치되고 주거기능이 상실되기도 한다. 악화나 공동화현상이 지속된다. 하지만 재개발이 활성화되어 개발초기로 접어들게 되면 지가상승이 활발하고 투기현상이 나타나기도 한다. 예컨대, 계획발표·착공·완공단계에 걸쳐 지가가 3배 정도 크게 상승한다는 '지가상승 3단계설'이 현실화되는 것이다. 우리나라는 개발계획단계에서 과도한 지가상승으로 이후 착공·완공단계 상승폭은 그리 크지 않은 것으로 알려져 있다. 활발한 인구 유출입이 일어나는 가운데 유입인구는 교육수준이 높은 젊은 계층이 많다. 최근 용산구·마포·성동구·동대문구·영등포·서대문구에 나타나는 지가 급등은 이를 잘 증명하고 있다.

강남처럼 성숙기에 해당하는 경우 도시 공간구조와 기능, 부동산 가격은 최고수준으로 주민이동은 크지 않다. 즉, 사회적·경제적 생활수준은 최고로 약간의 수요증가로도 가격의 수직상승이 나타나기도 한다. 최근 강남아파트 가격의 급등 역시 성숙기의 모습을 여실히 보여주고 있다.

한편, 주거중심 신도시(베드타운)의 성장·쇠퇴 사이클은 40~50년으로 짧아지기도 한다. 분당, 일산 등 1기 신도시는 30년 이상으로 쇠퇴기로 접어들었음을 알 수 있다. 재개발이 필요한 재개발기가 도래한다는 뜻이다. 참고로 판교, 광교 등 2기 신도시는 성장기에 속한다.

성장도시·성장지역·4대 성장지표

모든 도시와 지역은 성장도시, 정체도시, 쇠퇴(축소)도시 등의 3가지로 분류된다. 지역으로 세분화할 경우 특정 지역은 성장지역·정체지역·축소지역으로 나눌 수 있다. 즉, 서울이라는 성장도시 안에도 25개 구 모두 성장지역은 아니라는 얘기다. 대략 40% 정도만 성장지역이고 나머지는 정체 혹은 축소지역에 해당한다. 서울도 성장성 측면에서는 40% 정도만 투자에 적합하다, 균형개발이 필요하며 투자 시 참고할 만한 정보다. 성장지역인지 아닌지를 판가름하는 성장지표는 4가지다. 인구구조의 변화, 소득구조의 변화, 인프라스트럭처(기반시설)의 변화, 행정계획의 변화다. 하나씩 살펴보자.

첫 번째로 인구구조의 변화는 인구증가, 가구수 증가 여부와 양·질적 변화를 의미한다. 즉, 인구가 증가하고 가구수가 증가하면 성장조건을 갖추게 된다. 인구밀도·가구밀도가 중요하다.

두 번째로 소득구조의 변화는 소득증가, 구매력증가, 주택구입능력이 중요한 변수가 된다. 주택의 구매력을 가진 수요를 유효수요라고 한다. 즉, 구매의사만으로 실질적인 수요자가 될 수 없다는 점에서 경제력은 중요한 변수가 된다. 부동산을 구매할 수 있는 경제적 능력을 가늠하는 지표로 경제성장률, 일자리, 가처분소득, 지역 내 생산성지표 등이 있다. 구매력을 지닌 생산인구가 증가한다면 확실한 성장도시가 될 수 있다.

세 번째로 인프라스트럭처의 변화다. 기반시설은 네 가지로 나뉜다. 교통, 문화, 산업, 상업인프라다. 그중 교통인프라가 가장 중요하다. 교통편익창출로 지역의 공간구조와 기능의 변화를 유발하고 지역경제활성화 효과가 매우 크기 때문이다. 접근성 개선으로 직접적인 주거편익창출 및 집값상승효과도 굉장하다. 스마트시티, 산업도시, 데이터센터, 테크노밸리 등 첨단산업단지조성도 지역성장력을 키운다. 1·2차 테크노밸리가 들어선 판교, 삼성디지털연구소가 있는 수원영통이 대표적이다. 교통 다음으로 상업인프라도 중요하다. 상업이 번성하고 상권이 커지면 유동인구증가와 관광, 소득증가, 지역경제활성화로 연결되기 때문이다. 명동·강남역·홍대입구 상권이 대표적이다. 문화인프라의 중요성도 커지고 있다. 한국을 대표하는 역사문화중심지는 광화문, 한류문화중심지는 강남이다.

네 번째는 행정계획의 변화다. 행정계획이란 국토계획, 도시계획, 각종 개발계획으로 나눌 수 있다. 국토종합계획, 신도시조성계획, 도시기본계획, 도시관리계획, 도시재정비계획, 도시재생계획, 관광특구계획 등 다양하다. 우리나라에서는 국토개발, 도시개발, 지역개발의 주체는 국가와 정부, 지방자치단체, LH 등 국가와 지자체가 주도한다. 그래서 3기 신도시 조성이나 재건축·재개발정책 등 행정계획의 변화로 지역의 성장잠재력은 좌우될 수밖에 없으며 덩달아 부동산시장도 요동치게 되는 것이다.

따라서 성장도시·성장지역의 가장 큰 특징은 인구증가·소득증가·인프라증가·행정계획이 받쳐준다는 점이다. 그리고 성장도시는 지역의 성장성·성장력이 증가하고 점차 커짐에 따라 지역이 성장하고 지역경제가 활성화가 되는 등 지역변화 → 입지변화 → 지가변동 → 가격변동이 나타난다. 지역은 관성이나 타성으로 지속해서 성장력을 보인다. 도입기, 성장기, 성숙기에 해당할 경우 지역이 성장할 경우 상당 기간 가격상승이 지속될 가능성이 크다. 지역경제 활성화로 지가·임대료·매매가격 3가지 가격도 오른다는 결론이다.

상품선택의
원칙

부동산상품은 다양한 가치를 지닌다

부동산은 공간이고, 자산이고, 상품이다. 도시는 공간이고, 모든 부동산은 자산으로서 사용가치와 교환가치를 지닌다. 주택은 주거가치(주거상품)와 투자(자산)가치를 둘 다 가지고 있다. 부동산은 토지와 건물로 구성돼 있다. 즉, '부동산원가＝토지+건물가치'다. 토지가치는 입지가치, 내재가치와 건물가치는 수익가치, 희소가치, 미래가치와 각각 높게 연결된다.

가격발생요인인 유용성, 상대적 희소성, 유효수요와 가격형성요인을 구성하는 수십 가지 개별적·지역적·일반적 요인의 작용으로 가격이 형성되며, 인구·소득·선호도·대체재·가격상승기대감 등 수요와 공급의 결정요인을 거쳐 마침내 시장가격이 결정되기도 한다.

따라서 아파트를 비롯한 주택은 자연스레 거래되는 주거상품, 투자자산으로 인식할 수 있다. 부동산시장을 통해 수급조건과 상황에 따라 시장가격이 결정되는 것은 자연스러운 현상이다.

경제적 이득 발생가능성이 높은, 즉 투자가치가 높은 슈퍼부동산, 슈퍼주택, 슈퍼아파트를 고르는 일이 아파트 성공투자 3대 비법의 마지막 단계이자 최종 종착지가 된다.

주거상품을 고르는 3가지 기술

주거상품이나 좋은 집을 고르는 3가지 기술이 있다. 특히 얼마나 투자가치가 높은가, 앞으로 아파트 자산가치가 증가하고 경제적 이득을 가져다줄 것인가 투자매력도를 평가하는 일이다. 주거가치를 측정하는 것과 달리 좋은 집을 고르는 것은 그리 간단치가 않다.

첫 번째는 주거문화와 메가트렌드를 고찰하는 일이다. 코로나19 팬데믹 이후 사회적 거리두기, 재택근무, 원격근무로 주택에 대한 철학, 선택기준, 주거이동 등 새로운 현상이 나타나고 있다. '도심 회귀', '직주의문(職住醫文·직장·주거·의료·문화 시설)', '에코 주택(환경친화적 거주)' 등이 최신 트렌드에 속한다. 외곽보다는 도심 그리고 사무실, 주거, 대형 병원, 문화·쇼핑 시설이 초(超)집적화된 곳을 선호하기도 한다.

두 번째는 주택자산의 가치가 오를 수 있느냐를 판단하는 투자가치가 아파트를 구매할 때 가장 우선으로 고려된다는 점이다. 이 책에서는 입지와 토지가치를 기반으로 하는 내재가치를 산출해서(즉, 대지 지분 3.3㎡ 지가를 산출) 시장가격과의 괴리도를 측정, 슈퍼아파트 여부를 판단하고 있다. 내재가치가 높을수록 단기적 집값상승 확률은 높게 나타난다.

세 번째는 지역의 미래성장력, 즉 성장지표가 받쳐주는 성장지역은 미래가치가 높고 중·장기적으로 집값이 지속해서 오를 가능성이 크다는 것을 의미한다. 똘똘한 한 채가 집중되는 강남, 마·용·성·광 지역의 핵심입지(Core Location)가 대표적이다. 성장지역·핵심입지를 찾는 일이 최대 관건이 된다(제2부 '사례분석 편'에서 상세하게 공개한다).

상가·꼬마빌딩 슈퍼부동산을 고르는 3가지 비법

슈퍼아파트가 아닌 상가, 꼬마빌딩과 같은 슈퍼부동산을 고르는 일이 궁금한가? 또는 수퍼부동산 중 주택과 관련 있는 상가주택을 선택하는 비법이 있을까? 대체로 상업용 부동산은 주거용보다 선택기준과 절차가 복잡하고 까다롭다. 먼저 슈퍼부동산에 대해 알아보자. 슈퍼부동산은 비주거용 부동산으로 상가, 빌딩 등 상업용 부동산, 수익형 부동산을 말한다. 구입이나 투자목적이 자산증식과 임대수익률 극대화와 동시에 위험률 최소화에 있다. 따라서 슈퍼부동산은 임대수익(Income Return)과 자본수익(Capital Return)이 동시에 높은 부동산을 뜻한다.

슈퍼부동산은 주거용 부동산과는 근본적인 차이가 있다. 부동산은 토지와 건물로 구성돼 있다. 부동산은 사용가치와 교환가치를 지닌다. 그래서 부동산의 자본수익이나 시세차익은 주로 토지가치에서 교환가치를 통해서 얻고, 임대수익은 주로 건물가치에서 사용가치를 통해서 발생한다. 상업용 부동산은 '임대+자본수익'이 목적이지만 주거용 부동산은 필수재화로 임대, 자본수익 외에 주거가치를 추구한다는 점에서 근본적 차이가 있다. 주택이 창출하는 가치가 더욱 다양해지고 부동산경기 회복기나 활황기에 아파트 구매를 더 선호하며 투자수요가 쏠리는 이유가 바로 거기에 있다.

비주거용 부동산, 즉 상업용이나 수익형 부동산의 경우 자본수익을 얻는 가장 효과적인 방법을 3가지로 요약해본다.

첫째, 토지가치가 꾸준히 오르는 성장지역을 선택해야 한다. 왜냐하면 땅값이 지속해서 상승해야 자본수익이 발생하기 때문이다. 성장력이 뛰어난 곳이 땅값 상승률이 높게 나타난다. 성장지역은 앞서 언급한 대로 인구와 '가구수, 소득, 인프라, 행정계획' 등 네 가지 성장지표가 증가할 때 성장성을 확인할 수 있다.

둘째, 성장도시·성장지역 가운데도 인구밀도·자원밀도·심리밀도, 즉 3가지 밀도가 집중되는 핵심성장지역을 골라야 한다. 인구밀도는 거주인구와 유동인구, 생활인구의 밀집도를 말한다. 거주인구도 많고 유동인구도 많은 곳이 인간생활에 꼭 필요한 건물, 물자, 서비스가 밀집되어 있다. 건물밀도가 높은 곳으로 강남·광화문·여의도·마포·용산이 대표적이다. 심리밀도는 사람의 마음이 한곳으로 집중화되는 곳으로 선호도, 기호도, 쏠림현상을 말한다. 똘똘한 한 채를 찾아 전국의 주택수요가 몰리는 강남권, 도심권, 마·용·성은 인구·자원·심리 밀도가 높은 핵심성장지역에 속한다.

셋째, 돈과 사람이 몰리는 핵심입지(Core Location)에 위치하거나 편익편승(Band Wagon Effect)효과를 누릴 수 있는 인접한 부동산을 고르는 일이다. 광화문의 핵심입지는 광화문광장이고, 잠실의 핵심입지는 제2롯데월드이고, 삼성동의 핵심입지는 코엑스 건물이 된다. 천호역의 핵심입지는 현대백화점이듯 모든 지역에는 돈과 사람이 몰리는 핵심입지가 존재한다.

따라서 성장도시, 핵심성장지역, 핵심입지에 위치한 부동산을 매입할 수 있다면 당신은 이미 땅값이 꾸준히 오르는 자본수익과 임대료가 매년 오르는 임대수익이라는 두 마리 토끼를 한꺼번에 잡을 수 있는 만반의 준비를 한 셈이다. 이를테면 2021년 서울지역의 경우 총투자수익률은 5~6% 내외, 임대수익률은 지역에 따라 다르지만 3~4% 내외가 적정한 기대수익률로 추정된다.

주택경기순환변동과
10년 주기설

부동산시장은 일반시장과 어떻게 다른가?

부동산시장은 일반시장과는 전혀 다른 여러 특징을 지니고 있다. 부동산시장을 올바로 깊이 있게 공부하기 위해서는 시장특징을 이해하는 데서 출발한다. 부동산시장의 특징으로는 지역성·은밀성·개별성·비조직성·비조절성·단기공급의 비탄력성·비환금성 등이 있다. 지역별로 국지적 현상이 나타나고 세분화되는 경향도 나타난다. 이른바, 불완전시장으로 개별성의 특징으로 한정된 수요자와 공급자가 존재하며 거래나 가격에서 완전한 정보를 갖지 못하는 투명성이 결여된 시장이다. 그래서 수요와 공급조절에 오랜 기간이 소요되며 가격왜곡 현상이 발생하기도 한다. 고가성·내구성·위치고정성 등으로 시장 조절이 어려우며 비표준화되는 특성도 있다. 우리나라는 특히 정부정책의 영향력이 강하며 인접효과로 토지이용의 외부효과도 큰 편이다. 이상에서 나타난 바와 같이 부동산시장에 관한 이해를 돕기 위해 다섯가지 특성을 정리해본다.

첫째, 개별성·차별성·시장분할의 특징이 있다. 부동산은 지역에 따라 국지적으로 움직이며 어느 한 도시는 다수의 하위시장(Sub-Market)으로 구성되어 있다. 하위시장마다 개별성·차별성이 존재한다.

둘째, 높은 거래비용이 발생하는 특징이 있다. 세금·중개수수료·탐색비용·이사비용·인테리어비용 등이다. 금전적 비용뿐 아니라 시간·정신적 비용도 만만치가 않다. 그래서 주택수요가 발생하더라도 즉시 주거를 옮기거나 주택소비를 조정하지 않는 이유가 된다.

셋째, 정상시장이나 균형상태에서도 공실이 존재한다. 부동산시장은 신규공급에 많은 시간과 공급시차가 소요된다. 그래서 부동산 수요가 증가하더라도 바로 대응해 신규공급을 늘릴 수가 없다. 보통 5%가 정상 혹은 자연공실률에 해당한다.

넷째, 매도자·매수자 모두 시장상황에 따라 시장지배력을 갖는다. 매도자 중심시장에서는 주로 매도자가, 매수자 중심시장에서는 주로 매수자가 각각 협상주도권을 갖게 된다. 완전경쟁시장에서는 둘 다 가격순응자(Price Maker)가 된다.

다섯째, 필터링효과가 나타난다. 고소득계층이 신규주택으로 이동하고 나면 소득이 낮은 계층이 더 낮은 가격에 매수해 거주하는 현상을 말한다. 최근에는 주거상향이동·수평이동·하향이동을 설명하는 이론이나 현상을 설명하는 개념으로 쓰이기도 한다. 예컨대 강남 집값이 유난히 빠르게 또는 급등하는 배경에는 필터링업(Filtering-Up), 주거상향이동이 사용된다.

이 밖에 토지는 한번 개발되고 나면 개발 이전의 상태로 되돌릴 수 없다는 비가역성, 불가역성도 있다. 또한 재고물량을 뜻하는 저량(Stock)과 유통물량을 뜻하는 유량(Flow) 개념도 있다. 이를테면 주택임대차2법 시행 이후 전셋값 폭등의 원인으로 재고물량은 그대로인데 계약갱신으로 재계약하거나 규제를 피해 거래가 음성화·은밀화되면서 유통되는 전세물량이 급감했다는 분석은 저량(Stock)보다는 유량(Flow) 개념에서 비롯된 것이다.

주택시장을 예측하는 다섯 가지 측정지표

주택경기를 측정하고 예측하는 측정지표로는 무엇이 있을까. 아래의 다섯 가지 지표를 알고 있으면 주택경기를 파악하는 데 큰 도움이 될 것이다.

첫째, 주택거래량이다. 거래량은 가격의 선행지표로 거래가 증가하면 가격도 오르는 게 일반적이다. 주택거래량은 가격에 1~2분기 선행하는 것으로 알려져 있다.

둘째, 건축인허가, 분양예정물량, 입주예정물량이다. 택지인허가, 분양인허가, 입주예정물량을 파악하면 앞으로 집값이 오를지 내릴지를 예측하는 데 도움이 된다.

셋째, 미분양물량이다. 미분양재고물량이 증가하면 가격은 하락하고 공급은 감소한다.

넷째, 택지의 분양실적이다. LH·SH 등에서 공급하는 택지분양이 활발하면 건축경기의 호황을 예고한다고 볼 수 있다.

다섯째, 공가율과 임대료 추이다. 공가율이 증가하고 임대료가 낮아지면 시장상태가 나빠진다는 신호가 된다.

여섯째, 주택가격이 상승하면 호경기로 볼 수 있고 그 반대는 불경기로 볼 수 있다. 하지만 호황기의 마지막 단계에서 가격상승은 반대로 나타날 수도 있다.

주택경기변동 순환의 특징

〈부동산경기 순환변동 주기〉

부동산경기는 일반적으로 회복기-상향기-후퇴기-하향기 등 네 가지 국면으로 다음(별표 참조)과 같이 주기적으로 순환·변동한다.

| 부동산경기 순환변동 사이클 |

첫째, 회복기시장의 특성분석이다.

① 회복기는 주택시장이 저점에 이르고 상승을 시작한다.

② 금리가 낮고 자금이 풍부해져서 거래가 활기를 띠고 부동산 투기도 일어난다.

③ 과거 사례가격은 새로운 거래가격이 되거나 하한선이 되며, 매도자 위주 시장으로 바뀐다.

④ 따라서 경기회복은 서울 등 최상의 시장부터 국지적으로 이뤄지며, 점차 시장계층구조에 따라 하위시장(Sub-Market)으로 확산된다.

둘째, 상향기시장의 특성분석이다.

① 하향시장의 반대이고 확장국면이다.

② 거래가 증가하고 지가와 집값이 계속 상승한다.

③ 과거 사례가격은 새로운 가격의 하한선이 되며 매도인은 거래 보류하는 반면에 매수인은 거래성립을 서두르게 된다. 전형적인 매도자 위주 시장이 나타난다.

④ 따라서 부동산경기의 고점현상과 후퇴시장의 가능성 둘을 내포하고 있어서 투자에 신중할 필요가 있다.

셋째, 후퇴기시장의 특성분석이다.

① 상향시장에서 하향시장으로 전환하는 후퇴시장이다.

② 거래 감소, 가격상승 중단이나 보합세로 전환된다.

③ 과거 사례가격은 새로운 거래의 상한선이 되며 매수인 위주 시
   장으로 급격히 바뀐다.
④ 따라서 매도와 매수자간의 엇갈리는 매매태도와 혼돈스러운 시
   장에 직면해 일반인은 우왕좌왕·갈팡질팡하는 행동을, 비전문
   가의 경우 정확한 판단을 할 수 없는 불확실성이 증폭된다.

넷째, 하향기시장의 특성분석이다.
① 하향기는 수축국면에 해당하는 국면으로 거래가 한산하며 가격
   도 하락하는 경우가 많다. 팔려고 해도 부동산이 잘 팔리지 않
   으며 공가율, 공실률이 높아지면 금리가 상승하기도 한다.
② 규모가 크고 가격이 비싼 호화주택, 교외의 분양택지, 불요불급
   한 부동산이 가격하락을 주도한다.
③ 과거 사례가격은 새로운 가격의 상향선이 되고 매수자가 시장
   을 지배하는 소위 매수자 위주 시장으로 바뀐다.
④ 따라서 시장과열 이후 시장흐름을 잘 타느냐 아니냐, 즉 포트폴
   리오 재구성 전략에 따라 자산불평등이 더욱 심화될 수도 있음
   은 유의해야 한다. 안정형 부동산 혹은 불황에 강한 부동산으로
   갈아타기 전략이 유효하다.

이 밖에 안정기에 해당하는 시장도 있다. 부동산가격이 안정되거
나 경제성장률이나 물가상승률만큼 가벼운 상승이 일어나는 것으로
가장 이상적인 시장유형으로 볼 수 있다. 부동산의 위치가 성장하고

입지환경이 우월하며, 불황기에도 강한 부동산으로 꼽히는, 소위 도심권의 작고 가벼운 부동산이 이에 속한다.

부동산가격변동과 가격결정요인

부동산가격의 개념과 네 가지 특징

부동산가격이란 무엇일까. 부동산소유에 따른 미래이익에 대한 현재가치라고 말할 수 있다. 미래이익은 임대료수익, 자본수익, 소유 및 사용에 따른 이익도 포함한다. 따라서 부동산가격은 독점적이고 배타적 권리인 소유권가격이 된다고 정의할 수 있다. 부동산가격의 특징은 네 가지다.

첫째, 부동산가격은 교환의 대가인 매매가격과 사용의 대가인 임대료로 구성되며 원본과 과실의 관계를 형성한다.

둘째, 소유권과 사용권 등의 권리와 이익에 대한 가격으로 볼 수도 있다.

셋째, 부동산가격은 장기적 배려 혹은 장기적 영향력을 고려하여 결정되며 대상 부동산이 속한 위치의 변화에 따라 가격도 변동한다.

넷째, 국지적이고 불완전시장에서 가격이 결정되므로 거래당사자의 동기나 특수한 사정이 개입되기 쉬운 특징을 가진다.

부동산가격 발생·형성·결정의 구조

부동산가격은 어떤 과정을 거쳐 발생·형성·결정되는 걸까. 부동산과학은 다소 복잡한 가격결정 구조를 3단계로 설명하고 있다. 가격발생 → 가격형성 → 가격결정의 과정과 단계로 여러 요인과 요소들의 복합적 작용으로 시장가격이 결정된다고 말한다.

가격발생요인

● 유용성(효용성) ● 상대적 희소성 ● 유효수요 ● 이전성(양도성)

가격발생요인은 네 가지로 '유용성·상대적 희소성·유효수요·이전성(양도성)'을 꼽는다.

유용성이란 부동산을 사용·수익함으로써 얻는 수익성·쾌적성·생산성 등을 말한다. 즉, 주택의 경우 주거만족도다. 상대적 희소성은 토지의 부증성, 개별성으로 인한 공급의 부족문제에 따른 것으로 희소가치와 연결된다. 유효수요란 구매의사와 지불능력을 갖춘 수요로 잠재수요와 대비된다. 이전성은 소유권의 양도성으로 사용·수익·처분하는 소유권이 이전되는 것을 말한다. 자산과 권리의 자유로운 양도성 여부를 의미한다. 아파트전매제한은 이전성의 요인이 된다. 부동산가격은 유용성·상대적 희소성·유효수요 등에 의해 상호작용과 결합에 의해 가격이 발생한다.

가격형성요인

가격형성요인은 부동산가격이 발생한 뒤 부동산가격에 영향을 미치는 직간접적 요인을 말한다. 가격형성요인은 각각 독립적으로 움직이거나 작용하는 것이 아니라 유기적인 관련성을 가지고 있다. 일반 요인, 지역 요인, 개별 요인으로 구분된다. 다음 표를 참고하기 바란다.

| 일반 요인 |

사회적 요인	경제적 요인	행정적 요인
• 인구의 상태 • 가족구성 및 세대분리의 상태 • 도시형성 및 공공시설의 정비 상태 • 교육 및 사회복지 등의 상태 • 부동산거래 및 사용수익의 관행 • 건축양식 등의 상태 • 정보화 진전의 상태 • 생활양식 등의 상태 • 사회활동에 대한 태도 • 사회적 본능, 이상, 열정	• 소비, 저축, 투자 및 국제수지의 상태 • 재정 및 금융 등의 상태 • 물가, 임금, 고용의 상태 • 세부담의 상태 • 기술혁신 및 산업 구조의 상태 • 교통체계의 상태 • 기업회계제도의 상태 • 국제화의 상태	• 토지이용계획 및 규제 상태 • 토지 및 건축물의 구조, 방재 등의 규제상태 • 택지 및 주택의 시책 상태 • 부동산 세제 상태 • 부동산 거래의 규제 상태 • 토지소유제도 • 공시지가제도

| 지역 요인 |

일반적 요인	자연적 요인
• 해당 지역 내 부동산가격 형성에 영향을 주는 일반적 요인을 의미한다. • 사회적 요인, 경제적 요인, 행정적 요인으로 구분한다. • 지역적 요인으로서 일반적인 요인은 자연적 조건과 상호 결합한다.	• 자연적 자질: 물리적 지표·수심·지세·지질·토양·강우량·강설량·바람·기후 등의 자연적 조건이다. • 자연적 자원: 식량·섬유·건축자재·광물·에너지자원 등으로 인간 생활에 유용한 자원이다.

토지의 개별 요인	건물의 개별 요인
• 위치·면적·지세·지질·지반 • 획지의 전면 폭·깊이·형상 • 일조·통풍·건습 • 고저·각지·접면가로와의 관계 • 접면가로의 구조·계통 • 공공시설·상업시설 등과의 접근의 정도 • 상·하수도 등의 공급처리시설의 유무 및 　이용의 난이 • 위험시설·혐오시설과의 접근의 정도 • 공·사법상의 규제 • 교통시설과의 거리	• 건물의 면적·높이·구조·재질 • 건축(신축, 증개축이나 이전)일자 • 설계·설비 등의 양부 • 시공의 질과 양 • 공·사법상의 규제 • 건물과 환경의 적합 상태 • 방위, 층수, 배치 상태

가격결정 요인

수요공급 균형곡선

| 수요공급 균형곡선 |

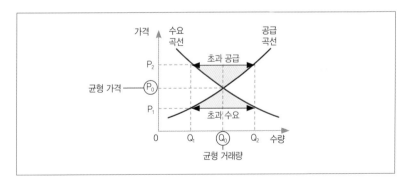

시장가격은 수요곡선과 공급곡선이 만나 균형점에서 결정된다는 경제모형에 의해 가장 기본적인 균형가격과 거래량이 결정된다. 가격이 상승하면 수요량이 감소하고 가격이 하락하면 수요량이 증가한다. 수요량이 증가하면 가격이 상승하고 수요량이 감소하면 가격은 하락한다는 법칙이다.

수요곡선의 이동

시장가격은 수요곡선이 이동하거나 공급곡선이 이동함에 따라 변동한다. 즉, 수요와 공급의 크기에 따라 두 곡선이 이동하며 새로운 균형가격을 찾게 된다. 예를 들면 인구증가, 소득증가, 기호도(혹은 선호도) 변화, 대체재의 부재, 보완재의 가격상승, 가격상승 기대감 등이 커지면 수요곡선은 수요크기 자체의 증가로 우상향으로 이동하게 된다. 동일한 곡선에서 수요량이 증가하는 상태가 아니라 수요곡선의 탄생

| 수요곡선의 이동 |

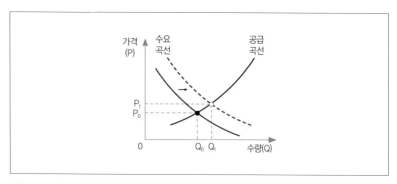

(수요곡선 이동요인) 인구, 소득, 기호(선호)도 변화, 대체재존재 여부, 보완재가격변동 · 가격상승기대감 등

으로, 즉 수요곡선의 이동으로 균형가격이 상승하게 된다는 뜻이다. 2020년 주택시장을 강타한 똘똘한 한 채 수요로 강남, 마·용·성의 아파트 가격이 급등한 이유도 수요자 측면에서 보면, 이들 지역에 대체지역이 부재해 선호도가 높아지고 가격상승기대감이 커졌기 때문으로 분석된다. 쉽게 말해 수요의 증가, 수요곡선의 이동에 따른 가격 급등으로 분석할 수 있다.

공급곡선의 이동

수요곡선뿐만 아니라 공급곡선의 이동도 균형가격과 거래량에 직접적인 영향을 미친다. 공급자 측면에서 생산기술의 발전, 생산비용의 감소, 건설사 등 공급자 수의 증가, 가격상승기대감 등이 대표적이다. 이를테면 건설사의 생산기술 고도화, 공법의 첨단화로 원가절감과 호황을 겨냥한 건설사, 개발사가 급증하고 가격상승기대감이 넘칠 때 공

| 공급곡선의 이동 |

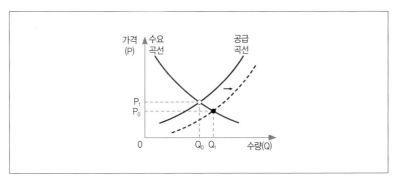

(공급곡선 이동요인) 생산기술의 발전, 생산비용의 감소, 공급자수 증가, 가격상승기대감 등

급 자체의 크기가 증가하게 되고 공급곡선은 우하향으로 이동하게 된다. 그렇게 되면 균형점은 낮아지고 시장가격은 하락하게 된다는 것이다. 따라서 최근 몇 년간 시장흐름에서 나타난 집값 급등 현상은 너도나도 집을 구매하고자 하는 주택수요가 급증, 수요곡선이 급격히 이동했지만, 주택공급은 그대로거나 오히려 감소함으로써 새로운 균형점의 이동으로 시장가격이 수직상승했음을 이해할 수 있다.

주택통계로 본 35년간 주택경기 변동사이클

우리나라 주택경기는 지난 35년간 어떤 기저적 흐름과 대세전환을 기록했을까. 주택통계가 발표된 지난 1986년 이후 35년간 서울지역 매매가격을 중심으로 관찰해보자. KB국민은행이 발표한 통계를 기반으로 서울아파트매매가격지수를 기준으로 그래프를 그려봤다.

| 부동산 경기(서울 아파트 매매 기준) |

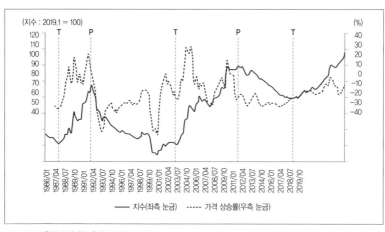

자료: KB국민은행 시세, 한국은행 경제통계시스템

결론부터 말하면 3번의 상승과 2번의 하락기를 경험한 것으로 드러났다. 주기별로 드러난 변동요인과 특징을 간결하게 서술한다.

첫째, 제1주기의 상승국면은 지난 1986년을 기점으로 상승을 시작, 1990년까지 약 4~5년간 상승했다. 저금리, 저유가, 저환율 현상으로 실물경기가 호황을 보인 데다 국제수지도 흑자로 돌아서면서 유동성과 상승기대심리가 커졌기 때문으로 분석된다. 이때 전국적으로 아파트 열풍이 불었고 토지시장이 들썩였다.

둘째, 제1주기의 하락국면은 1991년부터 1999년까지 약 7년가량 지속됐다. 상승에 따른 하락과 주택 200만 호 건설에 따른 공급과잉에다 1997년 말 외환위기까지 겹쳤다. 기업들은 부동산을 매각하기 바빴고 개인들도 투매에 나서면서 주택시장은 깊은 불황에 잠기며 얼어붙었다. 토지초과이득세부과도 시장에 악영향을 끼쳤다.

셋째, 제2주기의 상승국면은 2001년부터 2007년까지 약 7년간 나타났다. 김대중정부의 경제정책과 금리인하, 부동산규제완화와 가계대출확대가 기폭제가 됐다. 금리인하와 유동성증가, IT 버블 등 주식시장과 부동산시장의 쌍끌이 장세가 전개됐다.

넷째, 제2주기 하락국면은 2008년부터 2013년까지 약 5~6년간 지속됐다. 2008년 5월에 발생한 글로벌 금융위기로 강남권 재건축 대형고가 아파트를 필두로 가격이 급락했다. 재건축아파트의 경우 고점 대비 약 40%가량 폭락하는 단지도 속출했다.

다섯째, 제3주기 상승국면은 2014년부터 2020년 현재까지 6년째 상승을 기록 중이다. 박근혜정부 때 대출규제완화와 재건축초과이익환수제 유예조치 등 규제완화정책이 시발점이 됐다. 문재인정부 들어 재건축·재개발 억제로 인한 공급부족, 세금중과 대출규제의 투기수요억제정책의 부작용에다 저금리와 과잉유동성이 주택가격 폭등을 불러왔다고 분석한다.

특히 문재인정부 들어 집값 폭등은 역대 최고치로 기록될 전망이다. 2022년까지 집값 폭등이 지속될 경우 역사상 최고상승기록을 갈아치울지도 모른다. 공급부족으로 전셋값마저 큰 폭으로 오르고 있어서 풍부한 시중 부동자금이 부동산으로 유입되거나 머물 경우 거품 우려마저 낳고 있어서 주목되는 대목이다. 다음 하락기는 과연 언제쯤 올까?

2022년 시장전망과 가치투자전략

2021년에 불어닥친 미친 집값, 미친 전세, 부동산광풍

2021년 부동산시장은 무서울 만큼 광풍이 몰아친 한 해였다. 상저하고의 롤러코스터를 타면서 하반기에는 매매, 전세동반상승에 수도권, 지방 할 것 없이 폭등했다. 그간 소외됐던 지방 중소도시까지 전국토가 뜨겁게 달아올랐다. KB부동산 발표에 따르면 서울 10.7% 상승을 비롯해 경기 11.58%, 인천 6.72%, 전국 8.35%, 세종시 44.9%로 전국 평균 8.35% 정도 오른 것으로 나타났다.

이는 14년 만에 최대 상승이다. 주택유형별로는 아파트 9.65%, 단독 3.87%, 연립 6.47%가 각각 올랐다. 강남지역 11개 구보다 강북지역 14개 구의 집값이 더 많이 올랐다. 전세가격도 동반 급등해 지난해 연말 대비 6.54%가 오른 가운데 전국평균 아파트는 7.52%, 단독

2.96%, 연립 5.61%가 각각 올랐다.

　정부의 집값 안정 의지에도 불구하고 부동산시장이 펄펄 끓은 이유는 뭘까. 공급부족, 정책실패, 초저금리와 유동성, 상승기대감 확산 등 복합적 요인이 작용했기 때문이다. 실물경기는 침체됐는데, 부동산 안정정책이 24번 넘게 나왔음에도 불구하고 집값이 고공행진한 것이다. 수혜자는 누구이고 피해자는 누구인가? 가장 큰 수혜는 다주택자인 반면 가장 큰 피해자는 실수요자와 무주택자였다. 주식, 부동산 등 자산시장이 이상 과열되면서 무주택실수요자는 집값폭등, 전세대란에 시달리고 너무 높아진 집값은 거품 우려마저 제기되고 있다. 그야말로 진퇴양난에 빠진 형국이다.

　한편, MZ세대인 20~30대 젊은층 무주택자가 주택시장의 새로운 구매층으로 등장한 점은 이례적이다. '패닉바잉(공포매수)'으로 영끌하는 MZ세대가 불안감에 사로잡혀 무리하게 집을 마련한 것이다. 내 집 마련 대열에 묻지마식으로 동참하고 있지만 이들의 미래는 그리 밝아 보이질 않는다. 부족한 자금을 대출에 의존해 해결했는데 문제는 대출금리가 계속 오르고 있다는 점이다. 50~60대 고소득층이 똘똘한 한 채인 강남, 마·용·성에 15억 원 이상 고가아파트를 매입하는 것과는 달리 이들은 서울 변두리 외곽지역에 6~9억 원대의 중저가 아파트를 집중해서 매입했다. 만약 집값과 전셋값이 내릴 경우 타격이 불가피해 보인다.

　서울의 집값은 현재 아파트 한 채 평균가격이 약 10억 원, 전세가격은 약 5억 원을 넘었다. 중위권 가격도 9억 원을 넘었다. KB리브온에 따르면 서울중위권 가격은 평균 9억 4,741만 원으로 강남 11개 구 11억 1,849만 원, 강북 14개 구 8억 2,070만 원으로 나타났다.

이제 10억 부자라는 말이 무색해졌다. 서울 PIR(소득대비 집값비율) 지표도 2019년 12.9에서 15.6으로 대폭 늘었다. 앞으로 서울에서 집을 사려면 한 푼도 쓰지 않고 15년 넘게 저축해야 중위권 주택을 살 수 있게 됐다. 서울 자가보유율이 약 48% 선임을 고려하면 절반이 넘는 무주택자는 집 없는 거지, 즉 전세푸어로 전락하고 주거양극화는 더 심각해졌다는 뜻이다.

2022년 집값과 전셋값 더 오른다? 고점과 변곡점

2021년 집값과 전셋값은 어떻게 될까? 국내 경제기관이나 경제, 건설, 부동산 관련 연구소의 전망 의견을 종합하면 대체로 상승 전망이 우세하다. 지난 2014년부터 오르기 시작한 주택매매가격과 전세가격이 더 오를 것으로 예측된다.

예를 들면 한국개발연구원(KDI), 건설산업연구원, 주택산업연구원, 부동산114, 직방 등 부동산 관련 연구기관이 발표한 자료를 종합하면 2021년 매매시장과 전세시장 모두 상승세를 전망한다. 수도권 지방 할 것 없이 전국적으로 동반상승하는 가운데 매매시장은 2~4% 전세시장은 4~6%가량이 더 오른다는 것이다.

다만 안정적인 변수도 있다. 정부의 주택정책 기조가 바뀌고 공급 확대로 선회한 점은 긍정적이다. 도심권과 3기 신도시를 통해 전국적으로 83만 호, 수도권에서 32만 호가 공급될 예정이다. 그렇게만 돼도 공급부족 사태는 해결할 수 있다. 하지만 기대는 쉬우나 기대에 부응하기는 어려운 법이다.

2022년 주택시장이 안고 있는 가장 큰 문제는 앞으로 2~3년간 수도권 특히 서울지역의 공급부족이 더 심화될지도 모른다는 수급불균형 문제다. 2022년 주택시장은 서울지역 입주물량이 약 2만 7,000호 정도로 2021년과 지난 10년간 평균공급량인 4만~4만 5,000호 대비 반토막이 날 거란 전망이다. 공급부족이 더욱 심화되고 주택임대차 3법규제로 전세매물이 급감함에 따라 집값 급등에다 전세대란이 상당 기간 지속될 거란 얘기다.

또 다른 문제는 거품붕괴 우려다. 붕괴까지는 아니더라도 2021년 집값마저 대폭 오른다면 거품이 빠지는 등 실물경제가 흔들릴 거란 어두운 전망도 나온다. 집값이 7년 넘게 장기 급등함에 따라 시장에는 광범위한 낙관론이 확산되고 있지만 2022년 시장은 명암이 교차하고 있다. 주택시장의 추가 상승과 더불어 공급대책, 세금폭탄, 대출규제, 금리인상, 규제정책 여파에다 사이클 전환, 거품축적 등으로 집값이 안정될 가능성도 커 보인다.

이 때문에 정부도 그렇고 수요자도 그렇고 거품이 쌓이고 자라는 현상을 뻔히 쳐다보면서도 치킨게임처럼 마주 보고 달리고 있다. 이 게임에서 과연 승자는 누가 될 것인가. 패닉바잉하는 MZ세대는 승자가 될 것인가, 바보가 될 것인가? 만약 이대로 끝까지 갈 데까지 간다면 패자가 될 가능성이 커 보인다. 거품이 한꺼번에 터지면 부동산, 주식, 금융, 자본, 외환시장까지 우리 경제시스템은 마비되고 망가질 것이 분명하다. 장기간의 집값 폭등의 끝은 거품붕괴로 이어진다는 사실은 경제학의 원리이고 역사적 사실이다.

2022년은 어떤 형태로든 고점이나 변곡점을 맞거나 분수령을 맞을 전망이다. 경제위험, 금융위험, 투자위험, 자산시장위험, 주택시장 위험도 높아지고 있다. MZ세대에게 보내는 진정 어린 충고다. 주택시장의 풍향계 역할을 하는 강남권아파트시장 움직임을 세밀하게 관찰할 필요가 있다. 특히 재건축·재개발은 바로미터가 되고 가늠자 기능을 한다. 아울러, 중고시장에서 높은 가격에 추격매수를 하는 것을 자제해야 한다. 집을 꼭 사고 싶거든 최소한 '살집팔집'에서 슈퍼아파트를 검색한 후에 실행해도 결코 늦지 않다.

누구나 아는 실거래가만 보고, 오를 수밖에 없다는 상승을 외치는 얼치기 전문가, 검증되지 않은 사이비 유튜버 얘기에 현혹되면 안 된다. 그 말을 믿고 2022년 추격매수나 상투투자하는 당신은 큰 바보가 될지도 모른다.

기로에 선 2022년 전환기 시장과 필살기 전략

2022년 주택시장은 상승과 하락의 갈림길에 설 전망이다. 추가적으로 더 오를지 아니면 정체되거나 하락할지 분기점이나 변곡점을 맞을 것으로 예측된다. 높아진 변동성과 불확실성으로 긴장과 전운이 감도는 만큼 그 어느 때보다 신중함과 인내심, 고도의 필살기 전략이 요구된다. 여기서 필살기는 가치투자전략을 말한다.

내 집 마련 전략은 어떻게 다시 짜야 할까? 앞서 언급한 대로 성공투자 3대 비법을 권한다. 원점에서부터 재검토하고 투자전략을 다시 세울 필요가 있다.

첫째, 저점매수, 고점매도 시기선택 원칙을 지켜라! 한국개발연구원(KDI), 건설산업연구원 등 보고서를 종합하면 2022년 부동산시장은 매매는 상승, 전세가격도 동반상승이 예견된다. 하지만 부동산경기 변동사이클과 거품징후에 따라 하락전환 가능성도 배제하기 어렵다. 지난 2014년부터 7년 이상 장기 급등한 집값은 고점이나 변곡점을 맞을 개연성이 커 보인다는 뜻이다.

따라서 실수요자라면 조급한 마음에 성급하게 매수에 가담하기보다는 다음 사이클을 대비해 저점매수 기회를 노려보는 게 좋다. 신규분양과 경·공매를 통해 1주택자는 주택교체적기로 활용할 만하다. 다주택자의 경우는 몸집을 줄이는 슬림화 전략이나 다운사이징이 좋겠다. '무릎에 사서 어깨에 팔라'는 투자 격언은 그냥 있는 게 아니다. 욕심을 조금 줄여야 복을 받는다.

둘째, 성장지역선택원칙을 지켜라! 부동산은 지역성과 위치성, 입지성이 가장 중요하다. 인구와 소득이 늘고 추가 인프라가 들어서는 등 미래성장지역에 자산을 집중해야 한다. 강남 4구와 마·용·성도 좋겠지만 미래성장지역으로 안목을 넓혀볼 필요가 있다. GTX 노선(A · B · C · D)과 신안산선, 3~9호선 연장선, 경전철 개통이 예정된 강서·관악·구로·금천·노원·도봉·강북·중랑구가 대표적이다. 서울

관문 지역인 하남·구리·남양주·광명·안양 등과 송도·청라·수원·안산·시흥도 빼놓기 어렵다.

셋째, 상품선택원칙을 지켜라! 대지지분이 넓고 매매가격과 전세가격이 꾸준히 상승하고 땅값이 계속 오르는 등 내재가치와 미래가치가 높고 주거 트렌드에 부합하는 부동산을 선택해야 한다. 특히 코로나 팬데믹 이후 주거문화와 트렌드가 바뀌고 있다. 이미 미국에서는 맨해튼 같은 뉴욕 중심지를 떠나 뉴저지 등 외곽으로 이동하는 수요도 나타난다. 사회적 거리두기, 비대면, 재택근무, 원격교육으로 도심권의 비싼 집값과 전셋값도 조정될 것이다. 그동안 덜 오르거나 소외됐던 단독주택, 다가구, 상가주택, 빌라 등 비아파트에도 관심을 가질 만하다.

거품붕괴 가능성을 살피는
버블측정지표

고점과 변곡점, 거품붕괴 올까?

2021년 부동산시장은 고점을 맞거나 변곡점이 임박한 것으로 관측된다. 우리나라 주식시장과 주택시장은 과열단계로 거품 우려와 함께 고도의 경계심과 투자주의가 필요하다는 경고음이 들린다. 실물경제(기본체력)는 역성장하는데 자산시장만 펄펄 끓어올랐다. 예사롭지가 않다.

경제학에서는 거품을 독특하고 객관적인 현상으로 파악한다. 자산가격결정모형에서는 시장가격이 내재가치보다 더 크고 더 높게 지속해서 거래될 때 발생하는 차이를 거품이라고 부른다. 즉, 과도한 자산가격상승을 거품이라고 볼 수 있다. 17세기 네덜란드의 튤립가격 거품이 최초 사례며 2000년 미국 닷컴주식 버블사태, 지난 2008년 우리나라 주식과 부동산버블붕괴도 이에 해당한다. 이자율(금리)이 내리거나 유동성 증가나 내재가치 증가로 인한 부동산가격상승은 거품으로 볼 수는 없다. 다만, 정책변화, 과잉유동성, 상승기대감의 광범위한 확산 등으로 실물경제와 평균상승추이를 이탈하는 과도한 상승과 과열단계로의 진입은 거품을 자라게 하는 요인이 된다.

거품의 성장원인은 다양하고 복잡하다. 과거에 해당 자산이 올랐기 때문에 앞으로도 더 오를 것이라는 광범위한 낙관론, 즉 가격상승기대감과 거시경제적인 지속적인 유동성 증가로 부동산으로 유입되는 자금이 급증할 때 거품은 자라게 된다. 예금하는 것보다 주식이나 부동산에 직접 투자하는 것을 선호하는 사람들이 늘어나는 것이다. 투자수익에 대한 낙관론이 팽배하면 사람들은 자기자본에다 금융회사로부터 돈을 빌려서 공격적으로 투자하기도 한다.

거품징후 5가지를 조심하라

거품이 나타나는 징후는 어떻게 알 수 있을까. 거품이 꺼지기 전에는 거품의 정도와 시기를 정확히 가늠할 수 없다. 다만, 여러 지표나 통계, 과거 경험에 비춰 거품을 추론해볼 수는 있다. 거품이 형성되는 징후나 조짐으로는 다섯 가지가 있다.

첫째, 부동산가격이 경제성장률이나 물가상승률보다 높게 그리고 지속해서 오른다. 추세선이나 평균상승곡선을 이탈한다.

둘째, 소득에 비해 가격이 상대적으로 많이 오른 경우는 주택구입

능력이 떨어져서 구매가 부담된다. 소득대비 주택가격지수(PIR)가 급속히 올라가면 거품측정 지표로 볼 수 있다. KB부동산 리브온에 따르면 올해 3분기 서울 3분위가구의 PIR지수는 15.6으로 1년 전(12.8), 전 분기(14.1)와 비교해도 확연히 높아졌다.

셋째, 부동산임대료와 같은 전세가격상승보다 매매가격이 급격히 상승한다면, 즉 전세가비율이 낮아진다면 이는 거품을 측정하는 지표의 상승으로 볼 수 있다.

넷째, 부동산 담보대출잔고 추이가 지속해서 급증하면 이는 거품의 지표가 상승하고 있다. 2021년 10월 말 주택담보대출 잔액은 709.4조 원으로 1년 전(643.1조)보다 66.3조 원 급증했다.

다섯째, 가격상승기대감이 사회 전 계층에 걸쳐 확산됨에 따라 투자목적으로 주택을 구입하는 사람이 점점 증가하는 것이다.

거품이 붕괴되면 어떻게 될까?

거품이 무한정 커질 수는 없는 법이다. 사람들은 거품이 커질수록 불안해한다. 왜냐면 자신의 집을 비싼 가격에 구매할 막차수요, 어리석은 바보를 찾지 못할까 봐 조급해진다. 거품이 더 이상 성장하지 못하는 순간 너도나도 매물을 시장에 쏟아낸다. 사고자 하는 사람이 없을 때 자산가격은 폭락하게 되는 것이다. 거품이 빠지는 계기는 내적 요인과 외적 요인이 있다. 지난 2000년 발생한 미국닷컴버블은 닷컴기업의 수익률 저하라는 내적 요인으로, 지난 1980년 발생한 일본의 부동산거품붕괴는 부동산대출규제라는 외적 요인으로 발생했다.

거품이 일시에 터지며 소멸하면 사회 전반에 커다란 악재로 작용하게 된다. 첫째로 부동산거품붕괴는 부동산 가격폭락으로 이어져 하우스푸어를 양산하게 된다. 집 가진 거지가 늘어나 집값폭락, 이자급등으로 자산 및 소득급감, 신용불량자 및 파산증가 등 커다란 사회문제가 발생한다. 둘째로 금융으로 전이되어 시스템을 마비시킨다. 부동산대출채권이 부실화되고 추가대출이 끊기면서 대혼란이 야기된다. 셋째로 실물경제에 막대한 악영향을 미친다. 투자 감소, 생산 축소, 실업률 증가, 소비 급감, 파산 사태 등을 유발할 수 있다. 넷째 역(逆)자산효과가 나타난다. 자산효과(Wealth Effect)란 보유자산가격이 오를 때소득이 증가하지 않더라도 소비가 증가하는 현상을 말한다. 집값이 오르면 부자가 됐다는 느낌으로 소비지출을 늘리게 되는 것이다. 반대로 집값이 내리면 가난해진 느낌 때문에 소비를 줄인다. 보통 주식가격상승보다 주택가격상승에 따른 자산효과가 최소 두 배 이상 높다는 연구결과가 있다.

아파트 대신 상가, 상가주택, 꼬마빌딩, 토지 사볼까?

아파트가 오르고 나면 다음은 어떤 현상이 벌어질까? 과거 경험에서 보면 과열된 주택시장에서 시중 부동자금은 상업용 시장 혹은 수익형 부동산으로 이동할 가능성이 커 보인다. 고평가된 주택가격과 주거용지의 땅값이 빌딩, 상가 등 상업용지 땅값과 차이가 줄어들면서 상업용지 지가가 저평가됐다는 인식이 확산된다. 부동산 교과서에도 주거용 부동산시장이 과열된 이후에는 비주거용인 상업용 시장으로 자금이 이동하거나 주도 상품이 변화하는 사례가 많았다. 주택가격이 급등하면 주택으로는 더 이상 차익을 기대할 수 없기 때문에 상업용 부동산의 공간이 주거공간으로 바뀌고 투자대상도 바뀐다는 뜻이다.

따라서 2021년은 상가주택, 상가건물, 꼬마빌딩 등 비주거용 부동산과 투지시장에 대한 관심이 증폭될 것으로 예상된다. 하지만 옥석 구분이 필요하다. 상업용 부동산은 임대수익이 중요한데 코로나19, 실물경기 위축과 실업률 증가, 재택근무, 비대면 이커머스 산업 등으로 오프라인에서 사무실, 상가수요는 증가하기 어렵다는 한계가 있다.

그럼에도 상가주택은 상가와 주거를 겸용할 수 있다는 점에서 매력적인 부동산으로 부상할 전망이다. 정부의 부동산대책에서 낡은 상가, 오피스, 호텔을 개조해서 주택공급을 늘리겠다는 발상도 이와 맥락을 같이한다. 전 청와대 대변인의 흑석동 재개발지구 상가투자사례가 세상에 회자됐던 것처럼 상가주택은 매력적인 투자처로 인식되고 있다. 중저층의 상가건물도 꼭대기 층은 주거공간으로 개조할 수 있고 낡은 꼬마빌딩도 때에 따라 주거공간을 함께 들일 수가 있다. 상가주택은 주거공간, 임대수익, 투자수익이라는 세 마리 토끼를 한꺼번에 잡을 수 있는 일석삼조의 매력적 가치투자 부동산이 된다.

코로나19 사태로 근거리 소비가 늘면서 동네상권, 골목상권, 전통시장상권을 주목할 필요가 있다. 광역상권이나 지역대표 상권은 인파가 줄고 그동안 각광받지 못했던 이들 상권이 살아나면서 또 다른 기회를 낳고 있다. 부동산투자나 자산관리 관점에서 이들 지역에 상가주택, 상가건물, 꼬마빌딩은 잘만 고르면 주거와 투자문제를 동시에 해결하는 보물이 될 수 있다. 여기에도 3대 투자비법을 적용해 구체적인 방법론을 알아보자.

첫째, 상가에 투자할 시기선택이다. 부동산 호황기에는 재건축·고가·대형·신도시 아파트와 큰 상가, 대형 빌딩 등이 유망 투자처가 된다. 하지만 조정기나 전환기에는 안정형 부동산 혹은 불황에 강한 부동산에 관심을 가질 필요가 있다. 재개발·저가·소형·도심권 아파트와 상가주택 등 작은 상가, 소형 빌딩이 오히려 알짜 투자처가 된다. 상가주택은 직접 살면서 월세를 받을 수 있고 대지가 넓어 시세차익도 기대할 수 있다.

둘째, 성장상권을 선택할 것인가. 상가 투자의 최적지로는 구도심권의 재개발지구, 재생지구, 신설역세권, 신도시, 택지개발지구, 대규모 산업단지를 꼽을 수 있다. 재개발지구로는 서울의 흑석·노량진·한남·수색증산·장위·청량리·거여·마천 뉴타운을, 재생지구로는 송정·자양·공릉·응암·사당·성내·신월·독산 등에 관심을 가질 만하다. 신설역세권으로 GTX A노선, 신분당선 연장선, 신안산선, 3·4·5·7·9호선 연장선과 경전철 개통예정지역을 봐야 한다. 그리고 SK하이닉스 반도체 클러스터가 들어서는 용인 등 경기도의 신설 도로변 상가주택용 토지는 백미가 된다.

셋째, 복합수익용 상가주택선택이다. 상가주택 투자가 모두 황금알을 낳는 거위가 될 수는 없다. 임대수익과 자본수익 두 가지 수익을 모두 얻을 수 있는 상가주택이 금상첨화 투자대상이다. 그래서 상업과 주거기능을 겸비할 수 있는 노른자위 입지는 언제나 제한적이며 주택과 달리 고르는 기준도 두 배로 까다롭다.

예를 들어, 재개발 사업이 완료되면 새로운 정문이 어느 쪽인지, 상가주택의 주된 동선에 있는지 등을 설계도를 통해 확인해야 한다. 도시재생지구는 교육·문화·복지·커뮤니티 시설이 들어서는 중심 위치를 정확히 파악해야 한다. 역세권의 경우 지하철 출입구의 위치를 주의 깊게 살펴봐야 한다. 상가주택은 하나만 잘 고르면 열 아들 부럽지 않은 효자 상품이 될 수 있다. 하지만 입지, 가격, 미래가치, 복합수익성 등 꼼꼼히 따져볼 것도 많다. 주택처럼 쉽게 생각했다간 큰코다칠 수가 있다.

〈사례1〉 강남 48평 한 채로 40억 원 부자 된 성공사례

이제 정년을 앞둔 박모 씨는 K대 교수다. 그는 30여 년 전 결혼하자마자 처가가 있는 강남구 대치동의 M아파트단지에 전세를 얻었다.

자녀양육을 위해 장차 처가의 도움이 필요하다는 부인의 의견에 따라 강남권에 신혼의 둥지를 튼 것이다. 전세금과 그동안 모은 재형저축 예금, 거기에 과감하게 은행융자를 받아 32평 아파트를 1986년에 매입했다. 그러다 88올림픽 이후 부동산가격이 오르는 모습을 목격하면서 자녀 3명이 거주하는 넓은 주거공간의 마련을 위해 2001년 동일 단지 내 10억 원대 48평형으로 갈아타기를 실행했다.

그의 부인은 전업주부로 3명의 자녀를 훌륭히 키웠다. 자녀들은 강남 학군 덕분인지 몰라도 모두 국내 유수의 좋은 대학을 나와 대학 병원 인턴과 대기업에 다니는 직장인이 됐다. 부인도 아파트단지와 가까운 교회에 다니고 봉사활동을 하는 등 이웃과의 소통과 지역사회 활동에도 적극적으로 참여한다. 한마디로 가장인 박모 교수를 비롯해 가족 모두 강남권 주거생활에 흡족해하고 주거만족도는 최상을 누리고 있다.

무엇보다도 그가 뿌듯한 것은 행복한 가정을 꾸렸다는 것뿐만 아니라 보유하고 있는 아파트 가격이 꽤 올랐다는 사실이다. 그가 4억 원 주고 산 32평 아파트가 48평으로 늘어나고 현재 40억 원을 호가한다. 주택시장이 요동쳤던 지난 30년 동안 10배 넘게 집값이 폭등했다. 그는 자가주택 이외에 다른 부동산이나 주식투자 등에 대해서는 관심을 갖지 못했다. 월급 가운데 쓰고 남은 돈은 아파트 대출금과 은행예금, 보험상품으로 운용했다. 집값이 오른 덕분에 은퇴 후 경제 준비와 자녀 집 문제 걱정은 해결한 셈이다. 아파트 자산에다 월 400만 원가량의 사학연금을 받으면 노후 걱정은 완전히 덜었다고 볼 수 있다.

당연히 박모 교수는 요즘 정년퇴임을 앞두고 주변 동료 교수로부터 부러움의 대상이 되고 있다. 본의 아니게 교수들 사이에서는 부동산 달인, 투자의 귀재로까지 불린다. 그는 모든 게 부인과 장모님 덕분이라고 생각하고 있다. 애당초 아파트로 돈 벌려는 생각도 없었고 장모님 권유로 처가 가까운 데 전세 살다가 집을 산 것뿐이었다. 그는 엄청난 결과에 놀라울 뿐이다. 늘그막에 불로소득으로 부동산 부자가 된 것 같아서 멋쩍긴 하지만 하루하루 사는 게 즐겁다.

한편, 같은 학과의 동료 교수인 김모 교수는 요즘 노후대책과 부동산 얘기만 나오면 마음이 무겁고 우울하다. 나이 든 동료 교수들의 회식 자리는 온통 자녀 얘기나 은퇴 후 생활 문제가 주된 화제로 떠오르는데 부담감과 소외감이 크다. 특히 자신과 가까운 박모 교수와 재산을 비교하는 주변 얘기가 나올 때마다 부럽고 그저 한숨만 나온다.

〈사례2〉 강북 60평형 아파트 전세거지 된 실패사례

김모 교수에게 지난 30년간 대체 무슨 일이 있었던 것일까.

김모 교수 역시 결혼하자마자 주택마련을 고민했다. 고심 끝에 그가 재직하고 있는 대학에서 가까운 동네에 전세로 신혼집을 마련했다. 오랜 전세살이로 잦은 이사의 불편함을 호소한 아내의 성화에 못 이겨 지난 2006년경 뒤늦게 주택구매를 감행했다. 평소에 부동산에 관한 관심이 없고 교수업무에만 전념했던 김모 교수는 자고 나면 오르는 전셋값과 매매가에 지친 나머지 어느 정도 목돈이 마련되고 나서야 내 집 마련에 나설 수 있었다. 김모 교수 부부는 어떤 지역·면적이 얼마쯤 되는 아파트를 살까 고민하다가 대형아파트에 눈을 돌렸다. 당시 대세였던 대형아파트 수요를 고려해 강북에 60평형 아파트를 12억 원대에 매수했다.

하지만 문제는 집값이다. 그가 주택을 구매한 뒤 한동안 오름세를 보이던 집값은 2년도 안 돼 2008년부터 집값이 떨어지기 시작해 2013년에는 8억 원대로 주저앉고 말았다. 2013년 하우스푸어가 언론을 도배하면서 집값은 계속 내려갔고, 결국 견디다 못한 김모 교수

부부는 주택을 처분하고 그 아파트 동일 평형에 전세를 살고 있다.

2020년 들어 김모 교수는 뉴스에 나오는 서울 집값과 전셋값 급등 소식을 들을 때마다 속이 상하고 엄청난 스트레스를 겪고 있다. 노후 대책, 은퇴자산설계 얘기만 나오면 목이 바짝바짝 마른다. 특히, 절친 인 박모 교수와 자산비교를 할 때면 자괴감마저 들 정도다. 박모 교수 의 밝은 웃음과 여유로움이 부럽다.

그렇다면 왜 이런 결과가 나왔을까. 30년이 지난 지금, 누구는 집 값만 10배 이상 오르고 누구는 10억 원 전세에 살고 있는 걸까. 김모 교수는 안타깝게도 아직도 그 이유를 모르고 있다. 대체 무엇이 이들 의 경제적 운명을 갈라놓은 것인가?

두 가지 사례분석을 통한 시사점과 교훈

박모 교수와 김모 교수의 재산 격차가 4배 이상 발생한 근본원인 은 뭘까? 어쩌면 부인과 장모님을 잘 만난 운명적 차이도 있다. 하지 만 운도 실력이다. 결정자는 본인이라는 점에서 부동산에 대한 관심과 공부, 노력도 간과할 수는 없다. 하나씩 따져 보자.

'부동산 3대 성공투자비법'에 근거해서 두 사람의 부동산투자의 성패요인을 구체적으로 알아보자. 매매 시기와 매매지역·매매상품의 3가지 선택이 딱 맞아떨어질 때 부동산투자수익률이 극대화된다는 근본원칙이 중요하다.

첫째, 시기선택에 관한 고찰이다. 투자는 '타이밍의 기술'이라는 말처럼 부동산투자에서 매수 혹은 매도 타이밍을 어떻게 선택하느냐는 수익률과 직결된다. 가장 손쉬운 예가 바로 주식투자에서 저점매수-고점매도다. 문제는 언제가 바닥이고 언제가 고점이냐를 알 수 있느냐 하는 점이다.

사례1에서 알 수 있듯 박모 교수, 김모 교수 두 사람 모두 부동산 투자에는 문외한이라는 점은 공통적이다. 주택을 한번 매입하면 장기 보유하거나 전세 거주한 점으로 보아 투기수요가 아니라는 점도 같다. 각각 주택을 마련한 동기 자체가 자녀보육이나 직장과의 출퇴근 편리성을 우선 고려한 점도 실수요자가 된다.

다만 박모 교수가 집을 사게 된 배경에는 강남권에 이미 거주했던 장모님의 부동산 감각 그리고 동네 공인중개사의 조언이 알게 모르게 영향을 끼쳤다. 두 사람 모두 주택매입 당시의 주변 사람의 도움 여부가 주택구매결정에 영향을 끼쳤다. 그 결과 주택구매 시기에 있어서 박모 교수는 매수시기를 기가 막히게 선택한 반면 김모 교수는 그렇게 하지 못한 실기가 있었다.

박모 교수의 주택매수 타이밍은 신의 한 수가 됐다. 주택경기의 사이클을 둘 다 알 수는 없었지만, 집안 환경과 자산관리 멘토 역할을 한 가족, 동네 공인중개사와의 소통이 출발부터 투자 성패를 갈랐다는 해석이다.

둘째, '지역선택'에 관한 고찰이다. 부동산은 주식이나 채권 등 금융자산과 달리 지역성, 위치성, 입지적 특성이라는 독특한 가치를 내재적으로 지니고 있다. 부동산이 위치하고 있는 지역성과 입지적 가치가 매우 중요하다는 의미다. 부동산은 첫째도 입지, 둘째도 입지, 셋째도 입지다. 필자의 학위논문에서 밝혔듯 서울지역의 아파트 가격에서 입지가치가 차지하는 비중은 60.5%를 넘을 정도로 중요도와 가중치가 높다. 입지가치는 아파트 등 부동산의 절대적 핵심요인이자 부동산 가격의 근본을 이룬다.

그런데 여기서 입지가치는 토지가치와 연관성이 높다는 사실을 주목할 필요가 있다. 토지가치는 영속성, 무한성의 특징을 지니며 입지가치는 이러한 토지가치와 상호 비례하며 직접 연결된다. 결국 지역선택은 입지선정이며 부동산 성공투자를 위한 두 번째 비법이 된다.

두 사람의 차이도 강남과 강북이라는 지역선택에서 커다란 자산가치의 차이가 발생한 것이다. 박모 교수는 강남권에, 김모 교수는 강북권에 신혼의 둥지를 튼 게 문제의 발단과 씨앗이 된다. 시작부터 생활권이 다르고 입지가 다르고 미래가치가 근본적으로 달랐다.

강남과 강북의 생활권 차이는?

그렇다면, 강남권과 강북권의 생활권의 특성과 차이점은 무엇일까? 어떠한 요인과 특성이 집값에 어떤 영향을 끼쳤을까?

일반적으로 사람들은 우연하고도 사소한 이유로 신혼집을 선택하는 경우가 많다. 그리고 신혼집이 첫 주거지로 결정되면 정주권이 형성되고 익숙효과(Used Effect) 때문에 타 지역으로 잘 벗어나려 하지 않는 경향성이 강해진다. 신혼살림을 어떤 지역에 마련하느냐가 평생

주거지로 이어지는 결정적 요인이 된다. 대단히 흥미롭다. 더 나아가 몇십 년 뒤 은퇴시점에서는 은퇴자산의 크기를 결정하는 절대요인이 된다는 현실도 흥미진진하다.

그렇다면 김모 교수의 결정적 실수는 무엇일까.

강북권 가운데도 강남권에 버금가는 성장지역·인기지역은 꽤 많이 존재한다. 도심권에 해당하는 광화문, 용산, 마포가 대표적이다. 그런데도 비도심권, 비인기지역·성장변화요인이 비교적 적은 지역을 선택한 것이 패착이 된다. 단지 직장과의 출퇴근 편리성만을 고려하여 주거지역과 아파트입지를 선정한 것이다.

주거선택의 기준은 사람마다 달라질 수도 있다. 어떤 사람은 환경의 쾌적성을 어떤 사람은 교통의 편리성을, 또 어떤 사람은 자녀의 교육 여건을 중시해 주거입지를 결정한다.

부동산과학은 집값 발생요인으로 유용성·상대적 희소성·유효수요·이전성을 들고 있다. 그리고 집값 형성요인으로는 지역·개별 요인 등 수십 가지가 있는데, 크게 교육문화환경 30~40%, 지하철 등 교통환경 20~30%, 생활편익시설은 10%, 녹지 등 쾌적한 환경 10~20%, 생활편익시설은 10% 정도로 가격에 영향력을 미친다. 절대적 기준은 아니고 지역과 입지에 따라 다소 차이가 있을 수 있다.

성장지역이론도 중요하다. 인구증가·소득증가·인프라증가·행정계획 등 4대 성장지표가 받쳐주는 곳이 성장도시·성장지역이다. 강남권은 강남개발이 시작된 이후 50년을 성장해왔다. 최근 10년을 봐도 성장력이 돋보이며 미래 10년도 서울시의 도시 공간을 바꾸고 가장 성장성이 높을 지역으로 평가된다. 국토계획, 도시계획, 각종 개발계획, 대중교통망계획이 이를 증명하고 있다. 강북권도 성장지역에 해당하는 곳이 수두룩하다. 자산가치의 향배를 결정하는 70% 핵심요인은 바로 지역특성이나 입지가치, 성장력이다.

박모 교수는 강남권이라는 성장지역 그 가운데도 교육문화 핵심 주거입지인 대치동에 둥지를 튼 게 성공요인이 됐다. 3대 투자비법 중 두 번째 조건도 충족한 것이다. 반면에 김모 교수가 전세로 살고 있는 지역은 인구·소득·인프라·행정계획 등 성장지표로 판단컨대 집값도 크게 오르지 않는 정체지역이나 완만한 성장지역으로 분류된다.

셋째, '상품선택'에 관한 고찰이다. 상품선택방법은 다양하다. 먼저 주택수요는 자가수요·임대수요·신규수요·교체수요·유효수요·잠재수요 등 여러 가지 분류가 있다. 박모 교수는 일찌감치 자가수요를 정한 데 비해 김모 교수는 전세-자가-전세수요로 상황에 따라 내 집 전략을 달리했다. 그 결과 지금은 전세 거주상태로 다시 집을 사야 할지 전세로 계속 살아야 할지를 고민하고 있다. 임대수요자가 겪고 있는 이중 고통이다.

주거비부담을 따져 볼 때 전세는 주거비부담이 가장 적고 자가와 월세 순으로 부담이 올라간다. 하지만 이는 집값과 전셋값이 안정된 국면에서 통하는 얘기로 최근 5~6년간처럼 집값과 전셋값이 급등하는 상황에서는 사정이 달라진다. 김모 교수는 지금 집값 급등으로 내 집 마련 부담이 늘어난 가운데 전셋값마저 오르고 있어서 진퇴양난에 빠진 형국이다. 집을 사자니 고점이고 전세로 눌러 앉자니 미래가 걱정이다. 좌불안석인 이 상황을 어떡해야 할까.

실패를 반복하는 당신, 내 집 마련 고육지책은?

주변에 김모 교수 사례는 생각하는 것보다 훨씬 많고 경우의 수도 각양각색이다. 지난 5년 혹은 10년간 여러 이유로 결국 내 집 마련에 실패했는가? 그래서 지금, 고민하고 걱정하고 있는가? 이런 이들을 위해 3대 투자비법 관점에서 몇 가지 구체적 해법을 제시한다. 하나씩 살펴보자.

첫 번째로 시기선택 문제를 해결해야 한다. 필자도 이 부분이 가장 까다롭다. 2021년은 집을 구매하기엔 늦은 시기이고 변동성마저 커진 탓에 애매한 시기가 돼버렸다. 2020년 초만 해도 집을 사라고 권유한 것과는 결이 다르다. 2022년은 집값도 내리고 전셋값도 내릴 가능성이 커 보인다. 지금이라도 집을 사는 게 맞는 것 같은데 이미 많이 오른 집값과 고점과 변곡점을 맞을 가능성도 있어서 복병이 아닐 수 없다.

대출금리도 슬금슬금 오르고 있고 거품이 쌓이는 징후도 나타나 투자위험이 높아지고 있다. 내 집을 사는 목적은 두 가지다. 주거가치나 주거안정도 있지만 자산증식 혹은 투자가치를 동시에 고려해야 한다. 뒤늦게 집 샀다가 대출이자만 오르고 집값이 내리면 정말이지 대략 난감에 빠질 수밖에 없다.

따라서 선택지는 두 가지다. 첫째는 서울, 수도권, 대도시 등 성장지역의 경우 향후 성장성이 예상되는 10년 앞을 내다보고, 즉 2030년까지는 집값이 우상향 곡선을 그릴 것으로 예측하고 고점국면임에도 불구하고 장기거주, 장기투자 관점에서 내가 살고 싶은 곳에 과감하게 내 집을 사는 적극적 방안이다. 이때 주의할 점은 주택구매 후 집값이 일시적으로 내리더라도 당황하지 말고 견뎌야 하며 무리한 대출은 삼가야 한다는 점이다.

두 번째 방안은 주택임대차보호 3법으로 전세기간이 4년으로 늘어나고 5% 이내로 전·월세 상한제가 시행되는 만큼 전세 살면서 다음 사이클을 기다리는 소극적인 인내전략이다. 시장흐름과 금리·유동성·정책변화·국제동향 등 시장에 대한 관심의 끈을 놓아서는 안 된다. 부동산 공부와 궁리를 지속할 필요가 있다. '살집팔집'은 각종 정보제공과 교육프로그램과 고종완 TV를 통해 이를 충족시켜줄 플랜을 준비하고 있다.

내 집 마련을 하는 고육지책 두 번째로는 지역선택의 문제를 해결해야 한다. 이를테면 서울의 경우 강북권이냐 강남권이냐 선택을 두고 고민하는 경우다. 무조건 강남권으로 입성해야 한다고 주장하는 이들이 많지만 누구에게나 이득이 되는 방안은 아니다. 2020년의 경우 강남권으로부터 촉발된 집값 상승세가 하반기에는 강북권으로 옮겨붙으면서 강북권 집값 상승폭이 더 커졌다는 사실을 기억할 필요가 있다. 강남, 도심권, 마·용·성 위주로만 주택경기가 활황세를 실현한 것은 아니다. 2021년 집값 상승률만 보면 노원구, 도봉구, 강북구 등 노도강과 금천, 관악, 구로 등 금관구로 말하자면 비도심 외곽지역 집값

상승률이 강남권을 웃돈 것으로 나타났기 때문이다.

따라서 미래성장지역인지 아닌지를 판별하는 기준과 안목이 굉장히 중요하다. 현재의 인기지역과 비인기지역, 도심권과 비도심권, 집값이 비싼 지역인지 아닌지가 중요한 선택기준이 아니다. 미래성장지역인지, 정체지역인지, 쇠퇴지역인지를 구별하고 정책수혜가 집중되는 지역인지 아닌지가 새로운 선택기준이 돼야 한다. 예를 들어 보자. 서울시의 균형개발 정책으로 광화문, 서울역·용산, 여의도, 영등포, 목동·성수, 청량리 등 재건축·재개발이 활성화되고 있는 지역은 관심지역이 된다. 서울지역은 향후 10년간 큰 도시 공간구조변화와 도시기능의 획기적인 재편이 예상된다. 도시재생사업을 비롯한 한강르네상스 프로젝트, 역세권 고밀 복합개발, 재정비사업 등이 활발히 전개되고 있다.

세 번째로는 상품선택문제를 해결해야 한다. 주택도 상품이고 자산이다. 선 지역·후 물건선택에서 알 수 있듯 마지막 구매단계는 아파트단지를 최종적으로 선택하는 일이다. 가장 중요하고 선택과 결정도 쉽지 않은 과정이다. 현실적으로 가장 많은 시간과 노력, 공을 들이는 부분이다. 역시 3가지 방법을 소개한다. 먼저, '살집팔집'에서 주거가치와 투자가치가 높은 슈퍼아파트를 고르는 방안이다. 살기 좋은 주거가치와 사기 좋은 투자가치를 동시에 고려해서 두 가지 가치가 모두 우수한 아파트를 선택하는, 간단한 절차와 노력만으로도 가능한 이점이 있다. 특히 자산증식까지 염두에 둔다면 서울, 수도권, 대도시는 주거환경과 시설이 비교적 양호하므로 투자가치와 미래가치에 무게를 두는 전략이 바람직해 보인다.

　다음으로는 기존주택보다는 신규분양을 노리는 청약전략이다. 가장 최선의 방법이 청약통장과 가점을 백분 활용, 분양시장을 적극 공략하는 방안이다. 청약가점이 60점 이상이라면 서울인기지역 당첨도 가능하다. 하지만 50점 미만이면 비인기지역을 노크해 보는 것도 좋겠다. 필자는 3기 신도시 청약을 권한다. 위 사례의 김모 교수의 경우 대학과의 출퇴근편리성을 고려하면 고양창릉신도시가 적합하다. 강남으로 이주를 원한다면 하남·교산도 좋겠지만 당첨가능성을 고려할 때 남양주왕숙지구가 적합해 보인다. 9호선, GTX-B를 비롯해 미래교통망계획이 탄탄하기 때문이다. 2021년 6월 이후부터 사전청약이 시행될 계획이다. 지금부터 준비하면 무주택자에겐 당첨기회가 많을 것이다. 다만 3기 신도시는 특별공급계획이 85%로 신혼부부, 생애최초 주택구입자에게 분양물량이 많이 배정되고 일반분양은 15% 선에 그친다는 점은 고려할 필요가 있다.

　마지막으로 경·공매를 통해 내 집 마련하는 방법이다. 아파트만 고집하지 말고 단독주택, 다가구주택, 상가주택, 빌라, 전원주택도 공략대상이 된다. 특히, 도심권의 공공재개발지구, 도시재생지구의 낡은 단독, 다세대, 빌라 밀집지역도 잘만 고르면 노른자위 땅의 든든한 알짜주택으로 대변신할 수 있다.

2부

사례분석 편

4장

정책, 주거문화, 메가트렌드의 변화 : 미래주거생활

문재인정부의
부동산정책

문재인정부의 부동산정책에 대한 평가는 냉혹하다. 실패한 원인은 무엇일까. 역대 정부의 부동산정책이 대체로 긍정적인 평가를 받지만, 노무현정부와 문재인정부의 부동산정책은 실패로 끝났다는 평가가 우세하다. 시장의 불안정성을 막고 시장실패를 치유하기 위해서는 정책의 목적과 수단의 선택이 일치해야 한다. 그래야 정책실효성을 높일 수가 있다. 그런 점에서 문정부의 집값안정목표와 정책수단은 괴리가 컸다.

주택정책의 목표는 시장안정과 서민 주거복지 향상이다. 주택시장이 안정되고 무주택서민의 주거복지가 향상돼야 하는데 문정부 4년 동안 부동산시장은 이상 과열되고 집값과 전셋값이 동반 폭등함에 따라 주거취약계층의 삶과 주거생활은 더욱 피폐해지고 곤궁해졌다. 다시 말해, 원인과 해법의 미스매치가 정책실패의 근본원인이라는 얘기다.

우리나라는 박정희 정권 때부터 지난 50년간 급격한 도시화와 인구집중으로 수차례 집값과 전세파동을 겪었다. 이를 만회하기 위해 노태우정부 시절의 강남신도시조성을 필두로 시작한 주택 200만 호 건설 등의 주택정책은 시의적절하고 적합한 정책으로 평가받아 왔다. 정책이 시장안정에 절대적으로 기여했다는 말이다. 정책의 성공배경에는 우수한 관료와 정부기관, 학자, 건설사의 협력 등 민관산학협동 체제가 자리 잡고 있었다.

그런데 문재인정부가 들어선 이후 이런 원칙과 공식이 깨져버렸다. 허술하고 빈틈이 많은 엉뚱한 정책으로 오히려 부작용과 역효과를 양산했다. 24번이나 부동산대책이 쏟아지는 동안 집값 안정은커녕 전셋값마저 폭등하는 사상 최악의 상황을 초래했다. 국민들의 정책불신과 비판이 거센 이유다.

시장실패보다 정책실패가 더 무섭다!

2020년 부동산시장은 미친 전세와 미친 집값이 시장을 강타했다. 시장과 정부는 말 그대로 총성 없는 전쟁을 연일 치열하게 벌였다. 결과는 정부의 참담한 패배로 끝났다. 24전 24패다. 실수가 쌓이면 실패가 되고 정책실패는 고스란히 국민의 피해로 귀결된다. 그래서 부동산 교과서에는 시장실패보다 더 무서운 게 정책실패라는 말이 있다. 정책실패가 가져다주는 시장왜곡과 부정적 영향이 훨씬 크다.

언급한 대로 과거 정부의 부동산정책은 시장흐름에 잘 대응하고 정책실효성도 컸다. 시장과열 혹은 냉각기를 맞아 소방수 혹은 안전판 역할을 해왔다는 뜻이다. 그런데 문정부는 부동산정책을 잘 준비했고 집값을 확실히 잡을 수 있다고 수차례 장담한 것과 달리 현실은 정반대였다.

계속 실패를 자초하고 반복한 진짜 이유는 뭘까. 원인진단에서부터 의견수렴, 정책마련, 수단의 선택, 시행 등 모든 단계에서 미숙하고 일방통행을 거듭했다. 총체적 부실정책, 밀실정책의 대참사라고 해도 지나침이 없다. 구조적, 만성적으로 공급이 부족한 시장에서 공급은 도외시한 채 투기수요억제와 세금중과, 대출규제, 거래규제에 정책역량을 집중한 탓이 제일 크다. 그것도 같은 실수를 반복하다 보니 국민의 피로도와 정책불신은 최고조에 달했다. 못 잡는 게 아니라 안 잡는 게 아닌가 하는 의구심마저 제기됐다. 일각에서는 부동산 세수증대와 자산효과(Wealth Effect), 경기부양대책의 일환이 아니냐는 의문을 쏟아내고 있다. 일종의 음모론적 시각일 수 있지만, 단순한 실수로 보기 어렵다는 점에서 의심이 쉽게 가라앉지 않고 있다.

마침내 2021년 4월 7일 서울시장과 부산시장 보궐선거를 앞두고 부동산 민심이 폭발했다. 고위공직자와 컨트롤타워 역할을 하는 청와대 최고위층의 부동산 비리와 부도덕도 도마 위에 오르고 있다.

문정부의 표층정책목표와 심층목표가 어떻게 다른지, 그 깊은 속내와 진실을 정확하게 알 수는 없다. 전문가의 한 사람으로 하루바삐 시장안정과 매매·전세시장이 조속히 정상화되기를 기대할 뿐이다.

역대급 부동산광풍, 진짜 해법은 있나?

정부는 "투기수요를 억제하겠다, 차단하겠다, 뿌리 뽑겠다"며 강력한 규제 일변도 정책을 펼쳤다. 하지만 그 결과는 어떠했는가. 다주택자는 버티고, 무주택자는 반란(反亂)을 일으키고 말았다. 이른바, 패닉바잉으로 영끌하는 20~30대가 50~60대를 제치고 주택의 새로운 주구매층으로 부상했다. '묻지마식 집 사기' 대열에 합류한 것이다. 청약가점을 갖춘 무주택자는 대거 분양시장으로 몰렸고, 가점이 부족한 젊은 층은 신축·구축 가리지 않고 기존 매물사냥에 나섰다. 매물이 씨가마른 가운데, 주택임대차 3법으로 전셋값이 폭등하고, 덩달아 집값이뛰는 것은 당연한 수순이었다. 전세수요가 매매수요로 전환되고, 대체재인 주거용 오피스텔과 연립, 다세대주택인 빌라마저 저가수요가 몰리면서 부동산시장 전체가 들썩였다.

다음 문제는 2021년 6월부터 시행되는 양도소득세 중과유예조치 종료 이후다. 만일 이때도 다주택자와 법인이 소유한 매물이 쏟아지지않으면 시장은 그야말로 오리무중에 빠질 게 틀림없다. 임기가 1년밖에 남지 않은 문정부가 끝까지 버티면서 싸울 것인지, 다른 방법을 찾을 것인지 예단하긴 쉽지 않다. 이러한 이유로 양도세 중과뿐만 아니라 2021년 6월 1일 이전에 매물을 출시할 수 있도록 양도소득세율 자체를한시적으로 10~20% 정도 내려주자는 주장도 설득력이 높다. 집값 불안의 가장 큰 원인은 공급 부족, 수급 불균형에 있기 때문이다. 결국 시장원리에 충실하게 주택의 유통물량을 늘려 수급 불균형을 해결하는게 근본 해법이 된다. 이는 대다수 부동산 전문가의 공통된 생각이다.

정부는 뒤늦게 3기 신도시 카드를 꺼내 들었다. 기대감도 있지만 한계도 있다는 지적이다. 3기 신도시는 1~2기 신도시와 달리 강남대체신도시가 빠져 있다는 점, 2025년 입주하기까지 장기간 공급 시차가 발생한다는 점 등에서 단기공급가능성이 작아 근본적인 해법이 되지 않는다. 공공참여 도심권 재건축·재개발 정책을 내놓았지만 이마저도 허점과 빈틈이 많아 보인다. 서울은 재개발·재건축 외에 특별한 공급 방법이 없다. 강남재건축단지의 경우 이익을 절반으로 나누는 공공자가주택을 공급하는 공공참여재건축에 호의적이지 않기 때문이다.

지분적립형, 환매조건부, 토지임대부 등 소위 공공자가주택은 소유자 입장에서는 그리 반갑고 만족할 만한 대안이 아니다. 다시 말해 강남 노른자위에 입지한 대치은마, 잠실주공5단지, 압구정현대, 여의도, 목동지구 등 대규모단지의 재건축 참여 없이는 앙꼬 빠진 찐빵이나 다름없다. 공공참여재건축, 재개발정책만으로는 강남권 수요를 대체하기 힘든 상황으로 민관 합동체계를 통한 패스트트랙 공공정책이 답이 아닐까.

서울지역은 주택재고량도 부족하고 유통물량도 적으며, 신축아파트 입주예정물량도 감소하는 등 공급부족 삼중고에 시달리고 있다. 기존의 대책을 뛰어넘는 획기적이고 창의적인 중·장기 공급확대 정책을 빼고는 작금의 누적된 공급물량 부족과 유통문제를 해결할 수 없다. 예를 들어, 서울지역 주택수를 338만 호 정도로 주택보급률이 96%인 점을 고려해 약 9% 주택수가 부족한 만큼 앞으로 5년간 약 30만 호의 주택을 지속해서 공급하는 방안이 더욱 실질적이고 근본적인 해법이 될 수 있다.

따라서 3기 신도시와 도심권 개발 외에도 재건축·재개발사업의 실질적 활성화, 신설되는 GTX노선(A·B·C) 라인과 신안산선 등 신설 역세권 인근에 미니신도시, 크고 작은 택지개발사업도 서두를 필요가 있다. 아울러, 서울시 일부 그린벨트 해제, 한강변 올림픽도로와 강변 북로를 지하화하고, 한강 유휴부지를 재건축단지와 연계해서 기부채 납방식으로 공공분양 및 임대주택을 공급하는 활용하는 방안도 적극 적으로 검토할 만하다는 의견이다. 한마디로 역발상과 창의적 사고, 정책의 패러다임 전환이 절실한 시점이다.

땅값과 전세를 잡으면 집값도 잡을 수 있을까?

땅값, 전세 그리고 집값(매매시장)에 대한 오해와 편견도 난무한다. 올바른 이해가 필요하다. 우선 전세제도는 우리나라에만 존재한다. 매 매와 달리 세 가지 특징을 지닌다. 첫째로 전세는 투기적 가수요가 없 고, 둘째로 버블(거품)이 없으며, 셋째로 오직 수급에 의해서만 시장 임 대료가 결정된다. 그리고 집값이 2% 이상 오르지 않는 한 주거비가 가장 저렴하다.

전세는 집주인에게 대출과 같은 금융의 역할도 하지만 세입자에 겐 가장 저렴한 주거비로 주거서비스를 누릴 수 있게 하고 내 집 마련 의 징검다리 기능을 하기도 한다. 전세는 잘만 활용하면 누이 좋고 매 부 좋은 임대차제도다. 그런 측면에서 월세전환시대의 도래는 전세입자에게 부담이 될 수도 있다. 월세로 전환하면서 남은 전세보증금으로 주식투자를 하라고 조언한다. 또 어떤 이는 월세제도는 선진국에만 있으니 최근 월세 비율이 높아지는 현상도 선진국화하는 일종의 바람직한 변화라고 말하기도 한다.

하지만 이는 하나만 알고 둘은 모르는 편견이고 오해다. 전세보증금을 활용한 갭투자는 썩 바람직하지 않지만, 전세제도 자체는 꼭 나쁜 것이 아니다. 우리나라의 고유한 주거문화로 자리 잡으면서 긍정적인 측면도 꽤 있다.

부동산은 토지와 건물로 구성돼 있음은 주지의 사실이다. 따라서 집값을 잡는 확실한 방법은 다음의 세 가지다. 첫째, 수요를 감당할 만큼 지역별로 105%에 달하는 주택보급률을 목표로 꾸준히 주택을 장기공급하는 것이다. 둘째, 원가 측면에서 아파트 택지비나 토지가격을 안정시키는 방안이다. 셋째, 전세가격을 안정시키는 방안이다. 전세는 매매와 약간 선행하거나 동행해서 전세가격이 안정되면 매매가격도 안정되기 마련이다. 이렇게 간단하고 쉬운 방법을 뒤로한 채 부동산과의 전쟁을 수시로 선포하고, 실체도 불분명한 투기와의 싸움에 골몰하고, 강남아파트 잡기에만 혈안을 쏟고 있는지 도무지 이해가 잘되지 않는다. 세계가 놀란 만한 황당한 부동산정책이 지금 대한민국에서 벌어지고 있다면 믿을 것인가.

전세대란이 벌어지는 근본적 이유 세 가지

2020년 들어 주택시장은 매매가격은 급등하고 전세가격은 폭등했다. 매매시장은 7년째 상승 중이고 전세시장은 5년 만에 최고상승률을 기록했다. 2020년 하반기 이후 전세난이 더욱 심화된 근본적인 이유는 뭘까.

첫째, 주택공급부족이 가장 큰 이유다. 가구 수 대비 적정한 주택물량이 공급되고 있는지 알려주는 주택보급률 지표를 보면 전국 104.8%, 서울 96%, 경기도 101.5%로, 서울지역의 주택공급부족이 가장 심각한 상황이다. 적정지표인 105%에 비해 주택수가 9%가량 부족함을 알 수 있다(5%는 자연 혹은 정상공실률이다). 수도권의 인구 1,000명당 주택수도 380가구로 일본 450가구에 비해 턱없이 부족하다. 자가보유율도 48% 선에 그친다. 인구집중이 심각한 서울의 주택공급이 구조적으로 절대 부족하며 만성적인 수급불균형 상태가 누적돼왔음을 알 수 있는 대목이다.

둘째, 주택임대차 3법 시행이 실패한 부동산정책이라는 불에 기름을 퍼부었다. 2020년 8월 임대차 3법이 시행되면서 임대차 기간이 4년으로 두 배 늘고, 재계약에 따른 임대료 인상률은 5%로 제한됐다. 법의 시행 효과로 매물 잠김 현상이 나타났고 시중 유통물량이 감소한 데다 매입수요가 전세수요로 전환함으로써 전세가격이 폭등하고 있다고 분석한다. 계약갱신청구권과 전·월세상한제로 눌러앉는 재계약 세입자가 많이 늘어났다. 전세물량이 시장에 나오질 않으니 전세매물은 품귀상태를 빚을 수밖에 없다. 설상가상으로 투기수요억제를 위한 초강력 규제조치도 한몫했다. 예를 들어, 2년 실거주를 해야 1주택자 양도세비과세를 받을 수 있고, 재건축 집주인은 조합원 분양권을 받기 위해서 2년 거주조건을 충족해야 한다. 투기과열지구에서 주택담보대출을 받은 경우도 마찬가지다. 매물절벽을 유발하는 규제와 시장왜곡이 넘쳐났다. 결국 집주인과 세입자 간 힘겨루기와 갈등이 증폭될 수밖에 없는 상황이다. 과도한 규제로 음성적 거래, 이중거래가 성행함은 물론 법적소송 등으로 아예 빈집으로 남겨진 주택도 늘어나는 추세다.

셋째, 초저금리 기조로 집주인은 월세, 세입자는 전세를 각각 선호한다. 경제적 이해관계에 따라 각자 유리한 주거 유형을 선택하고 있다. 1,000가구가 넘는 대단지에 전세는 씨가 말랐지만 월세수익을 노린 반전세나 보증부 월세가 눈에 띄는 이유다. 강남은 보증금 1억 원에 대한 월세전환이율이 연 4~5%에 달할 정도로 높게 형성된 점도 세입자에게는 큰 부담이 된다.

임대인과 임차인은 쌍둥이 루저?

주택임대차 3법 시행 후 전세시장은 대혼란에 빠졌다. 이전에 목격하지 못했던 불편한 사건과 현상들이 잇따르고 있다. 임대인과 임차인은 졸지에 공생관계에서 적대관계로 바뀌었다. 전세시장은 집주인과 세입자의 분쟁으로 싸움터로 변한 지 오래다. 대한법률구조공단에 따르면 새 임대차법 시행 이후 임대차 관련 분쟁상담 건수가 2만

5,000여 건으로 40% 이상 급증했다. 집주인과 세입자는 원초적이고 잠재적 적대관계에 놓이며 통째로 루저가 돼버렸다. 임대인은 자기 집이 있어도 들어가 살 수가 없으며 임차인은 전세매물을 구경조차 할 수 없는 희한한 세상이 됐다. 자기 이익과 권리를 극대화하려는 비리와 반칙이 난무하면서 세무사, 변호사만 일거리가 늘면서 바빠졌다. 현장에서 벌어지고 있는 임대차 분쟁의 갈등 유형 5가지를 살펴보자.

첫 번째, 세입자의 계약갱신청구권과 집주인의 실거주권이 충돌하고 있다. 법에 따르면 세입자는 1~6개월 전에 계약갱신을 청구하면 되고 집주인이 만약 임대를 놓은 집에 들어가 살려면 세입자에게 실거주하겠다는 의사를 사전에 통보해야 한다. 문제는 집주인이 직접 살겠다고 하고 세입자를 내보낸 뒤 다른 사람에게 주택을 매도할 경우다. 이때, 세입자는 임대인의 허위실거주로 계약갱신청구권을 거절한 사항에 대해 손해배상청구를 할 수 있다.

두 번째, 계약갱신청구권을 행사한 경우 현실임대료가 급등함에 따라 5% 상한제를 둘러싸고 분쟁이 속출하고 있다.

세 번째, 세입자를 내보내기 위한 임대인의 이사비 지원, 위로금 지급이 보편화되고 있다. 심지어 집을 구경하는 구경비, 중개사에게 지불하는 성공보수 등 다양한 비용이 각종 명목으로 발생하고 있다. 심지어 계약갱신청구권을 행사하지 않는 조건으로 수백만 원에서 수천만 원까지 지급하는 사례가 늘고 있다. 홍남기 경제부총리도 의왕 아파트를 처분하기 위해서 세입자에게 위로금을 전달한 것으로 알려졌다.

네 번째, 집주인이 세입자의 퇴거의사를 확인하고 다른 사람과 매매계약을 체결했어도 세입자가 변심해 계약갱신청구권을 행사는 사례도 나타나고 있다. 이 경우도 위로금을 주고 해결하는 경우가 빈번하다. 이때의 위로금은 과세대상이 될 수 있다.

다섯 번째, 새로운 세입자를 구할 때 면접을 보거나 제비뽑기하는 이색적인 장면도 포착된다. 골치 아픈 세입자를 미리 방지하려는 임대인의 욕망과 경쟁을 뚫고 집을 구하려는 세입자의 간절함이 빚은 씁쓸한 풍속도다.

이 밖에도 전세자금 대출 시 계약불가, 퇴거 시 감가상각비청구 등의 관행이나 세입자에게 보증금 외에 시스템에어컨, 세탁기 등 풀옵션 가구일 경우 별도로 사용료를 받도록 하는 특약도 선보인다.

전·월세 안정을 위한 근본해법 5가지

전세 갈등을 해소하고 불안정한 전세시장을 잠재울 근본해법은 무엇일까?

첫째, 정책목표를 집값안정에서 전·월세 안정대책으로 전환하고 아파트 공급은 늘리되, 규제정책은 일부 완화하는 것이 급선무다. 전·월세신고제, 표준임대료제 등 규제정책은 중·장기적 효과는 있으나 단기적 부작용이 우려되므로 속도 조절이 필요해 보인다.

둘째, 단기 공급확대 방안으로는 가로주택정비사업 활성화, 도시재생사업 활성화, 노후단독주택을 묶어 인허가간소화, 세제, 금융, 설계지원 등을 통해 다세대주택(3룸 이상)으로 재건축을 유도하는 것이다.

셋째, 단기간에 유통물량을 정상화하기 위해서는 임대사업자·다주택자·법인 매물이 많이 나올 수 있도록 2021년 6월 1일 이전에 현재의 징벌적인 양도세를 한시적으로 감면할 필요가 있다.

넷째, 1주택자 양도세 비과세와 재건축조합원 분양 자격요건으로 새로 부과된 집주인 2년 거주 조건을 유예하고, 법령 시행 이후 취득자에 한해 적용하는 등 기득권자를 보호하고 전세매물 음성화와 감소를 줄이는 방향으로 제도개선이 필요하다.

끝으로 중·장기적 공급확대 방안으로 재건축을 활성화하고 기존의 신도시 리뉴얼, 미니신도시건설, 그린벨트 해체, 공공재 건축을 적극적으로 추진하는 정책 등을 다각도로 실행해야 한다.

대한민국은 아파트공화국,
10년 더 간다

대체불가능한 최고의 공동주택 아파트

대한민국은 아파트공화국이다. 아파트의 역사가 곧 대한민국 현대사다. 대한민국이 아파트공화국이라고 불리는 이유는 국민 절반 이상이 아파트에 살고 있으며 앞으로도 선호하는 주택 1순위로 아파트를 꼽는 사람들이 늘고 있기 때문이다. 단독, 다세대, 다가구, 오피스텔은 아파트 대체주거상품이 아니다. 부분 대체는 가능하나 아파트에 살다가 단독, 다세대주택으로 이동하지는 않는다. 아파트로의 쏠림현상은 더욱 심화되고 있다. 똘똘한 한 채도 결국 서울 인기 아파트를 의미한다. 도시뿐만 아니라 농어촌에도 아파트는 새로운 주거공간으로 확산되고 있다. 오죽하면 농촌 총각들이 장가를 못 가는 이유 중 하나가 아파트가 없기 때문이라는 우스갯소리도 있지 않은가.

아파트 거주자의 주거생활만족도는 매우 높다. 국토부의 주거실태 조사 결과를 보면 아파트 거주자의 약 80%가 만족한다고 답하고 있음을 알 수 있다. 주거습관과 생활양식이 변함에 따라 아파트를 이해하고 관통하는 키워드도 바뀌고 있다. 도시민의 주거시설, 주거공간이라는 본래 의미에다 투자자산으로서의 가치와 사회·문화적 요소가 더해지면서 아파트는 숙식공간에서 '복합문화오락공간'으로 재탄생되고 있다.

아파트는 재산목록 1호

아파트가 가계자산의 재산목록 1위가 된 지 오래다. 집 한 채가 재산의 전부인 가계도 많으며 아파트 한 채로 노후를 준비하는 사람들도 점차 늘어나고 있다. 한국은행 발표에 따르면 우리나라 가계자산의 76%가 부동산이며 주택연금 가입자 수는 매년 급증하는 추세다. 주택은 더 이상 단순한 주거공간이 아니라 주거생활, 노후설계의 중요 수단으로 삶의 질과 직결된 행복재화로 탈바꿈되고 있다. 최근 들어 아파트는 신분의 상징이자 부의 원천이 되기도 한다.

우리나라 주거유형의 주종을 차지하면서 세계에서도 그 유례를 찾기 힘든 독특한 한국형 공동주거문화로 자리 잡았다는 평가다.

인간은 태초부터 동굴이든 움막이든 머물러 사는 곳이 필요하다. 농경생활의 시작으로 영구거처(임시거처가 아닌)가 보편화됐다는 게 통설이다. 주택은 거처, 쉼터, 안식처, 피난처로 표현된다. 과거와 현재를 불문하고 살집이 있느냐 없느냐 하는 것은 인류의 생존을 결정하는 필수과제이자 사회적 정체성, 생활문화가 됐다. 지금의 대한민국은 아파트가 살집의 대명사처럼 됐고, 아파트를 소유했느냐 아니냐에 따라 극명하게 희비가 갈리고 있다.

아파트 공급확대가 절실한 이유

'아파르망(Appartement)'으로 불리던 유럽식 아파트가 이처럼 짧은 기간에 우리나라에 정착되고 확산된 원인에 대한 설명은 다양하다. 좁은 국토에 많은 인구가 거주하는 인구과밀화, 급격한 도시화의 진행, 핵가족화, 중산층의 성장, 아파트 중심의 주택정책, 민간의 수익성 위주 공급확대 등이다. 하지만 이런 이유만으로는 우리와 비슷한 인구밀도를 지닌 일본, 벨기에, 네덜란드는 물론이고 동남아시아 국가조차 아파트 비중이 비교될 수 없을 정도로 높지 않다는 사실을 제대로 설명하지 못한다.

우리나라의 아파트가 많아진 가장 큰 이유는 정부의 정책으로 아파트가 대량 공급됐고 때마침 이를 적절히 받아들일 수 있는 수요기반이 계층, 지역 구분 없이 폭발적으로 넓어진 탓이 크다. 아파트의 주거가치 말고도 투자(자산)가치, 상품성이 부각되면서 가장 중요한 재산증식 수단이 됐다는 점도 또 다른 이유로 꼽힌다. 전통과 현대가 절묘하게 조화되는 세계적으로도 독특한 공동주택 문화를 창조한 '한국형 아파트' 문화가 탄생한 것이다.

한국형 아파트에는 근대화, 산업화, 도시화의 흔적이 고스란히 담겨 있다. 희로애락의 생활정서까지 그대로 녹아 있다는 평가다. 현재를 살아가는 삶의 문화가 되고 대한민국의 근현대사와 맥을 같이한 아파트의 역사적 배경이 됐다.

따라서 현재는 남녀노소 누구나 원하는 아파트는 삶의 목표와 궤적이 됐다. 주거행복의 원천이자 도시 중산층의 성공 대명사가 됐다. 주거용 부동산의 명품재화가 됐다. 이제는 아파트를 대체할 만한 주거 공간을 찾기가 어렵다. 도시지역에서 수요를 감당할 만한 아파트를 언제, 어떤 지역에, 얼마만큼 공급할지가 미래 주택정책의 최대 과제가 아닐까.

'똑똑한 한 채' 신화는 5년마다 계속될까?

2021년 이후 들어 강남재건축 단지가 다시 요동치고 있다. 10년 전의 모습이 재현되고 강남 투기열풍이 되살아났다고 해도 과언이 아니다. 정부도 급기야 재건축 억제와 세금강화, 대출규제라는 규제의 칼을 들었지만 역부족이다. 강남재건축 규제로 상대적으로 강북재개발에 대한 관심은 더 커지고 있다. 2021년 4월 7일 서울과 부산 보궐선거를 앞두고 재건축활성화에 대한 목소리에 힘이 실리고 있다. 문제는 재건축이 다시 오르면 시장 전체 흐름에도 커다란 영향을 미친다는 것이다.

지난 10년간 부동산시장과 아파트문화, 트렌드의 변화를 관찰해

보자. 먼저, 국민소득 3만 불 시대다. 1995년 이후 1만 불 시대가 아파트 양적 성장기였다면 2006년 이후 2만 불 시대는 고급아파트와 주상복합으로 표상되는 질적 발전기였다. 대한민국 아파트 역사는 급격한 도시화의 물결과 소득증가, 주거문화와 그 뿌리가 닿아 있다. 층고와 용적률도 점차 높아졌다. '저층-중층-고층-초고층아파트'로 진화하면서 고밀·고층개발도 일반화됐다. 저소득층-중산층-고소득층으로 거주자의 계층 간 사다리이동현상도 나타났다.

둘째, 3만 불 시대를 맞아 미래 아파트는 과연 어떤 모습으로 다가올까? 1970년대 초만 해도 아파트는 입식생활이라는 고정관념으로 바닥에 온돌이 설치되지 않았다. 하지만 라디에이터 대신 온돌방이 설치되고 거실이 전통주택의 안마당처럼 아파트의 중심공간 역할을 하는 등 한국식 아파트구조가 완성됐다. 한국형 아파트 토착화와 주거생활문화의 진화는 거실, 욕실, 주방, 베란다의 기능 변화와 내부공간 구조의 다변화에서 쉽게 목격된다. 한옥의 장점을 결합한 아파트의 등장도 흥미롭다.

저출산, 고령화, 저성장시대를 맞아 가구 이동과 주거트렌드의 변화도 주목된다. 도심회귀현상과 도심아파트 선호현상은 더 심화될 것으로 전망된다. 젊은 직장인과 고령층일수록 직주근접을 넘어 '직주의문(직장+주거+의료+문화시설)' 일체화를 추구하는 경향성이 강하다. 오늘날 도심 중심부에 대한 아파트가 강세를 보이는 점은 이를 잘 보여준다. 고급아파트 선호도도 뚜렷하다. 슈퍼리치는 뉴욕·런던·파리·도쿄의 교외주택이 아닌, 접근성·보안성·문화성·신분성이 보장된 도심아파트를 훨씬 선호한다.

셋째, 아파트의 질풍노도는 앞으로도 지속될까? 아파트 전성시대는 쉽게 끝나지 않을 것 같다는 전망이 우세하다. 한국인에게 아파트는 중산층 이상이 되기 위한 일종의 자격증과 스펙이 되고 있다. 강남과 명동·광화문 그리고 제2의 강남으로 불리는 용산, 마포, 강동·광진, 성동·여의도에다 판교, 광교, 위례신도시의 아파트는 쉽게 대체할 수 없는 문화적 상징이 돼버렸다. 현실적으로도 수익성·안정성·환금성의 소위 삼박자 투자가치를 보유한 부동산상품을 찾기가 쉽지 않다. 또 새로운 주거유형의 모색과 생활양식의 변화, 라이프스타일 변화에는 꽤 많은 시간이 소요될 것이다.

오늘날 우리가 마주하고 있는 거대한 아파트문화는 한국인의 일상생활이 되고 자산가치는 절대적이며 문화가치는 역사적, 총체적 산물이 됐다. 한국형 아파트의 양산 배경에는 옳든 그르든 정책의 힘이 작용했다. 소비자인 국민이 경제 성장과정에서 바람직한 주거문화, 안전자산으로 수용한 결과로 해석된다.

넷째, 도시와 주거환경의 변화에 따라 도시개발과 주택정책의 패러다임이 바뀌고 있다. 2015년 정부는 주택법을 '주거기본법'으로 전면 개편·시행했다. 주거권이 신설되는 등 주택에서 주거복지로 정책목표가 바뀐 것이다. 삶의 질을 높이는 방향으로 주택정책이 바뀌는만큼 아파트구조는 물론이고 인간성 회복과 사회공동체 복원을 위한다양한 문화·커뮤니티시설이 확대될 전망이다. 도시부동산정책도 신도시건설보다 도시재생과 도심복합개발을 활성화하는 방향으로 급선회하고 있다. 주택정책과 주거문화, 미래 트렌드를 미리 읽고 선제적으로 대응하는 지혜와 안목이 요구된다. 건설업계와 소비자의 협업과 상상력, 창의력이 빛을 발하는 뉴노멀, 패러다임의 대전환이 다가오고 있다.

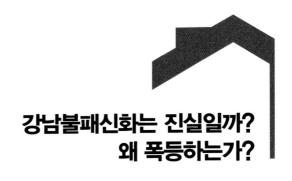

강남불패신화는 진실일까?
왜 폭등하는가?

강남아파트가 오르는 진짜 이유 8가지

주택경기가 상승할 때 강남아파트가 왜 가장 먼저, 가장 많이, 가장 오랫동안 오르는 걸까? 2021년 연초부터 주택시장은 요동치고 있다. 기저적 흐름의 변화, 대지각변동이 나타나고 있다. 시장이 안정국면을 찾아가는 가운데 유독 다시 강남재건축이 상승 진원지로 재부상하고 있다. 역(逆)풍선효과와 똘똘한 한 채의 재현, 정책의 전환효과 때문으로 해석된다.

배경에는 슈퍼사이클 재등장론과 세종, 부산 등 지방 집값이 급등하면서 서울, 특히 강남 마·용·성 지역 아파트와의 집값 격차가 줄었다는 역양극화 현상도 자리 잡고 있다. 갈 곳 없는 유동성이 다시 서울로 유턴하고 똘똘한 한 채를 찾기 위한 투기수요가 움직인다는 반응도 나온다. 차익거래를 노리는 재정적 수요도 한몫하고 있다. 이러다간 재건축 등으로 강남권 아파트가 새로운 상승을 촉발하는 게 아닌가 하는 예측도 나온다. 슈퍼사이클이 출현할 경우, 강남-강북-경기-인천-지방으로 리사이클이 진행될지도 모른다는 우려도 제기된다.

지난 6~7년간 3배 이상 폭등한 강남아파트 가격은 아직도 무서운 폭풍질주를 계속하고 있다. 강남 집주인은 황족이 되고 강남아파트는 황금이 된 지 오래다. 필자가 상담하는 고객 가운데 강남 입성을 타진하고 고민하는 이들도 부쩍 늘었다. 다주택자가 매물을 내놓을 때도 '지방-수도권-서울-강남' 순서로 처분할 개연성이 커 보인다.

물론 이런 현상은 처음 있는 일은 아니다. 과거에도 유사한 사례는 있었지만 문정부 들어 이런 현상은 더욱 비정상적으로 격화되고 있다.

강남은 강북보다 아파트 가격이 2~3배 이상 비싸다. 그렇게 고비용을 지불하고도 사람들이 강남을 원하는 이유는 무엇일까? 자녀교육과 주거편리성, 재산증식이라는 세 마리 토끼를 잡기 위해서가 아닐까 한다. 강남아파트가 선도시장이 되고, 똘똘한 한 채의 대장이 되고, 진원지 역할을 하는 이유 8가지를 해부해본다.

주거편익창출효과

강남은 살기 좋은 곳이다. 다른 지역보다 월등히 주거입지, 주거가치가 높다. 주민이 누리는 주거편익이 크기 때문이다. 강남이 교육·교통·편의시설·녹지 등 주거환경이 빼어난 도심생활권이라는 건 모두

가 아는 사실이다. 그렇다면 집값이 상대적으로 저렴한 강북이나 수도권은 교통·교육·환경 측면에서 살기 나쁜 곳이라고 말할 수 있을까. 그렇지는 않다. 상대적인 평가다. 강남이건 강북이건 거주자들의 주거 편리성이나 주거만족도는 큰 차이가 없다. 하지만 강남권 거주자들이 공통으로 체감하는 유용성, 상대적 희소성, 유효수요 등에는 상당한 차이가 있다. 즉, 가격 발생과 형성, 결정요인이 서로 다르다는 뜻이다.

땅값이 비싸다

원가요인 측면이다. 강남아파트가 다른 아파트에 비해 비싼 이유는 유달리 높고 비싼 땅값 때문이다. 아파트는 땅 위에 높은 용적률로 주거공간으로 불리는 건축물을 지은 것이다. 원가는 토지와 건축물 비용인데 땅값이 3배 이상 높으니 아파트 가격도 비쌀 수밖에 없다. 3.3 m^2당 건축비가 600~700만 원 선인데 아무리 고급스럽게 지어도 800만 원 선임을 고려하면 결국 강남의 높은 분양가, 매매가격은 결국 땅값 차이에서 발생한다고 볼 수 있다. 부동산과학 교과서에는 땅값에는 경제적·행정적·지역적·개별적·일반적 요인 등 세상의 온갖 요인들이 모두 크고 작은 영향력을 미친다고 나와 있다.

공급이 절대 부족하다

수요공급요인 측면이다. 강남은 서울 중에도 대표적인 수요초과,

공급지역이다. 가격은 시장원리, 즉 수요공급의 법칙에 따라 균형점에서 시장가격이 된다. 강남은 개발이 완료된 성숙지역으로 택지로 개발할 땅이 거의 남아 있지 않다. 그러니 재건축을 억제할수록 신축 아파트는 줄어들고 수급불균형은 더욱 커질 수밖에 없는 구조다. 이러한 공급부족은 강남아파트 가격이 내리기는 어렵고 오르기는 쉽게 만든다. 조금만 수요가 증가하거나 요즘처럼 집중될 때는 거래 급감속, 수직상승을 경험하게 된다.

주거이동 사다리의 최정점

주거상향이동요인 측면이다. 강남은 주거이동사다리의 최정점에 자리 잡고 있다. 즉, 필터링업(Filtering-Up) 현상이다. 사람들은 끊임없이 좋은 주거공간이나 더 나은 주거지역으로 이동을 추구한다. 주거사다리의 정점을 향해 한 단계씩 올라가는 일은 인간욕망의 자연스러운 주거본능이다. 소득이 높아지면 가족들의 안전과 편리성, 신분상승 목적으로 더 좋고 비싼 차를 구매하는 욕망과 같다.

Filtering-Up이나 Filtering-Down 법칙은 알아 두면 몹시 유용하다. 부연하자면 주택여과(Housing Filtering)는 두 가지 의미가 있다. 고소득층이 살던 부촌지역에 그들이 떠나면 중·저소득층이 유입된다는 뜻과 소득이 증가할수록 부자들이 사는 고급부촌으로 주거를 이동한다는 뜻이다.

강남은 이러한 주거이동이나 필터링 현상의 최정점에 있다. 요즘은 주택이 신분의 상징역할을 하는 점에 비추어 주거자본주의 혹은 주거계급의 정점으로 부르는 이도 있다. 주거를 옮기는 대다수가 마지막 안착하고 싶은 곳, 주거상향이동을 꿈꾸는 모든 사람이 대기수요, 잠재수요가 되는 그곳이 바로 강남이다. 그래서 강남에 한번 정주권을 정하면 주거는 고착화되고 이동성은 떨어지기 마련이다. 한번 입성하면 다른 지역으로 이동하지 않는다는 뜻으로 유통물량 부족을 초래하는 원인이 된다. 시장에서는 아파트 매물이 줄어들 수밖에 없고 약간의 수요증가가 가격급등으로 이어지는 게 현실이다.

'똑똑한 한 채'의 대명사

정부정책의 다주택자 규제가 낳은 부작용으로 똑똑한 한 채를 선호하는 현상이 더욱 고조되고 있다. 강남권에 이어서 마·용·성·광 그리고 판교·광교·과천지역 아파트가 똑똑한 한 채의 표적이 되고 있다. 세금과 규제를 피하기 위한 어쩔 수 없는 선택이 '똑똑한 한 채'라는 신조어를 낳고 2020년 주택시장의 대세가 됐다. 똑똑한 한 채는 미래주거트렌드의 키워드가 되기도 한다. 강남아파트를 매입하는 사람들의 70%가량 강남권 거주자를 비롯한 서울시민이며 15%는 지방부자로 드러났다. 최근에는 요우커도 제주도와 홍대상권 투자에 이어 강남아파트 매입에 적극 나서고 있다. 강남아파트 수요기반은 서울에 국한되지 않고 전국적으로 그리고 글로벌 투자자로 확산 중이다. 이는 수요곡선이동에서 중요한 요인으로 꼽고 있는 기호도의 변화, 주거선호도의 변화와 가격상승 기대감과 밀접한 관련성이 있다. 다시 말해 주거 선호도가 똘똘한 한 채를 향해 바뀌고 있으며 이들 지역 아파트에 대한 가격상승 기대감도 높아지고 있다는 뜻이다.

'블루칩'효과

블루칩은 주식 우량주로서 오를 때 많이 오르고 내릴 때 적게 내리는 자산특징을 지닌다. 광화문, 여의도가 정치심장부라면 강남은 대한민국의 경제심장으로 불린다. 테헤란로를 끼고 있는 강남은 한국경제를 상징하는 글로벌도시다. 삼성·잠실·수서지구 등 대규모 국책개발사업도 추진된다. 반포·개포·압구정·대치·잠실 등 재건축도 대기 중이다. 과거보다 미래가 더 기대되는 도시가 바로 강남이다.

대체불가성

가까운 장래에 강남만큼 양호한 입지에 교통·교육·편익시설·문화 등 생활인프라를 균형 있게 갖춘 다른 도시를 상상하기는 힘들다. 아는 바와 같이 분당·광교·판교·위례신도시도 조성 당시에 강남을 대체할 만한 신도시조성을 목표로 추진됐다. 하지만 지금은 어떠한가? 강남에 버금가는 위상을 차지하긴 했지만, 강남권과 어깨를 나란히 하기에는 역부족이다. 아직 강남권 거주자들이 주거이동의 최고정점이나 미래주거지로 생각하고 있지 않다. 강남이 갖는 최상의 입지환경과 강남역·테헤란로 같은 글로벌기업·대기업·금융·업무·상업·주거시설이 집적화돼 완전한 자족기능을 모두 갖춘 신도시가 나오지 않는 이상, 강남권 거주자들이 이동하지는 않을 것이다. 박정희 같은 한강의 기적을 이룬 지도자가 다시 태어나지 않는 한 강남은 50년, 100년 후에도 대체 불가능한 글로벌 메가시티로 남을 전망이다.

베블렌 효과(Veblen Effect)

베블렌 효과, 즉 명품효과다. 강남아파트는 10년 전부터 명품화되고 가격이 차별화된 지가 오래됐다. 명품은 가격이 오르면 수요가 증가하는 수요공급의 시장원리를 역행하는 독특한 재화다. 구찌나 샤넬, 루이뷔통이 심심치 않게 시장가격을 올려서 수요를 창출하고 이익을 극대화하는 맥락과 같다. 아파트 가운데도 강남아파트는 주거소비자들 사이에서 명품이다. 문제는 가격이 오를수록 사람들의 구매 욕구를 자극한다는 것이다. 강남아파트의 수요는 무궁무진하다. 주거, 주거생활, 주거행복과 관련해 경제적·사회적·심리적 인간욕망의 최고정점에 자리매김하고 있다.

이는 주택이 가지는 신분의 상징성과도 직결된다. 현대인들은 그 사람의 사회적 신분을 주택과 직업을 통해 인식하는 것이 보통이다. '강남아파트=부자'라는 공식이 일반화되고 있다.

강남아파트 가격이 가장 비싼 이유는 강남의 우월한 입지와 편익성 외에도 대체불가성, 문화적 상징성, 심리적 밀도 등 우리가 알지 못했던 여러 요인이 복합적으로 얽혀 있기 때문이다. 강남예찬론이 아니다. 오해가 없기를 바란다. 부동산과학이 일깨워 주는 강남아파트의 진정한 가치와 주거생활의 미래와 시장방향성에 대한 분석이다. 이는 옐로칩으로 불리는 마·용·성·광과 판교·광교·과천도 크게 다르지 않다고 판단한다. 요즘 뜨는 부산 해운대, 수영구와 대구 수성구, 대전 서구도 지방 대도시에 강남권화가 진행 중임을 나타내는 징표로 해석된다.

아파트의 명품효과는 다른 나라에서도 관찰된다. 뉴욕과 파리에 있는 상상을 초월하는 소 럭셔리 하이라이징(So Luxury High Rising) 주택가격을 참고해보면 좋다. 명품은 대를 이어 물려주기도 한다. 강남아파트를 자녀에게 증여·상속하는 관행도 일종의 명품효과라고 볼 수 있다.

라이프스타일,
주거문화,
메가트렌드

지난 10년, 세상은 빠르게 진화했다. 역사적으로 요즘처럼 변화의 소용돌이가 격심한 때도 드물었다. 앞으로 10년, 세상은 더욱더 변화무쌍할 것이다. 부동산시장과 주거생활, 문화도 예외는 아니다. 주거문화와 트렌드가 어떻게 변해왔고 진화하고 있는지 하나씩 짚어보자.

변화의 동력(Dynamics)은 세상을 살아가는 패러다임의 변화다. 정치·경제·인구·사회·금융·기술 등에 나타난 변화가 주택, 건설, 부동산시장에도 거대한 영향력(Impact)을 끼치고 있다. 지난 10년간 글로벌 경제위기 발생과 인구·소득구조의 변화, 특히 주거문화에 대한 패러다임과 라이프스타일이 바뀜에 따라 주거트렌드가 급속도로 바뀌었다.

2022년까지 주거트렌드의 변화를 견인하는 키워드는 도심회귀,

직주근접, 편리성, 커뮤니티, 건강, 안전, 합리적 소비, 가족중심, 개성 추구 등을 꼽는다. 주거트렌드를 예측하면 소비자가 원하는 수요를 미리 파악할 수 있다. 그뿐만 아니라 장래의 삶을 그려볼 기회를 잡을 수 있다는 점에서 의미가 크다. 진행 중인 주거문화와 트렌드를 중심으로 대략 관찰해봤다. 총 11가지다.

첫째, 도심회귀현상이다. 이는 미국, 일본 등 선진국의 인구이동방향에서 뚜렷하게 목격된다. 은퇴계층과 젊은 직장인의 경우 직주원격화보다는 직주근접선호로 도심권이나 자족도시로의 이주가 증가하고 있다. 도심 주택이 관심을 끈다.

둘째, 소형주택선호도다. 1~2인 가구증가 및 고령화 추세 등 인구구조의 변화와 실질소득의 감소로 주택수요면적이 줄어들면서 대형주택에서 소형주택으로 수요 자체가 바뀌고 있다. 국내 1~2인 가구의 비중은 50%에 달한다. 2035년에는 비중이 75%로 급증할 전망이다. 미혼가구, 이혼가구, 비혼가구의 증가로 가구 분화가 가속화되면서 가구원 수가 감소하고 있다. 국토부가 발표한 '2019년 주거실태조사' 결과를 보면 1인당 주거면적은 $32.9 m^2$(약 10평)이며 가구당 평균주거면적은 $78.96 m^2$(약 24평)로서 중소형이 대세를 이루고 있다.

셋째, 주택수요가 양분화된다. 소득양극화, 가계부채증가로 주택수요층도 자가수요와 임대수요로 반반씩 양분되고 있다. 주택의 주 구매층인 35~54세의 인구감소에다 소득감소로 젊은 직장인의 자가보유율은 노년층에 비해 낮은 편이다. 국내 임차가구비율은 38.1%, 자가점유비율은 58%로서 2014년 이후 자가가구는 지속해서 증가하는 반면, 임차가구는 감소하는 경향을 보인다.

넷째, 저층주택·생태주택·세컨드주택에 대한 수요가 증가한다. 노년층의 경우 주상복합과 같은 초고층 주택보다는 단독주택, 타운하우스 등 저층 주택을 선호하는 경향성이 점증하고 있는 점도 주목된다. 젊은 층은 고층, 고령층은 저층 선호가 늘어나는 등 계층에 따라 트렌드가 다양해진다.

다섯째, 전원주택·생태주택·농가주택 수요가 증가한다. 1차 베이비붐 세대은퇴로 도심 근교에 텃밭과 넓은 마당이 딸린 전원형 생태주택 수요가 늘어나고 있다. 지방 귀농·귀촌가구도 증가하고 있다. 도시에서 농촌으로 귀농한 가구가 매년 2배 이상 급증하고 있는 점은 주목되는 변화다. 특히 전원주택, 농가주택은 농지연금제도를 활용할 수 있다는 이점이 있다. 더구나 비대면을 선호하는 코로나시대에 더욱 각광받을 수 있는 요소가 많다.

여섯째, 새 주택선호도가 압도적으로 증가하고 재건축·리모델링 주택에 대한 관심이 높아지고 있다. 전체 가구 중 30년 이상 된 노후주택은 점차 늘어나고 신규주택 공급은 점차 감소하고 있다. 소득 3만 불과 100세 시대를 맞아 삶의 질을 중시하는 주거욕구는 날로 커지고 있다. 낡은 주택에서 새 주택으로 갈아타는 교체 수요가 꾸준히 증가하고 있다는 말이다. 특히 수도권과 대도시의 도심권 중소형 새 주택은 꾸준히 인기를 끌고 있다. 분양시장 활황이 이를 잘 대변한다. 교외 혹은 신도시에서 도심으로 인구가 이동하는 도심회귀, 직주근접현상이 심화되고 있다. 주거·업무·상업·교육·문화시설 등 자족기능을 갖춘 도심역세권과 대학가 등의 중소형 주택수요는 꾸준히 증가할 전 망이다.

일곱 번째, 골드미스·골드실버 계층이 고급주택문화를 선도하고 있다. 명품지역·명품주택을 선호하는 주거기호도의 변화가 빨라지는 추세다. 일본의 경우 직장인 대상의 원룸형 다가구주택과 30~40대 골드미스들이 선호하는 고급디자인주택, 60~70대가 입주하는 고령 자 전용 장기임대주택이 공존한다. 한국도 유사한 주택공급이 이뤄지 고 있다. 은퇴주택, 실버주택에 수요도 꾸준히 늘어난다. 주거생활 관 련 서비스 중 보안경비에 대한 관심과 시니어주택의 의료·건강서비 스에 대한 기대치도 높아지고 있다.

은퇴층과 노년층을 중심으로 한옥을 비롯해 황토집, 목조주택이 인기를 끌고 있다. 인구고령화와 평균수명의 연장은 '안티에이징'과 더불어 사람답게 아름답게 늙어야 하는 '웰에이징(Well-Aging)'의 시 대를 예고한다. 건강하게 늙어가는 트렌드에 따라 노인들을 위한 특화 공간, 이동에 불편함이 없는 무장애 주택 등 노년층 주거공간이 혁신 적으로 바뀌고 있다. 특히 의료와 문화, 복지 등을 받을 수 있는 도심 아파트단지가 고령주택으로 각광받고 있다. 사물인터넷과 청소로봇, 요리로봇의 등장도 아파트 공간구조의 혁명을 가져온다. 최근 잦아진 지진, 홍수, 산사태 등 '안전' 요소도 매우 중요한 테마가 된다. 내진 설 계가 적용되고, 핵 도피시설, 안심 키즈존 등 안전을 표방한 주택도 인 기를 끈다.

여덟 번째, 아파트는 우등재 현상, 빌라는 열등재 현상이 뚜렷해졌다. 단독·다세대·연립주택보다는 아파트에 대한 주거선호도가 압도적으로 높아졌다. 우등재는 소득이 증가할수록 수요가 증가하는 반면, 열등재·기펜재는 소득이 증가할수록 수요 감소나 외면을 받는 일이 심화되고 있다. 정부가 낮은 금리로 전세대출을 강화하면서 이러한 현상은 더 두드러지고 있다. 앞으로도 저소득층은 빌라, 고소득층은 아파트로 주거공간이 분리되고 가격 양극화도 더 벌어질 전망이다.

아홉 번째, '미니멀리즘(Minimalism)' 즉, 최소주의를 추구하는 실속파가 늘고 있다. 미니멀리즘은 단순함과 간결함을 추구하는 예술과 문화적인 흐름으로, 정말 필요한 부분에 대해서만 인테리어를 적용해 최대한 단순하고 편안한 여백의 미를 즐기는 경향이다. 미니멀라이프를 즐기는 계층이 새롭게 등장하면서 주거공간의 규모 자체도 최소화된 소형주택을 선호하게 된다.

열 번째, 아파트 내부공간 혁신경쟁이 뜨겁다. 주방과 안방 내 드레스룸, 서재형·수납형·침실형 알파룸을 넘어 명상실, 기도실 등 개인의 정신수양 및 신앙관리를 위한 별도의 사적 공간이 시선을 집중시킨다. 라이프스타일의 변화에 따라 나만의 프라이버시, 개성 및 자아표현을 중시하는 공간이 눈에 띈다. 가족과 소통하면서도 나만의 정체성과 힐링하는 사적 공간이 필요하다는 것을 뜻한다. 공용공간의 변화도 주목된다. 최근 분양하는 아파트들이 4bay, 알파룸 등 혁신평면이 보편화됐다. 최근 현대건설이 강남 개포주공3단지를 재건축해 공급하는 '디에이치 아너힐즈'는 '호텔 같은 집'을 표방하며 천정고를 2.5m로 높이고(통상 2.3m), 바닥 두께를 240㎜ 보강(기준 210㎜)해 제공했다.

열한 번째, 아파트 구매할 때 '주거가치' 외에 '투자가치'를 동시에 고려하는 이들이 증가하고 있다. 주택에 대한 인식이나 주거선택의 기준이 바뀌고 있는 것이다. 기존의 주거공간이 갖는 유용성, 효용성 위주에서 부동산이 갖는 자산가치, 투자가치를 따지기 시작한 것이다. 특히 MZ세대와 30~40대의 경제적 관념과 합리적 사고의 결과로 보인다. 0.5%의 초저금리 시대를 맞아 주택자산에 대한 투자가치가 더욱 부각되고 있는 점도 주목된다. 월세나 반전세, 전세보다는 자가주택이 주거만족도와 주거편리성은 물론이고 자산가치 면에서 훨씬 유리한 선택이라는 것을 인지했기 때문이다. 경제학적 합리적 사고를 바탕으로 인지하고 자각하고 반성하고 실천하고 있는 모습으로 비친다.

임대수익과 자본수익이라는 두 마리 토끼를 잡고자 하는 투자자의 움직임도 활발하다. 그들은 주로 은퇴자와 은퇴준비계층이다. 적은 자금으로 안정적이고 고정적인 수익을 내기에는 주택과 수익형 부동산이 제격이다.

포스트코로나19 시대, 주거트렌드의 대변화

인류는 지금 코로나19 이전과 이후라는 전혀 다른 삶을 마주하고 있다. 인류는 100년 만에 팬데믹(대유행)을 경험하고 있고 대혼란과 불확실성에 빠졌다. 1·2차 세계대전을 비롯해 흑사병, 사스, 메르스 등 잔인하고 비참한 환난을 극복하고 희망과 번영의 21세기를 맞았지만, 우리의 미래는 다시 1930년 대공황 이후 최대위기를 맞고 있다.

가장 빠르고 커다란 변화는 비대면 유통시장과 온라인 의료·교육을 비롯해 주식·부동산·금투자 등 자산시장과 주거생활 분야가 아닐까 한다. 문제는 지금보다 앞으로 더 많은 변화를 겪을지도 모른다는 사실이다. 지금껏 당연했던 일들이 더 이상 당연하지 않은 일들이 되고 예상치 못한 미래와 전혀 새로운 경험에 대비해야 한다. 사회적 거리두기와 재택근무가 늘어나고, 학생이 학교에 마음대로 갈 수 없으며, 교회와 사찰이 예배·미사·불사를 드릴 수 없음은 물론, 여행·스포츠경기·공연도 마음대로 관람할 수 없게 됐다.

4차 산업혁명과 디지털전환이 더욱 가속화됨에 따라 인공지능, 빅데이터, 알고리즘이 우리의 라이프스타일을 통째 흔들고 주거생활의 뉴노멀, 트렌드의 대변혁이 다가온다.

넥스트 뉴노멀, 새로운 라이프스타일 세 가지

넥스트 뉴노멀 시대가 오고 있다. 새로운 라이프스타일과 주거문화의 대변혁이 예상된다. 코로나19 이후 인류의 삶의 방식과 주거생활, 주거문화에 근본적 영향을 미치는 요인과 요소들은 하나둘이 아니다. 일상생활을 송두리째 흔들고 있다. 앞으로 10년, 중·장기적으로 적응할 대응방안을 마련하는 일은 피할 수 없는 난제가 됐다. 세계미래학회장인 짐 데이토(Jim Dator) 교수는 "미래를 정확하게 예측할 수는 없지만, 대안적 미래를 예상하고 탐색할 수는 있으며, 바람직한 미래를 구상하고 이를 설계해나가는 노력이 필요하다"고 했다.

첫째, 미래 라이프스타일과 주거생활의 변화에 대비해야 한다. 사회적 면역력을 강화하고 거리두기는 물론 재택근무·원격근무에 따른 주거지, 주거기능의 재편, 주거공간의 혁신, 내부구조의 재설계, 아파트단지조경, 산책로, 커뮤니티시설의 재배치 등이 요구된다. 코로나19 팬데믹으로 우울함과 두려움을 느끼는 사람들이 증가하는 등 부정적 영향도 있지만, 재택·원격근무로 인한 여가활용, 자기계발, 신산업 기회창출 등 긍정적인 측면도 상당하다.

그래서 앞으로 어떻게 위기를 극복하고 기회를 살리느냐가 관건이 된다. 지난 1만 년간 인류의 성장과 발전이 타인에 대한 배려와 공동체의식, 나눔과 베풂에서 출발했다는 교훈을 되새겨 볼 때다.

둘째, 코로나19 팬데믹으로 글로벌 부동산시장은 직격탄을 맞았다. 파급효과가 예상보다 크다. 2022년 7월에 발표된 미국 부동산 업체 더글러스 엘리먼 보고서에 따르면 2분기 뉴욕 맨해튼아파트 매매 건수가 작년 동기 대비 54% 감소했다. 이는 30년 만에 가장 큰 감소폭이다. 2분기 기준으로 아파트 중위가격은 작년 2분기보다 17.7% 떨어진 100만 달러(약 12억 원)를 기록, 10년 만의 최대 하락폭이다. KB부동산시세에 따르면 맨해튼의 아파트 중위가격은 서울에서 한강 이남 11개 구 아파트값과 거의 비슷한 수준으로 떨어진 셈이다. 물론 2020년 하반기 이후 분위기는 양적 완화 즉 유동성 효과로 중저가 주택 위주로 조금씩 회복되고 있는 양상이었다.

뉴욕, 런던 등 글로벌 메가시티에 몰아친 부동산 후폭풍도 거세다.

맨해튼, 브루클린, 퀸스, 스태튼아일랜드, 브롱크스 등 인구가 밀집한 뉴욕중심지에서는 집값 하락세가 뚜렷하다. 세계 부자들이 탐내던 맨해튼의 초호화 콘도와 아파트 가격은 급락하는 모습이다. 반면 뉴욕에서 1~2시간 떨어진 교외지역은 사회적 거리두기가 가능하다는 이유로 때아닌 문전성시를 이루고 있다. 드슨 밸리와 뉴욕주의 유명 휴양지 햄프턴, 뉴저지주, 코네티컷주 등은 주택을 구하기가 하늘의 별 따기가 되고 집값과 임대료가 10~20% 이상 급등하고 있는 점은 시사하는 바가 크다. 이른바 역양극화 현상이 벌어지고 있다. 하지만 뉴욕 부자들이 거주하는 맨해튼 파크애비뉴 51~67번가의 고급주택은 수요가 여전한데 화려한 주택보다는 작지만 럭셔리, 소 하이라이징(So Luxury High Rizing House) 공동주택이 더 인기를 끌고 있다.

셋째, 코로나19 사태로 촉발된 노마드 현상이 나타나고 있다. 노마드 경제, 노마드 직업, 노마드 주거문화가 현실화되고 있다. 현재로선 그 끝을 종잡을 수는 없다. 이커머스, 택배산업, 새벽배송 등 비대면 산업이 발전하고 직업도 재택근무, 원격근무와 멀티태스킹이 보편화되고 있다. 주거문화도 한곳에 오랜 기간 정주하기보다는 한 달 살이, 일 년 살이를 원하는 가구가 증가하고 있다. 인구가 밀집한 생활기반시설이 잘 갖춰진 비싼 아파트단지를 탈출해 숲과 자연으로 둘러싸여 가족들이 오롯이 안식할 수 있는 넓고 쾌적한 피난처(Pleasant Shelter)를 찾아 노마드(유목민)족이 움직이고 있다.

코로나 여파로 사옥·빌딩·호텔·백화점·상가 등 상업용 부동산도 흔들리고 있다. 뉴욕, 런던, 홍콩, 도쿄 등 대기업의 사옥용으로 사용되는 빌딩·리테일·백화점·상가 등 도심권 요지의 업무, 상업용 부동산이 공실증가, 매물증가, 가격하락으로 몸살을 앓고 있다. 다행히 2020년 하반기부터는 풍부한 유동성과 백신에 대한 기대감에 고무된 글로벌 기관자금과 일부 펀드들이 이들 부동산을 선점하려는 움직임이 보인다. 코로나 이후 정상화된 시장을 미리 공략하기 위한 발 빠른 투자가 가시화되고 있다.

메가트렌드 변화에 따른 미래 주거대응전략

코로나 팬데믹 이후 메가트렌드의 혁명적 변화가 우리 곁에 이미 다가오면서 여러 징후가 포착되고 있다. 주거행복을 향한 주거문화가 뿌리째 바뀌고 새로운 주거공간이 탄생하면서 지금껏 우리가 선호하고 즐겼던 소비 트렌드가 근본적으로 바뀌고 있기 때문이다.

미래 주거 대안으로 부동산 선택의 새로운 기준이나 자산관리의 새로운 표준마련이 필요한 시점이다. 부동산 중개활동도 마찬가지다. 앞으로 다가올 주요한 몇 가지 주거트렌드 혁명과 맞춤형 전략을 제시해본다.

첫째, 최근 뉴욕에서 발생한 도심탈출현상(도심회귀현상과는 반대)이 주목된다. 번잡한 서울 도심권을 떠나 1시간 이내 출퇴근이 가능한 외곽이나 경기, 인천지역으로 주거이동을 고민하는 실수요자들이 증가할 전망이다. 교통망 확충과 재택근무 증가로 집값이 비싼 도심을 떠나 외곽이나 경기, 인천, 신도시로 주거이동을 감행하는 라이프경제,

노마드 경제족이 증가할 것으로 보인다.

둘째, 원격·재택근무 수요증가로 주거공간에 업무공간 마련은 필수가 됐다. 이제 좁은 주거공간은 애물단지가 됐다. 직장인, 맞벌이 부부의 경우 현재 주거공간의 평면을 재설계하고 가족의 라이프스타일에 걸맞게 인테리어를 행하는 일이 빈번해질 것이다. 20~30평대 소형아파트 거주자 중에는 40평 이상의 중대형 아파트로 갈아타려는 사람들이 많이 늘어날 것이다.

셋째, 주거환경의 쾌적성과 녹지공간의 필요성이 더욱 중요해졌다. 아파트단지 내 조경시설은 확대되고 단지 주변의 공원·숲·산·강·바다·산책로가 건강한 주거생활의 필수조건이 된다.

넷째, 아파트단지 안의 편익시설도 아주 중요해졌다. 업무도 하고 공부도 하고 자기계발을 할 수 있는 사무·문화·교육·학습공간의 확보와 도서관·독서실·회의실·카페·휴게실 등 커뮤니티시설이 대폭 확충될 것이다.

다섯째, 3기 신도시조성, 저밀도 역세권을 비롯한 도심권개발계획, GTX 노선(A·B·C) 신설역세권, 산업단지 인근지역에 중대형 신축아파트를 마련하거나 단독주택, 다가구주택에 살고 싶어 하는 중장년층이 증가할 것이다.

이 밖에도 은퇴(예정)자를 중심으로 전원주택, 농가주택, 별장의 수요가 확대됨은 물론 귀농·귀촌·귀어 인구도 증가할 전망이다.

5장

'살집팔집'의
과학적 분석 틀과 툴
: 내 집 마련의 새로운 표준

과학적
가치분석방법

아파트를 고르는 새로운 표준, 대체불가성

주택은 살기 좋은 주거가치와 사기 좋은 투자가치의 양면성을 지니고 있다. 삶의 공간으로 직접 거주하면서 살기도 하고, 남에게 임대를 줘서 임대수익을 내기도 하고 부동산경기 호황기엔 자산가치 증가로 시세차익(자본수익)을 얻기도 한다. 심지어 주택연금으로 활용할 경우 노후경제의 안전판 역할도 한다. 특히 월세를 주면 다른 부동산에 비해 비교적 높은 임대수익을 기대할 수도 있다. 1석3조, 1석4조의 역할과 이익을 안겨준다. 부동산 가운데도 주택 혹은 아파트가 가장 안정적이며 매력적인 자산으로 꼽히는 이유도 여기에 있다.

문제는 살고 싶고 사고 싶고 연금가치도 높은 좋은 아파트를 고르는 일이 쉽지 않다는 점이다. 전문성과 경험의 부족에다 지식과 정보의 비대칭성 때문이다. 상식만으로는 해법을 찾기가 어렵다. 그래서 부동산과학을 공부한 전문가의 도움은 물론이고 데이터분석, 프롭테 크기술이 절대적으로 필요하다.

최근 들어 아파트의 선택과 결정을 도와주는 직업과 애플리케이션 이 부쩍 인기를 끌고 있다. 인공지능과 빅데이터로 무장하고 디지털기 술과 데이터분석을 기반으로, 객관적 측정지표를 척도로, 주거가치·투자가치를 평가하고 가격을 예측해주는 아파트감별사 '살집팔집'도 그중 하나다. 대체불가한 경제모형으로 참고하면 도움이 될 것이다.

2.0 버전 출시! 슈퍼아파트와 울트라슈퍼아파트

2021년 1월 11일 1차 출시 이후 업그레이드를 한 '살집팔집' 2.0 버전을 5월 10일 새롭게 선보였다. 이제 살 만한 아파트를 고르는 일 은 누구에게나 중요한 삶의 과제다. 주거행복, 자산증식 및 수익률극 대화, 위험관리를 동시에 추구하기 위해서다. 업그레이드된 '살집팔 집'은 포진한 주요 8,000여 개 아파트단지의 투자가치, 주거가치등급 정보와 개별아파트의 미래가격을 예측한다.

화룡점정은 슈퍼아파트에 이어 '울트라슈퍼아파트'의 대발견이다. 투자가치등급이 높은 아파트 집단군(群) 가운데도 가격대비 투자가치 가 가장 높은 아파트를 추가로 알려준다, 예를 들어, 해당 아파트가 자 리 잡은 인근지역 내에서 3.3㎡당 땅값(대지지분가격)이 가장 낮은 아 파트를 골라내고 슈퍼 중의 슈퍼아파트를 최종선별하는 작업이다.

2021년 3월 말 기준, 송파구의 잠실 인근지역에서 울트라슈퍼아파트는 잠실주공5단지와 아시아선수촌으로 드러났다. 이러한 알짜정보는 '살집팔집'에 회원으로 가입한 '자산관리형 안심중개서비스'를 통해서만 공개할 예정이다.

정약용의 유훈, 절대 4대문 안을 떠나지 말라

높은 서울 집값은 어제오늘에 국한된 부동산 문제가 아니다. 누적된 공급부족 문제가 문정부 이후 재건축 억제 등으로 급격히 악화된 데다 사람들의 서울 선호도 현상, 똘똘한 한 채로 표현되는 심리적 밀도의 증가, 대체재의 부족, 가격상승기대감의 광범위한 확산, 금리인하와 유동성 급증 등 여러 요인이 한꺼번에 작용해 분출된 것이다. 지방거주자의 서울아파트 매입 비중이 15%를 넘고 외국인 투자자도 가세하고 주택구매 비주류인 20~30대가 영끌하는 모양새는 대표적 현상이다.

서울주택 문제의 뿌리는 인구 10만 명이 살았던 조선시대로 거슬러 올라간다. 그때도 주거선택 문제는 역시 큰 화두였다. 양반도 예외는 아니었다. 조선후기 철학자 다산 정약용(1762~1836)의 자녀를 향한 유언은 지금도 인구에 회자될 정도로 교훈적이며 시사하는 바가 크다.

정약용이 자녀들에게 남긴 유명한 서책인 『하피첩(霞帔帖)』에서 "무슨 일이 있더라도 4대문 밖으로 나가지 마라. 서울을 벗어나는 순간 기회는 사라지고 사회적으로도 재기하기 어렵다"는 유언을 남겼다. 대단히 놀랍고 충격적이지 않은가. 어떻게 300년 전에 그런 명언을 남길 수가 있었을까. 지금 되돌아봐도 일리가 있고 미래를 바라보는 안목과 통찰력이 느껴진다. 만일 그대로 실천한 후손이 있었다면 그들은 지금 어디에 거주하며 어떻게 되었을까. 아마도 북촌에 집이 있고 종로, 중구에 빌딩과 상가건물 하나쯤은 소유하고 있지 않을까 짐작된다.

이는 현재를 사는 우리에 귀감이 되고 지침이 된다. 정약용의 유훈을 최신 버전으로 바꿔보자. 서울시의 3대 도심권(강남4구, 광화문, 여의도 영등포)을 떠나지 마라! 하나 더 덧붙이면 마·용·성·광·동·양·동·구(마포·용산·성동/광진·동작·양천·동대문·구로)다. 도시 공간구조와 지역변화, 부동산 흐름을 종합적으로 고려할 때 10년 앞을 내다보는 혜안과 통찰력이 성공투자의 관건이다.

진짜 전문가, 진짜 부동산, 진짜 집값

영국 최고의 지성으로 불리는 세계적 경제학자, 유니버시티 칼리지 런던대의 노리나 허츠(Noreena Hertz) 교수는 그의 저서 『누가 내 생각을 움직이는가』에서 진짜 전문가와 가짜 전문가를 구별하는 법을 소개하고 있다. 아무리 전문가라고 해도 무조건 신뢰하지 말고 타당성이 있는지 조사해서 전문가의 탈을 쓴 사기꾼이나 얼치기를 분별하라고 조언한다. 예를 들어 객관적인 근거도 없이 자기 견해가 확실하다고 주장하는 전문가, 과거 실적이 충분히 검증되지 않는 전문가, 온라인이나 유명 사이트를 통해 구매를 유도하는 전문가는 경계하고 조심하라는 뜻이다.

그렇다면 아파트에도 진짜 아파트가 있고 가짜 아파트가 있을까? 가짜 집값이 있고 진짜 집값이 있을까? 앞서 언급한 대로 진짜 아파트는 주거가치와 투자가치를 겸비한 완전체 슈퍼아파트를 말한다. 그리고 진짜 집값은 입지를 기반으로 발생하는 수익, 상대적 희소성을 내포하는 내재가치를 의미한다. 진짜 전문가, 진짜 부동산, 진짜 집값, 이 세 가지가 바로 '살집팔집'이 알려주는 '알짜정보 3종 세트'다. 삼두마차처럼 어느 하나가 빠지거나 부족하면 잘 달릴 수가 없다.

실거래가만 보고 살래? 진짜 집값도 보고 살래?

실거래가는 진짜 집값일까, 아닐까? 이는 현재 거래되고 매일 변화하는 아파트매매가격을 수치로 보여줄 뿐 본질적 가치나 적정한 가격과는 거리가 있다. 실거래가는 누구나 언제든 마음만 먹으면 포털사이트 검색만으로도 쉽게 알아낼 수 있다. 하지만 아파트에 숨겨진 내재가치와 미래가치를 포함한 투자가치를 평가·측정하는 일은 전혀 다르다. 앞으로 집값이 오를지, 내릴지를 예측해주는 가격예측정보도 실거래가가 아닌 진짜 집값에 달려 있기 때문이다. 내재가치기반의 투자가치와 미래가치를 동시에 알지 못한 채, 실거래가를 아는 것만으로는 저평가·고평가 상태를 진단하거나 미래를 예측하는 일은 비과학적이며 주관적인 주장에 불과하다. 공염불에 그친다는 뜻이다.

이제 다시 진지하게 묻겠다. 지금 아파트를 사는 당신이라면, 실거래가만 보고 살 것인가? 진짜 집값도 보고 살 것인가? 당연히 실거래가+진짜 집값(투자가치)을 알고 거래하는 것이 가장 안전하고 실패를 막는 첩경이 된다. 내가 사고자 하는 아파트의 내재가치와 미래가치는 높은지, 적어도 현재 시장가격 대비 고평가 상태인지, 저평가 상태인지는 제대로 알고 의사 결정해야 한다.

그래서 생겨난 말이 있다. 실거래가만 보고 아파트를 사고파는 당신은 언제든 바보 될 수 있다는 말이다. 나의 자산을 운(運)에 맡기는 것과 다름이 없다. 필자가 쓴 전작의 제목처럼 『부동산투자는 과학이다』가 정답이다.

투자가치와 투기가치의 차이

투자와 투기가 미묘하게 다른 것처럼 투자가치를 설명할 때도 단어선택이 아주 조심스러웠다. 단어선택에 극도로 고심한 이유는 필자의 입장과 학술적 이론체계, 현실과의 괴리감 때문이었다. "주택은 사는 곳이지, 사는 것이 아니다", "주택은 투기대상이다", "투기수요 때문에 집값이 급등했다"는 등 일각의 주장이 '살집팔집'의 투자가치와 충돌할 수도 있다. 자칫 투기로 오인받을 수도 있는 오해와 편견이다.

살기(Live) 좋은 주거가치 단어는 문제가 안 된다. 하지만 사기(Buy) 좋은 아파트를 어떻게 표현하는 일인가는 좀 달랐다. 영어식 표현으로 구매가치(Buying Value)나 자산가치(Asset Value)라는 용어를 생각해봤으나 결국은 일반인이 이해하기 쉽고 전달력이 높은 투자가치(Investing Value)를 최종 선택했다는 점을 밝혀 둔다. 투기와 투자는 개념부터가 다르며 '살집팔집'에서 사용하는 투자가치는 투기와 무관하다.

주택도 부동산의 일종이고 한국의 아파트는 인구의 절반이 사는 가장 보편적인 주류에 해당하는 주택 유형이다. 주택은 주거기능과 자산기능 두 가지 가치에 연금가치까지 고려해야 하는 가장 소중한 재화다. 그래서 진짜 아파트를 고르는 일은 투기와 투자 논쟁에서 벗어나 가장 중요한 삶의 과제라 할 수 있다.

주거가치, 투자가치는 가치사슬 상호관계

주거가치와 투자가치는 독립적이지만 상호영향을 주고받는 가치사슬 관계다. 쌍두마차의 양 수레바퀴처럼 어느 하나가 부족하거나 잘못되면 다른 것에 치명적인 결함을 가져올 수 있다. 불가분의 관계다.

사람에 비유하자면 몸과 마음의 관계와 비슷하다. '몸은 마음의 거울', '마음이 몸을 지배한다'는 말처럼 주거가치와 투자가치는 서로 밀접하게 연결돼 있다. 몸이 아프면 마음이 아프고, 마음이 아프면 몸도 아프기 마련이다. 상호연관성이 높다. 건강하면 몸과 마음이 다 건강해야 한다. 즉, 필요충분관계에 있다.

주택도 마찬가지다. 필요조건인 주거가치와 충분조건인 투자가치가 교집합이 되어 완전조건을 충족할 때 완전체인 슈퍼아파트가 된다. 슈퍼아파트는 주거가치 상승→투자가치 상승→시장가치 상승→가격 상승으로 선순환 고리가 형성되고 가격이 계속 오른다.

살고 싶은 아파트인가? 사고 싶은 아파트인가?

살고 싶은 아파트는 주거가치를, 사고 싶은 아파트는 투자가치를 가리키는 말이다. 어떤 이는 "살고 싶은 아파트가 곧 사고 싶은 아파트다"라고 말하거나 강남 집값이 비싼 이유도 살기 좋은 동네라서 그렇다고 얘기하는 경우가 많다(이미 언급했듯이 강남 집값이 비싼 이유는 열 가지가 넘는다). 과연 그럴까?

주거가치는 높은데 투자가치가 높지 못한 사례로는 주상복합이나 주거형 오피스텔을 들 수 있다. 살기는 괜찮은데 집값은 왜 순수한 아파트만큼 오르지 않는 것일까? 한마디로 투자가치가 낮기 때문이다. 낮은 대지지분이 치명적인 약점인데 도곡동 타워팰리스가 대표적인 예다. 가장 살기 좋은 동네, 노른자위 땅에 위치하고 누구나 부러워하는 고급주상복합이지만 같은 평형의 아파트보다 집값이 적게 오르고, 집값 또한 싼 이유는 대지지분이 적고 재건축을 하더라도 개발수익이 작기 때문이다.

반대로 투자가치는 높은데 주거가치는 높지 못한 사례는 재건축아파트를 꼽는다. 재건축아파트는 노후화되고 유지보수, 수선비용, 관리비 증가 등으로 주거가치는 현저히 떨어진다. 하지만 집값이 다른 아파트에 비해 비싸고 많이 오르는 이유는 대지지분이 넓고 새 아파트로 재건축될 경우 가격상승기대감이 매우 크기 때문이다. 실제로 재건축 대상 아파트는 살기가 불편한 탓에 원래 주인은 살기 좋은 다른 곳에 거주하고, 집 없는 서민들이 전·월세를 사는 경우가 많다.

위드 코로나, 슈퍼아파트 인기는 10년 더 간다!

코로나19 이후 삶의 주거공간인 주택과 아파트에 관한 관심과 중요도는 더욱 커질 전망이다. 재택근무, 원격근무 등 주택에서 보내는 시간이 길어지고 주거공간의 활용도가 커졌기 때문이다. 경제 불확실성과 집값 급등, 자산투자, 유동성증가로 주택이 삶에 차지하는 비중도 턱없이 높아지고 있다. 즉, '슈퍼아파트'를 찾고자 하는 욕망과 주거본능이 극에 달하고 있다. 2021년은 좀비아파트를 버리고 슈퍼아파트로 갈아타려는 자산교체 트렌드가 강하게 자리 잡을 것으로 관측된다. '패닉바잉'하는 20~30대도, 실수요층인 40~50대도 은퇴하는 60~70대도, 입장과 상황은 크게 다르지 않다.

똑똑한 한 채란 무엇인가? 이는 글로벌 메가시티인 서울, 그중에서도 도심권, 성장지역의 핵심입지(Core Location)에 자리 잡은 '슈퍼아파트'를 뜻한다. 지역적으로 대체불가능한 강남권과 마·용·성·광이 대표적이다. 이들 지역의 슈퍼아파트는 향후 10년 이상 지속해서 빛을 발할 개연성이 농후하다.

내재가치 의미와 미래가치 의미 그리고 투자가치

'살집팔집'은 내재가치와 미래가치라는 렌즈를 통해 아파트라는 재화의 투자가치를 필터링하고 평가하고 예측한다. 내재가치는 현재가치와 연관성이 높고, 미래가치는 미래변화, 미래이익과 직결된다. 현재가치와 대비되는 미래가격은 미래가치를 아는 것이 선결과제다. 참고로 우리의 관심은 현재 집값보다는 미래 집값의 변동과 미래 가격의 예측이다. 살펴보자.

먼저, 경제학에서 말하는 내재가치란 회사의 본질적 요인에 따른 주식가치로, 현재의 순자산액을 나타내는 자산가치와 장래의 수익력을 평가하는 수익가치를 포함한 개념이다. 통상 기업이 보유하고 있는 본질적인 가치는 '내재가치=시장가치'며 이를 화폐로 계산한 가격이 '시장가격'이 된다.

그런데 주식투자는 내재가치와 함께 성장가치, 미래가치개념도 중요시한다. 미래가치란 미래 일정한 시점에 가지게 될 가치 혹은 현재시점의 특정금액이 미래 일정시점에 가지게 될 가치를 할인한 것이다. 이를테면 예금할 때 미래가치 계산방법은 정해진 이자율을 적용하여 현재의 액수가 일정한 기간 뒤에 얼마가 될 것인지를 헤아리는 일이다.

부동산 투자에서도 미래가치 개념은 그대로 응용할 수 있다. 다만, 지역의 성장잠재력을 뜻하며 성장가치로도 불린다. 그러므로 '살집팔집'은 현재가치인 내재가치에다 미래가치를 더하여 투자가치라는 새롭고 포괄적인 가치개념을 설정했다. 참고로 금융에서는 투자가치를 기업의 내재가치라고 규정하고 있다. 따라서 가치투자란 기업의 주식을 내재가치보다 싼 가격에 매수해 적정한 가격에 파는 일이 된다. 기업의 내재가치는 추상적이고 포괄적인 개념으로 사용된다. 사람들이 쉽게 알 수 있도록 PER, PBR, EBIT, EPS 등 재무제표와 투자지표를 통해 산출하는 것이 일반적인 분석 방식이다. 그리고 기업의 성장성을 평가는 미래가치 지표로는 매출성장률, 매출이익성장률 등 성장지표가 활용되고 있다.

따라서 '살집팔집'은 내재가치 지표로는 용적률, 공시지가변동률, 역세권거리, 매매가격변동률, 전세가격변동률을, 주택보급률 등 14개 측정지표를 반영한다. 그리고 미래가치지표로는 인구증가율, 소득증가율, 재정비계획, 대중교통망 확충계획 등 6개 측정지표를 사용하고 있다. 두 가지 가치를 합해, 총 투자지표는 20개에 달한다.

가격예측을 하려면 내재가치? 미래가치?

지금 집을 산다면 현재가치를 볼 것인가? 미래가치를 볼 것인가? 특정 지역의 국지적 변화와 부동산시장, 가격등락이 급변함에 따라 성장가치나 미래가치의 중요성은 더욱더 커지고 있다. '살집팔집'에서 투자가치가 높은 아파트의 의미는 무엇일까. 내재가치에 미래가치를 결합한 개념이 원칙이다.

부동산은 지역성·위치성·입지성을 기반으로 하기에 특정 지역의 성장잠재력이 투자 여부를 결정하는 중요한 가늠자가 된다. 문제는 누구나 미래가치라는 말을 사용하지만, 그 개념을 정확히 아는 이는 드물다는 점이다. 아직 학술적으로 충분히 고찰되지 않을뿐더러 개념적 실체를 밝히는 연구실적도 부족하다.

다행히 도시공학에서 지역의 성장잠재력을 말할 때 미래가치를 언급한다. 부동산과학에서는 위치의 가변성이 이를 설명해주고 있다. 즉, 지리적 위치는 고정되지만 사회적·경제적·행정적 위치는 가변한다는 이론이다. 도시공학과 부동산과학, 경제학의 융합지식의 관점에서 성장원리는 동일하게 해석한다. 도시 공간구조가 정(+)의 방향으로 바뀌고 지역경제가 활성화하면 성장지역으로, 그 반대인 부(-)의 방향으로 바뀌고 쇠락하게 되면 쇠퇴 혹은 축소지역이 된다.

그러므로 현재가치인 내재가치는 현재가격에 거의 선반영되고 커다란 차이가 없는 게 일반적이다. 하지만 내재가치가 시장가격과 괴리되는 경우도 흔하게 나타난다. 정책, 심리, 선호도 증가 등 그 이유는 다양하다. 어찌 됐든 '내재가치＞시장가격'이면 저평가, 그 반대인 경우는 고평가상태로 판단한다. 만일 저평가된 경우에는 어떻게 해석할까? 단기적으로 인근지역 다른 아파트단지에 비해 집값이 오를 확률이 높다는 뜻으로 해석할 수 있다.

그렇다면 미래가치가 높다는 건 무엇일까? 해당 아파트가 위치한 인근지역 혹은 유사지역은 성장잠재력이 높기에 인구·소득·인프라·행정계획의 4대 변화로 지역이 변화하고, 입지 변화 → 지가 변화 → 수익성 증가 → 가격 상승이 나타날 수 있음을 뜻한다. 따라서 내재가치와 미래가치는 미래가격에 둘 다 영향을 끼친다는 사실을 알 수 있다. 다만, 내재가치는 단기적으로 미래가치는 5~10년가량 중·

장기적으로 시장가격에 영향력을 미친다고 해석할 수 있다.

주식가치, 금융기법, 워런 버핏에서 한 수 배우다

부동산자산의 가치를 금융 상품처럼 측정지표를 통해 평가하는 방식은 없을까? 필자의 오랜 숙제였다. 부동산연구에서는 이런 시도와 실적이 극히 부족했기 때문에 도전하는 것이 결코 쉬운 일이 아니었다. 독학하다시피 공부했다. 금융과 연구보고서 특히 글로벌부동산컨설팅회사의 보고서와 평가서는 큰 도움이 됐다. 워런 버핏을 비롯한 구루(현인)들의 아이디어와 충분히 검증된 금융기법과 표준은 아주 훌륭한 벤치마킹 대상이 됐다. 주식과 기업을 평가하는 e기법과 투자평가지표가 없었다면 '살집팔집'의 탄생은 불가능한 일이었을 것이다. 신의 한 수가 됐다.

주식시장에서 기업가치를 평가하는 지표는 다양하고 논리적이다. PER, PBR, ROE, EBIT, EPS 등 여러 가지 재무제표상에 나타난 투자지표, 성과지표를 활용하는 일이다. 더 나아가서는 재무제표상에 드러나지 않은 경영자의 자질과 능력, 경영철학, 기업전략, 미래비전, 경영자의 자질, 구성원의 충성심, 소비자 평가 등도 평가하고 있다. 눈에 보이지 않는 숨은 가치와 정보도 정성적 평가지표 대상으로 삼고 있는 점도 주목된다. 그런 면에서 워런 버핏의 가치투자법은 압도적이고 대표적이다.

그런데 왜 부동산에는 이런 기본적인 지표조차 개발되어 있지 않은 걸까? 의문이 들곤 했다. 그래서 부동산경제학에서 논하는 내재가치 이론을 기반으로 일반인의 입장에서 이해를 돕기 위해 내재가치 개념에다 미래가치를 더해 새로운 투자가치 개념을 설정하기로 했다. 부동산 전문가나 학생, 연구자 가운데도 내재가치란 단어를 제대로 이해하고 활용하는 이가 얼마나 될까? 부동산경제학을 깊이 있게 공부하지 않으면 결코 이해하기 쉽지 않은 분야다.

투자가치 용어만 해도 그렇다. 일상에서 흔하게 통용되고 있지만 학술적으로 명쾌한 개념은 정립되어 있지 않다. 사전에는 '이익을 얻기 위해 어떤 일이나 사업에 자본을 대거나 시산이나 정성을 쏟음'으로 정의된다. 부동산에 본질적으로 내재하는 가치와 미래가치의 변화를 나타내는 가치 정도로 풀이한다. 이를테면, 투자가치는 투자자가 대상부동산으로부터 부여되는 주관적 가치를 의미하기도 하지만 내재가치+미래가치 혹은 시장가치를 결정하는 본질가치와 동의어로 사용한다.

워런 버핏의 가치투자는 모범사례

워런 버핏의 가치투자법

'살집팔집'의 가치측정과 평가 개념은 내재가치기반의 경제학이론과 금융가치평가기법, 미래의학과 더불어 워런 버핏의 가치투자법이 가장 큰 밑바탕이 됐다. 그는 내재가치를 주식과 채권투자에 가장 잘 활용함으로써 천문학적 부를 창출한 투자의 달인이다. 벤저민 그레이엄이 창안하고 워런 버핏이 꽃을 피운 가치투자법은 배울 만한 가치가 충분하고 그 영향력이 지대하다.

워런 버핏이 운영하는 버크셔 해서웨이의 사업보고서를 펼치면 가장 먼저 나오는 것이 이 회사의 주당 장부가치와 S&P500지수 상승률을 비교한 표다. 1965년부터 시작한 표로 가치투자가 이뤄낸 장대한 성취와 역사를 보여주고 있다. 이렇게 딱 부러진 증거와 기준이 있기 때문에 그의 말 한마디는 권위와 힘이 있다. 당연히 투자자에게 먹힌다. 그런데 한국의 주식시장에는 아직 이런 움직임이 없다. 가치투자를 표방은 하지만 껍데기나 모방에 그칠 뿐 진짜 가치투자와는 거리가 멀다.

한국의 가치투자 역사는 20년이 채 안 됐다. 하지만 기업의 내재가치, 성장가치분석에 기반한 가치투자법은 한국시장에도 통한다. 디지털전환으로 빅데이터, 인공지능, 데이터기술에 기반한 인공지능이 사람을 대체하기 때문이다. 금융업계는 벌써 핀테크산업이 발전하고 있고 자산관리 로봇이 사람을 대체해 투자승률에서 이기고 있다. 워런 버핏은 100억 원짜리 물건을 40억 원에 사는 투자법을 보여준다. 시장에서 주가(가격)는 비이성적으로 결정되는 경우가 다반사다. 그러나 길게 보면 주가는 내재가치에 수렴해간다. 이때 시장에서 어느 기업의 주가가 해당기업의 내재가치보다 낮게 거래된다면 바로 매입했다가 가격이 내재가치를 수렴하기를 기다리는 것이 바로 가치투자의 원리다.

이 간단한 원리와 법칙이 일반 투자자에게 쉽게 받아들여지지 않고 투자기준과 원칙으로 활용되지 않는가는 여전히 의아하고 안타깝게 여겨진다. 필자는 워런 버핏의 책을 15년 전에 처음 접하고 머리에 둔기를 맞은 듯 큰 충격을 받은 적이 있다. 여러 권의 그의 책을 읽으면서 가치투자 철학과 안목, 통찰력을 함께 얻었다. 내가 그토록 알고자 했던 부동산의 가치비밀을 깨치는 순간, 놀라운 감탄과 충격적 희열을 느꼈다. 바로 부동산가치연구에 착수했다.

워런 버핏의 내재가치 구하는 방법

워런 버핏은 기업의 내재가치를 어떻게 평가하며 시장에서 거래되는 가격과 비교하여 싼지, 비싼지를 판가름하는 것일까. 공부하는 내내 그만의 특별한 비법이 가장 궁금했다. 아직도 알 것도 같고 모를 것도 같기도 하다. 선명하게 깨치지는 못했다. 참새가 어찌 봉황의 뜻을 알겠는가. 미리 말해두지만 개념은 알겠는데 구체적 방법론은 아직도 베일에 가려져 있는 상태다.

그래도 필자가 아는 만큼만 공유하겠다. 내재가치 기준으로 적정 가격을 산출하며 이 주식을 매입해야 할지 그렇지 않은지를 결정할 수 있다. 워런 버핏은 기업의 내재가치를 "해당기업이 향후에 벌어들일 수 있는 현금을 현재가치로 할인한 값"이라고 밝히고 있다. 그러면서 평가 법으로는 주가수익비율(PER), 주당순자산비율(PBR), 주가매출액비율(PSR), 당순이익 등을 이용해 기업의 가치와 적정주가를 따진다. 워런 버핏은 최근 기업의 내재가치뿐 아니라 기업성장성을 중시하는 성장가치의 중요성을 역설하고 있다. 수익가치에다 매출액성장률과 같은 성장가치를 더하여 기업의 가치분석방법을 변화한 것이다.

기업의 가치를 주관적으로 평가하지 않고 객관적인 지표와 지수를 활용한 점은 참으로 과학적이고 합리적인 방식이다. 지표란 방향이나 목적, 기준을 나타내는 표지다. PER, PBR, EPS는 기업의 추상적인 가치를 경험자료를 토대로 알기 쉽게 대표하고 측정하는 기능을 한다. 지표와 지수가 중요한 이유가 여기에 있다. 이론이란 사물의 이치, 지식을 설명하기 위해 논리적으로 정연하게 일반화한 명제의 체계다. 사물에 관한 지식을 논리적인 연관에 의해 하나의 체계로 이어 놓은 것이다.

학문과 이론은 지식체계라는 점에서 동의가 된다. 이론이 적용되는 현상 또는 구조를 논리학이나 수익에서는 그 이론의 모형(모델)이 되며 반대로 경험과학에서는 하나의 현상을 설명하는 이론을 그 현상의 모형(모델)이라고도 한다. '살집팔집'도 가치평가 및 가격예측에 관한 경제적 모형이다.

부동산에도 안전마진이 있다? 놀라운 발견

워런 버핏의 책을 읽고 나서 흥미진진한 내용은 내재가치와 안전마진(Margin Of Safety)에 관한 내용이었다. 특히 안전마진은 충격으로 다가왔다. 그가 말한 안전마진은 기업의 내재가치와 적정주가와 주식시장에서의 주가와의 차이로 이를 공략하라는 핵심이다. 워런 버핏은 기업의 내재가치를 평가하는 능력과 지식을 가지는 일은 매우 중요하지만 정확할 필요가 없다고 조언한다. 내재가치법의 한계를 인정한 것으로 안전마진 활용의 중요성을 강조한 것으로 보인다.

예를 들어, 그는 8,300만 달러짜리 사업을 8,000만 달러에 사려고 하지 말라고 조언한다. 충분한 안전마진을 가져야 한다는 뜻이다. 부동산에도 응용할 수 있을까. 주춧돌을 튼튼하게 해야 주택이 안전하듯 부동산투자에도 세 가지 안전마진 활용법이 있다.

첫째, 시세보다 훨씬 저렴하게 경·공매로 주택이나 부동산을 매입하는 방법이다.

둘째, 전셋값 수준으로 주택을 매입하는 방법이다. 전셋값이 떨어지지 않은 한 지속해서 안전마진을 확보할 수 있게 된다.

셋째, 성장지역의 부동산을 매입하는 방법이다. 부동산의 미래이익과 지역의 미래가치를 예측할 수 있다면 안전마진을 확보하는 방법은 다양하다.

실제로 성공한 사례가 있을까? 필자의 고객 중에 경매와 공매를 통해 원가보다 낮은 가격에 주택과 부동산을 매입, 수백억 원의 자산가로 변신한 사람이 여러 명이 있다. 앞으로도 유망해 보인다. 작은 자기자본에 대출이라는 레버지지를 활용해 지난 4~5년간 주로 강남권 꼬마빌딩을 여러 채 매입해서 사고파는 방식으로 70억 원의 원금을 700억 원이 넘는 자산으로 키운 사례가 많다. 안전마진은 청산가치이자 원본유지 자산을 말한다. 안전마진을 확보할 수 있다면 부동산경기 변동과 무관하게 공격적인 투자를 감행할 수도 있다.

필자도 기회가 되면 성장지역·도심권의 경·공매투자를 전문으로 하는 슈퍼부동산 경·공매 펀드와 리츠, 전세가격을 확보하고 임대수익, 미래가치까지 넘볼 수 있는 복합수익 펀드와 리츠를 개발해볼 계획이다. 부동산에도 안전마진은 존재하고 응용하는 방법도 이처럼 다양하다. 앞으로도 유망한 투자 분야면서 지속적인 연구대상이다.

투자가치를 분석하는 로지컬 싱킹(Logical Thinking)

살기 좋고 사기 좋은 슈퍼아파트를 분석하고 고르는 과학적 방법은 뭘까? 사람들은 어떤 행동이나 투자를 할 때 가치를 추구한다. 가투비 부동산, 가치투자법칙이 대표적이다. 특히 주식이나 부동산투자를 실행할 경우 수익가치와 자산가치나 투자가치의 극대화를 추구하는 것은 일상이 됐다. 투자가치가 높아야 아파트 가격이 상승할 확률이 높기 때문이다. 따라서 집값 상승확률과 관련해서는 주거가치보다 투자가치 비중이 절대적이라고 할 수 있다.

부동산투자가치는 부동산의 특성인 부동성(지리적 위치의 고정성), 부증성(공급의 제한성), 영속성(자산가치의 안정성), 가변성에 따라 각각 입지가치, 희소가치, 수익가치, 미래가치 개념이 창출된다. 내재가치는 입지·희소·수익가치이며 여기에 미래가치를 더하면 투자가치가 된다. 투자가치란 결국 네 가지 가치의 총합이다.

이는 미래의학이 집중하는 유전자(DNA)분석과 닮았다. '건강진단 하듯 자산진단 하라!'가 '살집팔집'의 철학과 모토가 된 이유다. 미래의학이 인체의 유전자를 분석하는 것처럼 부동산의 숨겨진 본질가치를 분석하고, 미래의학이 질병예방을 위해 정밀분석하는 것처럼 부동산 실패를 예방해 투자가치를 심도 있게 분석하는 것이 바로 '살집팔집'이 추구하는 철학이다.

로지컬 프로세스(Logical Process), 4대 가치측정체계

'살집팔집'은 다양하고 복잡한 가치개념을 가치주의(Valueism)에 따라 재정의·재설정했다. 아파트의 투자가치는 구체적으로 어떻게 측정, 평가할 수 있을까? 세분화된 가치를 측정하는 분석틀(Frame)과 분석툴(Tool)은 어떻게 되는 걸까? 측정지표에는 무엇이 사용되고 있는 걸까? 5단계로 나눠서 살펴보자.

첫째, 아파트의 고유한 특성으로부터 본질가치 4가지를 핵심가치 개념으로 창출하는 단계다. 부동산은 토지와 건물로 구성되며 여러 자연적·물리적·인문적 특성이 있다. 그 가운데도 가격에 직접적 영향을 끼치는 요인은 부동성·부증성·영속성·개별성·인접성 등이다. 이러한 5가지 부동산특성으로부터 입지가치(Location Value), 수익가치 (Profit Value), 희소가치(Scarcity Value), 미래가치(Future Value)라는 4대 가치의 개념이 창출되고 가치체계를 구성하는 원천이 된다.

가치측정, 평가를 위한 투자지표 20개

두 번째로는 4대 가치인 입지·수익·희소·미래가치를 '어떻게 평가하고 측정할 것인가'의 가치측정, 평가 단계다. 즉, 입지가치의 개념에 적합하고 이를 가늠하고 설명할 수 있는 대표적인 측정지표를 개발하는 일이다. 총 20개 투자지표가 활용됐다.

입지가치는 입지가 가장 중요하므로 이를 평가하는 핵심지표 (Indicator)로 주로 토지와 관련되는 대지지분(용적률), 공시지가변동률,

지가변동률, 역세권거리, 서비스산업LQ지수가 뽑혔다. 수익가치는 투자 목적 자체가 수익률 극대화에서 측정지표로 시장가격인 매매가격, 전세가격변동률과 임대수익에 결정적 영향을 미치는 건물연령이 사용된다.

희소가치는 주택보급률, 인구 1,000명당 주택수, 인허가 물량, 미분양물량추이 등이 측정지표가 된다. 미래가치는 인구, 소득증감률, 대중교통망개선계획, 도시재정비, 도시개발, 각종 지역개발계획 등이 예측지표로 사용된다.

내재가치와 투자가치등급의 산출

세 번째로는 입지·수익·희소가치를 총합한 내재가치(Intrinsic Value)와 투자가치등급(Investment Value Rating) 산출단계다. 부동산에 본질적으로 내재하는 내재가치를 측정하는 여러 지표값을 합산해 지수(Index) 형태로 산출하는 것이다. 여기에다 미래가치를 더해 투자가치 개념을 새롭게 재정의했다. 즉, 입지+수익+희소가치는 현재 아파트가 지니는 본질적인 내재가치가 되고, 여기에 미래가치를 더하면 우리가 궁극적으로 알고 싶어 하는 새로운 투자가치 개념이 도출되는 것이다.

시장가치(Market Value)는 화폐로 환산되어 시장에서 거래되는 시장가격(Market Price) 또는 매매가격(Sale Price)이 된다. 수요와 공급을 일치시키는 가격으로 내재가치와 같을 수도 있고 다를 수도 있다. 만일 '내재가치=시장가치>시장가격'인 경우는 저평가상태로 가격상승 확률이 높다. 반대로 '내재가치<시장가격'인 경우는 고평가상태로 가격하락확률이 높아진다.

이렇게 가격과 가치가 괴리될 때 재정적 거래 혹은 차익거래 (Arbitrage Trading)가 활발하게 나타나고 돈의 움직임이 크고 빠르게 나타나게 된다. 균형상태에서 부동산의 가치와 가격이 일치하게 되면 자산투자를 통해 이득을 볼 기회도 사라지고 돈의 움직임도 사라지게 되는 것이다.

주거가치등급의 산출

네 번째로는 투자가치와는 다른 주거가치(living Value)와 주거가치 등급(living Value Rating)의 산출단계다. 주거가치란 주거편리성을 뜻 하며 10개의 측정지표가 사용된다. 측정지표의 평가결과 생성된 데이 터 수치를 합해서 주거가치지수와 주거가치등급을 결정한다. 주거가 치등급이 높다는 것은 살기 좋고, 주거가 편리하면 주거만족도가 높다 는 의미다. 20개의 투자가치 측정지표 역시 데이터분석을 통해 산출 된 각각의 지표값을 더해 큐레이팅 알고리즘으로 투자가치지수와 투 자가치등급을 결정하게 된다.

주거가치와 투자가치의 결정체, 슈퍼아파트

주거가치와 투자가치가 결합할 때 마법의 연금술사처럼 결정체가 탄생한다. 즉, '주거가치등급+투자가치등급'을 총합하면, 비로소 가장 이상적인 살기 좋고 사기 좋은 슈퍼아파트가 태어나는 것이다.

"어디에 살고 싶은가?"라는 질문 속에는 장소적 의미와 산다(Live)는 의미의 단순함만 묻어 있지 않다. 그렇게 말하는 이의 속내에는 "사고(Buy) 싶은 곳인가?"라는 물음도 함께 포함됐다고 봐야 한다. 서민 주거복지를 실현하고 강남 집값을 잡겠다고 나선 문재인정부의 청와대, 장·차관 등 고위관료들이 강남에 사는 이유, 그것도 두 채 이상 다주택자가 많았던 이유는 무엇일까?

생각해보면 쉽다. 사람들의 주거에 대한 생각은 크게 다르지 않다. 어떤 언어와 변명으로 표현하든 주거본능은 '살기 좋고 사기 좋은 집을 원한다'는 사실이다. 자연스럽고 당연한 사실을 숨기고 억지 정책을 만들다 보니 고위인사들조차 지키기가 어려웠을 것이다. 비난하려는 것이 아니다. 주택의 본질적 기능과 주거본능을 거스르거나 훼손하는 정책은 결코 성공할 수 없다는 뜻이다. 자본주의, 공산주의 할 것 없이 경험한 역사의 교훈이다.

감정평가와는 목적, 접근방식, 방법이 다르다

부동산가치를 산정하는 방식과 방법은 감정평가이론으로 잘 정립되어 있다. 부동산가치와 가격을 산정하는 전문적인 일은 감정평가사의 법적 영역이기도 하다. 그렇다면 '살집팔집'과는 무엇이 어떻게 다를까. 근본적으로 다르다. '살집팔집'은 아파트의 투자가치뿐 아니라 주거가치등급을 산출하는 데서 알 수 있듯 선택장애, 결정장애를 겪고 있는 이들에게 아파트선택을 도와주고자 하는 목적이 가장 크다. 가치를 측정하는 원리와 접근 가치측정체계와 접근방식, 분석방법도 질적으로 차이가 있다.

예를 들어, '살집팔집'은 감정평가방식의 기본이 되는 3방식 6방법이 아니라 객관적 측정지표와 빅데이터를 기반으로 하고 있다. 무엇보다 현재가치와 미래가치를 동시에 추정한다는 점에서 목적과 종착지가 다르다.

개별아파트의 가격이 얼마가 적정한 것인지를 평가, 산출, 추산하는 일은 감정평가사의 고유 업무다. 시장가격을 기준으로 담보가치를 산정할 때는 감정평가를 거치는 것이 법적으로 타당하다. '살집팔집'은 이와는 달리 투자가치를 분석하고 시장가격과의 괴리를 측정하고, 가격을 예측하고, 자산교체 및 자산관리의 지침으로 활용되고 있다.

'살집팔집'은 아파트 문제
진짜 해결사

시장이 던지는 질문 속에 근원적인 답이 있다.

유대인들은 질문 속에서 답을 찾는다고 한다. 맞는 말이다. 가르치고 연구하는 게 본업인 필자도 학생과 대중들로부터 질문을 들을 때이 사람의 관심사가 무엇인지, 무엇을 궁금해하는지를 금방 눈치챈다. 질문의 유형으로 어느 정도의 지적인 지식수준과 정보를 취득하고 있는지도 가늠해 보기도 한다. "서울아파트 가격이 더 오를까요? 아니면 내릴까요?" 하고 포괄적으로 묻는다면 이는 초보자나 문외한에 가깝다. "강남 ○○아파트가 더 오를까요?"라고 묻는다면 이는 중급 정도는 된다. "잠실주공5단지가 현재가격이 얼마인데 올해 가격변동은 어떻게 예측하나요? 오를 확률이 높을까요? 내릴 확률이 높을까요?"라며 구체적으로 질문을 던진다면 고수에 가깝다.

2021년을 맞이하면서 연초부터 메일과 카톡, 전화통에 불이 났다. "지금 집을 살 때인가요?"라는 시기선택, "어떤 지역이 가장 유망한가요?"라는 지역선택, "어느 아파트가 가장 살기 좋고 자산가치도 높을까요?"라는 상품선택에 관한 질문들이 주로 쏟아졌다.

첫 번째 질문은 저가매수, 고가매도를 위한 시기선택에 관한 물음표다. 부동산경제학에서 경기변동론과 선행지표·정책·금리·수급 등 핵심변수가 관건이 된다. 종합분석이 매우 중요하다. 다시 말해 주요 변화요인이나 핵심변수의 움직임을 포착하면 어느 정도 예측할 수 있다.

두 번째 질문은 행정권, 생활권, 상권 등 지역선택에 관한 물음표다. 도심권과 비도심권, 성장지역과 비성장지역, 수도권과 지방권, 대도시와 중소도시, 구도시와 신도시 등으로 구별해 따져봐야 한다. 부동산은 지역성이 강하고 계층별로 세분화됐기 때문이다.

여기서는 크게 성장지역과 비성장지역, 즉 성장도시·정체도시·쇠퇴(축소)도시로 구분해 따져보기로 한다. 도시공학의 성장이론에서는 도시의 위치나 크기도 중요하지만, 인구증가·소득증가·인프라증가·행정계획 4대 성장지표가 받쳐주는 성장지역과 비성장지역으로 나누는 것이 중요하다.

성장지역은 도시의 경쟁력을 강화하고 삶의 질을 높인다는 점에서 공간구조의 변화, 기능의 고도화가 함께 진행된다. 따라서 지역의 성장잠재력이 중요하다. 지역의 성장성이 미래 자산가치의 상승과 직결된다.

세 번째 질문은 개별부동산의 주거가치와 투자가치에 관한 물음표다. 시장가격에 대비해 투자가치가 저평가·고평가됐는지 따져보는 일인데, 어쩌면 가장 어렵고 까다로운 영역이 된다. 이는 대지지분 3.3㎡당 땅값을 산출해보는 것만으로 쉽게 추정할 수 있다.

근본원인을 알면 근본해법을 찾을 수 있다

"근본원인을 알면 근본해법을 찾을 수 있다"는 말은 천재 물리학자인 알베르트 아인슈타인의 말이다. 그렇다면 부동산시장에는 어떻게 적용할 수 있을까? 세 가지 방법이 있다.

첫째, 내재가치와 미래가치의 기준과 접근방식·분석방법·지표개발을 학술논문과 학위논문으로 정리해서 발표하는 방법이다. 논문이란 어떤 문제에 대한 학술적인 연구결과를 체계적으로 적은 글로 서론·본론·결론의 세 단계로 작성된다. 논문은 어떠한 주제에 대해 필자가 자신의 학문적 연구결과나 의견을 논리에 맞게 일관성 있고 일정한 형식에 맞춰 체계적으로 쓴 글이다. 본인의 단순한 생각과 주장만으로는 채택되지 않는다. 관련된 학자와 전문가들에 의해 반드시 통과절차와 동의를 받아야 한다. 그렇지 않은 경우는 부동산재테크에 관한 주관적 견해나 비과학적 산물, 단순 재테크 서적에 불과하다.

따라서 학술적인 가치가 부족하고 과학성과 체계성을 갖추지 못한 가격예측 앱, 프롭테크기술은 진짜 지식, 진짜 기술이 아니거나 사이비전문가일 개연성이 크다고 할 수 있다.

둘째, 경제분석이나 예측모형을 만드는 방법이다. 최근의 인문사회학의 학위논문 추세는 학술적 이론과 경험적 자료를 기반으로 논리적 수학적 통계적 기법을 많이 응용한다. 예를 들면 사회, 경제, 의료, 기후변화 현상을 설명할 때 지표와 지수를 활용해서 평가모델(Evaluation Model), 예측 모델(Predictive Model)을 많이 개발한다. 경제예측모델, 도시예측모델, 감염병 발생위험예측모델, 일기예보예측모델이 그것이다.

셋째, 디지털혁신과 데이터분석, 프롭테크기술이다. 직방, 다방, 한방을 필두로 프롭테크 기업이 늘어나고 있다. '살집팔집'을 계기로 아파트가치분석 및 예측시장도 활짝 열릴 전망이다. 비대면 디지털전환이 가져온 변화의 물결이다.

집값상승은 내재가치인가? 미래가치인가?

집값상승 원인과 배경에는 내재가치가 자리 잡고 있으며 다음으로는 미래가치를 주목해야 한다. 미래가치는 최근 들어 부쩍 중시되는 개념이다. 도시공학에서도 성장지역·성장지표·성장전략은 도시성장이론의 핵심이 된다. 쉽게 말해 미래가격은 미래이익으로부터 발생하고 미래가치는 미래이익에 따라 결정된다는 뜻이다.

이때 미래가치를 현재가치인 내재가치와 분리하여 측정하고 산출할 필요성이 제기된다. 예를 들어보자. 미래가치는 미래 임대료수익의 합계뿐 아니라 자본수익도 고려해야 한다. 도시공학에서는 인구증가,

소득증가, 교통 등 인프라증가, 행정계획에 의해 미래 지역성장력이 정해지고 지역경제와 자산가치에도 결정적 영향을 끼치게 된다. 쉽게 말해 집값의 미래를 예측하기 위해서는 미래에 발생할 임대수익 외에도 아파트가 위치한 입지가치, 수익가치, 희소가치에다 3년, 5년 10년 후에 변모할 해당 지역의 성장가치를 추측할 때 정확도가 높아진다.

여기서 잠깐 생각해볼 부분이 있다. 미래가치는 미래가격에만 영향을 줄 것인가? 아니면 현재가격에도 영향을 끼칠 것인가? 이는 부동산의 가격결정이론, 즉 수요와 공급곡선의 이동요인을 생각해보면 답을 찾을 수 있다. 인구증가·소득증가 등 거시경제요인 외에도 가격상승 기대감이라는 심리적 요인을 따져볼 필요가 있다. 지하철 개통 등으로 인프라 확충, 재건축·재개발 등 도시정비사업추진, 신도시조성계획이 발표될 경우 그 자체만으로 상승기대감을 낳을 만하다. 따라서 현재 수요가 증가하고 수요증가로 가격이 오르게 된다. 이른바, 교통·신도시 등 개발프로젝트의 발표, 진행·완료할 때 3단계 집값상승론이 생겨난 이유다. 미래가치는 현재의 시장가격에 미리 반영되는 특성이 있고 이는 가격상승을 기대하는 수요가 미리 나타났기 때문이다.

투자가치+미래가치가 동시에 높은 아파트를 최종선택

'살집팔집'은 투자가치를 등급화하고 투자가치에 내재가치+미래가치점수를 총합해서 산출하는 방식을 택하고 있다. 한편, 미래가치를 언제든 필요할 때 독립적으로 파악할 수 있도록 미래가치지수를 따로 산출해 발표한다. 내재가치와 미래가치가 높은 아파트가 향후 자산가치가 높을 것으로 보기 때문이다.

영리한 투자자는 투자가치가 높은 두 개 아파트 중 하나를 골라야 할 경우, 어떤 아파트를 선택할까. 투자가치가 높은 이유가 내재가치 때문인지, 미래가치 때문인지 아니면 두 가지 가치를 모두 갖춘 것인지 면밀하게 따져볼 필요가 있다.

이러한 이유로, '살집팔집'에서 아파트를 고를 때 3단계 절차를 거칠 것을 권한다. 1단계는 주거가치등급과 투자가치등급이 높은 아파트를, 2단계는 투자가치등급이 높은 아파트 가운데 내재가치지수와 미래가치지수 둘 다 높은 아파트를 그리고 3단계는 실거래가 대비 건물감가상각 후 3.3㎡당 땅값이 가장 저렴한 아파트를 고르는 것이 가장 효과적이다.

어느 지역·어떤 아파트를 고를까. 큐레이션서비스

내 아파트를 사고자 할 때 '어떤 지역, 어느 아파트를 먼저 사야 할까?' 반대로 팔 때는 '어떤 지역, 어느 아파트를 먼저 팔아야 할까?'는 늘 고민거리다. 여러 아파트 가운데 '어느 아파트가 투자가치가 가장 높을까?' 이 문제도 골칫거리다. '내가 가진 자금, 직주근접지역, 주택면적으로 몇 평 아파트를 선택하는 게 가장 좋을까?'도 관심 대상이다. 이른바 수요자의 사정에 맞는 큐레이션서비스와 초개별 맞춤형 서비스가 가장 필요하다.

중개업체에 나와 있는 여러 가지 아파트 매물 가운데 내게 최고 적합한 아파트를 최종적으로 고르는 일은 여간 성가시고 까다로운 일이 아니다. 발품을 판다고 시원하게 해결될 일도 아니다. 왜냐하면 발품을 팔아서 얻은 정보는 실거래가와 주거가치정보를 획득하는 정도로 그치기 때문이다. 투자가치 정보는 발품과 시간적 노력과 비례하지 않는다. 질적으로 다른 정보이고 아파트 내면에 깊이 숨은 비밀가치이기 때문이다.

따라서 실거래가와 주거가치정보를 아는 것만으로는 선택과 결정에는 한계가 있다. 내가 사고자 하는 아파트의 투자가치를 알아야 제대로 투자여부를 결정할 수 있기 때문이다. 몇 년 살다 보면 주거만족도는 높을 수 있겠지만 집값상승을 기대할 수 없는 경우도 부지기수다. 다시 말해, 살기 좋고 사기 좋은 슈퍼아파트가 아니면 쳐다보지도 말라는 뜻이다. 진짜 아파트, 슈퍼아파트, 똘똘한 한 채가 결국 답이다. 이를 선별해주는 큐레이션서비스는 '살집팔집'만의 아주 특별한 효능이다.

미래가치는 성장지역 6개 핵심지표가 판가름

사람들은 끊임없이 묻는다. "서울의 슈퍼아파트는 어디에 숨어 있는가?"라고 말이다. 그러면 필자는 서울 곳곳에 숨어 있다고 답한다. 믿지 않는 눈치지만 필자의 대답은 늘 한결같고 흔들림이 없다. 서울은 많은 지역이 성장지역에 속하고 고유한 역사, 문화성을 지니며 글로벌도시 중 10위 안에 글로벌 메가시티이기 때문이다.

슈퍼아파트를 발견하기 위해서는 두 가지 작업이 필요하다. 성장지역을 찾는 일과 주거가치, 투자가치가 높은 단지를 찾는 일을 동시에 병행해야 한다. 부동산경기가 불확실하고 변동성이 클수록 우리는 성장지역, 슈퍼아파트 찾기에 골몰해야 한다는 점도 밝혀둔다. 그래서 최근 부동산시장을 관통하는 키워드는 바로 성장지역, 미래가치, 슈퍼아파트 세 가지로 귀결할 수 있다.

성장지역과 직결되는 미래가치는 현재가치와 대비되는 개념이다. 너도나도 무분별하게 사용하고 있지만 구체적인 개념은 쓰는 이에 따라 제각각이다. 올바른 학술적 개념정리가 필요한 시점이다. 사전적 의미는 현재시점의 사물, 단체 또는 인간의 능력 등이 미래의 일정시점에 가지게 될 가치를 말한다. 경제학은 미래시점의 금액과 동일한 가치를 갖는 현재시점의 금액으로 정의하기도 한다.

한편, 부동산은 미래성장력이 중요하다. 지리적 위치는 고정되어 있지만, 사회적·경제적·행정적 위치는 가변하는 특징을 지닌다, 부동산이 자리 잡은 위치는 시간 경과에 따라 변화할 수 있다는 점과 미래가치가 현재가치보다 미래이익과의 연관성이 더 높다는 점을 알 수가 있다.

'성장의 부동산학'에 따르면 모든 도시는 성장지역과 비성장지역으로 나눌 수 있다. 비성장지역은 정체지역과 쇠퇴 혹은 축소지역으로 나뉜다. 도시이론의 성장 사이클과 부동산 위치변화이론이 결합하면 부동산의 미래가치를 추정할 수 있는 융합적 지식이 창출된다. 즉, 사회적 위치에 해당하는 인구구조, 경제적 위치를 말해주는 소득구조 및 기반시설의 변화, 행정적 위치를 예고하는 국토 도시계획, 각종 지역 개발계획 관련 지표가 성장지역을 푸는 비밀열쇠가 된다. 일부 서책이나 유튜브에서 주장하는 것처럼 지하철 개통이나 신도시, 도시재개발처럼 어느 한두 가지 이유를 들어 미래가치를 주관적, 극단적으로 추측·예단해서는 안 된다는 뜻이다.

'살집팔집'은 지역성장력과 미래가치를 판단하는 유용한 도구로 6개 측정지표를 반영하고 있다. 인구증감률, 가구증감률, 지역소득증감률, 대중교통망계획, 정비사업계획, 지역개발계획 등이다. 미래는 인구와 소득이 기본이라는 것을 누구나 알고 있다. 하지만 인구와 소득의 구조적 변화는 느리며 점진적으로 진행된다. 따라서 단기간에 인구와 가구수, 지역 소득과 일자리 변수를 과대평가하는 방법은 좋은 방법이 아니다. 중단기적으로는 교통망계획을 비롯해 문화·산업·상업 인프라가 중요한 영향을 끼친다. 도심재개발, 도시재생 등 행정계획은 도시 공간구조와 기능을 바꾼다는 점에서 지역변화-입지변화-지가변동-가격변동을 유발하는 가장 큰 요인이 된다.

대한민국 경제심장부 '강남구'

미래가치가 가장 높은 '성장지역 Best 5'는 어디일까. 도시부동산 변화의 법칙이 잘 작동되는 대표적인 성장핵심이나 선도지역은 어디일까? 강남·용산·영등포·은평·동대문구 등 5곳이 선별됐다. 하나씩 보자. 이들 지역은 부동산시장의 방향성을 예고하는 풍향계 역할을 한다.

우선 서울의 경제심장부 강남구다. 강남구의 미래가치 핵심요인으로 GTX-A노선(2024년 개통예정), GTX-C노선, 위례신사선(2026년 개통예정), 위례과천선(2025년 개통예정), 수서~광주 간 복선전철(2029년 개통예정), 영동대로 지하도시 및 복합환승센터(2024년 완공예정), 신분당선연장, 국제교류복합지구조성(2024년 완공예정), 현대차글로벌비즈니스센터건립(2026년 완공예정), 종합운동장탄천공원화계획(2024년 완공예정), 수서역세권복합개발, 한남~양재IC지하화, 한강변관광명소화지구, 재개발·재건축사업 등이 있다.

특히, 강남구에서 미래가치가 높은 슈퍼아파트는 삼성동 IPARK삼성, 롯데캐슬프레미어, 힐스테이트1·2단지, 센트럴아이파크, 대치동 래미안대치팰리스1·2단지, 개포동 래미안블레스티지, 수서동 까치마을, 삼성, 삼익, 강남더포레스트, 일원동 래미안루체하임 등이 대표적이다.

지면 관계상 대표적으로 강남구를 소개했다. 서초, 송파, 강동구 등 강남4구는 강남생활권으로 미래가치가 높음을 말해둔다.

새로운 도심권으로 용트림하는 '용산구'

용산구의 미래가치 핵심요인으로 GTX-A노선(2024년 개통예정), GTX-B노선(예타통과), 신분당선연장선, 신안산선(2단계사업), 용산정비창부지 미니신도시조성, 서울역~용산역철도 지하화사업 등 교통혁명이 압도적이다. 용산민족공원, 박물관건립, 유엔사부지개발, 용산역전면공원지하공간개발, 한남뉴타운, 한강변관광명소화지구, 도시재생활성화지역·재정비촉진사업 등이 있다.

특히, 미래가치가 높은 슈퍼아파트는 이태원남산대림, 이촌동 LG한강자이, 강촌, 래미안첼리투스, 한남더힐을 꼽는다. 용산구와 인접한 중구·종로구·동대문구·성동구도 도심권이면서 미래가치가 높은 성장지역이다.

서울 3대 도심권으로 특급위상 노리는 '여의도, 영등포구'

서울 3대 도심권 중 하나로 여의도를 품고 있는 영등포구다. 지금까지와는 달리 앞으로는 3대 도심권으로 특급위상을 회복하고 글로벌 금융허브로 날개를 달 전망이다. 영등포의 미래가치 핵심요인으로 목동선경전철, 신안산선(2024년 개통예정), GTX-B노선(예·타통과), 신림선경전철(2024년 개통예정), 서부선경전철(2028년 개통예정), 제2세종문화회관 조성, 대선제분 문화공간 및 문예창작촌 활성화사업, 여의도통합개발, 한강변관광명소화지구, 재개발·재건축·재정비 촉진사업 등이 있다.

특히, 미래가치가 높은 슈퍼아파트는 영등포동푸르지오, 문래동문래자이, 문래힐스테이트, 양평동 벽산블루밍, 신길동 래미안에스티움, 래미안영등포프레비뉴, 신길뉴타운아이파크 등이 주목된다. 영등포에 인접한 양천·구로·동작구·관악·강서구도 미래가치가 높은 성장지역이다.

관문도시 대장으로 대변신하는 '은평구'

은평구는 서울과 경기도를 잇는 5대 관문도시 중 최근 들어 급부상하면서 대변신을 꾀하고 있는 대표적인 지역이다. 은평구의 미래가치 핵심요인으로 GTX-A노선(2023년 개통예정), 서부선경전철(2028년 개통예정), 고양선경전철(2028년 개통예정), 신분당선서북부연장(예·타 진행 중), 수색차량기지이전·수색역일대복합개발, 재개발·재건축·재정비촉진사업 등이 있다.

은평구의 슈퍼아파트는 신사동 현대1차, 수색동 대림한숲타운, 불광동 북한산힐스테이트1차, 응암동 백련산SK뷰아이파크, 백련산파크자이, 백련산힐스테이트1·2·3,4차 등이 관심 대상이다. 은평구에 인접한 서대문·강북·노원·도봉구도 미래가치가 높은 성장지역이다.

역사문화중심지로 환골탈태하는 동대문구

중구, 종로와 함께 부흥하는 역사문화 중심지인 동대문구는 도심권에 위치한 지리적 위치의 장점에도 불구하고 노후화시설로 낙후된 이미지가 강했다. 광역교통망, 재건축, 재개발 등 도시재정비사업으로 환골탈태가 기대된다. 동대문구의 미래가치 핵심요인으로 GTX-B노선(예타통과), GTX-C노선, 강북횡단순환선, 동북선경전철(2025년 개통예정), 면목선경전철(2028년 개통예정), 동부간선도로 지하화 및 중랑천변공원화(2026년 완공예정), 창동·상계신경제중심지조성(2024년 완공예정), 홍릉바이오·의료앵커조성(2024년 완공예정), 도시재생활성화지역 재개발·재건축·재정비 촉진사업 등이 있다.

동대문구의 슈퍼아파트로는 청량리동 한신, 전농동 SK, 전농우성, 동대문롯데캐슬노블레스, 래미안크레시티, 래미안아름숲, 장안동 장안힐스테이트 등이 기대된다. 동대문구에 인접한 중구·종로·광진·중랑구도 미래가치가 높은 성장지역이다.

주거가치등급 측정지표와 활용법

주거가치등급(Living Value Rating)

주거가치등급이란 개별아파트가 어느 정도 살기(Live) 좋은지 차이를 구분해주는 주거만족도, 선호도의 단계를 말한다. 교통·교육·편의시설·녹지시설 등 주거환경과 전세가율·전세가격변동률·단지세대규모 등 측정지표의 점수를 중요도별로 합산한 총점이 상승할수록 주거가치등급은 올라간다.

주거가치의 지표

슈퍼아파트와 좀비아파트는 어떻게 분석하고 판별하며 예측할 수 있을까. '살집팔집'에서는 투자가치와 분리하여 주거가치를 따로 산출해 발표한다. 주거가치란 주거편리성, 주거만족도를 의미하며 '살집팔집'은 이를 반영하고 가늠하는 측정지표로 10개를 개발해 분석지표로 삼고 있다.

주거가치 측정지표 10가지

주거가치 측정지표로는 직주근접도, 인구밀도, 전세가격변동률, 전세가율, 단지세대수, 건물노후도, 역세권과의 거리, 교육시설, 편의시설, 녹지시설 등이다.

배점 및 자료수집 근거는 다음과 같다.

| 주거가치분석 10개 측정지표 및 배점 |

측정지표	배점	자료수집	범위
1) 직주근접도	10	도시기본계획	
2) 인구밀도	5	통계청	시·군·구
3) 전세가격변동률	10	기존 활용	개별 단위
4) 전세가율	5	기존 활용	개별 단위
5) 단지세대수	10	기존 활용	개별 단위
6) 건물노후도	10	기존 활용	개별 단위
7) 역세권거리	15		개별 단위
① 역세권	5	기존 활용	개별 단위
② 더블역세권	5	기존 활용	개별 단위
③ 트리플역세권	5	기존 활용	개별 단위

측정지표	배점	자료수집	범위
8) 교육시설	15	기존 활용	개별 단위
9) 편의시설	10		
① 관공서	2.5	거리 실측	개별 단위
② 대형병원	2.5	자체 조사	개별 단위
③ 대형할인점	2.5	자체 조사	개별 단위
④ 백화점	2.5	자체 조사	개별 단위
10) 녹지시설	10		
① 공원	2.5	자체 조사	개별 단위
② 강, 바다	2.5	거리 실측	개별 단위
③ 하천	2.5	거리 실측	개별 단위
④ 산	2.5	거리 실측	개별 단위
합계	100		

투자가치등급 측정지표와 활용법

투자가치등급(Buying Value Rating)의 의미

투자가치등급이란 개별아파트가 어느 정도 사기(Buy) 좋은지, 자산증식 혹은 투자매력도의 차이를 구분해주는 투자수익률, 투자가치의 단계를 말한다. 입지, 수익, 희소가치로 구성된 내재가치와 미래가치를 결합한 20개 측정지표의 점수를 중요도별로 합산한 총점이 상승할수록 구매가치등급은 올라간다.

'살집팔집'에서 알려주는 투자가치등급을 알고 나면 3.3㎡당 대지지분 가격을 산출해 인근 지역 아파트와 비교해서 내 아파트가 살집인지, 팔집인지 쉽게 간파할 수 있다. '살집팔집'은 종합적 분석결과 측정점수와 방사형차트 분석결과를 비롯해 이들 핵심지표를 컴퓨터가 자동으로 계산해 전국 8,000여 개 단지를 대상으로 주거가치는 물론 투자가치를 동시에 제공하고 있다.

내재가치지수 4가지 의미

○ 아파트가치종합등급(APT Value Comprehensive Rating)

개별아파트가 어느 정도 살기(Live) 좋고 사기(Buy) 좋은지 차이를 구분해주는 주거가치와 구매가치를 동시에 보유한 아파트 종합가치의 최종단계를 말한다. 30개 측정지표의 최종분석 점수를 합산한 최종 총점이 상승할수록 종합등급은 높아진다. 향후 아파트 가격이 상승할 확률에 따라 슈퍼·보통·좀비 아파트로 각각 최종 분류된다.

○ 내재가치지수(Instinct Value Index)

부동산에 내재된 본질가치인 입지·수익·희소·미래가치를 각각의 측정지표를 통해 분석한 합산점수를 바탕으로 내재가치지수가 산출되며, 시장가격 대비 고평가·저평가의 판단 기준이 된다. 이 지수가 상승할수록 구매가치등급은 올라간다.

○ 입지가치(Location Value)

입지는 환경이고 용도에 따라 다양하며 시간이 경과하면 변화하는 특성이 있으며 특정 장소의 특성, 입지우월성, 잉여입지, 배타적 독점권에 대한 경제적 가치를 말한다. 용적률·지가변동률·역세권 등 측정지표가 활용되며 이 점수가 상승할수록 내재가치는 높아진다.

○ **수익가치(Profit Value)**

화폐수익을 기준으로 한 부동산의 경제적 가치로 임대수익(Income Return)+자본수익(Capital Return)의 복합수익을 말한다. 임대수익은 주로 건물에서 자본수익은 토지로부터 발생하며 매매가격·전세가격·건물노후도 등 측정지표로 활용된다. 이 점수가 상승할수록 내재가치는 높아진다.

○ **희소가치(Scarcity Value)**

공급량이 한정되거나 제한성 때문에 발생하는 상대적 희소성의 가치를 말하며 주택보급률, 미분양추이, 신규물량추이 등이 측정지표로 활용된다. 이 점수가 상승할수록 내재가치는 높아진다.

○ **미래가치지수(Future Value Index)**

아파트의 미래 수익가치를 말하며 인구·가구·소득·교통·인프라·도시계획 등 도시성장 관련 측정지표가 활용되므로 이 지수가 상승할수록 구매가치등급은 올라간다.

가치체계	측정지표	배점 (신축, 구축, 주상)	배점 (재건축)	단위
1. 입지가치	①용적률	15	25	개별아파트
	②용도지역	8	8	개별아파트
	③공시지가변동률	15	15	개별아파트
	④지가변동률	3	3	시·군·구
	⑤역세권거리	5	5	개별아파트
	⑥교육시설	4	4	개별아파트
	⑦서비스산업LQ	2	2	시·군·구
	계	52	62	
2. 수익가치	⑧매매가격변동률	12	10	개별아파트
	⑨전세가격변동률	6		개별아파트
	⑩건물노후도	2		개별아파트
	계	20	10	
3. 희소가치	⑪단지세대수	5	5	개별아파트
	⑫주택보급률	1	1	시·도
	⑬미분양추이	1	1	시·군·구
	⑭신규물량추이	1	1	시·도
	계	8	8	
4. 미래가치	⑮대중교통망계획	6	6	시·군·구·동
	⑯정비사업계획	4	4	시·군·구·동
	⑰지역개발계획	4	4	시·군·구·동
	⑱인구증감률	2	2	시·군·구
	⑲가구증감률	2	2	시·군·구
	⑳지역소득증감률	2	2	시·군·구
	계	20	20	
합계		100	100	

슈퍼아파트
과학적 가치분석 사례

■ 대치2단지

〈투자가치 등급 측정지표〉

기본 정보	구분	신축		지역	강남구 개포동
	입주 연도	1992		총 세대수	1,758
1. 입지가치 지수 (LOCATION VALUE INDEX)	용적률	구 분		용적률(%)	
		선택아파트		174	
		강남구 평균		254	
		서울시 평균		286	
	용도지역	3종 주거			
	공시지가 변동률	구 분	10년 평균(%)	5년 평균(%)	1년 평균(%)
		선택아파트	5.07	8.38	14.18
		강남구 평균	6.32	9.48	9.93
		서울시 평균	5.25	7.36	8.25

		구 분	10년 평균(%)	5년 평균(%)	1년 평균(%)
1. 입지가치 지수 (LOCATION VALUE INDEX)	지가 변동률	강남구 평균	3.93	5.35	5.52
		서울시 평균	3.14	4.70	4.80
		전국 평균	2.64	3.75	3.68
	역세권 거리	구 분	역세권거리(m)		
		선택아파트	382		
		강남구 평균	344		
		서울시 평균	546		
	교육시설	구 분	초등학교(m)	중학교(m)	고등학교(m)
		선택아파트	328	509	498
		강남구 평균	410	540	509
		서울시 평균	360	491	716
	서비스산업 LQ	구 분	서비스산업 LQ		
		강남구 평균	1.5		
		서울시 평균	1.3		
		전국 평균	1.0		
2. 수익가치 지수 (PROFIT VALUE INDEX)	매매가격 변동률	구 분	10년 평균(%)	5년 평균(%)	1년 평균(%)
		선택아파트	11.96	19.87	11.11
		강남구 평균	9.00	16.24	13.47
		서울시 평균	8.07	15.46	26.54
	전세가격 변동률	구 분	10년 평균(%)	5년 평균(%)	1년 평균(%)
		선택아파트	9.86	7.73	40.23
		강남구 평균	9.93	8.11	26.95
		서울시 평균	9.57	7.82	23.13

2. 수익가치 지수 (PROFIT VALUE INDEX)	건물 노후도	구 분		경과 년수	
		선택아파트		28.0	
		강남구 평균		23.3	
		서울시 평균		21.9	
3. 희소가치 지수 (SCARCITY VALUE INDEX)	단지 세대수	구 분		세대수	
		선택아파트		1,758	
		강남구 평균		531	
		서울시 평균		616	
	주택 보급률	구 분		주택 보급률	
		서울시 평균		95.9	
		전국 평균		104.2	
	미분양 추이	구 분	해당	해당 안 됨	
		미분양 관리지역		v	
	신규 물량 추이	구 분	증가	감소	
		아파트 인허가 실적 추이		v	
4. 미래가치 지수 (FUTURE VALUE INDEX)	인구 증감률	구 분	10년 평균(%)	5년 평균(%)	1년 평균(%)
		강남구 평균	−0.55	−1.32	−1.09
		서울시 평균	−0.64	−0.72	−0.62
		전국 평균	0.26	0.12	−0.04
	가구 증감률	구 분	10년 평균(%)	5년 평균(%)	1년 평균(%)
		강남구 평균	0.03	−0.20	0.81
		서울시 평균	0.45	1.07	2.09
		전국 평균	1.52	1.91	2.72

	구 분	10년 평균(%)	5년 평균(%)	1년 평균(%)
지역소득 증감률	강남구 평균	8.08	11.73	−2.80
	서울시 평균	8.71	12.19	5.50
	전국 평균	9.41	11.77	0.42

		강남구	대치동

4.
미래가치
지수
(FUTURE
VALUE INDEX)
	대중
	교통망
	계획
		·GTX-A노선 (2023년 개통예정)
		·GTX-C노선 (2021년 착공예정)
		·수서~광주 간 복선전철
		  (2029년 개통예정)
		·신분당선 연장 (2022년 개통예정)
		·위례과천선 (2025년 개통예정)
		·위례신사선 (2026년 개통예정)
			·위례과천선
			  (2025년 개통예정)

	정비 사업 계획	·공간구조 설정: 3도심지 ·도시개발사업 ·생활권 계획 ·서울 변두리 12곳 관문도시 조성 ·재개발, 재건축 계획 ·한강변 관광 명소화 지구	·재개발, 재건축 ·공간구조 설정: 3도심지 ·생활권계획

	지역
	개발
	계획
		·국제교류복합지구 조성
		  (2024년 완공예정)
		·수서역세권 복합개발
		·영동대로 지하도시 및 복합환승센터
		  (2024년 완공예정)
		·종합운동장 탄천 공원화 계획
		  (2024년 완공예정)
		·한남~양재IC 지하화
		·현대차 글로벌 비즈니스 센터 건립
		  (2026년 완공예정)	

〈주거가치등급 측정지표 및 점수〉

평가지표	배점	평가점수
1) 직주근접도	10	10.0
2) 인구밀도	5	3.0
3) 전세가격변동률	10	8.8
4) 전세가율	5	0.5
5) 단지세대수	10	9.0
6) 건물노후도	10	5.0
7) 역세권거리	15	10.0
①역세권	5	4.0
②더블역세권	5	4.0
③트리플역세권	5	2.0
8) 교육시설	15	15.0
9) 편의시설	10	6.0
①관공서	2.5	2.5
②대형병원	2.5	1.5
③대형할인점	2.5	1.0
④백화점	2.5	1.0
10) 녹지시설	10	7.0
①공원	2.5	2.5
②강, 바다	2.5	1.0
③하천	2.5	2.5
④산	2.5	1.0
합계	100	74.3
강남구	100	74.5
서울	100	72.9

6장

극강대결 투자가치
최후 승자는?
거인의 어깨 위에 올라타라!

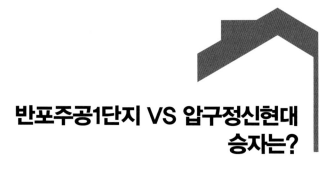

반포주공1단지 VS 압구정신현대
승자는?

대한민국 대표아파트 투자가치 빅 매치

강남권의 강남은 어디일까. 즉, 강남 중에서도 가장 핫한 핵심 주거입지 찾기다. 필자는 다섯 군데를 꼽는다. 반포, 개포, 삼성, 잠실, 압구정이다. 그 가운데도 현재 기준 아파트의 대장주는 서초구 반포주공1단지(1·2·4주구)와 압구정신현대가 압권이다. 두 아파트를 선택해서 투자가치를 총체적으로 비교·분석하는 작업은 아주 흥미진진하다. 이들 아파트는 투자가치도 비슷하지만 강남권 아파트의 방향성을 가늠해볼 풍향계 역할을 한다. 은마, 한보미도, 잠실주공5단지, 아시아선수촌, 파크리오, 헬리오시티 등은 각각 지역을 대표하는 상징성이 매우 크다. 투자가치의 구체적 기준과 지표를 통해 내재가치, 미래가치를 어떻게 판별하고 현재시장가격 대비 투자가치가 누가 더 높은지를 과학적 분석방법을 통해 우열을 가려보기로 한다.

이렇게 슈퍼아파트들을 분석해보는 일은 세 가지 의미가 있다. 첫째, 사례분석을 통해 '살집팔집'의 투자가치 분석이론과 과학적 가격예측 방법은 독자의 이해도를 높이고 생생한 경험이 된다. 둘째, 객관적 지표와 데이터값을 바탕으로 투자가치와 미래가치를 분석하고 결론을 내는 일은 논리적이며 과학적 방법이 된다. 주관적으로 판단하기 쉬운 부동산투자가치와 미래가격예측에 대한 방법론의 혁신이다. 셋째, 실전투자에 그대로 응용하고 적용하는 모범사례가 된다. 과학적 가치분석결과는 계량화, 서열화되고 투자가치를 측정하는 기준으로 활용되기 때문이다.

아파트를 사고팔 때 개별아파트를 선별하는 것은 어려운 과정이지만 주거가치와 투자가치를 알고 나면 선택은 의외로 쉽고 간단한 작업이 된다. 갑론을박이나 설왕설래할 논란의 여지도 없다. 실제로 부동산현장에서 아파트를 사고팔 때, 살집인지 팔집인지 객관적 기준으로 판별할 수 있다면 얼마나 편리하고 좋을까. 실패를 예방하고 선택장애, 결정장애를 극복하는 하나의 방법이기도 하다. 중·장기적으로는 자산관리의 최종목적인 자산증식, 자산교체, 자산배분(포트폴리오 재구성)에 결정적인 도움이 될 것이다.

투자가치를 분석하는 틀과 툴(Tool)

투자가치 분석 대결에서 분석의 틀과 분석 툴(Tool)을 정립하는 일은 세 가지 의미에서 매우 중요하다. 첫째, 현황파악-미래예측-대응 전략 순서다. 객관적 기준에 의해 아파트 용적률, 매매가격, 대지지분 가격 등 현황을 파악하고 지표의 데이터값을 근거로 한 내재가치, 미래가치를 분석하고 예측해 수치로 나타낸다. 그리고 분석된 결과를 토대로 내재가치와 미래가치를 각각 따로 산출해 비교하는 방식이다. 둘째, 단편적 분석이 아니라 종합적 분석방법이다. 투자가치를 분석하는 측정지표는 20가지다. 다만 지면 관계상 6가지 주요 지표만을 골라 극강대결에 활용하는 점을 이해 바란다.

셋째, 투자가치가 높은 아파트가 최종 승자가 된다. 투자가치가 큰 차이가 없는 아파트를 고른 탓에 확실한 승자와 패자는 없을 수도 있다. 또한, 이는 확정적 결과는 아니며 시간의 변화, 위치와 가치의 미래 변화로 고정적이 아니라 유동적이라는 점도 명심해 두자. 특히 미래가치는 현재 거래되는 가격과 현재 발표된 국토계획, 도시계획, 교통망계획, 지역개발계획 등을 종합적으로 예측한 것이기 때문에 미래 불확실성은 여전히 존재한다.

아파트선택, 실패하지 않는 방법 두 가지

당신은 지금 지역별로 혹은 역세권별로 살고(Live) 싶고 사고(Buy) 싶은 아파트 혹은 주거가치와 투자가치가 동시에 높은 슈퍼아파트를 찾고 있는가? 방법은 두 가지다. 하나는 관심 지역 부동산을 인터넷으로 검색하고 주말마다 아파트단지를 방문하고 중개소를 찾아다니는 방법이다. 당신의 눈으로 보이는 주변 환경과 시설을 육안으로 확인하면서 손품, 발품을 팔아 주관적 판단력에만 의존하는 것이다. 예를 들어, 포털사이트를 방문해 실거래가만 보고 '싸다, 비싸다'를 가늠하고 싸다고 생각되는 아파트 매물을 고르는 일이 대표적이다. 이런 방법은 지하철, 학교, 쇼핑시설, 공원 등 주거환경요인인 주거가치를 판단하는 데는 도움이 된다. 하지만 이는 반쪽짜리 투자활동과 어리석은 선택으로 전락할 수 있다. 집을 구매할 때는 투자가치를 빠뜨리면 절대 안 된다.

이미 여러 차례 언급한 대로 주거가치와 투자가치가 동시에 높은 아파트가 슈퍼아파트다. 주거가치+투자가치가 높은 아파트를 선택하지 못하거나 무엇보다 현재가격만 보고 거래하면 후회하고 실패하기에 십상이다. '살집팔집'은 주거가치와 미래가치, 투자가치의 개념과 의미는 근본적으로 차이가 있으며 지표구성부터가 확연히 다르다. 아파트에 숨어 있는 내재가치, 장래 지역성장력을 예고하는 미래가치는 비밀의 열쇠를 푸는 일이다. 20개 투자지표의 데이터분석 없이는 결과를 제대로 알 수가 없다.

슈퍼아파트 간편 찾기와 기본정보, 핵심가치

비대면 디지털전환 시대를 맞아 초개인화, 맞춤형 특화서비스를 어떻게 제공하느냐가 최대 화두다. 아파트 구매도 마찬가지인데, '살집팔집'을 이용하면 더욱 쉽게 맞춤형 서비스를 제공받을 수 있다. '살집팔집'을 간편 검색하고 실거래가격과 주거가치+투자가치등급과 진품매물을 확인한 뒤, '살집팔집' 회원중개사를 방문해서 최적매물을 찾아보자. 지역별(서울은 강남구, 서초구, 송파구, 동작구, 성동구 등)로 검색해도 슈퍼아파트가 제공되며 역세권으로 검색해도 슈퍼아파트가 일목요연하게 정리돼 목록으로 나온다. 이뿐만이 아니다. 개인특화 조건 맞춤형 서비스도 가능하다. 5억 원으로 30평형대 아파트를 중랑구에서 찾는다고 가정해보자. 이들 조건을 각각 입력하는 것만으로도 실시간으로 슈퍼아파트와 진품매물까지 단번에 검색하고 공인중개사 전화 연결까지 가능하다. 먼저, 두 아파트단지의 입지 및 기본현황, 핵심지표다.

입지 및 기본 현황 비교

단위 : 만 원

지역	서초구	강남구
	반포동	압구정동
단지	반포주공1단지	신현대
구분	재건축	재건축
세대수	2,100	1,924
역세권거리	132m	198m
초중고 유무	유	유
전용면적	106.25㎡	84.62㎡
매매평균가	435,000	297,500
전세가율	14%	32%
갭(GAP)	372,500	202,500
입주년도	1973	1982

지역	서초구	강남구
	반포동	압구정동
경과년수	47	38
용적률	127	174
용도지역	3종주거	3종주거
대지지분	101.3㎡	62.9㎡
평당땅값 (건물 감가상각 반영)	**14,194**	**15,645**

자료 : 한국자산관리연구원, "살집팔집"

투자가치를 측정하는 5대 핵심지표 비교

구분	반포주공1단지 (전용 106.25㎡)	압구정 신현대 (전용 84.62㎡)
대지지분(용적률)	101.3㎡ (127%)	62.9㎡ (174%)
공시지가변동률(10년)	10.2%	6.1%
매매가변동률(10년)	9.8%	8.4%
전세가변동률(10년)	9.7%	9.7%
미래가치	높음	높음

주요 지표의 데이터값 변동률 비교

구분		연평균 상승률			
		10년	5년	3년	평균 계
반포주공 1단지	공시지가	10.2	17.3	25.7	17.7
	매매가	9.8	12.7	8.2	10.3
	전세가	9.7	10.2	29.5	16.4
압구정 신현대	공시지가	6.1	9.4	11.3	8.9
	매매가	8.4	10.4	7.5	8.8
	전세가	9.7	11.5	19.1	13.4

내재가치는 반포주공1단지>압구정신현대

두 아파트의 내재가치를 5대 주요 지표의 데이터값을 통해 차례대로 분석해보자.

첫째, 용적률과 대지지분 가격분석이다. 내재가치 가운데 가장 중요한 지표다. 반포주공1단지 용적률은 127%, 압구정신현대는 174%다. 반포주공1단지가 대지지분이 압도적으로 많다. 참고로 서울 재건축 평균용적률은 194%다. 반포주공1단지의 승리다.

둘째, 두 아파트단지의 가격과 3.3m^2당 대지지분 가격분석이다. '살집팔집'에서 중요시하는 아파트 면적은 건물 기준이 아닌 대지지분이다. 건물은 감가상각되지만 토지는 무한·영속성의 특성이 있다. 가치보존능력이다. 부동산시장과 거래실무에서는 1평, 3.3m^2당 건물 공급면적의 매매가격을 중요시한다. 보통 33평 아파트 가격이 33억 원일 때 건물공급면적의 평당매매가격은 1억 원이 된다. 거래시장에서는 보통 건물가격을 기준으로 아파트 매매가격을 산정한다.

하지만 표면적 가치가 아닌 본질가치를 중시하는 '살집팔집'의 가치분석법은 여기서부터 전혀 다르다. '살집팔집'은 건물가치와 더불어 토지가치를 동시에 본다. 정확하게는 건물감가상각 후 토지가치가 근본가치, 핵심가치가 된다. 3.3m^2당 토지가치나 대지지분의 가격이 핵심투자지표가 된다는 뜻이다. 건물이 수명을 다하고 재건축을 시작할 경우 건물가치는 사라지고 토지가치만 남게 된다. 따라서 거래실무나 상식과 달리 투자가치분석에서 토지가치를 따져 보는 일은 굉장히 본질적이고 중요한 과제다. 이제 조금 이해가 되는가. 우리가 언론을 통해 흔히 접하는 3.3㎡당 얼마냐 하는 개념과는 전혀 다르다. '살집팔집'에서는 평균시세 혹은 실거래가를 기준으로 건물가치를 감각상각한 후 3.3㎡당 건물가격을 중심으로 가격을 산정하고 투자가치를 분석하지 않는다. 건물면적당 가격은 토지면적당 가격을 산출하기 위한 중간과정에서 감가상각 후 토지가치를 분석하는 데 사용된다. 아무리 화려하고 잘 지은 신축된 신축아파트 가격도 30년 뒤에는 토지가치만 남는다는 사실을 기억하라.

동일생활권에서 인접한 다른 아파트에 비해 내 집값이 싼지 혹은 비싼지 궁금한가? 그렇다면 지금 당장 '살집팔집'에서 파악할 수 있는 최종적인 핵심투자지표인 3.3㎡당 대지지분가격을 동일지역이나 인접지역에 위치한 다른 아파트와의 지분가격을 비교해보자. 동일지역 아파트라도 집값이 많이 오른 단지일수록 건물감가상각 후의 토지(대지지분)가치는 높게 나타난다.

따라서 주거환경과 편의시설 등 다른 조건이 일정하다면 3.3㎡당 대지지분가격이 낮을수록 저평가된 상태로 판단되고 가격상승확률은 상대적으로 높아진다. 그 반대일 경우 내재가치 대비 시장가격이 과도하게 상승함으로써 고평가됐다고 판단할 수 있다. 두 아파트의 시세는 어떨까. KB국민은행 시세표에 따르면 2022년 4월 말 기준으로 반포주공1단지 전용 106.25㎡의 매매가격은 43억 5,000만 원 선으로 건물 부분의 감가상각 후 3.3㎡당 대지지분가격은 약 1억 4,194만 원이다. 압구정신현대는 전용 84.62㎡의 경우 매매가격은 29억 7,500만 원 선으로 건물의 감가상각 후 3.3㎡당 대지지분가격은 약 1억 5,645

만 원 선이다. 압구정신현대 3.3m^2당 대지지분가격이 평당 1,451만 원가량 다소 높게 나타났다. 이것은 어떤 의미일까. 대지지분 가격으로 따져본 내재가치는 반포주공1단지가 저평가된 상태로 높다. 반포주공1단지는 압구정신현대의 가격상승보다 덜 올랐다는 얘기다. 중·장기적으로 매매가격이 오를 확률이 높을 것으로 예측된다.

다만, 단기예측력은 미지수다. 압구정에 대한 재건축 등 투자매력도가 높아 쏠림현상이 한동안 지속될 경우 추가상승가능성을 배제할 수 없기 때문이다. '살집팔집'의 예측력은 지표구성이나 10년 빅데이터 사용으로 중·장기예측에 더욱 효과적이라는 점을 알아둘 필요가 있다. 짧은 기간 투자가치비교나 단기시세차익을 노린 투기수요에는 적합하지 않은 모델이라고 할 수도 있다. 실수요자의 내 집 마련과 장기투자자를 위한 주거가치·투자가치 분석시스템에 유용하기 때문이다.

문제점과 한계는?

이러한 가치분석법은 얼마간의 문제점과 한계를 가지고 있다. 반포와 압구정은 강남권 최고 주거입지를 보유하고 서로 인근지역에 해당하는데도 엄밀하게 말하면 동일생활권은 아니다. 지리적 위치도 다르고 주거환경과 조건도 다소 차이가 있다. 예를 들면 압구정은 주거지와 상업지가 혼재하지만 반포주공은 주거지역 중심이다. 상업지 가격이 아파트단지의 주거지 땅값에도 상호영향력을 미칠 수 있다는 점과 상업지 땅값이 오르면 주거지 땅값도 동반상승한다는 것을 알면 그 차이가 더 보인다. 그러한 이유로 입지환경과 땅값 수준이 서로 다른 경우에 3.3㎡당 대지지분 가격만을 근거로 내재가치의 고평가·저평가를 판단하는 것은 100% 옳은 방법은 아닐 수 있다는 것이다.

그럼에도 불구하고 인근지역(부동산과학에서 말하는 인근지역은 대상 부동산이 속한 지역으로 부동산 이용이 동질적이며 가치형성요인 중 지역적 요인을 공유하는 지역이다. 보통은 시·군·구 지역 단위다)에서 3.3㎡당 대지지분가격으로 경제학에서 말하는 내재가치기반으로 시장가격을 비교해서 고평가·저평가상태를 평가하는 방법 외에는 객관적 기준을 찾기가 어려운 것도 사실이다.

공시지가변동률 추이

셋째, 공시지가변동률 추이분석이다. 내재가치를 대표하는 입지가치 관련 지표 가운데 용적률(대지지분), 대지지분가격지표 다음으로 중요하다. 대지지분이 넓어도 지가가 상승하지 않으면 무용지물이다. 공시지가가 얼마나 오르고 내렸는지를 나타내는 공시지가변동률을 비교해보자. 과거 10년간(2010~2020년) 압구정신현대는 각각 연평균 6.1%, 반포주공1단지는 10.2% 올랐다. 두 곳 모두 서울시 10년간 상승률 연평균 5.2%를 웃돈다.

두 단지 간의 공시지가상승률을 10년·5년·3년간 비교할 경우, 반포주공1단지가 모두 높게 나타났다. 내재가치에서 가장 높은 비중을 차지하는 입지가치(Location Value) 중 공시지가변동률도 반포주공1단지가 높은 것으로 나타났다.

매매가격변동률 추이

넷째, 매매가격변동률 추이분석이다. 두 아파트의 매매가격상승률은 10년·5년·3년간 비교할 때 반포주공1단지가 약간 높게 나타났다. 최근에는 압구정지역에 대한 투자매력도와 선호도가 점차 높아지면서 투자자의 관심이 압구정으로 이동하고 있지만, 중장기적으로는 반포주공1단지가 재건축확정으로 재건축 후 예상수익률증가 등으로 가격이 더 많이 오른 것으로 보인다. 하지만 여전히 압구정지역은 용적률과 층고 등 규제완화 가능성과 통합재건축에 대한 기대감은 높아지고 있는 것으로 풀이된다. 반포주공1단지 압구정 아파트단지에 대한 수요곡선은 삼성, 잠실지구, 용산지구와 함께 우상향 이동 중이다.

전세가격변동률 추이

다섯째, 전세가격변동률 추이분석이다. 10년 상승률은 비슷하고, 5년 상승률은 압구정신현대가, 3년간 상승률은 반포주공1단지가 각각 높은 것으로 나타났다. 기간에 따라 다소 차이가 드러난다. 이는 전세입자를 비롯한 실수요자의 경우, 교통·교육·편의시설·쾌적성 등 주거환경 면에서 반포주공1단지에 대한 주거수요층이 두텁고 주거만족도가 더 높기 때문으로 해석된다. 학군과 교육시설의 차별성을 그

예로 들 수 있다. 압구정신현대는 단지 인근에 압구정초등학교, 신사중학교, 압구정고등학교가 있다. 그러나 반포주공1단지의 경우, 단지 내와 가까이에 서울에서 가장 우수한 학교로 평가되는 초·중·고교인 반포초등학교, 반포중학교, 세화여중학교, 서문여자고등학교가 자리 잡고 있다. 강남은 특히 학군의 힘과 교육의 힘이 전세가격에 절대적인 영향을 미친다. 압구정단지는 학교와 학원 등 교육시설과 학군 면에서 다소 취약한 편이다.

미래가치는 압구정신현대>반포주공1단지

미래가치를 예측하기 위해서는 아파트가 위치한 지역의 미래성장 잠재력을 관찰해봐야 한다.

서초구의 성장성을 받쳐주는 도시계획·개발계획 및 핵심성장요인으로 양재 우면R&D지구 조성, 양재 화물터미널부지개발, 경부고속도로지하화계획 등이 있다. 강남구의 성장성을 받쳐주는 도시계획 및 개발계획의 핵심성장요인으로는 국제교류복합지구, 글로벌비즈니스센터, 영동대로 지하화계획, 수서 역세권복합개발, GTX A·C노선 건설 등이다.

현재까지 드러난 도시계획 변화와 개발호재만 놓고 보면 강남구가 서초구보다는 양적, 질적 측면에서 다소 앞선 편이다. 그러나 강남구의 성장력은 삼성과 수서에 집중되고 있으며 압구정까지 미치는 영향력은 제한적이다. 행정권에 따른 성장력의 차이는 크지 않은데, 그럴 경우 지역의 미래성장성보다는 개별입지환경 차이나 재건축계획의 차이를 주목해서 살펴볼 필요가 있다. 압구정신현대는 재건축 초기단계로 용적률과 층고제한완화 등 재건축활성화정책이 나올 시 최대수혜단지로 등극할 가능성이 있다. 통합재건축 추진여부에 따라 사업수익성과 투자가치는 변동성이 크다는 관측이다. 반면 반포주공1단지는 재건축이 진행 중으로 재건축에 따른 이익이나 미래가치가 이미 가격에 상당 부분 기반영된 상태로 볼 수 있다.

압구정지구는 강남 가운데도 특유의 한류문화와 한강변 고급주거촌이라는 상징성도 무시할 수 없다. 태생부터 압구정문화와 고급주거단지라는 이미지가 강했던 곳으로, 현재가치만으로 판단할 수 없는 묘한 투자매력이 있다. 즉, 심리적 밀도가 높다. 실제로 압구정신현대는 2020년 11월 현재 조합설립신청을 서두르고 있다. 2021년부터는 조합원이 되면 2년 실거주 조건이 부과되기 때문에 이를 피하기 위한 고육지책이다. 단기적으로 매수세가 늘어 집값상승세를 타고 있다.

독자에게 묻는다. 당신이라면 10년 후 어디에 살고(Live) 싶고, 어떤 집을 사고(Buy) 싶은가. '살집팔집'이 우리에게 묻고 답하는 궁극적 질문이다.

은마 VS 한보미도
승자는?

앞서 진행한 같은 방식과 같은 방법으로 요즘 뜨는 대치동 은마아파트와 한보미도1·2차(한보미도)아파트의 투자가치를 비교·분석해본다. 차이점이 있다면 반포주공1단지와 압구정신현대가 인근지역에 속하지만, 지리적으로 인접하지 않은 데 비해 두 아파트는 지리적으로 마주 보고 있는 인접지역이라는 사실이다. 입지가치의 우월성에 따른 차이는 크지 않다는 점에서 투자가치분석 작업도 손쉽고 정보가치도 그만큼 유용하다. 동일생활권에서 투자가치가 높은 아파트단지를 고를 때 활용하기에 효과적인 비교 방식으로 모범사례가 될 수 있다.

$3.3m^2$당 대지지분이 갖는 투자가치의 핵심적 지표로서의 위상과 활용법을 우리는 이미 익혔다. 내재가치 대비 고평가·저평가의 판단도 조금만 노력하면 어렵지 않다.

은마아파트에 대해 좀 더 자세히 알아보자. 은마아파트는 2020년에 다시 시장과 언론의 주목을 받으면서 강남권 아파트가격변동을 알리는 바로미터 기능을 하고 있다. 최근 은마아파트의 가격이 오르면서 지금이라도 은마를 사야 할지, 아니면 조금 덜 오른 인근 한보미도를 사야 할지 묻는 이들이 꽤 있다. '살집팔집'은 간결하고 명확한 해답을 내놓을 수 있다. 내재가치와 미래가치에서 해법의 실마리를 쉽게 찾을 수 있다. '내재가치＞시장가격'일 경우 저평가상태이기 때문에 매수하는 것이 답이다. 반대로 '내재가치＜시장가격'일 경우는 고평가상태로써 매도가 답이 된다.

입지 및 기본 현황 비교

단위 : 만 원

지역	강남구 대치동	강남구 대치동
단지	은마	한보미도(1,2차)
구분	재건축	재건축
세대수	4,424	2,436
역세권거리	10m	211m
초중고 유무	유	유
전용면적	84.43㎡	84.48㎡
매매평균가	240,000	253,333
전세가율	36%	42%
갭(GAP)	152,500	146,666
입주년도	1979	1984
경과년수	41	36
용적률	204	179

지역	강남구	강남구
	대치동	대치동
용도지역	3종주거	3종주거
대지지분	53.9㎡	58.2㎡
평당땅값 (건물 감가상각 반영)	**14,720**	**14,400**

자료 : 한국자산관리연구원, "살집팔집"

투자가치를 측정하는 5대 핵심지표 비교

구분	은마 (전용 84.43㎡)	한보미도(1,2차) (전용 84.48㎡)
대지지분(용적률)	53.9㎡(204%)	58.2㎡(179%)
공시지가변동률(10년)	5.9%	6.0%
매매가변동률(10년)	9.3%	9.6%
전세가변동률(10년)	10.3%	8.7%
미래가치	높음	높음

주요 지표의 데이터값 변동률 비교

구분		연평균 변동률			
		10년	5년	3년	평균 계
은마	공시지가	5.9	10.0	13.2	9.7
	매매가	9.3	14.0	10.5	11.3
	전세가	10.3	13.6	21.5	15.1
한보미도 (1,2차)	공시지가	6.0	10.7	15.3	10.7
	매매가	9.6	12.5	10.5	10.9
	전세가	8.7	10.2	16.4	11.8

내재가치는 한보미도>은마아파트

첫째, 용적률 및 대지지분 분석이다. 은마 용적률은 204%, 한보미도 용적률은 179%다. 한보미도가 대지지분이 약간 넓다. 서울시 재건축 평균용적률은 192%다. 한보미도가 대지지분이 넓어서 내재가치 측면에서는 은마아파트보다 우월하고 재건축 시 수익성도 다소 유리함을 알 수 있다.

둘째, 두 아파트 가격과 $3.3m^2$당 대지지분가격 분석이다.

2022년 4월 말 기준 KB국민은행 시세표에 따르면 은마 전용 $84.43m^2$의 매매가격은 약 24억 원으로 건물 부분의 감가상각 후 $3.3m^2$당 대지지분가격은 약 1억 4,720만 원 선이다. 한보미도는 전용 $84.48m^2$의 경우 매매가격은 약 25억 3,333만 원으로 건물감가상각 후 $3.3m^2$당 대지지분가격은 약 1억 4,400만 원 선이다.

은마의 $3.3m^2$당 대지지분 가격이 평당 320만 원가량 다소 높게 나타났다. 두 아파트 건물기준 아파트매매가격은 큰 차이가 없는 데 비해 한보미도의 대지지분이 매우 넓은 덕분에 $3.3m^2$당 대지지분 가격은 은마보다 2.2%가량 낮게 나타난 것이다. 이는 입지환경과 입지가치에 커다란 차이가 없다면 한보미도가 은마에 비해 상대적으로 저평가상태임을 알려준다. 또한 은마아파트 가격이 한보미도보다 과도하게 상승했다는 뜻으로 해석된다.

투자가치 핵심지표인 $3.3m^2$당 대지지분 가격으로 판단해본 결과, 한보미도 아파트가 다소 저평가상태로 중·장기적으로 상승확률이 높다는 분석이다.

이러한 결론은 몇 가지 제한점이 있다. 동일지역 내 인접한 아파트 단지의 경우에도 단순비교만으로 해당 아파트의 입지환경, 입지조건, 입지인자 등 세밀한 차이는 존재한다는 것이다. 대지면적, 학군, 쇼핑 편리성, 주거선호도(기호도), 주거만족도, 유용성, 재건축 속도와 인허가절차 등 가격발생 및 가격형성요인이 있다. 대체적, 개략적으로 그렇게 측정할 수 있다는 것이다. 또한 앞으로 두 아파트의 가격이 어떻게 움직이는가에 따라 3.3㎡당 대지지분 가격도 변동하며 내재가치지표와 지수데이터값도 달라진다.

공시지가변동률추이

셋째, 공시지가변동률 추이분석이다. 공시지가가 얼마나 오르고 내렸는지 나타내는 공시지가변동률을 따져본다. 과거 10년간 (2010~2020년) 은마는 연평균 5.9%, 한보미도는 6% 상승했다. 상승폭이 비슷하며 두 곳 모두 서울시 10년간 연평균상승률 5.2%를 웃돈다. 두 단지 간의 공시지가상승률을 10년, 5년, 3년간 비교할 경우 한보미도가 조금 더 많이 올랐다.

매매가격 변동률추이

넷째, 매매가격 변동률 추이분석이다. 10년, 5년, 3년간 매매가격 변동률을 비교할 때 비슷하며 전체평균은 은마가 약간 높게 나타났다.

이는 은마가 한보미도보다 상대적으로 많이 올랐으며 상승기대감과
투자매력도가 높게 평가됐기 때문으로 보인다. 은마가 갖는 상징성,
랜드마크적인 유명세도 집값상승에 한몫했다. 최근 들어 삼성물산 등
시공사의 활발한 재건축 움직임과 브랜드가치, 대규모단지로의 편리
성, 커뮤니티, 브랜드아파트로의 기대감도 가격에 상당한 영향을 미친
것으로 풀이된다.

전세가격 변동률추이

다섯째, 전세가격 변동률 추이분석이다. 10년·5년·3년간 상승률
은 은마가 높게 나타났다. 은마(4,424가구)와 한보미도(2,436가구)는 대
단지 아파트로 3호선 대치역을 사이에 두고 있는 역세권아파트다. 인
근에 휘문고등학교, 중동고등학교, 숙명여자고등학교, 경기여자고등
학교가 있다. 학군은 동일한 8학군으로 우열을 가리기가 쉽지 않다.
삼성로, 영동대로, 남부순환로, 도곡로를 끼고 있다. 도곡로, 남부순환
로에 대치동 학원가가 자리 잡고 있다. 둘 다 전세수요가 항상 높은 곳
이다.

미래가치는 은마=한보미도

두 아파트의 집값이 장래 어떻게 바뀔지 가격이 오를지 내릴지, 즉
미래가치를 예측해보자. 아파트가 위치한 대치동 지역의 성장성 측정

에 해답이 있다. 미래가치는 지역의 장래 성장력과 상관관계가 높다.

강남구의 미래 성장가치에 대해서는 이미 앞장에서 살펴본 바와 같다. 미래가치는 두 곳 모두 차이가 없다. 막상막하, 난형난제다.

잠실주공5단지 VS 아시아선수촌
승자는?

　자영업자 박모(55) 씨는 2년 전 서울 잠실주공5단지 전용 $76m^2$(34평형) 한 채를 18억 7,100만 원에 매입했다. 보증금 4억 원을 끼고 5억 원의 대출도 받았다. 직장생활과 개인사업 등 그간 모은 10억 원을 전액 투자했다. 그는 현재 분당의 45평형 아파트에 전세로 거주하고 있다. 그는 "강남집값이 계속 오르는 데다 재건축이 유망하다고 생각됐다. 이러다 투자기회를 놓치는 게 아닌가 하는 불안한 마음에 샀다"고 말했다.

　약사인 김모(47) 씨는 현재 잠실엘스아파트 34평형에 살고 있다. 그는 천정부지로 오르는 송파구 재건축을 지켜보다가 "더 늦기 전에 재건축으로 갈아타는 게 낫지 않을까" 하는 생각에 재건축아파트에 관심을 갖게 됐다. 입주 12년 된 기존아파트보다 재건축투자가치가 높을 것으로 생각돼 잠실주공5단지와 아시아선수촌을 저울질한 끝에 아시아선수촌 전용 99.38㎡(38평형)을 매입했다.

위 두 가지 사례는 필자가 실제로 상담한 내용이다. 현재 두 아파트의 시세변동을 보면, 잠실주공5단지 34평형은 2022년 4월 말 기준 24억 2,500만 원 선, 아시아선수촌 38평형은 25억 7,500만 원을 호가한다. 그렇다면 향후 5~10년 후 미래가격이나 투자성적표는 어떠할까. '살집팔집'은 미래이익, 미래가치 예측을 할 때 유용한 분석도구가 된다.

먼저, 송파구 지역분석과 두 아파트의 위치분석이 필요하다. 송파구는 지난 10년간 지역변화가 가장 빠르고 도시 공간구조가 급변한 성장지역의 선두주자다. 강남권의 새로운 개발축인 동남권 중심에 위치함으로써 9호선 개통, 제2롯데월드 조성, 재건축추진 등 각종 호재를 독차지하고 있다. 특히 재건축 광풍이 불면서 잠실주공5단지는 태풍의 눈이 됐다. 물론 아시아선수촌도 화제성이 높다. 잠실주공5단지보다 재건축 속도가 느린 탓에 상승대열에는 다소 늦게 합류했지만 2016년 이후 주목을 받게 된다. 신반포한신, 올림픽아파트, 용산 한남뉴타운 등과 함께 후발 유망주자로 급부상 중이다. 인근 우성1·2·3차 아파트, 엘스, 리센츠, 트리지움과 더불어 국제교류 복합지구인 삼성·잠실지구의 최고 수혜단지로 꼽히기도 한다.

먼저, 박모 씨가 매입한 송파구 잠실주공5단지의 투자가치는 어떠할까. 김모 씨가 목전의 선택을 높고 고민하는 아시아선수촌과 비교할 때 투자가치가 더 높을지 관심이 쏠린다. 두 아파트의 공통점은 두 가지다. 첫째, 송파구 핵심입지에다 재건축 개발호재를 누리고 있다는 점이다. 둘째, 강남3구 아파트 가운데도 낮은 용적률과 잠재적 성장가치가 주목된다는 점이다.

입지 및 기본 현황 비교

단위 : 만 원

지역	송파구	송파구
	잠실동	잠실동
단지	잠실주공5단지	아시아선수촌
구분	재건축	재건축
세대수	3,930	1,356
역세권거리	172m	192m
초중고 유무	유	유
전용면적	76.49㎡	99.38㎡
매매평균가	242,500	257,500
전세가율	23%	40%
갭(GAP)	187,250	155,500
입주년도	1978	1986
경과년수	42	34
용적률	138	152
용도지역	3종주거	3종주거
대지지분	74.5㎡	80.0㎡
평당땅값 (건물 감가상각 반영)	**10,760**	**10,642**

자료 : 한국자산관리연구원, "살집팔집"

구분	잠실주공5단지 (전용 76.49㎡)	아시아선수촌 (전용 99.38㎡)
대지지분(용적률)	74.5㎡(138%)	80.0㎡(152%)
공시지가변동률(10년)	6.9%	5.0%
매매가변동률(10년)	9.4%	7.5%
전세가변동률(10년)	7.0%	10.1%
미래가치	높음	높음

주요 지표의 데이터값 변동률 비교

구분		연평균 상승률			
		10년	5년	3년	평균 계
잠실주공 5단지	공시지가	6.9	10.9	14.4	17.7
	매매가	9.4	11.6	11.1	10.7
	전세가	7.0	10.1	14.0	10.4
아시아 선수촌	공시지가	5.0	7.6	10.4	7.7
	매매가	7.5	11.7	7.6	8.9
	전세가	10.1	10.8	15.1	12.0

미래가치 지역성장요인은?

잠실주공5단지와 아시아선수촌이 위치한 송파구의 지역적 특성과 도시 성장력은 강남권 최강이다. 현재가치는 현재가격에 대부분 반영되어 있다. 아파트의 미래가격을 알아보기 위해서는 미래가치를 미리 따져보는 것이 순서다. 미래가격에 직간접적인 영향을 미치는 교통, 학교, 쇼핑, 문화, 의료, 녹지 등 주거환경, 즉 주거가치와 함께 지하철 등 교통 및 생활인프라의 확충 여부, 인구, 소득, SOC투자, 도시계획을 포함한 행정계획 등이 결정적인 성장지표다. 송파구는 강남구에 이웃하고 특히 잠실지구는 삼성동과 인접성 효과(Neighborhood Effect)를 톡톡히 누린다. 인구수와 가구수 증가율, 소득상승률 등 성장지표가 서울지역 평균치보다 높다는 정점도 있다. 국토계획, 도시계획, 대형개발계획도 겹겹이 대기 중이다. 예를 들면 삼성동·잠실종합운동장의 국제교류복합지구 조성, 국제MICE산업육성, 현대차그룹의 GBC빌딩조성, 잠실관광특구, 재건축정비계획, GTX-A노선과 영동대로 지하광장계획, 잠실종합운동장 복합개발사업의 추진이 대표적이다.

내재가치는 잠실주공5단지>아시아선수촌

같은 행정권과 동일생활권에 위치하는 두 아파트의 지리적 위치와 입지특성을 고려할 때 두 아파트의 주거가치는 큰 차이가 없어 보인다. 하지만 투자가치는 다르다. 개별단지의 입지·희소·수익가치를 포함하는 내재가치는 어떠할까.

첫째, 용적률이나 대지지분 분석이다. 잠실주공5단지는 전용 $76m^2$ (대지지분 $74.5m^2$)의 용적률은 138%, 아시아선수촌 전용 $99m^2$(대지지분 $80m^2$)의 용적률은 152%다. 잠실주공5단지가 압도적으로 대지지분이 넓다. 서울시의 30년 이상 된 재건축대상아파트 평균용적률(194%)보다는 두 아파트 모두 매우 낮게 나타났다.

둘째, 매매가격 및 $3.3m^2$당 대지지분 가격분석이다. 잠실주공5단지는 3.3m²당 약 1억 760만 원, 아시아선수촌은 약 1억 642만 원으로 엇비슷하다. 대지지분 가격으로 따져본 내재가치는 큰 차이가 없다.

셋째, 공시지가변동률 분석이다. 10년간 잠실주공5단지는 6.9%, 아시아선수촌 5%가 각각 상승했다. 땅값은 장기적으로 잠실주공이 좀 더 많이 올랐다.

넷째, 매매가격 변동률 분석이다. 잠실주공5단지 9.4%, 아시아선수촌 7.5%가 각각 올랐다. 잠실주공이 역시 많이 올랐다. 잠실주공이 인기도와 투자매력도 측면에서 좀 더 부각됐기 때문으로 보인다.

다섯째, 전세가격 변동률 분석이다. 잠실주공5단지 7.1%, 아시아선수촌 10.1%로서 약 3.1% 높게 오른 것으로 나타났다. 이는 전세입자를 비롯한 실수요자의 측면에서 주거만족도와 편리성이라는 선호도에서 아시아선수촌이 다소 앞섰기 때문으로 보인다. 따라서 내재가치를 종합하면 잠실주공5단지가 아시아선수촌에 비해 다소 높은 것으로 분석된다.

미래가치는 아시아선수촌>잠실주공5단지

그렇다면 미래가치는 어느 단지가 높을까. 삼성동과 종합운동장을 연계해서 국제교류복합지구를 조성해 국제MICE산업의 중심지로 육성한다는 계획은 그랜드프로젝트다. GTX-A·C노선 및 위례신사선, 영동대로 지하도시조성, 탄천공원화, 종합운동장 재건축 등 직접적인 개발을 추진하고 이로 인한 대규모 파급효과가 예상되는 곳은 아시아선수촌과 인접한 우성1·2·3차아파트다. 잠실 우성4차아파트까지도 간접적인 영향력은 미친다. 잠실주공5단지가 위치한 잠실역은 종합운동장역과 두 개 정거장과 1km 이상 떨어져 국제교류복합지구 개발의 간접영향권에 속한다. 즉, 두 아파트의 투자가치는 막상막하다.

자산관리 및 미래전략적인 관점에서 보면, 중·단기투자는 재건축 속도가 빠른 잠실주공5단지가, 10년 앞을 내다본 장기투자는 아시아선수촌이 조금 더 투자매력도가 부상하지 않을까. 국제교류복합지구와 아시아선수촌, 우성1·2·3차아파트는 앞으로도 운명을 같이할 것이다.

헬리오시티 VS 잠실파크리오
승자는?

송파구 가락동 헬리오시티와 신천동의 파크리오아파트의 투자가치는 누가 더 높을까. 2022년 4월 기준으로 두 아파트 가운데 아파트를 구매한다면 어떤 아파트가 가격예측확률이 우세할까? 두 단지에 거주하는 필자의 친구와 지인들이 꽤 많다. 지금부터 송파구의 두 대표적인 아파트단지 간 투자가치 대결을 시작한다. 둘 다 대규모인 데다 신축아파트라는 장점이 있다. 강남권의 주거중심 입지에다 소득이 높은 중산층, 전문직, 은퇴층이 가장 선호하는 매력적인 최적 주거단지로 평가받는다. 먼저, 두 아파트의 입지개요와 기본현황을 살펴보자.

입지 및 기본 현황 비교

단위 : 만 원

지역	송파구	송파구
	가락동	신천동
단지	헬리오시티	파크리오
구분	신축	구축
세대수	9,510	6,864
역세권거리	10m	124m
초중고 유무	유	유
전용면적	84.99㎡	84.90㎡
매매평균가	210,000	214,000
전세가율	54%	54%
갭(GAP)	96,667	99,000
입주 년도	2018	2008
경과 년수	2	12
용적률	285	283
용도지역	1,2,3종주거	3종주거
대지지분	37.8㎡	38.6㎡
평당땅값 (건물 감가상각 반영)	16,459	17,126

자료 : 한국자산관리연구원, '살집팔집'

투자가치를 측정하는 5대 핵심지표 비교

구분	헬리오시티 (전용 84.99㎡)	잠실파크리오 (전용 84.90㎡)
대지지분(용적률)	37.8㎡(285%)	38.6㎡(283%)
공시지가변동률(3년)	9.0%	12.7%
매매가변동률(3년)	10.3%	13.7%
전세가변동률(3년)	29.7%	17.8%
미래가치	높음	높음

주요 지표의 데이터값 변동률 비교

구분		연평균 변동률			
		10년	5년	3년	평균 계
헬리오시티	공시지가			9.0	9.0
	매매가			10.3	10.3
	전세가			29.7	29.7
파크리오	공시지가	5.9	9.3	12.7	9.3
	매매가	10.2	18.0	13.7	14.0
	전세가	11.5	10.9	17.8	13.4

송파구 대표 슈퍼아파트단지의 진짜 매력은?

송파구 가락동 가락시영아파트를 재건축한 송파 헬리오시티는 전용 39.1~150.09㎡로 총 9,510가구로 미니신도시 규모를 자랑한다. 지하철 8호선 송파역 역세권으로 3·8호선 환승역인 가락시장역과 가깝다. 8·9호선 환승역인 석촌역도 이용할 수 있다. 위례신사선 개통을 앞두고 있다. 차량 이용 시 동부간선도로, 올림픽대로, 분당수서 간 고속화도로와 이용도 편리하다. 롯데마트 송파점과 잠실 롯데백화점 롯데월드몰과 인접하여 생활편의 시설이 풍부하며 가락시장에서 청과물 도매시장, 농수산물 시장도 있다.

파크리오아파트는 2008년 잠실시영아파트를 재건축한 아파트로 송파구 신천동에 위치하고, 전용 35.24~144.77㎡로 구성된 총 6,864가구의 대단지 아파트다. 단지 내에 초등학교 2개교(잠실·잠현초) 및 고등학교 1개교(잠실고)가 들어와 있으며, 지하철 2호선 잠실나루역과

8호선 잠실역·몽촌토성역 역세권이다. 단지 B상가 쪽으로 올림픽공원, 롯데월드와 멀지 않은 거리에 석촌호수도 있다. 잠실역 롯데월드몰, 롯데백화점잠실점, 롯데마트월드타워점, 롯데시네마 월드타워가 있다. 서울아산병원도 가깝다.

내재가치는 헬리오시티>파크리오

내재가치 측정지표부터 분석해보자.

첫째, 용적률과 대지지분분석이다. 헬리오시티 용적률 285%, 파크리오 용적률 283%로 큰 차이가 없다. 재건축한 신축아파트의 최대용적률이라서 당연히 서울시 신·구축 평균용적률 269%에 비해서는 높은 편이다. 두 아파트 비슷하다.

둘째, 매매가격 및 3.3m^2당 대지지분가격분석이다. KB국민은행 시세표에 따르면 헬리오시티 전용 84.99m^2 매매가격은 21억 원으로 건물 부분의 감가상각 후 3.3m^2당 대지지분가격은 1억 6,459만 원 선이다.

파크리오는 전용 84.90m^2의 경우 매매가격은 21억 4,000만 원 선으로 건물감가상각 후 3.3m^2당 대지지분가격은 약 1억 7,126만 원 선, 파크리오 대지지분가격이 3.3m^2당 667만 원가량 높다. 4.1%가량 차이다. 이는 입지조건 및 주거환경 등 입지결정요인에 있어서 커다란 차이가 없다면 헬리오시티가 파크리오에 비해 상대적으로 저평가됐다. 파크리오아파트 가격이 헬리오시티보다 과도하게 상승했거나 내재가치대비 고평가됐다는 것을 의미한다. 현재가격 기준으로 가격대비 내재가치를 분석한 결과, 헬리오시티가 높다는 분석이다.

하지만 이러한 결론도출은 몇 가지 한계를 안고 있다. 가락동과 한강변인 신천동 지역의 입지조건 및 주거환경이 동일하거나 비슷하다는 가정, 즉 교통·교육·편익시설·녹지공간 등 주변시설 및 주거만족도 등에 별다른 차이가 없다는 전제하에 단순히 땅값만을 측정해 비교한 것이다. 또한 향후 두 아파트의 매매가격변동에 따라 $3.3m^2$당 대지지분가격은 고정적이 아니라 얼마든지 변동성이 있기 때문이다.

셋째, 공시지가변동률 추이분석이다. 공시지가가 얼마나 오르고 내렸는지를 나타내는 공시지가변동률을 살펴보면 과거 4년간 (2018~2021년) 헬리오시티는 연평균 9%, 파크리오는 12.7% 상승해 두 곳 모두 토지가치가 지속해서 상승했음을 알 수 있다. 파크리오가 좀 더 올랐다. 두 곳 모두 서울시 10년간 상승률 연평균 5.2%를 크게 웃돈다. 공시지가상승률을 비교하면 파크리오가 높게 나타났다.

매매가격변동률추이

넷째, 매매가격변동률 추이분석이다. 3년간 비교할 때 파크리오 13.7% 헬리오시티 10.3%가 올라서 파크리오가 더 많이 상승한 것으로 나타났다. 파크리오에 대한 주거만족도와 투자매력도가 높게 평가됐기 때문으로 보인다.

전세가격변동률추이

다섯째, 전세가격변동률 추이분석이다. 두 단지 간의 전세가격 3년 간 상승률을 비교하면 헬리오시티 29.7%로 파크리오 13.4%보다 훨씬 높게 나타났다. 이는 헬리오시티가 입주한 지 3년도 채 안 된 신축 아파트로서 전세가격이 초기에 낮게 형성됐으나 입주완료 후 급등했기 때문이다. 헬리오시티의 경우 입주 초기 1만 가구에 이르는 대단지 입주로 주변 집값은 물론 전셋값 하락에 일조하기도 했다.

미래가치는 파크리오=헬리오시티

미래가치를 높이는 핵심요인은 위례신사선(2026년), 위례과천선(2025년 개통예정), 잠실관광특구조성, 석촌고분명소화사업, 한강변관광명소지구, 재개발·재건축 및 재정비촉진사업 등이다. 두 아파트 모두 인접지역에 위치하고 대단지, 주거환경과 조건 등도 큰 차이가 없다. 미래가치는 대동소이하다. 다만, 파크리오는 한강변 입지우월성으로, 헬리오시티는 입주한 지 3년째 신축아파트로 장점이 부각된다. 5~10년 후를 생각할 때 파크리오는 건물노후도를 고려할 필요가 있다. 아직 신축아파트의 프리미엄을 누리지만 5~10년 후에는 건물의 감가상각에 따라 자연스럽게 구축으로 평가받게 된다. 크고 화려한 고급 신축아파트, 신축아파트도 세월 앞에서는 장사 없다는 뜻이다.

7장

미래가치최고
'성장지역33' 미리보기
: 핵심입지분석

서울 공간구조구상도

'살집팔집' 꿀팁

현황

서울은 세계 10대 도시인 글로벌 메가시티의 중심이다. 미래청사진 2030도시플랜에 3도시권, 7광역지역 중심, 12지역 중심이 성장거점이다. 광화문 중심 한양도성, 강남권, 여의도영등포권역이 도심3권이다.

미래

용산, 잠실, 청량리, 수색, 동대문, 창동, 대림, 망우, 미아, 목동, 봉천, 천호지역이 선도한다. 용산은 서울역과 연결되면 광화문과 일체화

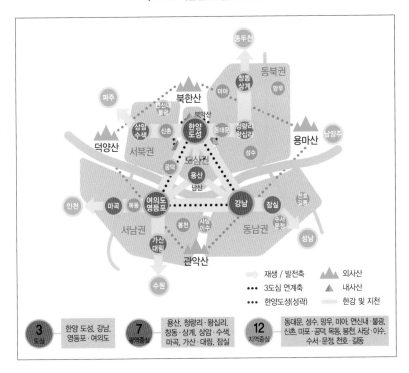

로 새로운 광역도심이 새로 태어난다. 12지역 중심은 동대문, 성수, 망우, 미아, 연신내, 불광, 신촌, 공덕, 목동, 봉천, 사당, 이수, 수서, 문정, 천호, 길동이다. 잠실, 성수, 수서, 마포, 목동이 주목된다.

전략

도심3권을 연결하면 뉴트라이앵글이 탄생한다. 도시재정비, 도시재생, 역세권 개발, 준공업지, 저밀도 단독주택지역 고밀복합개발을 통해 획기적인 도시 공간구조의 변화와 주택개발이 예상된다. 특히 신설역세권 저밀도 역세권, 준공업지역·단독주택지역의 용도변경, 용적률상향, 층고완화 등 건축규제완화와 도시계획상의 획기적인 수혜가 예상된다. 예컨대 4종주거지역이 신설돼 용적률 400%, 층고 50층까지 규제완화도 기대해볼 수 있다. 공공재개발은 급물살을 탈 전망이다. 상가주택, 꼬마빌딩, 다가구, 다세대빌라, 협소토지가 유망하다. 관문지역도 수혜가 예상된다. 도심3권과 초연결되는 인천, 수원, 용인, 성남, 안산, 남양주, 파주, 의정부 등 GTX 신설역세권의 상업용 부동산과 토지도 관심 대상이다.

한강변 기본계획

'살집팔집' 꿀팁

현황

「한강변관리기본계획」은 한강 주변 지역 전체를 포괄하는 종합관리계획이다.

① 강서~난지권역: 서울최고의 수변공원에 기반한 친환경 생태·휴식권역

② 합정~당산권역: 홍대, 선유도, 안양천이 연계되는 수변 창조문화권역

③ 여의도~용산권역: 한강 및 서울의 중심지역을 연계하는 국제적 수변업무·활동권역

| 한강 자연성 회복 및 관광자원화 권역별 계획 |

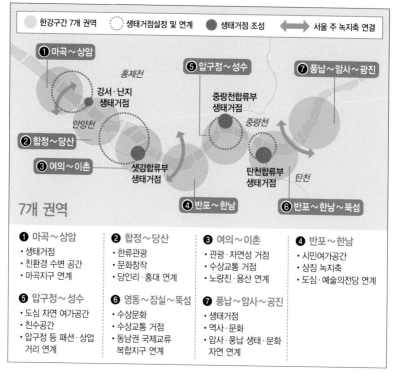

자료 : 서울시, 정부관계부처 합동

④ 반포~한남권역: 국가상징녹지축, 한강공원(이촌·반포), 기존 문화시설과 어우러진 국가적 문화·여가권역

⑤ 압구정~성수권역: 구릉지 한강조망과 배후 도심활력이 함께하는 수변조망·활동 권역

⑥ 잠실·청담~자양권역: 잠실운동장재생과 배후 중심지역과의 연계강화를 통한 국제교류 및 스포츠·관광권역

⑦ 암사~광장권역: 서울 외곽 환상녹지축 및 선사~삼국시대를 연결하는 한강역사문화 · 생태권역

미래

한강은 쾌적성, 휴식공간 제공, 높은 조망권의 가치를 창출, 주거생활의 질을 높인다. 지역개발, 부동산시장, 주거트렌드도 바뀐다. 서울의 보물이고, 미래의 최고 자연문화관광자산이다. 한강조망권과 생활권, 문화가치는 화폐로 쉽게 환산하거나 예측하기 어렵다. 신반포아크로리버파크트의 경우 강남권의 한강조망권 가치는 84m^2의 경우 8~10억 원으로 추정된다. 향후 한강주거가치와 미래가치상승은 충분히 예상된다.

전략

포스트코로나, 한강변아파트에 대한 주거관심도와 투자가치에 대한 기대감은 더욱 커질 전망이다. 조망권의 가치도 높아지는 만큼 이를 고려한 내 집 마련과 슈퍼아파트로의 주거교체전략은 바람직해 보인다. 자산관리전략으로 상업용과 업무용 부동산투자도 한강공원인접 및 조망여부에 따라 자산가치가 차별화될 것으로 보인다.

서울생활권 혁명계획

'살집팔집' 꿀팁

현황

'2030서울생활권계획'은 116개 지역생활권별 실현계획으로 상전 벽해식 변화가 예상된다. 균형개발이 진행되면서 낙후되고 소외된 지역이 수혜대상이다. 5개 생활권, 6개 중심지로 총사업비는 2022년까지 3,100억 원이 투입된다.

첫째, 미아생활권(수유1동·삼양동·미아동)은 북한산 등 풍부한 자연경관에 우이신설선 개통으로 역세권을 연계한 지역활성화가 예상된다.

둘째, 면목생활권(면목본동·면목2~5·7·8동·망우3동)은 면목선개통으로 7호선 사가정역세권 중심으로 근린상업기능이 강화된다.

| 서울시 미아, 면목 등 5개 지역생활권 |

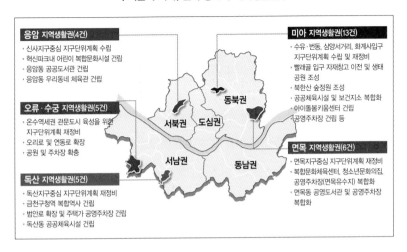

응암 지역생활권(4건)
- 신사지구중심 지구단위계획 수립
- 혁신파크내 어린이 복합문화시설 건립
- 응암동 공공도서관 건립
- 응암동 우리동네 체육관 건립

오류·수궁 지역생활권(5건)
- 온수역세권 관문도시 육성을 위한 지구단위계획 재정비
- 오리로 및 연동로 확장
- 공원 및 주차장 확충

독산 지역생활권(5건)
- 독산지구중심 지구단위계획 재정비
- 금천구청역 복합역사 건립
- 범안로 확장 및 주택가 공영주차장 건립
- 독산동 공공체육시설 건립

미아 지역생활권(13건)
- 수유·번동, 삼양서거리, 화계사입구 지구단위계획 수립 및 재정비
- 빨래골 입구 자재창고 이전 및 생태 공원 조성
- 북한산 숲정원 조성
- 공공체육시설 및 보건지소 복합화
- 아이돌봄키움센터 건립
- 공영주차장 건립 등

면목 지역생활권(6건)
- 면목지구중심 지구단위계획 재정비
- 복합문화체육센터, 청소년문화의집, 공영주차장(면목유수지) 복합화
- 면목동 공영도서관 및 공영주차장 복합화

동북권
서북권 도심권
서남권 동남권

셋째, 응암생활권(응암1·2·3동·녹번동)은 주거지 대폭 개선으로 응암역 중심의 신사지구 상업·교육·문화가 특화된다.

넷째, 오류·수궁생활권(오류1·2동·수궁동)은 서울서남권 대표 관문도시로, 온수역 중심으로 주거·상업·산업·문화기능이 확충된다.

다섯째, 독산생활권(독산1~4동)은 2023년 개통예정인 신안산선, 신독산역·시흥대로 일대(독산지구중심)를 G밸리, 배후주거지 지원거점이다. 금천구청역이 복합개발되고 범안로(독산역~독산로)가 확장된다.

미래

마아역세권, 우이신설역세권, 사가정역세권, 응암역세권, 온수역세권, 신독산역·금천구청역일대가 미래변화중심지로 미래성장가치가 높다.

전략

　내집마련전략은 '살집팔집'에서 지역별·역세권별로 슈퍼아파트를 검색해 최종 선택하는 방법이 유용하다. 자금·지역·평형 등 세 가지 조건을 입력하면 맞춤형 슈퍼아파트를 찾아준다. 기존 혹은 신설역세권 500m 이내는 용적률, 층고완화가능성으로 상업용·업무용 상가주택건물을 매입하는 자산관리전략도 바람직하다.

서울시 관문도시 육성

'살집팔집' 꿀팁

현황

사람·교통·물류가 집중되는 경기도와의 접경지 관문 12개 지역이 도시재생된다.

첫째, 사당(동남권)으로 청년거점도시로 청년일터, 청년삶터, 청년쉼터가 조성된다.

둘째, 도봉(동북권)은 동북권 최대 복합체육·문화·생태 도시로 11만㎡ 규모 동북권 최대의 체육·문화·생태 복합단지가 조성된다.

셋째, 수색(서북권)은 첨단 철도물류거점도시로 철도 중심 첨단물류기지와 지원단지가 조성된다.

| 서울시 12 관문도시 위치 및 단계별 사업도 |

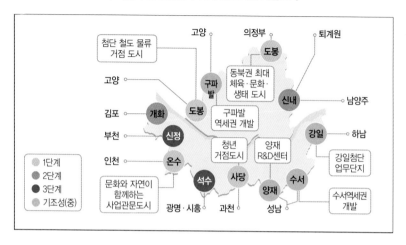

넷째, 온수(서남권)는 산업관문으로 새로운 산업기반, 항동수목원과 산업유산을 활용한다.

미래

사당역세권·이수역세권·도봉권 복합단지 주변과 수색역세권·온수역세권의 상업용·주거용 토지부동산은 미래 성장가치가 높다.

전략

내집마련전략은 '살집팔집'에서 지역별·역세권별로 슈퍼아파트를 검색해 최종 선택하는 방법이 유용하다. 자금·지역·평형 등 세 가지 조건을 입력해 맞춤형 슈퍼아파트를 선택하는 방법도 효과적이다. 기존 혹은 신설역세권 500m 이내 상업용·업무용 상가주택건물을 매입하는 자산관리전략도 바람직하다.

420

서울뉴타운의
화려한 탈환

'살집팔집' 꿀팁

현황

기존주택재개발 방식을 통한 정비사업의 한계를 극복하는 대규모 사업방식으로 강남·강북 간의 격차를 해소하는 대안이다. 과도한 뉴타운지구 지정으로 부동산시장 침체기까지 겹치면서 표류했지만 2~3년 전부터 재건축 억제를 틈타 재정비시장에 화려하게 복귀했다. 공공재개발로 몸값이 날로 치솟고 있다.

미래

재개발, 뉴타운을 비롯해 공공재개발의 활성화로 한남3구역 내 한

● 상계뉴타운

수색증산뉴타운
● 북아현뉴타운

● 이문휘경뉴타운

한남뉴타운
●

노량진뉴타운
●   ● 흑석뉴타운

신림뉴타운
●

남뉴타운이 활발하다. 흑석·노량진·신림·수색증산·북아현·이문휘경·상계뉴타운·장위뉴타운 해제지는 미래성장가치가 높다.

전략

입지·사업성·사업속도·공공지원·인허가·지분확보가 관건이다. 2022년 공공재개발추진지역을 중심으로 입지가치·동의율·노후도 등을 참고해 노후단독·다가구·다세대·상가주택투자가 유망하다. 주변 지역에 위치한 '살집팔집' 슈퍼아파트도 관심을 가질 만하다. 편익·편승효과를 노려보자.

서울시 저층주거지
9곳 도시재생

'살집팔집' 꿀팁

현황

2020년 저층주거지 9곳이 '서울형 도시재생지역'으로 선정된 서울형 도시재생이다. 기존주거지를 보전한 상태에서 공원, 주차장 등 부족한 기반시설을 확충하는 데 5년간(2019~2023년) 총 600억 원이 투입된다.

미래

금천구 독산동 우시장 일대, 성동구 송정동·마포구 연남동·염리동·서대문구 홍제동 일대가 미래성장가치가 높다.

도봉구

노원구

인수동 ●
강북구
공릉1동 ●

은평구

성북구
중랑구

응암3동 ●
홍제1동 ●
종로구
동대문구
면목3, 8동 ●

서대문구

강서구
마포구
연남동 ●
중구
송정동 ●

염리동 ●
성동구
광진구
강동구

신월1동 ●
용산구
자양1동 ●
성내2동 ●

양천구
영등포구
동작구
송파구

구로구
구로4동 ●
강남구

사당4동 ●
서초구
● 주거환경관리사업 연계형

독산2동 ●
관악구
● 도시재생활성화지역 연계형

금천구

전략

내집마련전략은 '살집팔집'에서 지역별·역세권별로 슈퍼아파트를 검색해서 최종 선택하는 방법이 유용하다. 자금·지역·평형 등 세 가지 조건을 입력해 맞춤형 슈퍼아파트를 선택하는 방법도 효과적이다. 기존 혹은 신설역세권 500m 이내 상업용·업무용 상가주택건물을 매입하는 자산관리전략도 바람직하다. 특히 동부간선도로지하화 호재가 있는 성동구 송정동 일대 단독, 다가구주택도 미래가치가 높다.

424

서울도시철도 기본계획

'살집팔집' 꿀팁

현황

'제2차 서울시도시철도망구축계획'에 따라 10개 경전철이 2028
년까지 개통 면목선·난곡선·우이신설연장선·목동선 등 경전철이 신
설되고, 목동~청량리까지 강북횡단선이 생긴다. 거미줄처럼 교통망이
갖춰지면 교통열세지역의 교통편익 창출효과가 가시화되면서 해당
지역과 부동산에 상당한 변화가 예상된다.

미래

동북권, 서북권, 서남권 생활권이 최대 수혜지로 면목선, 동북선,

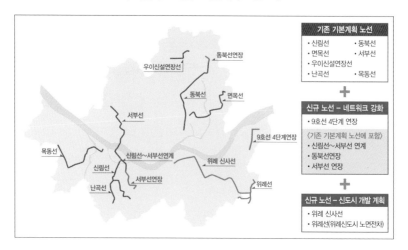

난곡선, 신림선, 서부선연장선, 우이신설연장선, 동북선연장은 획기적인 교통편익창출효과와 신설역세권중심은 미래성장가치가 높다.

전략

내집마련전략은 '살집팔집'에서 지역별·역세권별로 슈퍼아파트를 검색해 최종 선택하는 방법이 유용하다. 자금·지역·평형 등 세 가지 조건을 입력해 맞춤형 슈퍼아파트를 선택하는 방법도 효과적이다. 신설역세권 500m 이내 상업용·업무용 상가주택건물을 매입하는 자산관리전략도 바람직하다. 특히 서울대역·광운대 신역세권이 유망하다.

GTX-A, B, C, D
신설역세권

'살집팔집' 꿀팁

현황

수도권 교통혁명이 시작된다. GTX-A 노선착공(2024년 개통예정)으로 B·C노선도 잰걸음이다. 노선확보 경쟁과 D노선도 발표되었다. 향후 1년간 수도권 광역교통망의 혁명적 변화와 성장지역·투자지형이 확 바뀔 전망이다. 미래의 부를 꿈꾼다면 GTX와 3기 신도시에서 발 빠르고 똑똑한 신흥부자가 새롭게 탄생할 것으로 기대된다.

미래

GTX-A노선은 동탄역·용인구성역·성남역·대곡역·킨텍스역·

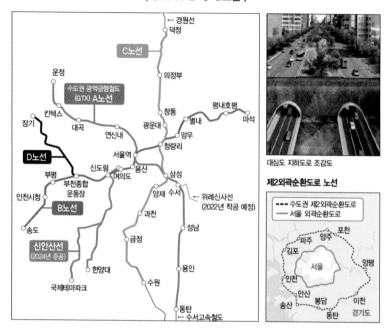

| GTX-A·B·C·D노선 |

자료 : 국토교통부

파주운정역이, GTX-B노선은 송도역·부천역·망우역·별내역이, GTX-C노선은 수원역·금정역·광운대·창동역·의정부역 등이 미래 성장가치가 높다.

전략

내집마련전략은 '살집팔집'에서 지역별·역세권별로 슈퍼아파트를 검색해 최종 선택하는 방법이 유용하다. 자금·지역·평형 등 세 가지 조건을 입력해 맞춤형 슈퍼아파트를 선택하는 방법도 효과적이다. GTX 신설역세권 500m 이내 상업용·업무용 상가주택건물을 매입하는 자산관리전략도 바람직하다.

신안산선
신설역세권

'살집팔집' 꿀팁

현황

신안산선 전철은 2024년 개통예정으로 최대 110km로 운행하는 GTX와 유사한 광역대심철도다. 서울도심 접근성이 절대적으로 불리했던 경기 서남부 주민들의 교통불편이 한 번에 해소되는 획기적인 교통망 개선으로 파급효과가 크다. 신안산선 개통 시, 한양대~여의도 25분, 원시~여의도 36분 등 이동시간이 약 50~75% 이상 대폭 단축된다. 교통편익창출과 주거편익창출효과가 극대화되고 GTX에 버금가는 수도권지역과 부동산시장에 대지각변동이 예상된다.

| 신안산선 착공예정 |

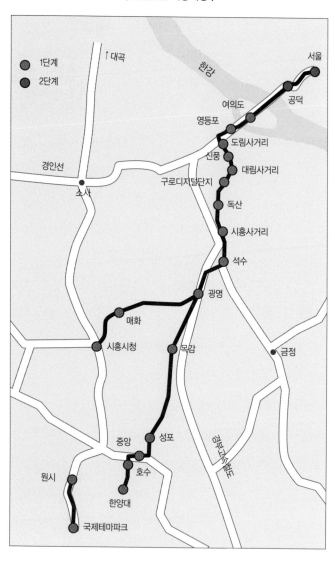

430

미래

한양대역·중앙역·시흥시청역·석수역·시흥사거리역·독산(신독산)역세권, 신역세권이 공간구조와 기능이 밀집화함에 따라 부동산시장도 급속한 성장변화가 주목된다.

전략

내집마련전략은 '살집팔집'에서 지역별·역세권별로 슈퍼아파트를 검색해 최종 선택하는 방법이 유용하다. 자금·지역·평형 등 세 가지 조건을 입력해 맞춤형 슈퍼아파트를 선택하는 방법도 효과적이다. 신설역세권 500m 이내 상업용·업무용 상가주택건물을 매입하는 자산관리전략도 바람직하다. 특히 신독산역세권과 우시장 일대는 유망하다.

신분당선연장선 신설역세권
(북부연장: 강남역~용산역 / 남부연장: 광교~호매실)

'살집팔집' 꿀팁

현황

연장1단계인 강남~신논현~논현~신사역 구간은 2022년, 연장2단계인 신사~용산역 구간은 2025년에 각각 개통예정이다. 신분당선 남부연장구간(광교~호매실)은 예비타당성통과, 2023년 착공예정. 서북부연장사업(용산~서울역~시청~경복궁~독바위~삼송)은 예비타당성 진행 중이다.

미래

신사역·용산역·광교중앙역·호매실역 등 신설역세권은 미래성장 가치가 높다.

전략

내집마련전략은 '살집팔집'에서 지역별·역세권별로 슈퍼아파트를 검색해 최종 선택하는 방법이 유용하다. 자금·지역·평형 등 세 가지 조건을 입력해 맞춤형 슈퍼아파트를 선택하는 방법도 효과적이다. 기존 혹은 신설역세권 500m 이내 상업용·업무용 상가주택건물을 매입하는 자산관리전략도 바람직하다. 경기남북부지역 중 호매실·화서·삼송 등은 교통편익창출로 최대 수혜지가 된다.

| 신분당선연장선 신설역세권 |

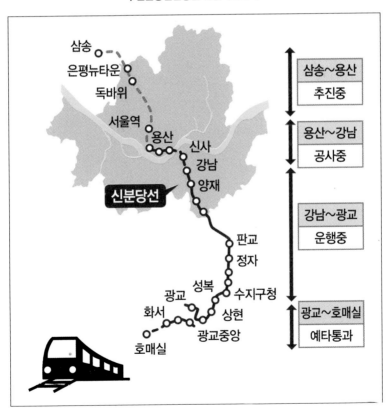

국제교류복합지구 조성계획
(삼성동 코엑스·GBC~잠실종합운동장 일대)

'살집팔집' 꿀팁

현황

코엑스~잠실운동장 일대가 국제교류복합지구로 2024년까지 개벽천지된다. 전시컨벤션시설부터 잠실종합운동장, 한강·탄천, 봉은사 일대는 마이스(MICE)의 3요소인 인프라·문화·역사자원을 모두 갖고 있다. 국제업무·전시컨벤션·스포츠·문화엔터테인먼트가 융합된 세계적인 중심도시로 탈바꿈이 기대된다.

미래

GTX-A노선(2024년 개통예정), GTX-C노선, 위례신사선(2026년 개통예정), 영동대로 지하도시 및 복합환승센터(2024년 완공예정) 조성, 현대차 GBC(2026년 완공예정), 종합운동장 재건축, 탄천공원화계획(2024년 완공예정) 등이다. 미래성장가치가 높다.

전략

내집마련전략은 '살집팔집'에서 지역별·역세권별로 슈퍼아파트를 검색해 최종 선택하는 방법이 유용하다. 기존 혹은 신설역세권 500m 이내 상업용·업무용 상가주택건물을 매입하는 자산관리전략도 바람직하다. 특히, 삼성동에 비해 상대적으로 땅값이 저렴하고 저평가된 종합운동장역세권 새마을시장 상가건물·상가주택·단독주택·다가구주택은 유망하다.

| 국제교류복합지구 조성계획 |

양재, 우면
R&D 지구계획

현황

G밸리·양재 일대가 도심형 R&D(연구·개발)단지가 된다. 연구소·기업 250여 곳이 입주하는 R&D 캠퍼스로 AI특화연구소를 비롯해 창업인큐베이터, 전시·체험·호텔·컨벤션 등 복합문화 공간도 들어선다. 판교에 버금가는 강남권 최대 연구단지가 태어난다.

미래

GTX-C노선, 위례과천선(2025년 개통예정), 양재동 화물터미널부지개발, 한남~양재IC 지하화, 양재 우면R&D 특구개발 등이다. 연구

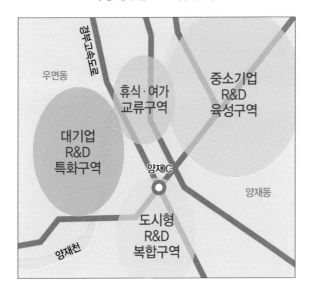

| 양재, 우면 R&D 지구계획 |

와 교육, 주거기능 자원밀집으로 실리콘밸리처럼 미래성장가치가 높다.

전략

내집마련전략은 '살집팔집'에서 지역별·역세권별로 슈퍼아파트를 검색해 최종 선택하는 방법이 유용하다. 자금·지역·평형 등 세 가지 조건을 입력해 맞춤형 슈퍼아파트를 선택하는 방법도 효과적이다. 기존 혹은 신설역세권 500m 이내 상업용·업무용 상가주택건물을 매입하는 자산관리전략도 바람직하다.

미국 맨해튼처럼,
용산 일대 개발계획

'살집팔집' 꿀팁

현황

문화·공원·오피스가 어우러진 '한국판 맨해튼'으로 개발된다. 뉴욕 맨해튼은 월가(街)의 오피스, 센트럴파크, 자연사박물관, 현대미술관 등 문화·예술시설이 밀집·집적화됐다.

용산공원은 남산과 한강연결로 녹지축이 완성되고 미래의료·바이오 기술전시관을 갖춘 국립과학문화관, 용산정비창부지에는 약 8,000가구의 미니신도시가 조성된다. 통째 개발이 추진되면 새로운 미래도시가 탄생한다.

| 용산 일대 개발계획 |

❶ 용산역 정비창	❷ 용산공원	❸ 용산혁신지구	❹ 용산병원 부지
면적 약 51만㎡	면적 약 303만㎡	면적 약 1만 4000㎡	면적 약 1만 1000㎡
내용 ■ 공공임대 2,400채, 일반 및 공공분양 5,600채 ■ 상업·업무시설은 추후 계획 발표 계획 ■ 2021년 구역 지정 ■ 2024년 분양목표	내용 ■ 옛 미군기지(243만㎡) ■ 방사청 부지(7만 3000㎡) ■ 군인아파트 부지(4만 4000㎡) ■ 국립중앙박물관(29만 5000㎡) ■ 전쟁기념관(11만 6000㎡) ■ 용산가족공원(7만 6000㎡) 등을 공원화 계획 ■ 2024년 준공목표	내용 ■ 신산업 앵커시설 및 주민 지원시설 ■ 신혼희망타운 및 청년주택 공급 계획 ■ 2021년 착공 ■ 2024년 준공목표	내용 ■ 용산철도병원 본관은 기부채납해 지역사박물관으로 활용 ■ 나머지 부지는 아파트와 오피스텔, 상업시설 등 주거복합단지 조성 계획 ■ 2021년 착공 ■ 2024년 준공목표

미래

GTX-A노선(2024년 개통예정), GTX-B노선(2027년 개통예정), 신분당선연장, 신안산선(2단계: 여의도~서울역 구간), 서울역~용산역 철도지하화, 한남뉴타운재개발, 용산정비창부지 미니신도시조성(2026년 완공예정), 유엔사부지개발, 용산역전면공원 지하공간개발, 용산공원 각종 박물관조성, 민족공원/남산·한강녹지축연결, 재개발·재건축 도시재정비계획 및 도시재생활성화사업 등이다.

전략

내집마련전략은 '살집팔집'에서 지역별·역세권별로 슈퍼아파트를 검색해 최종 선택하는 방법이 유용하다. 자금·지역·평형 등 세 가지 조건을 입력해 맞춤형 슈퍼아파트를 선택하는 방법도 효과적이다. 기존 혹은 신설역세권 500m 이내 상업용·업무용 상가주택건물을 매입하는 자산관리전략도 바람직하다. 한남뉴타운 인근지역의 단독주택, 다가구주택 및 삼각지역세권 상가건물, 꼬마빌딩이 유망하다.

창동·상계 신경제 중심지 조성계획

'살집팔집' 꿀팁

현황

창동역세권 환승주차장부지에 연 면적 15만 6,263㎡, 최고 45층 규모의 '창동·상계 창업 및 문화산업단지'가 들어선다. '지하8층~지상17층' 건물과 '지하8층~지상45층' 두 동 건물이다. 오픈스페이스월(Open space wall)로 개방감이 특징이며 2024년 완공목표다.

미래

GTX-C노선, 창동·상계신경제중심지조성(2024년 완공예정), 동부간선도로지하화 및 중랑천변공원화(2026년 완공예정), 재개발·재건축

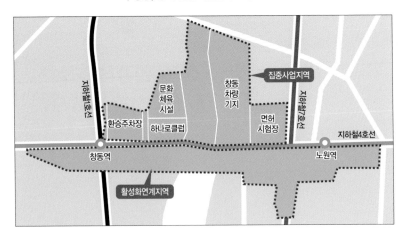

도시재정비계획 및 도시재생활성화사업 등이다. 미래성장가치가 높다.

전략

내집마련전략은 '살집팔집'에서 지역별·역세권별로 슈퍼아파트를 검색해 최종 선택하는 방법이 유용하다. 자금·지역·평형 등 세 가지 조건을 입력해 맞춤형 슈퍼아파트를 선택하는 방법도 효과적이다. 기존 혹은 신설역세권 500m 이내 상업용·업무용 상가주택건물을 매입하는 자산관리전략은 바람직하다.

광진
고밀·복합도시계획

'살집팔집' 꿀팁

현황

광진구는 한강변에 위치하고 있어 입지가 좋다. 구의역 KT용지, 동서울터미널 현대화, 중곡동 의료복합단지 등 3개 복합개발사업이다. 상업용지 확대로 고밀도복합개발로 KT용지는 호텔·오피스텔·업무시설·구청사·공동주택이 들어선다. 동서울터미널 현대화(40층 호텔 2개동)사업, 중곡동 의료·행정·문화 복합단지건설 등 대규모 개발계획이다.

중곡역

의료·행정
문화복합단지

장한평역

군자역

5호선

7호선

아차산역

광나루역

어린이
대공원역

2호선

건대입구역

구의역

강변역

행정·숙박·업무
·주거복합단지

동서울터미널
현대화

미래

동서울터미널현대화사업, 구의행정, 숙박, 업무복합타운조성, 동부
간선도로 지하화 및 중랑천변공원화(2026년 완공예정), 재개발·재건축
도시재정비계획 및 도시재생활성화사업 등이 있다. 미래성장가치가
높다.

전략

내집마련전략은 '살집팔집'에서 지역별·역세권별로 슈퍼아파트를

검색해 최종 선택하는 방법이 유용하다. 자금·지역·평형 등 세 가지 조건을 입력해 맞춤형 슈퍼아파트를 선택하는 방법도 효과적이다. 기존역세권 500m 이내 상업용·업무용 상가주택건물을 매입하는 자산관리전략은 바람직하다. 구의역·강변역세권이 최대 수혜지가 된다.

동부간선도로 지하화,
중랑천공원화계획

'살집팔집' 꿀팁

현황

도시경쟁력과 삶의 질을 높이기 위한 창동·상계 도시재생활성화 계획에 따라 월릉IC에서 경기고 앞 영동대로에 이르는 10.4km 구간에 4차로 도로 개발계획이다. 월계~강남구간 이동시간은 기존 30분 이상에서 10분대로 단축된다. 지상도로를 걷어낸 중랑천 일대는 2026년까지 여의도공원의 10배(221만㎡)에 달하는 크기의 친환경 수변공간으로 조성된다.

| 동부간선도로 지하화 계획 |

자료 : 기획재정부, 서울시

미래

마장동한전용지복합개발, 뚝섬일대복합개발, 뚝섬유수지복합문화체육센터, 동부간선도로 지하화 및 중랑천변공원화(2026년 완공예정), 재개발·재건축 도시재정비계획 및 도시재생활성화사업 등이다. 미래 성장가치가 높다.

전략

내집마련전략은 '살집팔집'에서 지역별·역세권별로 슈퍼아파트를 검색해 최종 선택하는 방법이 유용하다. 자금·지역·평형을 입력해 맞춤형 슈퍼아파트를 선택하는 방법도 효과적이다. 기존 혹은 신설역세권 500m 이내 상업용·업무용 상가주택건물을 매입하는 자산관리전략은 바람직하다. 특히 중랑천 수변공원 인근 상가주택·다가구주택·단독주택이 유망하다.

아시아의 실리콘밸리로 성장하는 판교

'살집팔집' 꿀팁

현황

2022년까지 1조 2,739억 원을 투입, 제2·3 판교테크노밸리가 2024년까지 시흥동 및 금토동 일대에 조성된다. 제2판교테크노밸리 인근에 글로벌ICT융합플래닛완공, 가젤 및 글로벌 앵커기업 등 ICT 분야 관련 기업이 들어선다.

미래

GTX-A노선(2023년 개통예정), 월곶판교선전철(2026년 개통예정), 성남1호선트램(2023년 착공), 성남2호선트램(2023년 착공), 8호선판교연

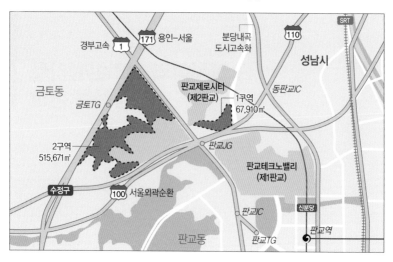

장선(2023년 개통예정), 서울세종고속도로(2023년 개통예정), 백현MICE 사업단지, 1기 신도시 정비사업규제완화, 재개발·재건축 도시재정비 계획 및 도시재생활성화사업 등이다.

전략

내집마련전략은 '살집팔집'에서 지역별·역세권별로 슈퍼아파트를 검색해 최종 선택하는 방법이 유용하다. 자금·지역·평형 등 세 가지 조건을 입력해 맞춤형 슈퍼아파트를 선택하는 방법도 효과적이다. 기존 혹은 신설역세권 500m 이내 상업용·업무용 상가주택건물을 매입하는 자산관리전략은 바람직하다.

서울~세종 고속도로 제2경부 건설
(1단계 구리~안성 구간 2023년 개통예정)

'살집팔집' 꿀팁

현황

경기도 구리와 강동~성남~용인~안성~천안~세종시를 연결하는 128.8㎞ 길이의 왕복 6차선 고속도로다. 1단계 구리~안성 구간은 2023년, 2단계 안성~세종구간은 2024년 개통예정이다. 지난 70년 동안 경부고속도로는 경부축을 중심으로 산업도시 산업단지, 신도시와 주요 주거지가 조성되는 개발 축 역할을 톡톡히 수행했다. 서울~세종 고속도로는 '제2경부고속도로'로 불릴 정도로 기대감이 크다.

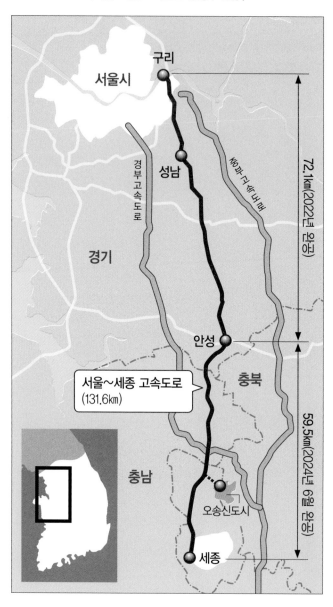

미래

구리, 서하남, 성남, 용인, 안성, 천안, 세종시가 교통편익창출효과를 받을 것으로 기대된다. 출발지와 종착지 효과다. 제1경부에서 소외됐던 지역이 교통우세지역으로 탈바꿈하는 만큼 해당 지역이 최대 수혜지다. 제2경부와 하이닉스반도체 클러스터가 들어서는 용인원삼면 일대는 개발중심지로 변모한다.

전략

내집마련전략은 '살집팔집'에서 지역별·역세권별로 슈퍼아파트를 검색해 최종 선택하는 방법이 유용하다. 자금·지역·평형 세 가지 조건을 입력해 맞춤형 슈퍼아파트를 선택하는 방법도 효과적이다. 기존 혹은 신설역세권 500m 이내 상업용·업무용 상가주택건물을 매입하는 자산관리전략은 바람직하다. 특히 나들목(IC)이 생기는 용인 포곡·원삼, 안성, 천안, 세종지역의 주거용 부동산과 토지투자가 유망하다.

1기 신도시를 뉴시티로, 리뉴얼 프로젝트

'살집팔집' 꿀팁

현황

1기 신도시 전면 재건축을 통한 소위 리뉴얼 프로젝트가 수면 위로 부상 중이다. 일산·분당·산본·중동·평촌 등 5개 1기 신도시는 재건축 연한(30년 이상)이 다가오면서 주거환경이 쇠퇴하고 있다. 생활기반시설이 잘 갖춰진 1기 신도시를 뉴시티로 리폼하면 강남권 대체 고급주거단지와 20만 가구를 넘는 추가 공급효과도 기대된다.

미래

주택공급부족을 타개하기 위한 정책해법으로 3기 신도시와 1기

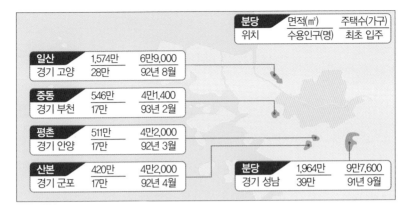

| 1기 신도시를 뉴시티로, 리뉴얼 프로젝트 |

	면적(㎡)	주택수(가구)
분당 위치	수용인구(명)	최초 입주

일산	1,574만	6만9,000
경기 고양	28만	92년 8월

중동	546만	4만1,400
경기 부천	17만	93년 2월

평촌	511만	4만2,000
경기 안양	17만	92년 3월

산본	420만	4만2,000
경기 군포	17만	92년 4월

분당	1,964만	9만7,600
경기 성남	39만	91년 9월

| 신도시별 선호하는 주거환경 개선 사업 방식 |

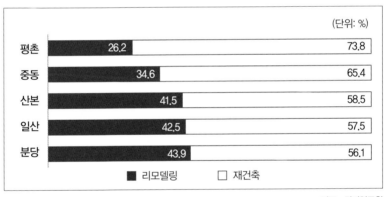

(단위: %)

	리모델링	재건축
평촌	26.2	73.8
중동	34.6	65.4
산본	41.5	58.5
일산	42.5	57.5
분당	43.9	56.1

자료 : 경기연구원

신도시 리뉴얼계획을 동시 추진할 경우 공급 확대효과는 극대화된다. 토지매입, 택지개발 교통인프라 등 천문학적 예산과 기간이 소요되는 신도시 조성과는 달리 인허가절차와 행정계획만으도 가능하다. 다만, 동시 진행할 경우 전세난을 고려해 순차적으로 시기와 방법을 조정할 필요가 있다. 미래의 1기 신도시는 더 이상 낡고 슬럼화된 지역이나 불편한 주거지가 아니다.

전략

내집마련전략은 '살집팔집'에서 지역별·역세권별로 슈퍼아파트를 검색해 최종 선택하는 것이 바람직하다. 자금·지역·평형 등 세 가지 조건을 입력해 맞춤형 슈퍼아파트를 선택하는 방법도 효과적이다. 기존 혹은 신설역세권 500m 이내 상업용·업무용 상가주택건물을 매입하는 자산관리전략도 바람직하다.

경부축 다음에는
서해안부동산이다

'살집팔집' 꿀팁

현황

2021년 이후 인천서구 청라, 중구 운남동과 경기도 시흥시 등 최근 서해안을 중심으로 한 부동산이 재조명받고 있다. GTX 등 광역교통망 확충계획에다 각종 개발호재가 향후 10년 서해안 부동산에 대한 기대감을 높인다. GTX-B노선(2027년 개통예정)은 인천 송도에서 서울역까지 27분이면 도달한다.

미래

인천 청라는 지하철 7호선 연장선 계획, 서해선은 소사~원시선 개

통, 대곡~소사선, 장항선(2023년 개통예정), 신안산선(2024년 개통예정)도 목전에 두고 있다. '시화멀티테크노밸리(MTV)' 중심 '아쿠아펫랜드''해양생태과학관', 실내서빙·다이빙풀 등의 해양관광사업도 기대된다.

전략

내집마련전략은 '살집팔집'에서 지역별·역세권별로 슈퍼아파트를 검색해 최종선택하는 것이 바람직하다. 자금·지역·평형 등 세 가지 조건을 입력해 맞춤형 슈퍼아파트를 선택하는 방법도 효과적이다. 기존 혹은 신설역세권 500m 이내 상업용·업무용 상가주택건물을 매입하는 자산관리전략도 바람직하다. 특히, 종착지와 교통편익창출효과가 큰 교통열세지역이 최대 수혜지가 된다.

3기 신도시
조성계획

'살집팔집' 꿀팁

남양주 왕숙, 하남 교산, 인천 계양, 고양 창릉, 부천 대장, 과천, 안산 장상 지구다. 입지가 양호하고 1·2기 신도시 대비 교통대책이 탁월하다. 광역급행철도(GTX)개통, 지하철연장계획으로 서울도심까지 출퇴근이 가능해 훌륭한 주거대안이 될 수 있다. 하남 교산은 제2과천으로 떠오른다. 남양주 왕숙도 버금가며 물량이 풍부하고 교통여건, 주거환경이 매력적이다. 광화문, 여의도 직장인은 고양 창릉을 눈여겨보면 좋고, 강서권 직장인은 부천 대장, 인천 계양을 살피면 좋다.

| 3기 신도시 입지 |

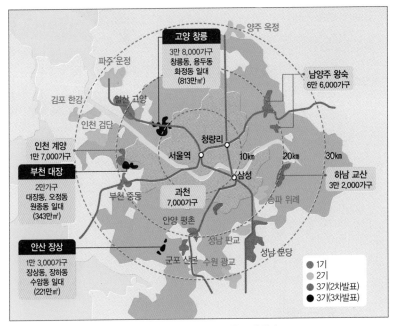

※ 서울과는 떨어진 1, 2기 도시에 비해 그린벨트 내 서울과 가까운 곳에 입지

| 3기 신도시 추진계획 |

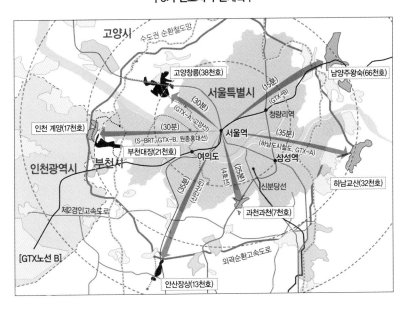

경기도 수원시
도시기본계획 성장개발축

'살집팔집' 꿀팁

현황

도시계획 기본방향은 1도심(수원역~시청~수원화성), 5부도심(광교, 영통, 오목천, 호매실, 정자동)이 성장개발축이다.

미래

GTX-C노선(2026년 개통예정), 수원발KTX연결(2024년 완공예정), 수원1호선트램, 수인선연장(개통), 신분당선연장(2023년 착공예정), 인덕원~동탄복선전철(2026년개통예정), 동탄트램1호선(2027년 개통목표), 용인광교연장선(2025년 개통예정), 서수원종합병원건립, 도이치오토월

| 개발축 구상 |

드건립, 수원R&D사이언스파크추진, 수원군공항스마트폴리스조성추진, 효행지구도시개발사업(2026년 완공예정), 경기융합타운건립(2023년 완공예정), 스타필드수원점, 재개발·재건축 도시재정비계획 및 도시재생활성화사업 등이다.

전략

내집마련전략은 '살집팔집'에서 지역별·역세권별로 슈퍼아파트를 검색해 최종선택하는 것이 바람직하다. 자금·지역·평형 등 세 가지

조건을 입력해 맞춤형 슈퍼아파트를 선택하는 방법도 효과적이다. 기존 혹은 신설역세권 500m 이내 상업용·업무용 상가주택건물을 매입하는 자산관리전략도 바람직하다. GTX-C노선 출발지인 수원역세권과 광교, 영통, 호매실이 최대 수혜지가 된다.

경기도 성남시
도시기본계획 성장개발축

'살집팔집' 꿀팁

현황

도시계획 기본방향은 판교, 분당, 수정·중원 중심으로 도시 공간 구조의 성장이다.

미래

GTX-A노선(2024년 개통예정), 월곶판교선전철(2026년 개통예정), 성남1호선트램(2023년 착공예정), 성남2호선트램(2023년 착공예정), 8호선판교연장선(2023년 개통예정), 위례과천선(2025년 개통예정), 서울세종고속도로(2023년 개통예정), 백현MICE사업단지추진, 1기 신도시 정비사

| 경기도 성남시 도시기본계획 |

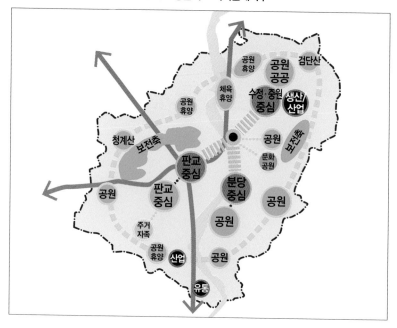

업규제완화, 제2·3판교테크노밸리조성(2022년 완공예정) 재개발·재건축 도시재정비계획 및 도시재생활성화사업 등이다.

전략

내집마련전략은 '살집팔집'에서 지역별·역세권별로 슈퍼아파트를 검색해 최종선택하는 것이 바람직하다. 자금·지역·평형 등 세 가지 조건을 입력해 맞춤형 슈퍼아파트를 선택하는 방법도 효과적이다. 기존 혹은 신설역세권 500m 이내 상업용·업무용 상가주택건물을 매입하는 자산관리전략도 바람직하다. GTX-A 성남역이 들어서는 분당구 백현동·이매동 및 판교 일대가 유망하다.

경기도 용인시
도시기본계획 성장개발축

'살집팔집' 꿀팁

현황

도시계획 기본방향은 서울~세종 간 고속도로, 수도권광역급행철도(GTX) 중심지, 경제도시건설이다. 용인SK하이닉스클러스터가 들어서는 용인시 원삼면일원 450만m^2(약 136만 평) 조성(2023년 첫 번째 공장착공)이 돋보인다.

미래

용인광교연장선(2025년 개통예정), GTX-A노선 용인구성역(2024년 개통예정), 인덕원~동탄복선전철(2026년 개통예정), 서울세종고속도로

| 경기도 용인시 도시기본계획 (용인시) |

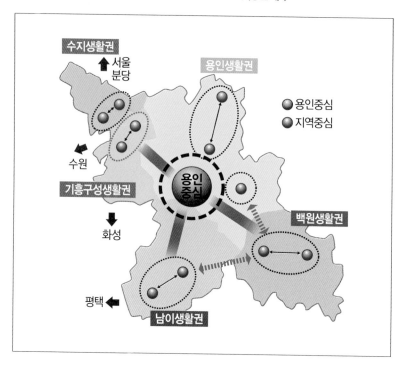

| SK 하이닉스 용인 원삼에 반도체클러스터 조성 |

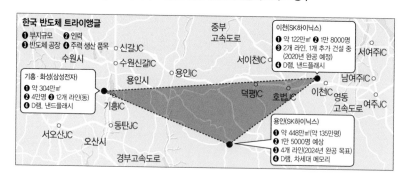

(2023년 개통예정), 오산용인고속도로(2026년 개통예정), 용인플랫폼시티 (2023년 착공예정), SK하이닉스반도체클러스터조성, 용인덕성2산단조성(2024년 완공예정), 램리서치R&D센터건립 등이다.

전략

내집마련전략은 '살집팔집'에서 지역별·역세권별로 슈퍼아파트를 검색해 최종선택하는 것이 바람직하다. 자금·지역·평형 등 세 가지 조건을 입력해 맞춤형 슈퍼아파트를 선택하는 방법도 효과적이다. 기존 혹은 신설역세권 500m 이내 상업용·업무용 상가주택건물을 매입하는 자산관리전략도 바람직하다. 특히, 나들목(IC)이 생기고 용인SK반도체클러스터가 들어서는 용인시 원삼면 사암리, 좌항리, 고당리 및 백암면의 토지투자와 GTX-A노선 및 용인경제신도시가 들어서는 구성역세권이 최대수혜를 입는다.

'살집팔집' 꿀팁

현황

도시계획 기본방향은 원도심 5개권역별 개발이다. '중부생활권'은 역사·문화관광과 로케이션산업 거점으로, '남부생활권'은 생태관광 활성화와 주거지재생사업으로, '동북생활권'은 부평역세권 재생사업, 경인교대역활성화로, '서북생활권'은 청년창업 및 지역상권 활성화사업으로 계획되어 있다. 도서지역인 '강화·옹진생활권'은 관광플랫폼, 평화관광 거점이다.

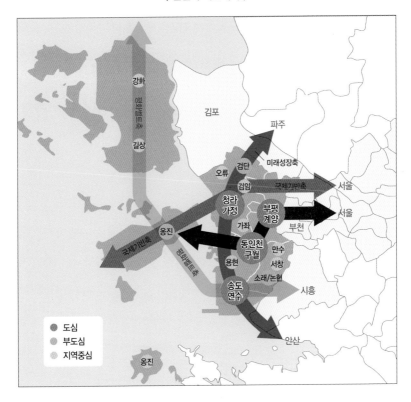

미래

GTX-B노선(2022년 착공예정), 인천지하철1호선연장선, 인천지하철2호선연장선(2028년 개통목표), 7호선연장선(2027년 개통예정), 월곶판교선전철(2026년 개통예정), KTX송도역복합환승센터, 인천계양테크노밸리조성(완공예정), 3기신도시계양지구조성, 루원시티조성(2024년 완공예정), 경서3구역도시개발사업, 검단신도시개발사업(2023년 완공예정), 한들도시개발사업, 영종~청라제3연륙교건설(2025년 개통예정), 스타필드청라점(2024년 개장예정), 청라시티타워(2023년 완공예정), 청라의료복합타운조성, 송도테마파크조성추진, 송도골든하버조성추진, 송도국제업무단지조성추진, 송도역세권개발사업, 인천내항재개발·상상플랫폼사업추진, 영종~청라제3연륙교건설(2025년 개통예정), 인천뮤지엄파크조성(2023년 완공예정), 용현·학익도시개발사업, 재개발·재건축 도시재정비계획 및 도시재생활성화사업 등이다.

전략

내집마련전략은 '살집팔집'에서 지역별·역세권별로 슈퍼아파트를 검색해 최종선택하는 것이 바람직하다. 자금·지역·평형 등 세 가지 조건을 입력해 맞춤형 슈퍼아파트를 선택하는 방법도 효과적이다. 기존 혹은 신설역세권 500m 이내 상업용·업무용 상가주택건물을 매입하는 자산관리전략도 바람직하다. 송도·청라·영종·구월이 유망하다.

부산광역시
도시기본계획 성장개발축

'살집팔집' 꿀팁

현황

　도시계획 기본방향은 다핵분산형 중심지 체계로 부도심 강화다. 2 도심은 광복, 서면 6부도심은 강서·덕천·사상·하단·동래·해운대, 4 지역 중심은 장안·기장·금정·가덕녹산이다. 북항재개발사업은 중구, 동구 일원(연안·국제여객부두, 중앙, 1~4부두)에 1,536,418㎡(46만 평)의 국제업무·국제회의장·호텔·공연장·전시장·스튜디오·공동주택· 쇼핑센터·위락시설·리조트·특급호텔·워터파크가 조성된다.

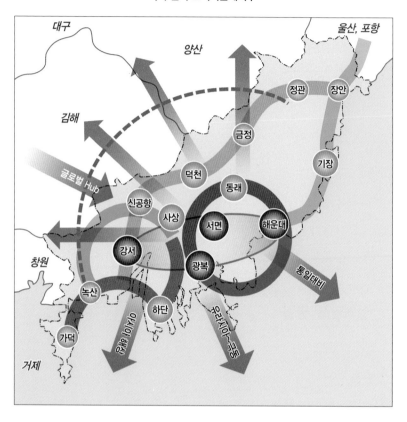

미래

지하철5호선(1단계 2022년, 2단계 2025년 개통예정), 양산도시철도
(2023년 개통예정), 동해선광역전철연장, 오륙도선트램, 만덕~센텀대심
도고속화도로(2024년 개통예정), 부전마산복선전철, 사상~해운대고속
도로(예·타면제), 부산북항재개발사업, 명지국제신도시, 혁신도시·공
공기관 이전, 센텀2지구도시첨단산단, 에코델타시티첨단산단(2023년

완공예정)과 관광단지조성, 재개발·재건축, 도시재정비계획 및 온천동 도시재생뉴딜, 도시재생활성화사업 등이다.

전략

내집마련전략은 '살집팔집'에서 지역별·역세권별로 슈퍼아파트를 검색해 최종선택하는 것이 바람직하다. 자금·지역·평형 등 세 가지 조건을 입력해 맞춤형 슈퍼아파트를 선택하는 방법도 효과적이다. 기존 혹은 신설역세권 500m 이내 상업용·업무용 상가주택건물을 매입하는 자산관리전략도 바람직하다. 가덕도 신공항이 확정되면서 인근 지역이 유망하다.

대구광역시
도시기본계획 성장개발축

'살집팔집' 꿀팁

현황

　도시계획 기본방향은 3개 광역 중심(도심·동대구·서대구) 4개 광역 연계거점(칠곡·신서안심·수성시지·달성현풍)과 3개 지역거점(성서·월배·불로검단)이다. 서대구 KTX역은 2022년 개통예정이며, 역세권개발사업은 2030년까지 서대구역 주변을 종합개발해 미래경제도시로 개발한다. 서대구역을 중심으로 인근 98만 8,000㎡를 민관공동투자개발구역(66만 2,000㎡), 자력개발유도구역(16만 6,000㎡), 친환경정비구역(16만㎡)으로 나눠 각각 개발된다.

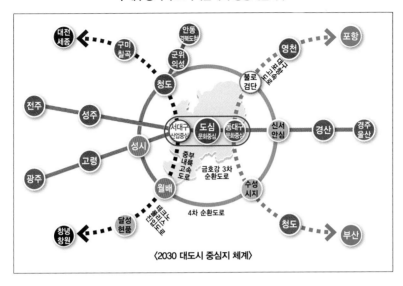

〈2030 대도시 중심지 체계〉

미래

서대구KTX역, 대구지하철1호선 하양연장구간건설, 대구산업선 (2027년 개통예정), 대구신청사 이전건립(2025년 완공예정), 대구·경북경 제자유구역 조성, 대구·경북첨단의료복합단지조성, 대구국가산업단 지조성, 대공원조성사업(2024년 완공예정), 재개발·재건축, 도시재정비 계획, 도시재생뉴딜, 도시재생활성화사업 등이다.

전략

내집마련전략은 '살집팔집'에서 지역별·역세권별로 슈퍼아파트를 검색해 최종선택하는 것이 바람직하다. 자금·지역·평형 등 세 가지 조건을 입력해 맞춤형 슈퍼아파트를 선택하는 방법도 효과적이다. 기존 혹은 신설역세권 500m 이내 상업용·업무용 상가주택건물을 매입하는 자산관리전략도 바람직하다. 특히 도심, 서대구KTX역·동대구, 대구신청사 이전 계획이 있는 서구권이 유망하다.

광주광역시
도시기본계획 성장개발축

'살집팔집' 꿀팁

현황

도시계획 기본방향은 균형적 개발체계, 신개발·도시재생의 조화, 새로운 지역개발거점 형성이다. 경제자유구역은 에너지, 생체의료와 AI를 융합한 신산업 거점 단지로 빛그린산단(미래형 자동차산업·56만 평), 에너지밸리(스마트에너지 산업Ⅰ·28만 평), 도시첨단국가산단(스마트에너지 산업Ⅱ·15만 평), 첨단3지구(인공지능 융복합산업·33만 평) 등 4곳이다.

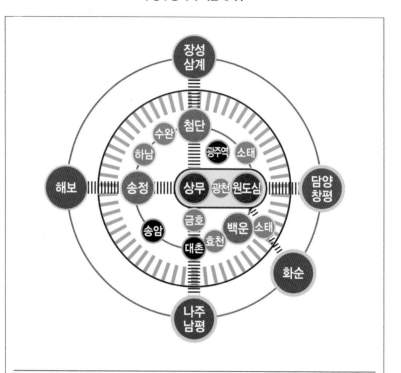

- 분산집중의 균형적 개발체계
- 신개발·도시재생의 조화를 통한 새로운 지역개발거점 형성

- 2도심, 3부도심, 3특화중심, 7지역 중심
- 원도심 : 충장로, 금남로 일원
- 신도심 : 상무지구 일원

- 첨단부도심 : 나노산업·광산업 등 첨단산업 중심의 도시성장 거점
- 송정부도심 : KTX경제권 중심의 복합 상업·업무 쇼핑 중심의 부도심
- 백운부도심 : 광주·전남공동혁신도시와 연계성 및 중심성 강화에 따른 업무, 쇼핑 중심의 부도심
- 송암특화중심 : 문화콘테츠 산업 육성 및 아시아문화전당과 연계한 문화산업 중심
- 광주역특화중심 : 기성시가지 및 새로운 도시기능의 융복합적 재생을 통한 도시재생 거점
- 대촌특화중심 : 에너지 신산업벨트, 스마트시티 등 신산업 개발의 특화발전 중심

미래

광주지하철2호선(2024년 개통예정), 광주형일자리 완성차공장, 광주송정KTX역 복합개발(2023년 완공예정), AI기반과학기술창업단지(2024년 완공예정), 에너지밸리산단조성, 재개발·재건축, 도시재정비계획, 도시재생뉴딜, 도시재생활성화사업 등이다.

전략

내집마련전략은 '살집팔집'에서 지역별·역세권별로 슈퍼아파트를 검색해 최종선택하는 것이 바람직하다. 자금·지역·평형 등 세 가지 조건을 입력해 맞춤형 슈퍼아파트를 선택하는 방법도 효과적이다. 기존 혹은 신설역세권 500m 이내 상업용·업무용 상가주택건물을 매입하는 자산관리전략도 바람직하다. 특히, 원도심·상무·첨단·송정·백운·광주 지하철 2호선 개통예정 신역세권이 유망하다.

대전광역시
도시기본계획 성장개발축

'살집팔집' 꿀팁

현황

도시계획 기본방향은 2핵(둔산·원도심), 10지역 거점(유성·진잠·신탄진·노은·도안·용문·중리·오류·관평·가오)이다. 대전역세권개발사업은 동구 정동·소제동 일원 재정비촉진지구 92만m^2 중 대전역 인근 상업지역 3만m^2을 개발한다.

미래

충청광역철도(2024년 개통예정), 대전지하철2호선(2025년 개통예정), 통합정부청사건립(2025년 완공예정), 대전국제전시컨벤션센터, 첨단국

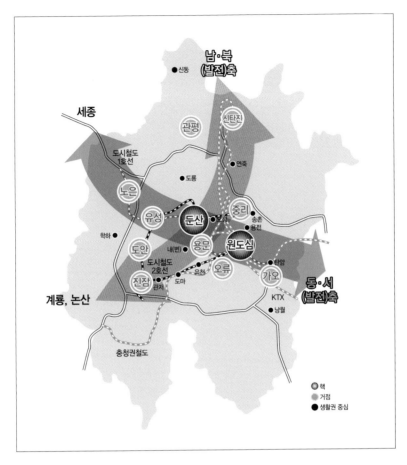

방산단조성, 평촌일반산단조성, 대전베이스볼드림파크(2025년 완공예정), 유성복합터미널개발(2023년 완공예정), 대전역세권개발사업추진, 옛충남도청부지활성화추진, 재개발·재건축, 도시재정비계획, 도시재생뉴딜 등이다.

전략

내집마련전략은 '살집팔집'에서 지역별·역세권별로 슈퍼아파트를 검색해 최종선택하는 것이 바람직하다. 자금·지역·평형 등 세 가지 조건을 입력해 맞춤형 슈퍼아파트를 선택하는 방법도 효과적이다. 기존 혹은 신설역세권 500m 이내 상업용·업무용 상가주택건물을 매입하는 자산관리전략도 바람직하다. 특히, 둔산과 원도심지역의 재개발·재건축 투자 및 도안신도시가 유망하다.

울산광역시
도시기본계획 성장개발축

'살집팔집' 꿀팁

현황

도시계획 기본방향은 1도심(중구·남구), 4부도심(동구 방어진, 북구 농소, 울주 언양, 울주 온양)이다.

KTX울산역세권개발사업은 역세권 배후지역에 연구개발(R&D), 미래차, 생명공학 등 미래 신산업을 새로운 도심에 조성, 2025년 완공 예정이다.

미래

동해선광역전철연장, 울산트램(2027년 개통예정), KTX울산역세권

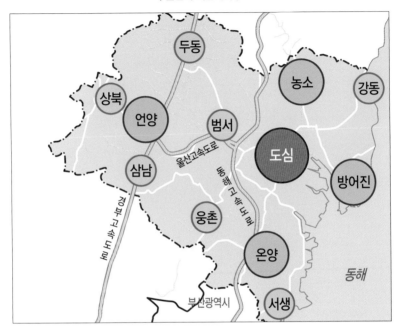

복합개발, 장현도시첨단산업단지, 온산국가산업단지개발, 미포국가산
업단지개발추진, 혁신도시·공공기관이전, 재개발·재건축, 도시재정
비계획, 도시재생활성화사업 등이다.

전략

　내집마련전략은 '살집팔집'에서 지역별·역세권별로 슈퍼아파트
를 검색해 최종선택하는 것이 바람직하다. 자금·지역·평형 등 세
가지 조건을 입력해 맞춤형 슈퍼아파트를 선택하는 방법도 효과적
이다. 기존 혹은 신설역세권 500m 이내 상업용·업무용 상가주택건

물을 매입하는 자산관리전략도 바람직하다. 도심, 온양, 언양, 농소, 방어진이 유망하다.

세종특별자치시
도시기본계획 성장개발축

'살집팔집' 꿀팁

현황

도시계획 기본방향은 1도심(건설지역), 1부도심(조치원)이다. 1도심은 행정·업무·금융·상업의 중추적 기능을, 1부도심인 조치원은 도심 중심기능을 일부 분담하고, 연접한 하위지역의 중심지 역할이다.

미래

국회세종의사당 건립, 서울~세종고속도로(2024년 개통예정), 대통령 세종집무실, 세종시공동캠퍼스조성, 국립박물관(2023년 완공예정), 국립수목원조성, 종합운동장건설(2025년 완공예정), 아트센터개관, 세

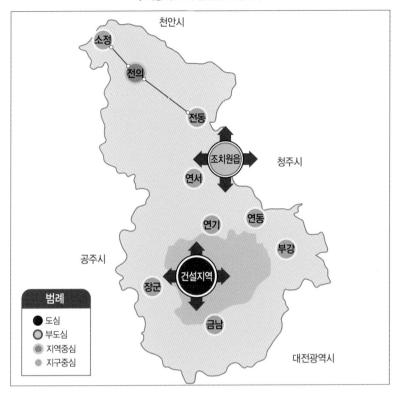

종전동일반산단조성 등이다.

전략

내집마련전략은 '살집팔집'에서 지역별·역세권별로 슈퍼아파트를 검색해 최종선택하는 것이 바람직하다. 자금·지역·평형 등 세 가지 조건을 입력해 맞춤형 슈퍼아파트를 선택하는 방법도 효과적이다. 기존 혹은 신설역세권 500m 이내 상업용·업무용 상가주택건물을 매입하는 자산관리전략도 바람직하다. 세종시는 주변 토지투자가 유망하다.

창원시
도시기본계획 성장개발축

'살집팔집' 꿀팁

현황

도시계획 기본방향은 3도심(창원·마산·진해시가지), 3부도심(북면·삼진·웅동), 3지역중심(대산·내서·신항만)이다. 3부도심의 에코타운 등 주거·첨단산업·광광위락·지역행정 중심지가 핵심기능이다. 삼진지구는 진동·진전, 진북이다.

미래

부전마산복선전철, 남부내륙고속철도사업(2028년 개통예정), 현동 공공주택지구, 강소연구개발특구, 주거지지원형뉴딜사업선정, 재개

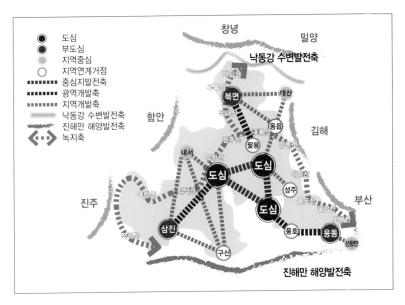

발·재건축정비사업, 스타필드창원(2023년 개장예정) 등이다.

전략

　내집마련전략은 '살집팔집'에서 지역별·역세권별로 슈퍼아파트를 검색해 최종선택하는 것이 바람직하다. 자금·지역·평형 등 세 가지 조건을 입력해 맞춤형 슈퍼아파트를 선택하는 방법도 효과적이다. 기존 혹은 신설역세권 500m 이내 상업용·업무용 상가주택건물을 매입하는 자산관리전략도 바람직하다. 도심권 북면, 삼동·웅동지역이 유망하다.

천안·아산시 도시기본계획 성장개발축

'살집팔집' 꿀팁

현황

천안도시계획 기본방향은 1도심(도심), 2부도심(성환, 직산·목천, 병천), 3지역중심(입장, 성거·청룡·풍세, 광덕)이며, 주발전축은 성환·직산~도심~목천·병천이다. 아산도시계획 기본방향은 1핵(온양 및 신창면), 5지역거점(아산신도시·인주·둔포·도고·송악)이며, 동부(천안)축이다. 두 도시는 광역적으로 동일생활권에 속하며 서로 인접하고 성장하는 도시로서 부동산시장에 미치는 영향력과 파급효과가 크다는 특징이다. 지방소멸시대에도 불구하고 성장잠재력이 높은 투자매력도가 높은 대표 지방 도시로 꼽힌다.

| 천안·아산시 도시기본계획 |

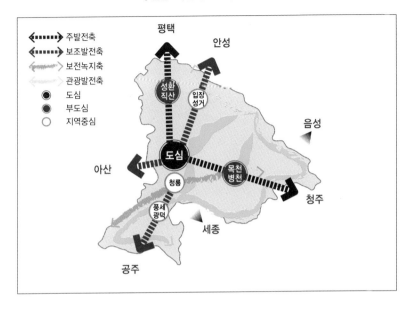

| 아산시 도시기본계획 |

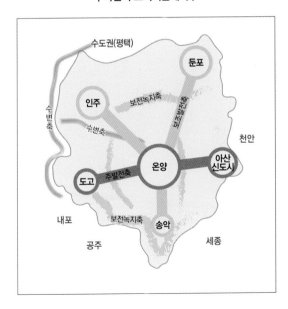

미래

천안~당진고속도로, 천안~청주공항복선전철, 아산탕정2지구 도시개발구역지정, 탕정삼성디스플레이공장 13조 원 투자, 천안아산 KTX역세권 강소연구개발특구유치, 북부BIT일반산업단지, 천안테크노파크산단조성(2023년 완공예정), LG생활건강퓨처일반산단, 천안역세권도시재생뉴딜사업, 천안남산지구도시재생뉴딜사업 등이다.

전략

내집마련전략은 '살집팔집'에서 지역별·역세권별로 슈퍼아파트를 검색해 최종선택하는 것이 바람직하다. 자금·지역·평형 등 세 가지 조건을 입력해 맞춤형 슈퍼아파트를 선택하는 방법도 효과적이다. 기존 혹은 신설역세권 500m 이내 상업용·업무용 상가주택건물을 매입하는 자산관리전략도 바람직하다. 도심과 성환, 직산, 병천, 목천이 유망하다.

3부

실전투자 편

8장

3기 신도시는
제2판교, 광교가 될까?
: 엘도라도의 땅

도심권과 3기 신도시,
미래는 밝다

이 책의 하이라이트 중 하나는 3기 신도시 청약과 전략에 관한 것이다. 신혼희망타운과 젊은 층을 위한 물량이 풍부하고 주택이 꼭 필요한 이들을 위한 특별공급물량이 85%를 차지한다. 도심권과 3기 신도시의 미래는 어떠할까? 내 집 마련을 계획하고 있는 실수요자에게 새로운 주거대안은 무엇일까? 3040세대의 패닉바잉(Panic Buying) 현상을 잠재울 정부의 해법은 무엇일까? 주택공급에 대한 관심이 높아지고 있다.

지금의 과열 분위기를 해소하려면 주택공급 확대방안이 절실하다. 저밀도 역세권·준공업지역·저층단독지역·빌라밀집지역에서 공급이 확대될 전망이다. 긍정적인 신호가 아닐 수 없다. 도심권 개발활성화와 신도시 공급확대 패스트트랙 방식이다. 유휴부지 활용, 공공택지개발, 공공재개발과 공공재건축도 추진된다. 다각적이고 다양한 방안으로 공급확대가 이뤄지면 주택시장안전에는 청신호가 켜질 것으로 관측된다.

따라서 2021년은 무주택자를 비롯해 실수요층은 정책방향, 공급 예정물량, 지역분석 및 입지비교, 분양가와 당첨가능성 등 자세히 종합분석한 후 실행전략을 다시 세울 필요가 있다. 3기 신도시가 대표적이다. 이 책의 하이라이트 중 하나가 3기 신도시 청약과 전략이다. 신혼희망타운과 젊은 층을 위한 물량이 풍부하고 주택이 꼭 필요한 이들을 위한 특별공급 물량이 85%를 차지한다. 토지보상 등 난제가 산적해 있지만, 계획대로 추진될 경우 파급효과는 상당할 것이다. 문재인정부가 야심차게 추진하고 있는데, 이마저 실패하면 물러설 자리가 없어 보인다. 3기 신도시를 연결하는 핵심요소인 광역교통망대책도 급물살을 타고 있다.

3기 신도시는 영끌 천국될까? 특공이 답이다!

신규택지개발과 공공재건축 및 공공재개발 그리고 3기 신도시 공급이 본격화된다. GTX-A·B·C와 신안산선 등 광역교통대책도 이미 확정했다. 특히 3기 신도시는 서울과 가까운 입지환경, 대규모 신규공급물량과 사전청약확대, 광역교통망 대책 및 자족도시조성으로 성공 가능성이 크다. 30~40대에게 특별히 반가운 점은 무엇보다 아이 키우기 좋은 교육도시를 지향하고 분양가도 시세의 80% 이내로 저렴하게 공급된다는 점이다.

신혼부부, 생애최초주택 구입자 등 청약가점이 낮은 젊은 층 위주로 분양계획은 로또청약에서 낙첨한 실수요자에겐 더없는 호기가 찾아왔다. 2021년은 내 집 마련을 꿈꾸는 이들에게 가뭄 속 단비와 같은 반가운 소식이 아닐 수 없다. 3기 신도시는 10년 후에는 판교, 광교처럼 수도권의 주거천국이 될 것으로 확신한다. 특별공급을 노려라. 3기 도시 성공여부는 정부의 치밀한 준비와 속도에 달렸다. 미루지 말자. 모두가 속도전이다.

3기 신도시는 제2의 판교, 광교될까? 약속의 땅

3기 신도시는 성공할까. 1·2기 신도시 사례를 뛰어 넘어설 수 있을까. 필자는 가능해 보인다. 모든 신도시가 모두 제2의 광교, 판교가 될 수는 없다. 하지만 노무현 정부가 추진한 2기 신도시도 이렇게 잘되고 성공할 줄은 몰랐다. 3기 신도시는 약속의 땅이나 다름없다.

그렇다면 신도시의 역사는 어떠했을까? 먼저, 1기 신도시를 살펴보자. 지난 1980년대 고 노태우대통령 시절 갑작스레 시작된 200만 호 건설계획과 1기 신도시는 세계 신도시건설 역사를 다시 쓰고 여러 가지 진기록을 남겼다. 가장 짧은 기간에 가장 많은 주택을 지었기 때문이다. 한국의 빨리빨리 문화와 놀라운 도시건설 능력과 건축기술을 과시하기도 했다. 실제로 신도시 수출이 늘어나는 계기가 됐다. 강남 신도시와 1기 신도시조성사업은 대표적인 성공사례로 꼽힌다. 단기간 대규모 주택공급으로 시장안정과 내 집 마련기회와 자가보유율을 획기적으로 높이는 긍정적 효과도 거뒀다.

다음으로 2기 신도시다. 명암이 엇갈린다. 노무현정부, 이명박정부 때 시작한 판교, 광교, 위례, 하남미사, 화성동탄 등 수도권 신도시는 우여곡절이 깊다. 요즘은 모두 최고 주거지역·주거중심지로 각광받고 있지만, 분양 초기에는 판교를 제외하고는 그다지 인기를 끌지 못했다. 위례신도시와 하남미사신도시도 미분양의 대명사로 꼽혔다. 요즘 뜨고 있는 김포, 파주, 검단신도시는 최악이었다. 그야말로 미분양의 무덤이었다. 마곡과 세종시도 상황은 크게 다르지 않았다. 필자가 산증인이다. 그때 당시 필자는 한국토지주택공사(LH)와 서울주택도시공사(SH)의 분양설명회 대표강사로 활동한 적이 있다. 분명히 좋은 입지에 합리적 가격임에도 분양계약을 체결하는 이가 드물었다. 강사로서 주최 측에 민망한 때가 많았다.

그런데 10년 만에 대반전이 일어났다. 지금은 어떠한가. 목격하는 바와 같다. 그래서 미래를 보는 눈과 실천력, 미래가치가 더 중요하다. 내 집 마련은 평생 과제이고 한 번으로 끝날 일이 아니다. 주거의 사다리를 하나씩 타고 목표지점까지 단계적으로 상향 이동해야 한다. 당장 1~2년 앞을 보지 말고 5년이나 10년 후를 내다보고 한 걸음씩 나아가다 보면 어느새 알짜부동산과 진짜 아파트를 찾을 수 있다.

마지막으로 3기 신도시다. 만일 노무현, 이명박, 박근혜 정부 때 각각 추진했던 세종시, 2기 신도시, 보금자리주택, 행복주택사업이 적기에 추진되거나 조성되지 않았더라면 지금의 서울 집값은 어떻게 되었을까? 스스로 자문해 보곤 한다. 인구이동과 단위 면적당 인구와 자원 밀집도가 높아지는 서울을 비롯한 수도권은 지금보다 훨씬 집값과 전셋값이 폭등했을 것이 틀림없다.

도심고밀복합개발 VS 3기 신도시, 누가 더 셀까?

미국, 영국, 프랑스, 독일 등 선진국은 정권교체와 상관없이 공공임대주택과 도심권 재정비사업을 통해 소형주택공급을 꾸준히 늘려 왔다. 그 결과 우리나라와 같은 주거문제를 큰 실패 없이 슬기롭게 극복했다. 벤치마킹이 필요한 대목이다. 재정비사업과 신도시건설이 동시에 진행될 필요가 있다는 말이다.

3기 신도시의 장점과 매력은 무엇일까? 내 집 마련 갈증에 목말라 온 실수요자에게, 특히 낮은 가점과 부족한 자금력으로 지친 30~40대 무주택자에겐 복음과 같은 희망이 된다. 주거문제를 해결할 자산축적의 기회로 삼아도 손색이 없다. 일석이조 전략이다. 은퇴를 앞둔 50~60대에게도 마찬가지다. 은퇴 후 서울과 복잡한 도심을 떠나 적합한 주거지와 새 주택을 마련하고 싶었던 이들에게 새로운 대안이 될 수 있다.

3기 신도시는 서울을 완전히 떠나지 않고도 새로운 은퇴주택에서 거주 편리성을 누릴 수 있다. 따라서 도심권에서 거주하는 자녀와의 소통도 원활히 할 수 있다. 또한 노후 자산증식과 주택연금 혜택도 동시에 누릴 수 있어 일석삼조의 효과를 맛볼 수 있다. 베이비부머세대와 은퇴한 노년층에게 관심을 가질 것을 권한다. 바보는 기회가 와도 잡을 줄을 모른다.

일각에선 서울에서 10만 가구 이상의 신규 주택공급으로 3기 신도시의 효과가 반감될 수 있다는 지적이 나온다. 3기 신도시보다 인기가 많은 서울로 대기수요가 몰릴 경우 3기 신도시의 미분양 가능성이 있다는 주장이다. 하지만 이러한 우려와 걱정은 기우에 그칠 가능성이 크다.

3기 신도시는 3기 신도시의 수도권 공급대책 핵심정책으로 과거 1·2기 신도시와 달리 교통대책과 자족기능을 높였다. 서울과 30분 이내 지근거리에 입지하는 등 성공가능성이 크다. 분양가도 주변 시세보다 30% 이상 저렴해 주거만족과 투자매력도를 모두 갖춘 슈퍼부동산, 슈퍼아파트로 변신할 개연성이 그 어느 신도시보다 높다는 판단이다.

3기 신도시의
입지환경과 특징

3기 신도시 입지환경

　정부는 하남교산과 고양창릉, 남양주왕숙, 인천계양, 부천대장 등 3기 신도시와 '미니 신도시'급인 과천, 안산 장상지구를 택지개발지구로 지정해 동시다발적으로 개발한다. 3기 신도시뿐 아니라 과천과 안산지역 미니신도시에도 관심이 쏠린다. 문제는 3기 신도시가 어떤 도시 구조와 기능으로 만들어지는가다. 살고(Live) 싶고 사고(Buy) 싶을 만큼 주거매력이 있는지, 1·2기 신도시에 비해 주거도시로서 경쟁력이 있는지, 성공가능성은 있는지 여부가 관건이 된다.

　5개 신도시별로 각각의 장단점이 있고 주거편리성, 선호도와 투자가치가 각각 다르다. 서울과 지근거리에 위치하고 양호한 입지환경과 교통대책, 자족기능을 갖추는 방향으로 개발이 계획되고 토지보상 등 비교적 원활하게 진행되는 점은 긍정적이다.

3기 신도시 및 과천 과천지구, 안산장상지구 등에서 총 21만 호가 공급될 계획이다. 하지만 이는 당초 계획기준이며 8·4대책으로 용적률 상향을 통해 추가적으로 2만 호를 더 공급하면 총 23만 호가 공급된다. 서울까지 평균이격거리 1.6㎞ 등 서울 접근성이 우수한 지역에, 동·남부권 3곳(10.5만 호), 서부권 4곳(8.8만 호) 등 균형 있게 공급되며 2025년부터 입주가 시작된다(신도시 공급물량은 미확정으로 이 글에서 제공되는 신도시 관련 도표들은 8·4대책 이전에 나온 자료다).

구분		합계	2차 발표지구(18년 12월)				3차 발표(19년 5월)		
			남양주 왕숙 (1,2)	하남 교산	과천* 과천	인천 계양	고양 창릉	부천 대장	안산* 장상
면적	만㎡	3,651	1,134	649	156	335	813	343	221
	만 평	1,104	343	196	47	101	246	104	67
주택수(만 호)		19.0	6.6	3.2	0.7	1.7	3.8	2.0	1.3
서울 이격거리(km)		1.6	3.5	2.2	0.0	0.0	0.0	0.7	
권 역			동, 남부권 10.5만 호				서부권 8.8만 호		

과천 및 안산장상지구는 대규모택지(100만㎡)에 해당(자료: LH한국토지주택공사)

3기 신도시
입지현황

3기 신도시개발방향 및 기본개념

국토교통부와 LH 발표자료에 따르면, 3기 신도시개발방향과 기본개념은 다음과 같다.

첫째, 서울 도심권과의 30분 이내의 출퇴근 가능 도시, 즉 '직주근접 신도시'가 들어선다. 서울과 1기 신도시 사이에 위치했다. 2배 이상 광역교통개선부담금을 투입해서 교통망을 완벽히 확충하며, 입주불편이 없도록 조기에 교통망을 마련하기로 했다. 예를 들어, GTX-B(남양주왕숙), 고양선(고양창릉), 하남선(하남교산), 부천대장·인천계양(S-BRT)에 약 8조 원대(사업비의 20% 수준) 광역교통대책이 준비됐다.

둘째, '일자리를 만드는 도시'를 표방해 도시지원시설용지를 확보하고 도시첨단산단을 지정, 임대료가 저렴한 기업지원허브가 조성된다.

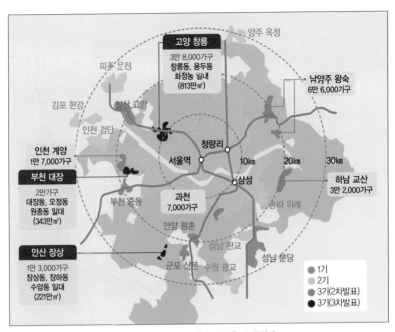

고양 창릉
3만 8,000가구
창릉동, 용두동
화정동 일내
(813만㎡)

양주 옥정

파주 운전

낭양주 왕숙
6만 6,000가구

김포 한강

인천 검단

일산 고양

인천 계양
1만 7,000가구

부천 대장
2만가구
대장동, 오정동
원종동 일대
(343만㎡)

청량리

서울역

10km 20km 30km

삼성

하남 교산
3만 2,000가구

부천 중동

과천
7,000가구

송파 위례

안양 평촌

안산 장상
1만 3,000가구
장상동, 장하동
수암동 일대
(221만㎡)

성남 판교

성남 분당

군포 산본 수원 광교

● 1기
● 2기
● 3기(2차발표)
● 3기(3차발표)

※ 서울과는 떨어진 1,2기 도시에 비해 그린벨트 내 서울과 가까운 곳에 입지

　셋째, '아이 키우기 좋은 도시'로 100% 국공립유치원설치, 친환경
에너지자립도시, 법정 1.5배가 넘는 공원이 마련된다.

　넷째, '지역 맞춤형 도시'로 지자체가 시행자로 참여하고 대토보상
활성화로 원주민의 재정착에 기여한다.

　다섯째, 디지털 뉴딜과 연계한 '스마트도시'다. 지구별 특화서비스
를 선별 적용하고 신도시 내 첨단물류시설을 구축해 드론택배, 로봇배
송 등 첨단운송서비스가 시범적으로 적용된다. 공유형모빌리티(PM),
통합교통서비스플랫폼, 고급형간선급행버스체계(S-BRT, Super-Bus

Rapid Transit), 자율주행차운행, 로봇주차장 등도 구상 중이다.

여섯째, '친환경에너지 절약도시'로 전체면적의 1/3을 공원녹지로 확보한다. 자연상태 물순환체계유지, 공공시설에 태양광설치, 지구계획 단계부터 제로에너지 건축계획이 마련됐다.

일곱째, '디자인 특화도시'로 도시건축 통합계획, 창의적인 도시경관을 조성하고, 특별건축계획구역지정 및 지구별 랜드마크 등 특화된 도시 이미지를 창출한다.

남양주 왕숙지구

왕숙지구 사업개요

- 위치: 남양주시 진접읍, 진건읍 일원
- 면적: 11,337,000㎡(343만 평)
- 호수: 66,000호(164,750인)
- 사업기간: 2019~2028년

왕숙지구는 별내신도시를 능가할까?

남양주 왕숙신도시는 지구 지정이 완료된 곳 가운데 사업속도가 가장 빠르다. 분양물량도 6만 6,000호로 가장 많고, 입지도 괜찮다. 2028년까지 완전한 도시기능을 갖춰 주변 도시와 교류하는 상호보완

| 남양주 왕숙지구 대규모 택지 현황 |

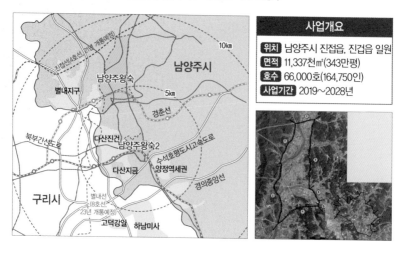

사업개요

위치	남양주시 진접읍, 진건읍 일원
면적	11,337천㎡(343만평)
호수	66,000호(164,750인)
사업기간	2019~2028년

해 성장하는 공생도시를 만든다. 경제, 생태, 초연결 행복도시를 지향한다. 진건읍에 위치한 왕숙 1기 신도시는 '경제중심권역'으로, 일패동·어패동 일대에 조성하는 왕숙 2기 신도시는 '문화예술권역'으로 각각 개발된다. 친환경문화복합, 사회경제복합, 비즈니스복합 등 3개 중심생활권으로 조성된다. 주거지 반경 500m 안에 공원, 학교 등 공공시설이 포함된 9개 생활권이 생긴다. 모든 생활권이 공원과 녹지로 연결돼 쾌적한 환경이 보장된다.

중요한 교통망계획으로는 GTX-B가 완공되면 마석에서 청량리까지 약 17분, 인천송도까지 50분이 소요된다. 강남, 잠실에 편중된 교통중심기능을 남양주가 분담한다. 공사 중인 8호선 별내선(서울 암사~남양주 별내), 4호선 진접선(서울 당고개~남양주 진접) 그리고 별내선과 진접선의 단절구간(3.2km)이 연결되면 4·8호선 환승은 물론 서울 중랑신내~남양주를 연결하는 6호선 확장사업으로 강북과의 교통도 단축된다. 교통정체를 해소하기 위한 제1외곽순환도로 복층화, 수석대교건설, 무정차BRT구축, 도로입체화확장을 통한 상습정체구간의 해소방안도 마련된다. 따라서 서울 강남·강북과의 교통접근성이 획기적으로 개선된다. 왕숙지구는 별내신도시의 인기와 주거만족도, 투자매력도를 능가하는 3기 신도시의 대장이 될까. 필자의 의견은 '가능하다'이다. 들여다볼수록 교통, 환경, 자족 기능이 매력덩어리라는 느낌이다.

남양주 미래가치를 분석하다

| 남양주시 인구추이 |

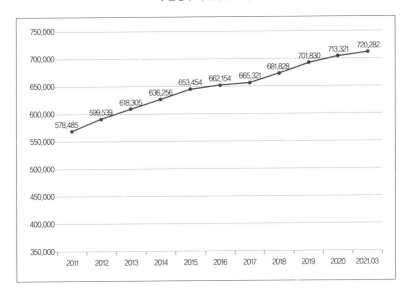

| 남양주시 세대수 추이 |

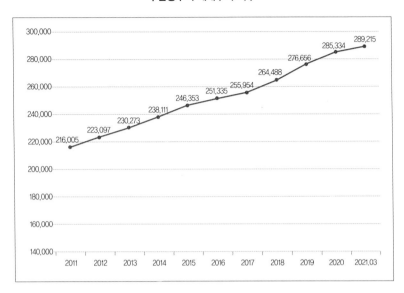

| 남양주시 개별공시지가 추이 |

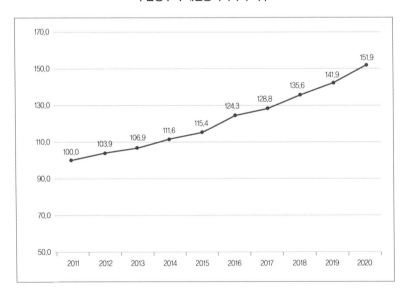

| 남양주시 지역소득 추이 |

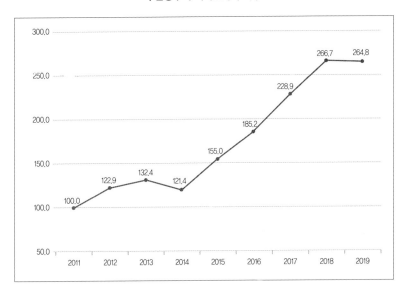

남양주시 미래가치 핵심요인

- 인구증가율 최근 10년(2011~2021년 3월)

  평균 2.2% 증가: (+)요인

- 세대증가율 최근 10년(2011~2021년 3월)

  평균 3% 증가: (+)요인

- 경기도 지역 총생산 최근 10년(2009~2019년)

  평균 5.4% 증가: (+)요인

- GTX-B노선(2022년 착공예정)

- 포천~서울~세종 간 고속도로

  (구리~포천 구간 2017년 개통완료 / 1단계 서울~안성 구간 2022년 개통

예정)

- 8호선 별내연장선(2023년 개통예정)
- 4호선 진접선연장(2021년 개통예정)
- 3기 신도시 왕숙지구 조성(2021년 착공예정)
- 남양주 그린스마트밸리 조성(2023년 완공예정)
- 경기북부 2차(구리, 남양주) 테크노밸리 조성(2025년 완공예정)

인근지역 부동산동향 및 청약은?

남양주 왕숙지구의 예상분양가는 얼마 정도며, 당첨전략은 어떻게 짜야 할까? 이 질문과 관련해서 왕숙지구 인근 별내·다산지구의 아파트 가격 및 분양상황을 미리 살펴보자. 어떻게 자금과 청약가점과 조건을 충족시키는지 준비하는 일은 필수과제며, 당첨전략을 짜는 데도 큰 도움이 된다.

2021년 4월 말 현재기준 별내신도시의 신축아파트 전용 $76m^2$(30평형)의 매매가격은 7억 9,000만 원 선, 전용 $84m^2$(34평형) 매매가격은 7억 8,500~8억 4,000만 원 선이다. 다산신도시 신축아파트 전용 $79m^2$(31평형)의 매매가격은 7억 7,000~8억 2,000만 원, 전용 $84m^2$(34평형)의 매매가격은 8억 8,000~9억 1,000만 원 선에 거래된다.

2020년 10월 15일 분양 공고된 남양주시 별내동 별내자이더스타 전용 $84m^2$(34평형)의 1순위 기타 지역 청약경쟁률은 329.31:1이며, 당첨가점은 최저 67점, 평균 68.56점이었다.

'살집팔집'으로 본 남양주 슈퍼아파트 TOP5는?

지역	아파트명	구분	입주년도	가구수	용적률(%)	용도지역
다산동	다산반도유보라메이플타운	신축	2018	1,085	198	3종주거
다산동	힐스테이트다산	신축	2019	1,283	179	3종주거
별내동	별내부르시오	신축	2015	1,100	194	3종주거
오남읍	남양주양지e─편한세상1단지	구축	2009	832	199	3종주거
진접읍	자연앤어울림	구축	2009	509	188	3종주거

하남 교산지구

교산지구 사업개요

- 위치: 하남시 교산동·천현동 외
- 면적: 6,491,000㎡(196만 평)
- 호수: 32,000호(80,000인)
- 사업기간: 2019~2028년

하남 교산, 제2의 과천 될까?

하남 교산지구는 신도시 가운데도 강남권과 가장 가깝다. 분양 가구수도 3만 2,000호로 비교적 많아서 수요자의 관심도가 가장 높다. 하남미사신도시가 인기를 끌고 집값도 강동 못지않게 큰 폭으로 올랐

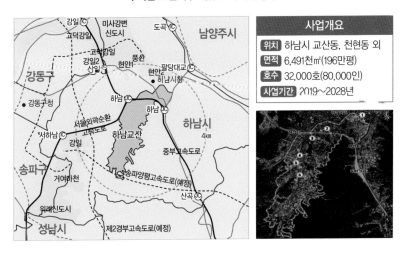

| 하남 교산지구 대규모 택지 현황 |

사업개요

위치 하남시 교산동, 천현동 외
면적 6,491천㎡(196만평)
호수 32,000호(80,000인)
사업기간 2019~2028년

다. 당첨만 되면 주거환경, 투자수익, 시세차익이 세 가지가 보장된 보증수표나 다름없다는 기대가 커지고 있다.

공존, 공생의 CO-LIVING 플랫폼을 비전으로 친환경, 친육아, 일자리, 자족기능, 다양한 주거환경을 콘셉트로 개발된다. 자족중심, 주거중심 생활권으로 구분하고 12개 소(小)생활권으로 나뉜다. 주거중심은 학교와 대중교통 결절점을 중심으로 8곳으로 세분화되며 지하철 신설역을 중심으로 상업, 문화, 주거가 집적화된 역세권 복합용지가 들어선다.

중부고속도로로 단절된 자족중심생활권과 남북을 연결하기 위해 특화구역을 설치, 상업, 업무, 주거, 문화가 어우러진 미래형 복합용지가 있다. 지하층은 BRT와 지하도로, 공유주차장 등 자연네트워크를 구성하며 상층부는 인공데크공원이다.

3부 실전투자 편 **519**

교통대책으로는 하남에서 송파 등 서울 주요 지역을 연결하는 송파~하남 간 도시철도가 2028년 완공된다. 천호~하남 간 BRT가 지구 내 환승거점까지 도입하며, 지구 내 버스전용차로와도 연계된다. 서울보훈병원역(9호선)에 환승시설을 설치하며, 8·9호선 석촌역이나 2·9호선 종합운동장역과 연결도 검토 중이다. 국도 43호선을 확장하고 화산~초이 간, 감일~고골 간 도로가 신설되고 서울 양평고속도로의 초이IC도 들어선다.

앞서 언급한 대로 하남 미사지구에 이어 교산지구에 대한 시장참여자의 상승기대감은 하늘을 찌른다. 하남이 과천처럼 제2의 강남으로 급부상하고 인기를 추월할 것이란 예측도 나온다. 서울동남권이 송파구에 지리적으로 인접하고(인접성효과), 강남권 거주자의 수요를 대체가능하며(대체성효과), 주거환경의 쾌적성이 빼어나며(숲세권효과), 강남권의 주거편익을 가장 가까이에서 누릴 수 있다는 편익편승효과까지 종합하면 가능성이 크다고 판단된다.

하남 미래가치를 분석하다

| 하남시 인구 추이 |

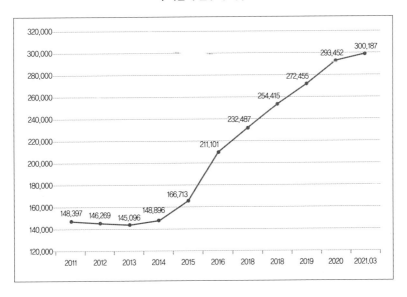

| 하남시 세대수 추이 |

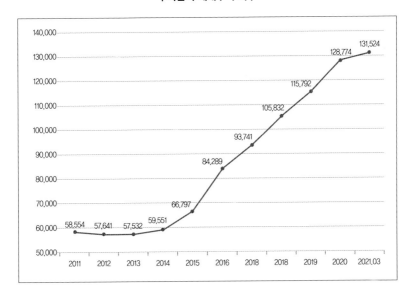

| 하남시 개별공시지가 추이 |

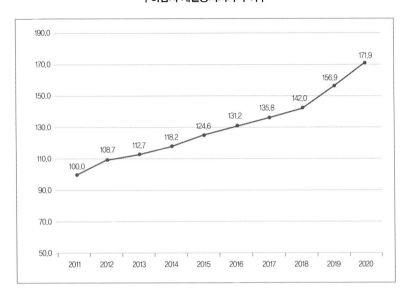

| 하남시 지역소득 추이 |

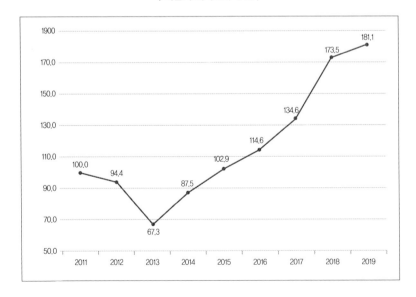

522

하남시 미래가치 핵심요인

- 인구증가율 최근 10년(2011~2021년 3월)

  평균 7.6% 증가: (+)요인

- 세대수증가율 최근 10년(2011~2021년 3월)

  평균 8.7% 증가: (+)요인

  경기도 지역 총생산 최근 10년(2009~2019년)

  평균 5.4% 증가: (+)요인

- 지하철 5호선 연장(2020년 개통예정)

- 지하철 9호선 4단계 연장(2022년 착공목표)

  (중앙보훈병원역~고덕강일지구)

- 3기 신도시 교산지구 조성(2022년 착공예정)

인근지역 부동산동향 및 청약은?

하남 교산지구의 예상분양가는 얼마 정도며, 당첨전략은 어떻게 짜야 할까? 교산지구 인근 하남 미사지구의 아파트 가격 및 분양상황을 미리 살펴본다. 청약자금과 청약가점, 조건을 충족하고 준비하는 일은 필수과제며 당첨전략도 중요하다.

2021년 4월 말 기준 하남미사지구 신축아파트 전용 59m^2(25평형)의 매매가격은 8억 4,000만 원~8억 7,500만 원, 전용 84m^2(34평형)의 매매가격은 9억 8,000~12억 3,000만 원이다.

2020년 10월 22일 분양 공고된 하남시 감일지구 푸르지오마크베르 전용 $84m^2$(34평형)의 1순위 기타 지역 청약경쟁률은 558.7:1이며, 당첨가점은 최저 72점, 평균 74.07점이었다.

'살집팔집'으로 본 하남 슈퍼아파트 TOP5는?

지역	아파트명	구분	입주년도	가구수	용적률(%)	용도지역
망월동	미사강변루나리움	신축	2015	1,164	201	3종주거
망월동	미사강변푸르지오	신축	2016	1,188	209	3종주거
신장동	백송한신	구축	1994	641	219	3종주거
창우동	부영	구축	1994	2,055	203	2종주거
풍산동	미사강변센트럴자이	신축	207	1,222	209	3종주거

고양 창릉지구

창릉지구 사업개요

- 위치: 고양시 덕양구 일원
- 면적: 8,126,000 m^2(246만 평)
- 호수: 38,000호(92,000인)
- 사업기간: 2020~2029년

고양 창릉은 일산의 빨대 될까? 밴드왜건 될까?

고양 창릉신도시는 일산신도시의 빨대로 작용할까? 편익편승효과
(Band Wagon Effect)를 가져올까? 창릉은 고양의 중심생활권인 일산신
도시와 삼송, 원흥지구 인근에 위치한다. 특히 서울과 가까운 곳에 위

사업개요

위치	고양시 덕양구 일원
면적	8,126천㎡(246만평)
호수	38,000호(92,000인)
사업기간	2020~2029년

치해 일산신도시와 비교되는 입지경쟁과 가격전망으로 주목받는다. 창릉신도시가 입주하면 빨대효과로 일산신도시가 가장 직격탄을 받을 거란 예상도 나온다.

하지만 분당, 일산 등 1기 신도시에 대한 도시대개조론, 스마트 도시건설계획 등이 논의 중으로 수도권 북부 개발론 및 신도시계획의 방향과 내용에 따라 시너지효과도 기대된다. 우려와 달리 1·3기 신도시의 상생발전가능성도 높다는 관측이다. 창릉신도시는 현재 밑그림을 그리기 위한 마스터플랜 공모가 진행 중이다. 고양시 원흥동·도내동 일대에 3만 8,000호(당초계획 기준)가 들어서는 등 공급물량이 풍부하다.

교통대책도 잘 짜여 GTX-A노선(2023년 개통예정), 서부선(2028년 개통예정), 고양선(새절역~고양시청)이 계획됐다. 백석~문산 간 고속도로, 제2자유로 연결 등 서울과의 교통접근성도 개선된다. 고양선은 노선확정을 위한 기초타당성 용역이 진행으로 식사역 연장과 행신중앙로여 추가방안도 검토 중이다. 판교의 2배가 넘는 40만 평에 대규모 자족용지를 배치해 직주근접형 자족도시모델 실현, 일자리 창출 및 창업인큐베이터 역할을 한다. 기업성장지원센터가 조성되는 점은 괄목할 만하다.

일각에서 주장하는 고양 창릉신도시로 인한 일산신도시 쇠퇴론과 집값 폭망론에 대한 필자의 생각은 정반대다. 일산은 분당과 마찬가지로 생활기반시설이 잘 갖춰져 있으며 주거만족도도 매우 높다. 1기 신도시에 대한 전면적인 재건축이나 리뉴얼 방안도 있는 만큼 일부 예언처럼 부정적이거나 절망적인 상황은 현실과는 거리가 멀다. 도시계획과 기능, 교통계획을 어떻게 조화·조정·배분하느냐에 따라 시너지 효과도 기대해볼 수 있다고 판단한다.

고양시 덕양구 미래가치를 분석하다

| 고양시 덕양구 인구 추이 |

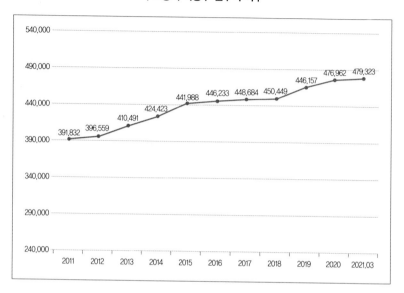

| 고양시 덕양구 세대수 추이 |

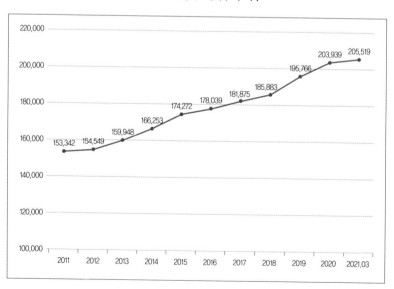

| 고양시 덕양구 개별공시지가 추이 |

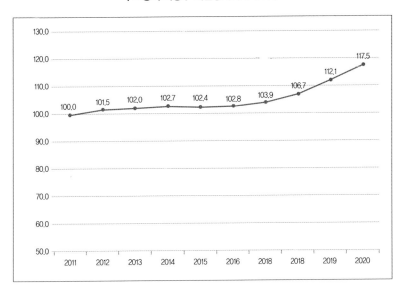

| 고양시 덕양구 지역소득 추이 |

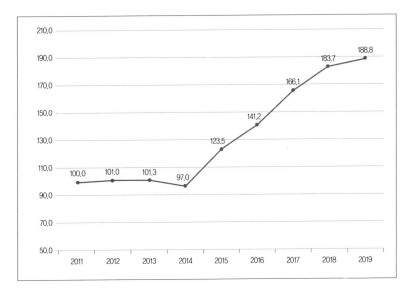

고양시 덕양구 미래가치 핵심요인

- 인구증가율 최근 10년(2011~2021년 3월)

  평균 2% 증가: (+)요인

- 세대수증가율 최근 10년(2011~2021년 3월)

  평균 3% 증가: (+)요인

- 경기도 지역 총생산 최근 10년(2009~2019년)

  평균 5.4% 증가: (+)요인

- GTX-A노선(2023년 개통예정)
- 고양선 전철(2028년 개통예정)
- 대곡소사복선전철
- 경의중앙선 향동역 신설
- 신분당선 서북부연장(예·타 진행 중)
- 3기 신도시 창릉지구 조성
- 대곡역세권 개발(2025년 완공예정)
- 능곡 재정비촉진지구 조성

인근지역 부동산동향 및 청약은?

고양 창릉지구의 예상분양가는 얼마 정도며, 당첨전략은 어떻게 짜야 할까? 이 질문과 관련해서 창릉지구 인근 원흥지구의 아파트 가격 및 분양상황을 미리 살펴보고, 자금과 청약가점, 조건을 충족하기 위해 준비하는 일은 필수과제며 당첨전략을 짜는 데도 큰 도움이 된다.

2022년 4월 말 현재기준 원흥지구 신축아파트 전용 75㎡(30평형)의 매매가격은 7억 7,000만 원 선, 전용 84㎡(34평형) 매매가격은 8억 3,000만 원 선이다.

2020년 10월 16일 분양 공고된 고양시 덕양구 대곡역 롯데캐슬 엘클라씨 전용 84㎡(34평형)의 1순위 청약경쟁률은 32.93:1이며, 당첨가점은 최저 57점, 평균 60.81점이었다.

'살집팔집'으로 본 고양 덕양구 슈퍼아파트 TOP5는 ?

지역	아파트명	구분	입주년도	가구수	용적률(%)	용도지역
도내동	원흥동일스위트	신축	2018	1,257	204	3종주거
동산동	동산마을22단지 호반베르디움	신축	2012	1,426	173	3종주거
행신동	서정마을파크하임휴먼시아	구축	2009	394	174	2종주거
화정동	별빛(건영10단지)	구축	1996	1,080	179	3종주거
화정동	은빛마을(6단지)	구축	1996	1,320	199	3종주거

인천 계양지구

계양지구 사업개요

● 위치: 인천시 계양구 귤현동 일원

● 면적: 3,349,000㎡(101만 평)

● 호수: 17,000호(39,000인)

● 사업기간: 2019~2026년

3기 신도시 인천 계양, 2기 검단신도시를 넘을까?

인천 계양지구는 수도권 3기 신도시 가운데 1만 7,000호로 규모가 가장 작다. 대부분 농지로 개발이 쉬워서 사업진척속도가 가장 빠르다. 벌써 입소문을 타면서 인근 아파트는 프리미엄이 1억 원씩 뛰고 있다. 지향하는 콘셉트는 마음을 연결하는 하이퍼테라시티로 계양산에서 굴포천을 사선으로 연결하는 녹지축이다. 공원과 녹지가 모든 생활권에서 200m 이내로 중부고속도로로 단절된 자족중심 생활권과 남·북을 연결한다. 해당 지역을 특화구역으로 지정하고 단절생활권을 연결하는 인공도시공원을 설치해 상업·업무·주거·문화가 어우러지는 미래형 복합용지를 만든다.

S-BRT노선과 굴포천 녹지축 교차점은 특화구역으로 복합환승센터와 기업 및 상업용지, 스타트업 캠퍼스 등이 어우러지는 첨단산업 클러스터가 조성된다. 특화구역의 지하층은 BRT와 지하도로, 공유주차장 등 첨단교통물류기능을 담고, 지상층은 덕풍천과 공원 등 자연 네트워크를 구성한다. 상층부는 인공데크공원으로 도로단절을 극복한다.

교통대책으로는 임학역에서 박촌역 구간까지 병목현상이 심하다. 지하철 김포공항철도와 5·9호선인 김포공항역과 연결된다. 남쪽으로는 7호선과 GTX-B노선인 부천종합운동장역과 연결된다. 주민들은 장기적으로 9호선 연장을 바라고 있으며 검토 중이다.

수요자의 관심은 제2기 신도시인 검단지구의 주거만족도와 투자 매력도를 앞지를지다. 필자는 그럴 가능성이 충분하다고 판단한다. 청약을 망설이고 주저하는 사람들이 있겠지만, 서울 강서권이나 여의도로 출퇴근하는 직장인, 은퇴준비자는 관심의 끈을 놓치지 않길 바란다.

| 인천 계양지구 대규모 택지현황 |

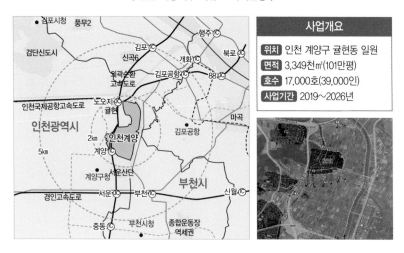

사업개요

위치 인천 계양구 귤현동 일원
면적 3,349천㎡(101만평)
호수 17,000호(39,000인)
사업기간 2019~2026년

| 인천 계양구 인구 추이 |

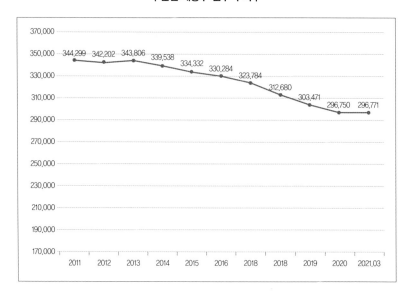

| 인천 계양구 세대수 추이 |

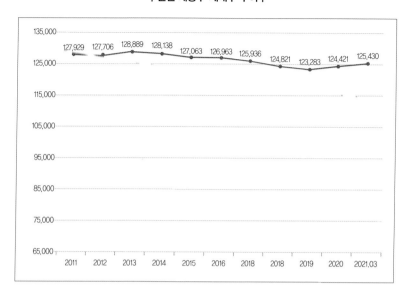

| 인천 계양구 개별공시지가 추이 |

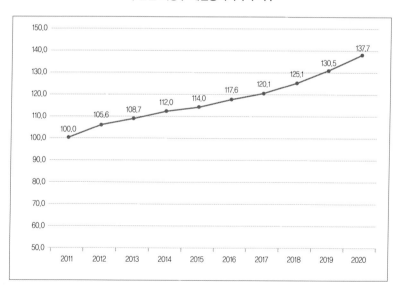

| 인천 계양구 지역소득 추이 |

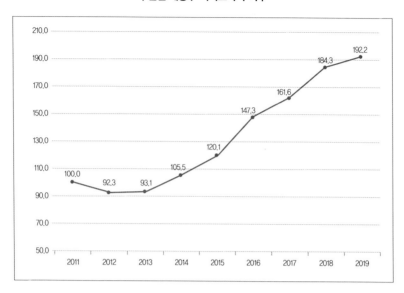

인천 계양구 미래가치 핵심요인

- 인구증가율 최근 10년(2011~2021년 3월)

  평균 -1.5% 감소: (-)요인

- 세대수증가율 최근 10년(2011~2021년 3월)

  평균 -0.2% 감소: (-)요인

- 인천시 지역 총생산 최근 10년(2009~2019년)

  평균 3.4% 증가: (+)요인

- 인천계양테크노밸리 조성

- 3기 신도시 계양지구 조성(2022년 착공예정)

- 재개발·재건축정비사업 추진

536

인근지역 부동산동향 및 청약은?

인천 계양지구의 예상분양가는 얼마 정도며, 당첨전략은 어떻게 짜야 할까? 이 질문과 관련해서 박촌역 인근 신축아파트 가격 및 분양 상황을 미리 살펴보고, 자금 청약가점과 조건을 어떻게 충족하고 준비 하는지 알아보자.

2022년 4월 말 현재기준 박촌역 인근 신축아파트 전용 59㎡(25평형)의 매매가격은 3억 9,000만 원 선, 전용 84㎡(34평형)의 매매가격은 4억 9,000만 원 선이다.

2020년 7월 17일 분양 공고된 인천 부평구 브라운스톤부평의 전용 59㎡(25평형)의 1순위 청약경쟁률은 1.19:1이었다.

'살집팔집'으로 본 인천 계양구 슈퍼아파트 TOP5는?

지역	아파트명	구분	입주년도	가구수	용적률(%)	용도지역
계산동	계산주공	구축	1990	1,140	173	3종주거
계산동	극동	재건축	1985	629	118	2종주거
박촌동	계양한양수자인	신축	2011	376	229	2종주거
방축동	아주	구축	1991	480	187	3종주거
병방동	학마을서해	구축	1997	1,261	239	3종주거

부천 대장지구

대장지구 사업개요

- 위치: 부천시 대장동·오정동 일원
- 면적: 3,434,000㎡(104만 평)
- 호수: 20,000호(47,000인)
- 사업기간: 2020~2029년

부천 대장지구, 2기 김포 신도시와 경쟁력은?

부천 대장지구는 대장동과 오정동 일원에 산업단지와 교통이 편리한 친환경 자족도시가 콘셉트다. 주택공급물량은 2만 호로 작은 규모지만 강서생활권 거주자의 관심이 높다. 굴포천과 소하천을 활용한 테

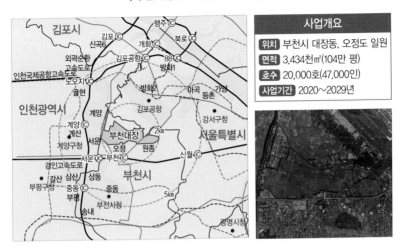

마형 호수공원, 생태친환경주거단지를 조성할 계획으로 작지만 알찬 신도시가 될 전망이다.

서울 강서권 생활 주민에겐 마곡, 김포한강신도시에 이어 또 다른 주거중심지가 된다. 테마형 생태공원, S-BRT를 중심으로 광역교통망 체계를 구축하고 인천계양, 서울마곡지구와 연계한 기업벨트가 조성된다. 57만m^2의 도시첨단산단을 조성해 핵심기업을 유치한다. S-BRT 환승센터를 특별계획구역으로 지정해 중심광장과 랜드마크를 조성한다.

S-BRT를 중심 문화축으로 설정해 문화 상업, 업무기능이 유기적으로 배치된다. 교통대책으로는 인천계양지구와의 연계성을 중시한 광역교통계획이 연내 수립될 예정인데 아직 미확정이다.

수요자의 관심은 대장지구가 김포신도시의 주거매력과 투자가치

를 과연 뛰어넘을 수 있을까에 집중된다. 필자의 견해는 그럴 가능성
이 충분하다고 생각한다. 김포공항과 가깝고 마곡지구와도 연결성이
높은 데다 분양가도 김포신도시 시세 대비 낮을 것으로 예상된다. 과
거 1기 신도시인 중동신도시에서 재미를 보지 못한 학습효과도 작용
할 것이다. 3기 신도시는 1기 신도시와는 다른 입지와 콘셉트, 특징을
지닌다.

부천시 미래가치를 분석하다

| 부천시 인구 추이 |

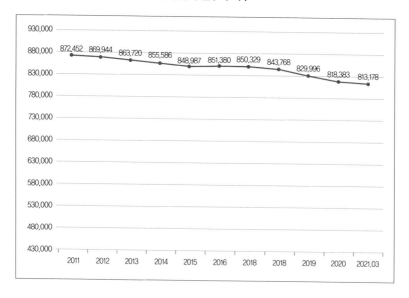

| 부천시 세대수 추이 |

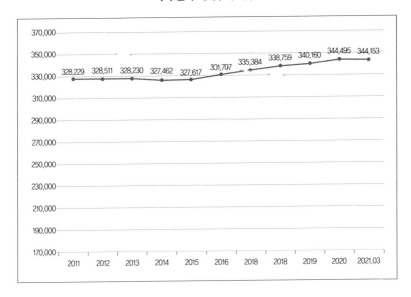

| 부천시 개별공시지가 추이 |

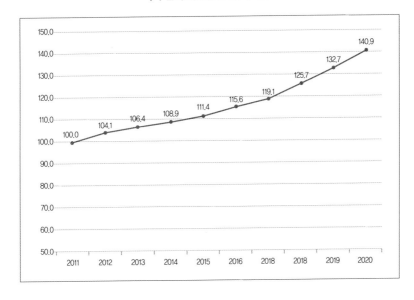

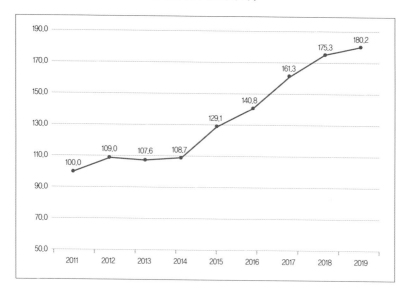

| 부천시 지역소득 추이 |

부천시 미래가치 핵심요인

● 인구증가율 최근 10년(2011~2021년 3월)

　평균 -0.7% 감소: (-)요인

● 세대수증가율 최근 10년(2011~2021년 3월)

　평균 0.5% 증가: (+)요인

● 경기도 지역 총생산 최근 10년(2009~2019년)

　평균 5.4% 증가: (+)요인

● GTX-B노선(2022년 착공예정)

● 대곡소사복선전철

● 송내부천트램(예·타 통과)

● 원종홍대선 전철(2026년 착공목표)

- 3기 신도시 대장지구 조성
- 부천종합운동장 역세권 개발(2024년 완공예정)
- 계수범박 주택재개발정비사업지구

인근지역 부동산동향 및 청약은?

부천대장지구의 예상분양가는 얼마 정도며, 당첨전략은 어떻게 짜야 할까? 이 질문과 관련해서 대장지구 인근 원종동의 아파트 가격 및 분양상황을 미리 살펴보자. 자금과 청약가점과 조건을 어떻게 충족하는지 준비하는 일은 필수과제며, 당첨전략을 짜는 데도 큰 도움이 된다.

2022년 4월 말 현재기준 원종동 금호어울림(2011년 입주) 전용 59㎡(25평형)의 매매가격은 5억 원 선, 전용 84㎡(36평형) 매매가격은 6억 5,500만 원 선이다.

2020년 3월 26일 분양 공고된 부천원종 길성그랑프리텔 전용 69㎡(29평형)의 1순위 기타 지역 청약경쟁률은 7.22:1이며, 당첨가점은 최저 42점, 평균 49.5점이었다.

'살집팔집'으로 본 부천 슈퍼아파트 TOP5는?

지역	아파트명	구분	입주년도	가구수	용적률(%)	용도지역
상동	진달래마을(써미트빌)	구축	2002	559	209	3종주거
소사본동	부천소사역푸르지오	신축	2012	797	249	준공업
옥길동	LH옥길브리즈힐	신축	2016	1,304	202	3종주거
옥길동	옥길호반베르디움	신축	2017	1,420	199	3종주거
중동	포도마을(삼보영남)	구축	1994	1,836	212	3종주거

3기 신도시
청약불패전략 세 가지

영끌하는 30대, 새로운 주거대안은?

2021년 신규 분양아파트 청약 열기가 뜨거웠다. 민간택지 분양률
은 몇십 대 일에서 수백 대 일의 천문학적 청약경쟁률을 뚫어야 했다.
서울은 당첨만 되면 수억 원의 차익이 기대되는 로또청약이다. 3기 신
도시가 2021년 이후 분양시장 최대어로 부상하고 있다. 세 가지 매력
덕분이다.

첫째는 분양가가 시세보다 30% 이상 저렴하게 책정된다. 두 번째
는 분양물량이다. 5개 지역에서 22만 가구 이상 공급될 예정이다. 세
번째는 교통대책 등 자족기능이 갖춰진다.

3기 신도시의 성공가능성에 의문의 꼬리표를 붙이는 이들도 있다.
성공가능성이 크다. 1·2기 신도시 성공경험과 정부의 강력한 의지를

바탕으로 GTX-A, 신안선 등이 기착공되고, 주택문제가 가장 골치 아픈 사회문제로 떠오른 가운데 재건축 억제로 다른 대안이 없기 때문이다.

2021년 7월부터 시작되고 2022년까지 진행되는 3기 신도시 사전청약은 홈페이지를 개설한 지 한 달 만에 100만 명이 접속하는 등 관심이 뜨겁다. 경기도 하남교산 등 3기 신도시와 과천, 용산정비창부지 등 공공택지에서 공공분양아파트 6만 가구(2021년 3만 가구, 2022년 3만 가구)에 대한 사전청약이 실시된다. 특히 3040세대의 내 집 마련기회를 넓혀 주기 위해 특별공급비율을 85%(일반분양은 15%)까지 늘렸다. 이는 순차적으로 공급된다.

사전청약자격은 본청약자격과 같다. 소득요건 등의 적용시점은 사전청약 시를 기준으로 한다. 거주요건은 사전청약 당시 해당 지역에 거주 중이면 신청할 수 있다. 우선공급대상 거주조건은 본청약시점까지 충족하면 된다. 3기 신도시, 투기과열지구 및 대규모 택지개발지구는 1년에서 2년으로 상향됐다. 중소형 아파트인 $60~85m^2$ 규모가 30~50%를 차지한다.

문제는 광역교통, BRT 등의 교통인프라다. 1·2기 신도시 사례에서 보듯 적기에 완공되느냐, GTX 등의 광역교통망 확충계획이 언제 확정되느냐 하는 행정속도가 굉장히 중요하다. 사전청약일정이 궁금하면 국토부에 '청약일정 알리미 서비스'를 신청하면 문자로 알려준다.

마지막 기회다. 3기 신도시 입성전략은?

2022년까지 공급예정주택은 36만 가구 가량이다. 수도권 아파트 재고 539만 가구의 7%다. 결코 적지 않은 물량이다. 2021년 영끌했던 30대와 40대를 비롯해 무주택 서민에게는 가뭄 속 단비처럼 반가운 소식이 아닐 수 없다. 집값이 이미 많이 오른 데다 거품마저 상당한 서울과 경기, 인천 등 수도권 기존 주택을 서둘러 매입하기보다는 3기 신도시 알짜분양을 노려보는 것이 낫지 않을까.

3기 신도시는 어쩌면 수도권의 마지막 신도시가 될지도 모른다. 쓸 수 있는 택지가 거의 고갈된 데다 인구도 2028년경 정점을 찍고 감소상태로 전환하면서 10년 후 주택수요는 줄어들 전망이 우세하다. 서울은 예외가 될 수도 있겠지만 대부분의 도시는 그렇다는 추정이다. 이 점이 3기 신도시에 관심을 가져야 하는 또 다른 이유다.

하지만 집값과 전셋값이 불안한 2021년 이후 3기 신도시 입성은 쉽지 않은 금맥 캐기 작업이 될 것이 틀림없다. 청약경쟁률이 여전히 높을 것으로 보이기 때문에 미리 준비해야 유비무환이다. 실패하지 않는 필살기 생존전략이 필요하다. 바로 가점 쌓기와 당첨전략이다. 여기서 세 가지 선택이 중요하다.

첫째, 지역선택이다. 직방 등에서 행한 사전인기도 조사결과, 하남교산-남양주왕숙-고양창릉-부천대장-인천계양지구 순으로 나타났다. 필자의 의견도 크게 다르지 않다. 과천이 가장 으뜸이지만 7,000가구로 물량이 턱없이 적다. 역발상이 중요하다. 하남교산보다 남양주왕숙을 지목하는 이유다. 물량공급이 많은 데다 인근에 별내·다산·

지금지구 등 주변 공급도 많은 만큼 실수요자의 청약경쟁률이 낮을 수도 있다. 가점이 낮거나 특별공급대상자가 아닌 일반분양자에게 기회가 될 수도 있다. 최선 다음으로 차선책도 중요하다.

특별공급은 고난도 방정식, 상황과 자격이 중요

둘째, 특별공급 세분화에 따른 자격선택이다. 3기 신도시는 특별공급물량이 85%로 일반공급물량 15%보다는 훨씬 많다. 특별공급물량은 신혼부부 30%, 생애최초 25%, 기관추천 15%, 다자녀 10%, 노부모부양 5%로 각각 비율이 정해진다. 신혼특공과 생초특공은 주로 젊은 무주택자가 대상으로 서로 겹칠 가능성이 크다. 어느 쪽이 당첨가능성이 높은지 따져봐야 한다. 지역별로 청약인구에 따라 경쟁률은 다르겠지만 신혼특공은 가점제, 생초특공은 추첨제라는 점을 꼭 기억해야 한다. 신혼특공은 가점이 높은 사람이 절대 유리하기 때문이다. 혼인기간이 짧을수록, 자녀 수가 많을수록 가점이 높아진다. 결혼 후 2년 이내로 자녀를 2명 이상 낳거나 임신하거나(태아도 가능), 입양하면 당첨확률 최고상태다.

반면에 결혼기간은 7년 이내로 자녀가 없다면 생초특공(생애최초 특별공급 조건)이 더 유리해 보인다. 국가유공자, 보훈대상자, 장기제대 군인 등 기관추천대상자는 3기 신도시 절대 강자나 다름없다. 국가가 특별한 혜택을 부여하는 만큼 절대호기를 놓치지 말길 바란다. 다자녀와 부모봉양특공도 특별수혜자가 된다. 3기 신도시는 저렴한 가격에 새 주택마련과 부동산자산도 늘리고, 교육환경도 자녀 키우기 좋은 도시로 특화 설계된다. 노년층이 거주하기 적합한 자연환경도 있다. 주택연금까지 받을 수 있으니 필자가 강조하는 '집 한 채로 행복한 노후 준비하기'에 딱이다. 복잡하고 답답한 서울을 떠나 전원생활을 꿈꾸는 은퇴예정자는 3기 신도시로 발길을 돌리는 것은 어떨까.

| '21년 사전청약 입지위치 및 공급물량 |

단위 : 천호

	지구명	공급물량(신혼희망타운)			지구명	공급물량(신혼희망타운)
1차 (7월)	① 인천계양	1.1 (0.3)	3차 (11월)		⑰ 하남교산	1.0
	② 남양주진접2	1.6 (0.4)			⑱ 시흥하중	0.7 (0.7)
	③ 성남복정1	1.0 (0.4)			⑲ 양주회천	0.8
	④ 의왕청계2	0.3 (0.3)			⑳ 과천주암	1.5 (1.4)
	⑤ 위례	0.4 (0.4)	4차 (12월)		㉑ 남양주왕숙	2.3 (0.7)
2차 (10월)	⑥ 남양주왕숙2	1.4			㉒ 부천대장	1.9 (1.0)
	⑦ 성남신촌	0.3			㉓ 고양창릉	1.7 (0.6)
	⑧ 성남낙생	0.9 (0.9)			㉔ 부천역곡	0.9 (0.9)
	⑨ 성남복정2	0.6 (0.6)			㉕ 시흥거모	1.3 (0.8)
	⑩ 의정부우정	1.0			㉖ 안산장상	1.0 (0.3)
	⑪ 군포대야미	1.0 (1.0)			㉗ 안산신길2	1.4 (0.6)
	⑫ 의왕월암	0.8 (0.8)			㉘ 동작구수방사	0.2 (0.2)
	⑬ 수원당수	0.5 (0.5)			㉙ 구리갈매역세권	1.1 (1.1)
	⑭ 부천원종	0.4 (0.4)			㉚ 고양장항	0.8
	⑮ 인천검단	1.2				
	⑯ 파주운정3	1.2				

* 사전청약 일정과 입지, 규모 등은 사업추진 과정에서 변동될 수 있습니다.　　　　(자료: 국토교통부)

입주자선정방식과 거주조건, 실천해법은?

셋째, 입주자선정방식과 거주조건이다. 3기 신도시 입주자선정방식은 독특하고 거주조건도 강화됐다. 경기도의 경우 청약 1순위는 해당 지역거주자 30%, 2순위는 경기도거주자 20%, 3순위는 서울·인천 거주자의 순서로 정해진다. 이른바 3:2:5의 원칙이다.

선정비율뿐 아니라 선정방법도 특이하다. 1순위자는 1순위청약에서 떨어지더라도 끝이 아니다. 2순위로 포함돼서 2순위에도 떨어지면 3순위까지 계속 포함돼 청약자격을 누린다. 쉽게 말해 1순위자는 3번, 2순위자는 2번, 3순위자는 2번의 당첨기회를 누린다. 1순위자가 우선하는 승자독식구조나 다름없다.

　그러니 어떻게 해야 할까. 실천해법은? 구체적인 방법은 있다. 가급적 서둘러 청약희망지역으로 주민등록을 이전해야 한다. 사전청약 시에는 2년 거주가 아니라 거주하기만 하면 된다. 다만 1~2년 후 본청약 시에는 2년 거주조건을 채워야 한다. 사전청약시기를 저울질해볼 필요가 생긴다. 본청약시점까지 멀리 내다보고 사전청약일정에 맞춰 나서야 한다. 국토부는 사전청약 후 1~2년 뒤에 본청약이 이뤄질 것으로 예상한다. 과거 경험에 비춰보면 신도시나 대규모 택지개발사업은 토지보상, 실시계획 등 이런저런 사정으로 진행 절차가 조금씩 늦어지는 것이 보통이다. 3기 신도시도 계획대로 진행되면 다행이겠지만, 본청약과 완공·입주시기는 계획대비 1~2년씩 늦어질 수도 있다.

9장

1% 노력으로
100% 수익 달성하기
: '살집팔집' 초간단 사용설명서

'살집팔집'
앱 사용설명서

살기좋고 사기좋은
Live   Buy

슈퍼아파트는?
Super Apt

S P

살집	특허기술부동산가치평가모델 AI아파트 큐레이션 알고리즘 100세 주거생활 성장플랫폼
	팔집

아파트선택을 도와주는 '살집팔집'

- 내 아파트가 오를지 내릴지 궁금할 때
- 어떤 아파트를 고를지 망설일 때
- 실거래가와 투자가치를
  동시에 알고 싶을 때
- 똘똘한 한 채를 찾고 있을 때
- 지역별, 역세권별 슈퍼아파트를 갈망할 때
- 자금, 지역, 평형별, 개인별
  맞춤형 아파트를 찾고 있을 때
- 노후를 든든하게 지켜줄
  진짜 아파트로 갈아타고 싶을 때

회원종류	서비스 제공범위	결제
일반회원	• 가치측정, 가격예측, 진품매물 중 일부정보 • 구매대행, 유료상담 • AI분양리포트, 동영상 교육 • 회원공인중개사	• 무료
유료회원	• 가치측정, 가격예측, 진품매물 정보 (단 투자가치 최종분석은 제외) • 맞춤형 슈퍼아파트 • 3초(超) 쇼킹매물 • 구매대행, 유료상담 • AI분양리포트, 동영상 교육 • 회원공인중개사	• 1회당 : 5,000원
만부회회원 월만원으로 부과되기	• 유료회원과 동일	• 1년 : ~~120,000원~~ 17.5% 할인 99,000원
법인회원	• 유료회원과 동일	• 문의 : 02-508-4421
VIP회원 회원공인 중개사	• '살핍팔집' 제공정보 전체	• 문의 : 02-508-4421

살집팔집 회원종류

일반회원: 무료입장

검색시: 회당 5,000원

만부회: 연회비 99,000원

법인회원: 협의결정

VIP회원: 회원공인중개사 가입비 / 연회비

아파트, 무엇이 궁금하십니까?

① 가치측정 가격예측
② 맞춤형 슈퍼아파트
③ 3초(超) 쇼킹매물
④ 구매대행 유료상담
⑤ AI분양리포트 동영상 교육
⑥ 회원공인중개사

살집팔집 STORY

개인정보, 이용약관 | 광고, 제휴문의 | 협력사

주식회사 퓨처스타 대표자 : 고종완
사업자등록번호 : 264-81-27145 / TEL : 02-508-4421
이메일 : fs0818@naver.com
통신판매업신고번호 : 제 2020-서울송파-2214호
서울특별시 송파구 백제고분로 89. 3층(잠실동)

'살집팔집'은 6개 아이콘으로 구성

1. 아파트 주거(Live)가치와
   투자(Buy)가치를 구분 분석 후
   최종등급 및 가격예측정보 제공

2. 맞춤형 슈퍼아파트
   • 지역별, 역세권별로 똘똘한 한 채
     = 슈퍼아파트 실시간 제공
   • 지역, 평형, 가격조건을 입력하면
     개별 맞춤형 슈퍼아파트 실시간 제공

3. 초특급, 초저가, 초급매 부동산을
   엄선 제공

4. 회원의 아파트 구매 의뢰 시 지역 및 물
   건분석, 계약까지 구매대행업무

5. AI 분양리포트, 동영상교육
- 관심분양현장 투자가치분석리포트
  (입지성, 가격 및 수익성, 브랜드,
  미래가치 등 종합분석)
- 고종완TV 유튜브 방송

6. 회원공인중개사
- 지역리서치센터운영, 자산진단서비스
  제공
- 회원공인중개사 연락처 안내

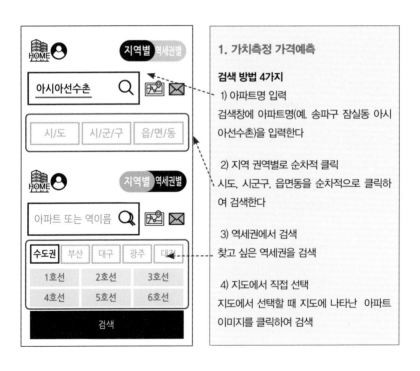

1. 가치측정 가격예측

검색 방법 4가지

1) 아파트명 입력
검색창에 아파트명(예. 송파구 잠실동 아시아선수촌)을 입력한다

2) 지역 권역별로 순차적 클릭
시도, 시군구, 읍면동을 순차적으로 클릭하여 검색한다

3) 역세권에서 검색
찾고 싶은 역세권을 검색

4) 지도에서 직접 선택
지도에서 선택할 때 지도에 나타난 아파트 이미지를 클릭하여 검색

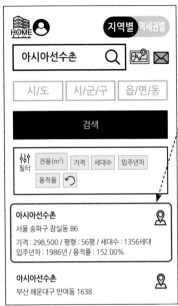

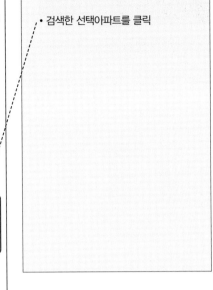

- 검색한 선택아파트를 클릭

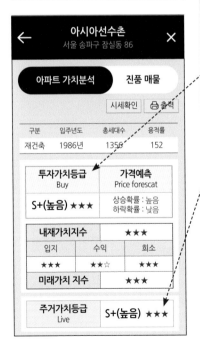

- 예시된 아시아선수촌 아파트의 경우 내재가치지수(입지, 수익, 희소)와 미래가치지수를 토대로 최종투자가치를 S+(높음) / S(보통) / L(낮음) 3등급으로 구분한다. S+(높음) 아파트는 투자가치가 높다는 뜻으로 '슈퍼아파트'에 해당한다. 투자매력도가 높아 가격상승확률이 높다는 뜻이다

- 주거가치도 측정지표 분석결과를 토대로 등급별로 S+(높음) / S(보통) / L(낮음) 3등급으로 구분한다. S+(높음)은 주거편리성 내지 만족도가 높다는 뜻이다.

- 주거가치와 투자가치가 동시에 우량한 아파트가 슈퍼아파트다. 특별히 가격대비 투자가치가 높은 즉, '가투비' 슈퍼아파트는 3.3㎡당 대지지분가격을 기준으로 회원공인중개사가 고객에게 따로 제공한다.

V. 투자가치등급 측정지표

I. 입지가치지수(LOCATION VALUE INDEX)

용적률

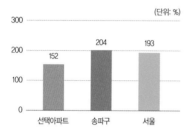

(단위: %)

선택아파트의 투자가치등급 평가지표가 아래의 순서대로 20개 지표가 시·군·구와 광역시, 도평균과 비교하여 그래프로 구현 ①용적률 ②용도지역 ③공지지가변동률 ④ 지가변동률 ⑤역세권과의 거리 ⑥교육시설 ⑦서비스산업LQ ⑧매매가격변동률 ⑨전세 가격 변동률 ⑩건물노후도 ⑪단지세대수 ⑫ 주택보급률 ⑬미분양 추이 ⑭신규물량 추이 ⑮인구증감률 ⑯가구증감률 ⑰지역소득증 감율 ⑱대중교통망계획 ⑲정비사업계획 ⑳ 지역개발계획

용도지역

- 3종주거

(USE AREA)

용적률, 건폐율을 제한하는 주거지역, 상업지역, 공업지역으로 구분되며 일반주거지역은 1,2,3종으로 세분화된다. 예컨대, 주거 3종은 1,2종보다 입지가치 점수는 높다.

용적률 (FLOOR AREA RATIO)

전체대지면적에서 건물연면적이 차지하는 비율로 지하층은 제외된다. 용적률이 낮을수록 대지지분은 넓고 입지가치 점수는 높다.

용도지역 (USE AREA)

용적률, 건폐율을 제한하는 주거지역, 상업지역, 공업지역으로 구분되며 일반주거지역은 1, 2, 3종으로 세분화된다. 예컨대, 주거 3종은 1, 2종보다 입지가치 점수는 높다.

공시지가변동률

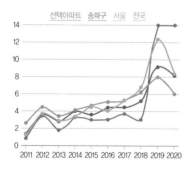

공시지가변동률

(FLUCTUATIONAL RATE OF OFFICIAL LAND PRICE)

정부가 매년 조사, 평가하여 발표하는 개별 토지의 단위면적당 가격인 공시지가는 토지보상금, 세금부과기준이 되는 지표로 전년 대비 상승률이 높을수록 입지가치 점수는 높다.

공시지가 추이 선택아파트 ㎡당 금액

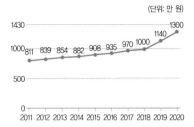

(단위: 만 원)

1430 ─────────────── 1300

1000 811 839 854 882 908 935 970 1000 1140

500

0
2011 2012 2013 2014 2015 2016 2017 2018 2019 2020

• 선택아파트의 연도별 ㎡당 개별공시지가 추이를 나타냄.

지가변동률

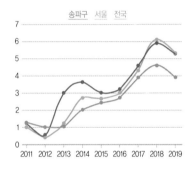

송파구 서울 전국

7
6
5
4
3
2
1
0
2011 2012 2013 2014 2015 2016 2017 2018 2019

지가변동률

(FLUCTUATIONAL RATE OF REGIONAL LAND PRICE)

한국감정원이 시·군·구별로 월간으로 조사, 평가하여 발표하는 지가의 전월 대비 상승과 하락의 비율 정도로 전년 대비 상승률이 높을수록 해당 지역의 성장성 및 입지가치점수는 높다.

역세권과의 거리

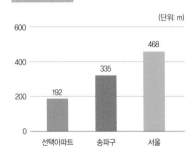

(단위: m)

600

468

400
335

200
192

0
선택아파트 송파구 서울

역세권과의 거리

(STATION INFLUENCE AREA)

지하철역을 중심으로 주변 이용자가 거주하는 범위로 1차 250m, 2차 500m, 3차 1000m를 말하며 역세권과의 거리가 짧을수록 교통 편익 창출효과 증대로 입지가치점수는 높다.

교육시설

초등학교

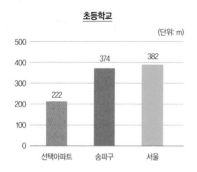

(단위: m)

	선택아파트	송파구	서울
	222	374	382

교육시설 (EDUCATIONAL FACILITIES)
교육활동을 위해 설치되는 초, 중, 고교 아파트단지 가까운 곳에 교육시설이 많이 포진할수록 입지가치점수는 높다.

중학교

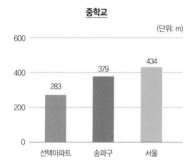

(단위: m)

	선택아파트	송파구	서울
	283	379	434

고등학교

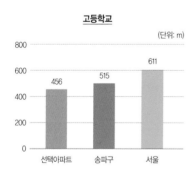

(단위: m)

	선택아파트	송파구	서울
	456	515	611

서비스산업LQ

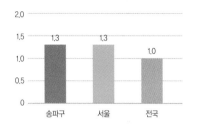

서비스산업LQ (LOCATION QUOTIENT OF THE SERVICE INDUSTRY)

상업, 금융, 운수, 통신, 관광 등 서비스산업이 전국 평균에 비해 상대적으로 서비스산업과 인구가 특화되어 있는지 밀집정도를 나타내며 1보다 높을수록 입지가치 점수는 높다.

II. 수익가치지수(PROFIT VALUE INDEX)

매매가격변동률

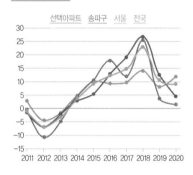

매매가격변동률

(FLUCTUATIONAL RATE OF SALE PRICE)

실제 거래되는 아파트매매가격이 전월 대비 상승 혹은 하락의 비율정도를 말하며 매매가격상승률이 높을수록 수익가치점수는 높다.

전용 151㎡ 매매가격 추이

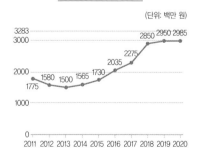

(단위: 백만 원)

· 선택아파트 중 주력 평형(전용면적 세대수가 가장 큰 평형)의 연도별 매매가격 추이를 나타냄.

전세가격변동률

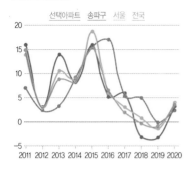

선택아파트 송파구 서울 전국

전세가격변동률
(FLUCTUATIONAL RATE OF LEASE PRICE)
실제 거래되는 아파트 전세 가격이 전월대
비 상승 혹은 하락의 비율 정도를 말하며,
전세 가격 상승률이 높을수록 수익가치점
수는 높다.

전용 151㎡ 전세가격 추이

(단위: 백만 원)

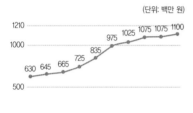

• 선택아파트 중 주력평형(전용면적 세대수
가 가장 큰 평형)의 연도별 전세가격 추이
를 나타냄.

건물노후도

(단위: 년)

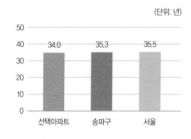

건물노후도 (BUILDING AGE)
건물은 시간이 경과하면 노후화되고 감각상
각됨으로 건물연령에 따라 노후도가 결정되
며 경제적 잔존가치도 달라진다. 아파트가
30년이 경과하면 재건축이 가능해진다.

단지세대수

(단위: 세대수)

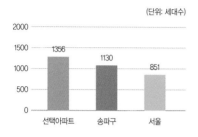

단지세대수
(APARTMENT COMPLEXHOUSEHOLD SCALE)
아파트단지의 세대수 규모가 많을수록 대단지로서의 생활편리성, 환금성, 가격프리미엄이 증가하므로 희소가치 점수는 높다.

주택보급률

(단위: %)

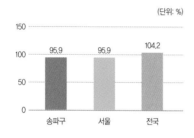

주택보급률 (DIFFUSION RATIO OF HOUSE)
가구수에 대한 주택수의 비율로 주택 공급 실태를 파악할 수 있는 척도로 정상공실률을 감안할 때 적정비율 105%를 초과하면 공급과잉, 100% 이하이면 공급부족 상태를 말한다.

미분양추이

구분	해당	해당 안 됨
미분양관리지역		✓

미분양 추이 (PROGRESS OF UNSOLD HOUSE)
아파트 분양물량의 일부 또는 전부가 분양되지 않은 상태의 추이를 말하며, 주택도시보증공사(HUG)가 발표하는 자료를 통해 미분양관리지역에 해당 하면 희소가치점수는 낮다.

신규 물량 추이

구분	증가	감소
아파트 인허가 실적추이		✓

신규물량 추이
(PROGRESS OF NEW APARTMENTSUPPLY)
매월 시군구별로 새로 분양되는 아파트의 신규물량이 직전 6개월 평균보다 어느 정도 증감했는지를 나타내는 척도로, 신규물량이 감소하면 희소가치점수는 높다.

인구증감률

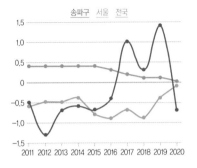

인구증감률

(FLUCTUATIONAL RATE OF POPULATION)

매월 시군구별로 발표하는 거주인구의 전월 대비 증가 및 감소의 비율정도를 말하며 인구증가율이 높을수록 미래 가치점수는 높게 나타난다.

해당구 인구 추이

(단위: 천 명)

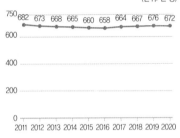

· 선택아파트의 해당구 연도별 인구 추이를 나타냄.

가구증감률

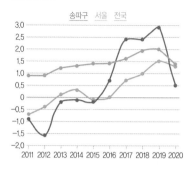

송파구 서울 전국

가구증감률

(FLUCTUATIONAL RATE OF HOUSEHOLD)

매월 시군구별로 발표하는 거주세대의 전월 대비 증가 및 감소의 비율정도를 말한다. 가구증가율이 높을수록 미래가치점수는 높게 나타난다.

해당구 가구수 추이(단위: 천 가구)

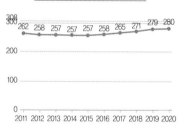

· 선택아파트의 해당구 연도별 가구수 추이를 나타냄.

지역소득증감률

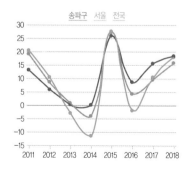

송파구 서울 전국

지역소득증감률

(FLUCTUATIONAL RATE OF REGIONAL INCOME)

매년 시군구별로 발표하는 지방 소득세의 전년 대비 증가와 감소의 비율정도를 말하며 지역내 총 생산액, 생산인구, 소득수준이 증가할수록 미래가치점수는 높게 나타난다.

※ 특별시, 광역시를 제외한 기타시의 구 단위는 지방소득세를 시 단위만 발표

대중교통망계획

송파구

- 위례과천선(2025년 개통예정)
- 위례신사선(2026년 개통예정)
- 위례트램노선(2024년 개통예정)

잠실동

대중교통망계획
(PLANNING OF PUBLIC TRAFFIC NETWORK)
지하철 대중교통 노선이 분포되어 있는 상태를 확충하는 공공계획을 말하며 인구유입, 역세권개발, 지역 경제활성화 효과로 인해 미래가치 점수는 높게 나타난다.

정비사업계획

송파구

- 도시개발사업
- 재정비촉진사업
- 재개발 · 재건축
- 공간구조설정 : 7광역중심지
- 공간구조설정 : 12지역중심지
- 한강변관광명소화지구
- 생활권계획
- 석촌고분명소화산업
- 잠실관광특구 조성

잠실동

- 공간구조설정 : 7광역중심지
- 한강변관광명소화지구
- 잠실관광특구조성

정비사업계획
(PLANNING OF MAINTENANCE BUSINESS)
도시기능회복을 위해 기반시설을 정비하거나 주택 등 건축을 개량, 건설하는 주거환경개선사업, 재개발사업, 재건축사업 등에 관한 공공 계획을 말하며 미래가치 점수는 높게 나타난다.

지역개발계획

송파구

- 국제교류복합지구조성(2024년 완공예정)
- 종합운동장 탄천공원화계획(2024년 완공예정)

잠실동

- 국제교류복합지구조성(2024년 완공예정)
- 종합운동장 탄천공원화계획(2024년 완공예정)

지역개발계획
(PLANNING OF COMMUNITY DEVELOPMENT)
철도, 도로 등 교통, 산업단지, 상업 시설, 문화시설, 의료시설, 학교 등 생활SOC, 교육, 문화, 복지, 성장동력 사업계획을 말하며 미래가치점수는 높게 나타난다.

V. 투자가치 최종분석

3.3㎡ 당 대지지분가격

(단위: 만 원)

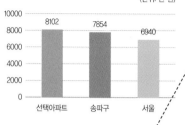

10000		
8000	8102	7854
6000		6940
4000		
2000		
0		
	선택아파트	송파구	서울

투자가치등급 평가점수

구분	선택아파트	구 평균	시도 평균
입지가치	53.0	44.1	44.9
수익가치	5.8	7.0	7.5
희소가치	6.1	4.7	4.2
미래가치	10.2	9.4	9.3
합계	75.1	65.1	65.9

• 최종 핵심지표로, 아파트건물을 감가상각 후 산출된 3.3㎡당 대지지분가격이 낮을수록 인근 지역내 투자가치등급은 높게 나타난다.

• 선택아파트의 투자가치등급 평가점수를 구평균, 시도평균과 비교해볼 수 있다. 4대 가치체계의 용어설명은 아래와 같다.

입지가치 (LOCATION VALUE)
입지는 환경이고 용도에 따라 다양하며 시간경과로 변화하는 특성이 있으므로 특정 장소의 입지우월성, 잉여입지, 배타적 독점권에 대한 경제적 가치를 말한다.

수익가치 (PROFIT VALUE)
화폐수익을 기준으로 한 부동산의 경제적 가치로 '임대수익+자본수익=복합수익'을 말한다. 임대수익은 주로 건물에서, 자본 수익은 토지로부터 발생한다.

희소가치 (SCARCITY VALUE)
공급량이 한정되거나 제한성 때문에 발생하는 상대적 희소성의 가치를 말하며 희소성이 클수록 내재가치는 높아진다.

미래가치 (FUTURE VALUE)
미래 자산가치를 인구, 가구, 소득, 교통, 인프라, 도시계획 등 도시와 지역의 성장 관련 측정지표를 바탕으로 산출되며 미래가격 예측에 유효하다.

투자가치 방사형차트 ◄-------------------- ・4대 가치 측정체계와 투자가치 방사형차트

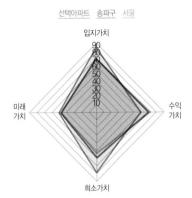

방사형차트분석 및 활용

방사형차트란 여러 지표를 비교할 때 한눈에 알기 쉽게 만든 그래프로, 가독성이 매우 높다. 평균 대비 개별지표 내지 가치의 우월성 혹은 경쟁력이 있는지를 판별하는 데 매우 유용하다.

투자가치 20개 지표 방사형차트 ◄------------- ・투자가치 20개 지표의 방사형차트 분석

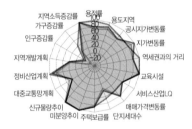

평가지표	배점	평가점수
1) 직주근접도	10	10.0
2) 인구밀도	5	5.0
3) 전세가격변동률	10	4.8
4) 전세가율	5	2.5
5) 단지세대수	10	8.0
6) 건물노후도	10	9.0
7) 역세권거리	15	12.0
① 역세권	5	5.0
② 더블역세권	5	5.0
③ 트리플역세권	5	2.0
8) 교육시설	15	15.0
9) 편의시설	10	6.5
① 관공서	2.5	2.5
② 대형병원	2.5	1.0
③ 대형할인점	2.5	1.5
④ 백화점	2.5	1.5
10) 녹지시설	10	7.0
① 공원	2.5	2.5
② 강, 바다	2.5	1.5
③ 하천	2.5	2.0
④ 산	2.5	1.0
합계	100	79.8
서초구	100	76.2
서울	100	72.4

직주근접도 (JOB-HOUSING PROXMITY)

직장과 주거의 가까움의 정도를 말하며 물리적 요인으로 가까운 지리적 위치에 있거나 시간적 요인으로 통근시간이 짧을수록 직주근접의 효과는 높게 나타나며 역세권 개발과 고밀복합개발, 토지이용의 집약도 등에서 차이가 발생한다. 직주근접도가 높을수록 개인의 여가생활, 자기계발을 통해 삶의 질이 높아진다.

인구밀도 (POPULATION DENSITY)

일정한 지역의 단위면적에 대한 인구수의 비율로 인구밀도가 과도하게 늘어나면 문화인으로서의 생활수준이 떨어지는 문제점이 있으나 수도권, 광역시처럼 인구가 증가하고 과밀지역의 경우 도심공동화 방지, 도심재개발, 삶의 향상을 위한 교통, 교육, 편의시설 등 생활인프라 집중화, 집적화로 주거선호도, 만족도가 높아진다.

전세가율

주택매매가격 대비 전세가격의 비율로 전세가율이 높다는 것은 임차인 입장에서 주거선호도 및 주거만족도가 높다는 뜻으로 주로 주거가치 평가지표로 활용된다. 다만, 갭투자자의 경우 작은 투자금으로 전세 레버리지를 이용 투자 가치를 추구하는 목적으로도 이용되기도 하지만 전세가율이 높다고 해서 투자가치가 항상 높은 것은 아니므로 지표활용에 유의할 필요가 있다.

편의시설 (CONVENIENT FACILITIES)

실수요자에게 유익하거나 편한 환경이나 조건을 갖춘 시설을 말하며 다양한 사람들이 함께 사용할 수 있는 관공서, 금융기관, 대형병원, 대형 할인점, 백화점 등이 대표적이다. 편의시설이 잘 갖추어질수록 삶의 질과 주거가치는 상승하며 투자가치를 높이는 요인이 된다. 특별히 교통과 교육시설은 굉장히 중요하므로 별도로 분류한다.

녹지시설 (GREEN FACILITIES)

도시의 자연환경보전과 공해방지를 위하여 풀, 나무, 체육시설 등을 조성해놓은 시설을 말하며 광장, 도시공원, 자연공원, 하천, 강, 바다, 산, 숲 등이 대표적이다. 녹지시설이 잘 갖추어질수록 삶의 질과 주거가치는 상승하며 투자가치를 높이는 요인이 된다.

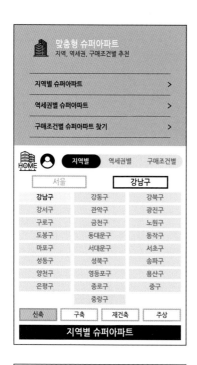

2. 맞춤형 슈퍼아파트

1) 지역별 슈퍼아파트 검색

(예. 서울시 강남구)

→ 신축, 구축, 재건축, 주상복합별로 투자
가치 높은 지역별 슈퍼아파트 결과 나옴

아파트 /입주년도 /총세대수	내재가치 지수(A)	내재가치 지수(B)	투자가치 등급(A+B)
세곡푸르지오 2012년 912세대	★★★	★★★	S+ (높음) ★★★
래미안대치 팰리스1단지 2015년 1278세대	★★★	★★★	S+ (높음) ★★★
강남한강수자인 2014년 1304세대	★★★	★★★	S+ (높음) ★★★

2) 역세권별 슈퍼아파트 검색

(예. 2호선 강남역)

→ 신축, 구축, 재건축, 주상복합별로 투자 가치 높은 역세권별 슈퍼아파트 결과 나옴

역세권별 슈퍼아파트

아파트 /입주년도 /총세대수	내재가치 지수(A)	내재가치 지수(B)	투자가치 등급(A+B)
세곡푸르지오 2012년 912세대	★★★	★★★	S+ (높음) ★★★
래미안대치 팰리스1단지 2015년 1278세대	★★★	★★★	S+ (높음) ★★★
까치마을 1993년 1404세대	★★★	★★★	S+ (높음) ★★★
신동아 1992년 1162세대	★★★	★★★	S+ (높음) ★★★
대치2단지 1992년 1758세대	★★★	★★★	S+ (높음) ★★★

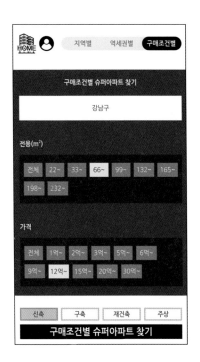

3) 맞춤형 슈퍼아파트 검색

: 지역(또는 역세권), 면적, 가격을 입력하고
조건에 맞는 슈퍼아파트 찾기
(예. 강남구, 전용 66㎡~, 12억~)

→ 신축, 구축, 재건축, 주상복합별로 투자가
치 높은 구매조건별 슈퍼아파트 결과 나옴

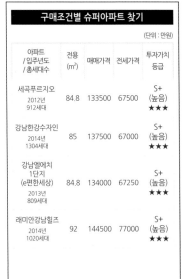

구매조건별 슈퍼아파트 찾기

(단위 : 만원)

아파트 /입주년도 /총세대수	전용 (㎡)	매매가격	전세가격	투자가치 등급
세곡푸르지오 2012년 912세대	84.8	133500	67500	S+ (높음) ★★★
강남한강수자인 2014년 1304세대	85	137500	67000	S+ (높음) ★★★
강남엘에치 1단지 (e편한세상) 2013년 809세대	84.8	134000	67250	S+ (높음) ★★★
래미안강남힐즈 2014년 1020세대	92	144500	77000	S+ (높음) ★★★

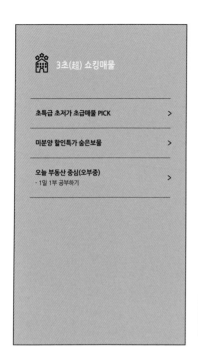

3. 3초(超) 쇼킹매물

1) 초특급 초저가 초급매물 PICK
성장지역 슈퍼부동산 중 시세대비 가격이 저렴하거나 초급매물을 진위감정 분석 후 실시간으로 상품정보 제공

2) 미분양 할인특가 숨은 보물찾기
아파트, 오피스텔, 상가, 지식산업센터 등 성장지역 미분양매물을 가격대비 투자가치, 미래가치를 정밀분석 후 상품정보 제공

3) 오늘 부동산 중심(오부중)
– 1일 1부 공부하기. 1일 일공하고 오늘 뉴스 중 가장 뜨거운 기사, 지역, 부동산, 미래전략 찾기

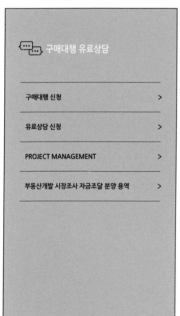

4. 구매대행 유료상담

1) 구매대행 신청
아파트를 구매할 때 발품, 기회비용, 시간절약을 원하는 매수자를 위해 수요자 맞춤형 최적화된 매물을 선별, 구매대행하는 특화서비스

2) 유료상담 신청
부동산을 사고팔거나 최고·최선의 문제해결책을 찾고자 할 때 고종완 원장과 직접 상담을 신청하는 절차(02-508-0421)

3) PROJECT MANAGEMENT
부동산시장조사, 가치분석, 분양가책정, 개발, PM, PF등 자금조달, 분양, 마케팅, 사후관리 등 부동산 전반에 관한 전문가 수준의 자문 및 지원

4) 부동산개발, 시장조사, 자금조달, 분양등
에 관한 용역의뢰
02-508-4421, 이메일(fs0818@naver.com)

5. AI분양리포트 동영상 교육

1) AI분양리포트
아파트, 오피스텔 지식산업센터 등 분양부
동산에 대해 시장, 입지, 가격, 상품가치. 미
래가치분석 등 데이터 정량분석과 정성적
분석을 더해 종합적인 분석리포트를 생성,
유료회원의 투자의사결정을 돕기 위해 연
구원자체 리포트 작성, 제공

2) 고종완TV (유튜브방송)
가장 관심이 쏠리는 부동산 전망 및 성장지
역과 슈퍼부동산을 선택하는 방법과 지식,
지혜, 지능에 대해 메타인지, 인텐시브 학습
방식으로 과학적 이론과 현실을 바탕으로
비유, 사례를 들어 주 2회 10분간 정기적으
로 유익하고 흥미롭게 강의 진행

3) 전문가 칼럼
고종완 원장이 직접 작성한 신문, 주간지,
경제지, 학술지 논문 또는 회원전용이메일
등을 모아서 알기 쉽게 일목요연하게 제공

4) 자산관리교육, 세미나시행
부동산의 본질가치분석, 메타인지, 인텐시
브 학습방식으로 과학적 이론과 사례분석,
실전투자성공비법 전수
·고종완과 함께하는 미래과학과 슈퍼부동

산으로 '삼중회'(3천 회원 공인중개사), 만부회 등 회원대상 특별세미나

5) 무지개 자산관리협동조합

6) '집 한 채로 행복한 노후준비 실천본부' (집행본)

국민연금, 주택연금, 농지연금 등 공적연금 3종 세트로 노후 준비하는 30~40대와 50대 이후 은퇴 계층이 집 한 채로 주거와 자산 두 마리 토끼를 잡을 수 있도록 노년파산 방지 및 풍요로운 노후를 향한 생각전환, 정책제언, 지역발전, 사회공헌, 주거환경개선, 주거이동, 자산배분, 삶의 질 향상 등 다양한 사회활동을 전개하는 시민단체 결성

7) 우리 아파트 자랑하기

우리 동네에 살지 않으면 알 수 없는 소소하고 은밀한 주거매력과 투자가치까지 직접 홍보 가능

8) 정보수정 요청하기

'살집팔집'에서 제공하는 가치정보를 보고 바로잡고자 수정을 요청하는 회원이 이용

9) 공지사항

회원이 알아두면 유익한 내용이나 홍보, 유의사항 등을 수시로 공지

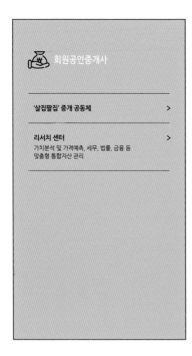

회원공인중개사

'살집팔집' 중개 공동체   >

리서치 센터   >
가치분석 및 가격예측, 세무, 법률, 금융 등
맞춤형 통합자산 관리

6. 회원공인중개사(삼중회)

1) '살집팔집' 중개혁신공동체

부동산과학으로 하나되는 중개혁신과 고객
중심 가치를 창조하는 전국 3천명 개업공인
중개사를 '삼중회' 회원으로 초빙하여 선진
국형 중개서비스 품질확보, 공동중개망, 새
로운 수익모델에다 부동산애널리스트 겸 평
생자산관리전문가를 지향하는 집단지성 혁
신공동체

2) 리서치센터

가치분석 및 가격예측, 세무, 법률, 금융 등
통합자산관리서비스 증권회사 리서치센터와
같이 시장분석, 가치분석, 가격예측, 자산배
분 등 연구조사활동과 세무, 법률, 대출, 보
험, 카드, 캐피탈 등 금융서비스를 통합적으
로 수행할 수 있도록 부동산리서치센터 및
애널리스트 운영

'살집팔집'으로 본
슈퍼아파트 VS 좀비아파트 정밀분석사례

지역명	아파트명	입주연도	총세대수	용적률 (%)	용도지역	투자가치등급 Buy	주거가치등급 Live
강남구 개포동	대치2단지	1992년	1,758	174	3종주거	S+(높음) ★★★	S+(높음) ★★★
강북구 ○○동	○○아파트	2000년	202	337	2종주거	L(낮음) ★☆☆	S(보통) ★★☆

슈퍼아파트	VS	좀비아파트

용적률

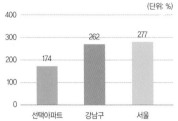

(단위: %)

용적률

(단위: %)

용도지역

- 3종주거

용도지역

- 2종주거

공시지가변동률

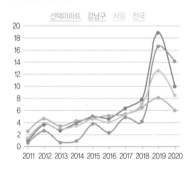

공시지가변동률

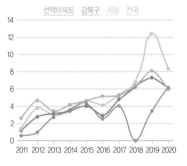

공시지가 추이 선택아파트 ㎡당 금액

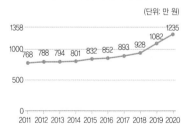

(단위: 만 원)

공시지가 추이 선택아파트 ㎡당 금액

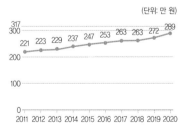

(단위: 만 원)

지가변동률

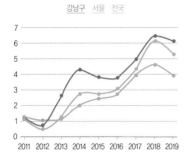

지가변동률

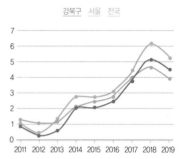

역세권과의 거리

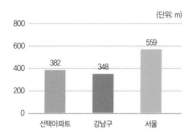

역세권과의 거리

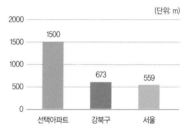

교육시설

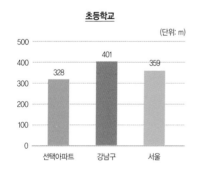

교육시설

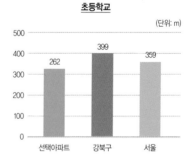

중학교

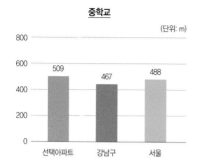

(단위: m)

선택아파트	강남구	서울
509	467	488

중학교

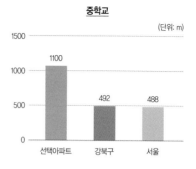

(단위: m)

선택아파트	강북구	서울
1100	492	488

고등학교

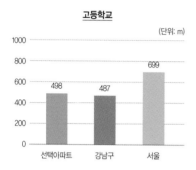

(단위: m)

선택아파트	강남구	서울
498	487	699

고등학교

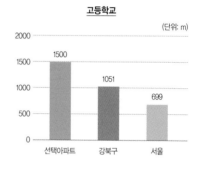

(단위: m)

선택아파트	강북구	서울
1500	1051	699

서비스산업LQ

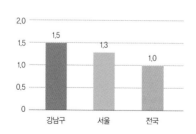

강남구	서울	전국
1.5	1.3	1.0

서비스산업LQ

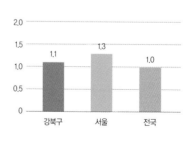

강북구	서울	전국
1.1	1.3	1.0

매매가격변동률

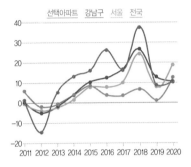

매매가격변동률

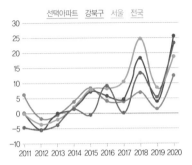

전용 39.5㎡ 매매가격 추이

(단위: 백만 원)

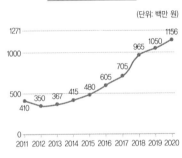

전용 85㎡ 매매가격 추이

(단위: 백만 원)

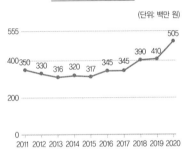

전세가격변동률

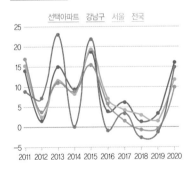

전세가격변동률

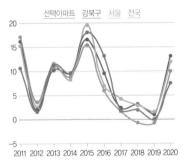

582

전용 39.5㎡ 전세가격 추이

(단위: 백만 원)

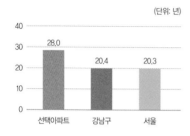

전용 85㎡ 전세가격 추이

(단위: 백만 원)

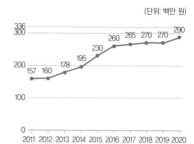

건물노후도

(단위: 년)

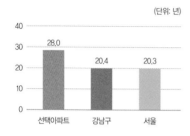

건물노후도

(단위: 년)

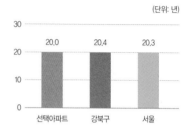

Ⅲ. 희소가치지수(SCARCITY VALUE INDEX)

단지세대수

(단위: 세대수)

단지세대수

(단위: 세대수)

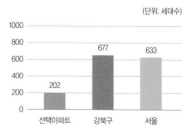

주택보급률

(단위: %)

강남구	서울	전국
95.9	95.9	104.2

주택보급률

(단위: %)

강북구	서울	전국
95.9	95.9	104.2

미분양추이

구분	해당	해당 안 됨
미분양관리지역		✓

미분양추이

구분	해당	해당 안 됨
미분양관리지역		✓

신규 물량 추이

구분	증가	감소
아파트 인허가 실적추이		✓

신규 물량 추이

구분	증가	감소
아파트 인허가 실적추이		✓

Ⅳ. 미래가치지수(FUTURE VALUE INDEX)

인구증감률

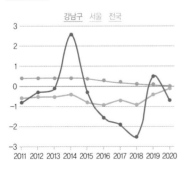

인구증감률

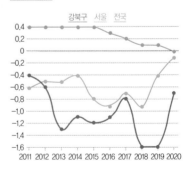

해당구 인구 추이

(단위: 천 명)

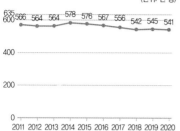

635
600 566 564 564 578 576 567 556 542 545 541

400

200

0

2011 2012 2013 2014 2015 2016 2017 2018 2019 2020

해당구 인구 추이

(단위: 천 명)

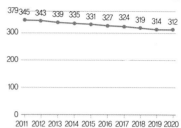

379 345 343 339 335 331 327 324 319 314 312

300

200

100

0

2011 2012 2013 2014 2015 2016 2017 2018 2019 2020

가구증감률

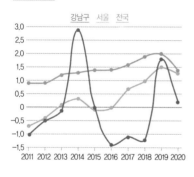

강남구 서울 전국

3.0
2.5
2.0
1.5
1.0
0.5
0
-0.5
-1.0
-1.5

2011 2012 2013 2014 2015 2016 2017 2018 2019 2020

가구증감률

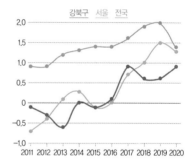

강북구 서울 전국

2.0

1.5

1.0

0.5

0

-0.5

-1.0

2011 2012 2013 2014 2015 2016 2017 2018 2019 2020

해당구 가구수 추이

(단위: 천 가구)

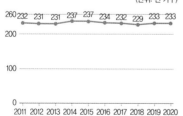

260 232 231 231 237 237 234 232 229 233 233

200

100

0

2011 2012 2013 2014 2015 2016 2017 2018 2019 2020

해당구 가구수 추이

(단위: 천 가구)

160
150 143 142 141 141 141 141 143 143 144 146

100

50

0

2011 2012 2013 2014 2015 2016 2017 2018 2019 2020

지역소득증감률

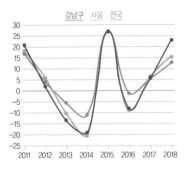

강남구 서울 전국

지역소득증감률

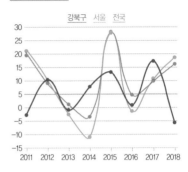

강북구 서울 전국

대중교통망계획

강남구

- GTX-A노선(2023년 개통예정)
- GTX-C노선(2021년 착공예정)
- 신분당선연장(2022년 개통예정)
- 위례과천선(2025년 개통예정)
- 위례신사선(2026년 개통예정)
- 수서~광주간 복선전철(2029년 개통예정)

개포동

- 위례과천선(2025년 개통예정)

대중교통망계획

강북구

- 동북선경전철(2025년 개통예정)
- 우이~신설연장선(2022년 착공예정)

번동

정비사업계획

강남구

- 도시개발사업
- 재개발·재건축
- 공간구조설정 : 3도심지
- 서울변두리12곳 관문도시 조성
- 한강변관광명소화지구
- 생활권계획

개포동

- 도시개발사업
- 공간구조설정 : 3도심지
- 생활권 계획

정비사업계획

강북구

- 재정비촉진사업
- 재개발·재건축
- 공간구조설정 : 12지역중심지
- 생활권계획

번동

지역개발계획

강남구

- 국제교류복합지구조성(2024년 완공예정)
- 수서역세권복합계발
- 영동대로 지하도시 및 복합환승센터(2024년 완공예정)
- 종합운동장 탄천공원화계획(2024년 완공예정)
- 한남−양재IC 지하화
- 현대차글로벌비즈니스센터건립(2026년 완공예정)

개포동

지역개발계획

강북구

번동

V. 투자가치 최종 분석

3.3㎡ 당 대지지분 가격

(단위: 만 원)

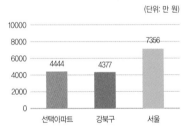

3.3㎡ 당 대지지분 가격

(단위: 만 원)

투자가치등급 평가점수

구분	선택아파트	구 평균	시도 평균
입지가치	45.2	37.5	32.8
수익가치	16.5	15.8	15.6
희소가치	6.1	3.8	3.8
미래가치	11.9	12.0	8.3
합계	79.8	69.1	60.5

투자가치등급 평가점수

구분	선택아파트	구 평균	시도 평균
입지가치	19.5	30.8	32.8
수익가치	14.3	15.1	15.6
희소가치	2.8	3.8	3.8
미래가치	3.3	4.1	8.3
합계	39.9	53.8	60.5

투자가치 방사형차트

선택아파트 강남구 서울

입지가치

미래가치 — 수익가치

희소가치

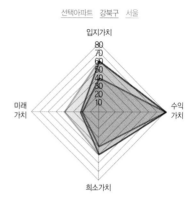

투자가치 방사형차트

선택아파트 강북구 서울

입지가치

미래가치 — 수익가치

희소가치

투자가치 20개 지표 방사형차트

선택아파트 강남구 서울

지역소득증감률 용적률 용도지역
가구증감률 공시지가변동률
인구증감률 지가변동률
지역개발계획 역세권과의 거리
정비산업계획 교육시설
대중교통망계획 서비스산업LQ
신규물량추이 매매가격변동률
미분양추이 전세가격변동률
주택보급률 단지세대수 건물노후도

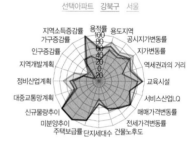

투자가치 20개 지표 방사형차트

선택아파트 강북구 서울

지역소득증감률 용적률 용도지역
가구증감률 공시지가변동률
인구증감률 지가변동률
지역개발계획 역세권과의 거리
정비산업계획 교육시설
대중교통망계획 서비스산업LQ
신규물량추이 매매가격변동률
미분양추이 전세가격변동률
주택보급률 단지세대수 건물노후도

주거가치등급 측정지표 및 점수

평가지표	배점	평가점수
1) 직주근접도	10	10.0
2) 인구밀도	5	3.0
3) 전세가격변동률	10	6.7
4) 전세가율	5	0.5
5) 단지세대수	10	9.0
6) 건물노후도	10	5.0
7) 역세권거리	15	10.0
① 역세권	5	4.0
② 더블역세권	5	4.0
③ 트리플역세권	5	2.0
8) 교육시설	15	15.0
9) 편의시설	10	6.0
① 관공서	2.5	2.5
② 대형병원	2.5	1.5
③ 대형할인점	2.5	1.0
④ 백화점	2.5	1.0
10) 녹지시설	10	7.0
① 공원	2.5	2.5
② 강, 바다	2.5	1.0
③ 하천	2.5	2.5
④ 산	2.5	1.0
합계	100	72.2
서초구	100	74.7
서울	100	71.7

주거가치등급 측정지표 및 점수

평가지표	배점	평가점수
1) 직주근접도	10	5.0
2) 인구밀도	5	3.0
3) 전세가격변동률	10	6.4
4) 전세가율	5	3.0
5) 단지세대수	10	6.0
6) 건물노후도	10	7.0
7) 역세권거리	15	6.0
① 역세권	5	2.0
② 더블역세권	5	2.0
③ 트리플역세권	5	2.0
8) 교육시설	15	13.0
9) 편의시설	10	6.5
① 관공서	2.5	2.5
② 대형병원	2.5	1.0
③ 대형할인점	2.5	1.5
④ 백화점	2.5	1.5
10) 녹지시설	10	8.0
① 공원	2.5	2.5
② 강, 바다	2.5	1.0
③ 하천	2.5	2.5
④ 산	2.5	2.0
합계	100	63.9
도봉구	100	67.7
서울	100	71.7

10장

자산관리형
안심중개서비스
: 파괴적 혁신

글로벌중개업의 최신 트렌드와
모범사례

아마존에서 부동산을 판다? 중개업 파괴

디지털기술과 4차 산업혁명, 비대면 유통으로 현재의 중개업이 파괴되는 일이 발생할까? 미국에서 어느 정도 방향과 해법을 찾을 수 있다. 미국은 이미 아마존을 통해 주택거래가 이뤄지고 있다. 중개업의 위협신호다. 이를테면 국내에도 쿠팡 등 이커머스를 통해 아파트거래가 이뤄지는 시대가 올 수 있다. 실제로 쿠팡을 통해 목재주택과 컨테이너주택이 판매되고 있다.

중개산업의 멀티채널 등장이다. 충분히 가능성 있는 미래다. 인공지능, 빅데이터 기반 프롭테크가 앞당길 수도 있다. 미래 중개업은 프롭테크산업의 폭풍성장과 맞물려 변화가 불가피할 전망이다.

부동산업의 종류는 다양하다. 중개업뿐만 아니라 감정평가업, 부동산관리업, 권리분석업, 에스크로우업, 상담자문업, 건물검사업, 입지선정업, 부동산금융업, 부동산분양업, 부동산개발업이 있다. 국민주거생활 및 자산관리 측면에서 중개업이 가장 밀접하고 중요한 분야다. 그리고 중개업을 중심으로 연계업무와 협업이 얼마든지 가능하다.

글로벌중개시장의 최신 트렌드 4가지

최근 들어 글로벌 중개시장은 빠르게 변화하고 있다. 새로운 중개시장의 뉴트렌드는 4가지다.

첫째, 부동산판매경로와 채널의 변혁이다. 앞서 언급한 대로 최근 미국전자상거래사이트 온라인에 주택이 매매상품으로 올라와 화제가 됐다. 매도가격은 2만 4,800달러(한화 3,000만 원)로 태양에너지를 사용하며, 부엌과 욕실이 완비된 컨테이너주택이었다. 배송료 1,000달러(약 120만 원)면 전국 어디나 배달해 준다는 것이다. 중국모듈하우스 제조업체인 WZH그룹이 아마존사이트에 올렸다. 컨테이너주택은 가변적으로 홈오피스, 작은 상점으로도 이용된다. 독일에서도 인기를 끌고 있다.

둘째, 온라인에서는 작은 주택, 협소주택이 인기를 끌고 있다. CNBC 방송은 최근 미국에서는 집 규모를 줄이거나 작은 집을 선호하는 사람들이 늘고 있다고 보도했다. 전미주택건설협회에 따르면 MZ세대의 63%가 55m(약16평) 이하의 작은 주택 매입을 고려하고 있다는 것이다. 큰 주택에 살다 보면 자원 낭비, 높은 주거비, 유지보수

비용 증가 등 현실적으로 비용이 증가한다. 작은 주택이 월세도 낮고 경제적으로 유리하다는 내용이다. 실제로 아마존에서는 초소형 목재주택도 인기를 끌고 있다. 인구는 많고 국토는 좁은 일본의 경우도 도쿄, 오사카 등 수도권과 대도시의 도심권을 중심으로 소형주택, 협소주택이 주목받고 있다. 한국도 얼마 전부터 협소주택이 화제다. 협소주택이 하나의 트렌드로 자리 잡아가고 있다는 신호다. 인터넷에서 도심권 자투리땅에 예쁘게 지은 작고 아름다운 협소주택을 찾기란 어려운 일이 아니다.

셋째, 작고 가벼운 주택 부동산은 중개인 없이도 온라인 거래가 가능하다. 가벼운 주택들이 오프라인을 떠나 가구, 자동차 등 고가내구재처럼 온라인에서 중개인 없이도 자연스럽게 사고 팔리는 시대가 열린 것이다. 지금은 저렴한 컨테이너 하우스와 목재주택이 주류를 이루지만, 한국 아파트처럼 표준화되고 정형화되고 가격과 거래가 투명하게 공개된 주택이라면 더더욱 가능성이 커 보인다. 주택을 직접 보지 않고도 매매가 이뤄지는 유통환경이 조성된다는 뜻이다. 머지않은 장래에 네이버 쇼핑, 카카오 쇼핑이나 쿠팡, 위메프 등 이커머스 시장을 통해 중소형 아파트를 사고파는 일도 가능해지지 않을까.

넷째, 중개인 없는 부동산거래 시대에 대비할 필요가 있다. 포스트 코로나 비대면시대, 디지털과 블록체인기술이 중개인 없는 부동산거래시대를 얼마든지 앞당길 수도 있다. 정부가 중개인 없는 부동산거래를 연구하는 목적으로 2021년 예산안을 편성한 것도 중개사를 없애자는 의도가 아니라 새로운 시대, 새로운 부동산 세상에 대비한 준비

작업으로 해석할 수 있다. 개업공인중개사는 맹렬하게 반대하고 있다. 정부도 공인중개사도 인공지능과 사람이 함께 공존하고 상생하는 창의적 대안을 찾아야 할 때다.

'질로우닷컴'은 모범사례

한국부동산 중개업의 미래는 어디에서 어떻게 찾아볼 수 있을까? 변화와 혁신의 모범사례(Best Practice)가 있다. 대표적인 미국의 프롭테크 기업이자 세계최대중개회사인 '질로우닷컴(zillow.com)'은 선진국형 모범사례다. 중개혁신과 독특한 가격산정, 업무혁신, 서비스의 문제점과 개선노력은 시사하는 바가 크다. 미국 홈오너들은 집을 사거나 팔려고 할 때 거래시세를 알아보기 위해 가장 먼저 질로우닷컴의 자료를 들여다본다. 부동산에이전트뿐 아니라 일반인도 즐겨 사용한다. 집 주소만 입력하면 토지 및 건물면적, 방 개수를 비롯해 현재시세까지 계산해서 알려준다. 특정 정보를 한눈에 알 수 있도록 제공하는 편리함 때문에 연간 방문객 수가 수천만 명에 이른다. 광고수익도 엄청나다.

실례로 질로우는 2006년 자체개발한 검색서비스인 '제스티메이트(Zestimate)'를 통해 가격을 산정한다. 카운티 등 지역 정부의 주택 재산세 과세표준액을 기초로 가격을 산정한다. 지역 정부가 공개하는 재산세 징수를 위한 자료로 실거래액과 비슷하다.

하지만 최근에는 질로우닷컴의 주택가치추정이나 적정가격산정은 오류가 많다는 불만이 속출하고 있다. 주택의 실제가치를 제대로 반영하지 못하며 대체로 가격을 부풀리는 경향이 있다는 지적이다. 대지면적, 실내면적, 침실과 화장실 개수, 건물연식, 주변학군, 거래역사 등 비교적 자세한 정보가 제공되지만, 가격만은 신뢰하기 어렵다는 지적이다. 사이트의 감정가격이 실매매가와 크게 다르다 보니 계약이 깨지는 경우도 종종 발생한다. 데이터혁신과 프롭테크 선진국 미국도 중개현장에서 주택의 내재가치, 시장가치, 시장가격을 추정하고 산출하는 기술은 아직 걸음마 단계에 놓여 있음을 알 수 있는 대목이다. 부동산도 가치투자 시대가 오고 있다.

질로우닷컴도 가격산정, 투자가치, 가격예측은 한계

그렇다면 왜 이런 일이 발생하는 걸까. 미국 탬파베이 타임즈(Tampa Bay Times)에 따르면 이유를 짐작해볼 수 있다. 질로우닷컴은 주택내부시설과 요소는 추산하지는 않기 때문에 같은 동네라도 강변인지, 리모델링을 했는지는 파악할 수 없다고 한다. 즉, 주택의 개별성과 다양성은 도외시된 채 지역별로 가격평준화가 나타난다는 것이다. 그래서 최근에는 가격산정방식과 방법에 대한 개선 아이디어도 모집하고 있다.

주택가격은 지역적 요인뿐 아니라 개별주택의 환경과 조건, 시설과 관리상태 등 개별적 요인에 따라 집값이 다르게 산정돼야 한다. 무엇보다도 지역개발과 입지환경 등의 미래변화 등 장기적 영향을 고려하는 것이 중요하다. 그런데 질로우닷컴은 주택가격에 미치는 다양하고 복잡한 요인과 미래가치를 제대로 반영하지 못하고 있다.

미국주택의 주류인 단독주택은 표준화되지 못하고 투명성이 부족하기 때문에 가격산정에 어려움을 갖고 있다. 단독주택의 다양성, 토지의 개별성이 정확한 가격산정을 방해하는 최대 장애물이다.

이러한 문제점은 한국의 단독주택이나 다가구, 전원주택의 거래 시에도 그대로 드러난다. 거래사례도 드문 데다 적정한 매매가격을 산정하기란 더더욱 어려운 일이 된다. 공인중개사도 난감한 때가 많다. 객관적 기준을 찾기란 쉽지 않기 때문이다

그런 측면에서 한국의 아파트는 이미 주류문화를 이루고 있다는 점은 다행이다. 아파트의 특징은 토지와 건축물이 표준화, 획일화되고 거래사례가 빈번하며 시장에서 거래가격이 투명하게 공개된다. 단독주택이 가지는 비표준화, 거래부족, 가격불투명성과는 대조된다.

중개사의 내적고민과
활로개척

중개사의 내적 고민 세 가지와 본질주의

개업공인중개사의 역할은 부동산유통이지만 고객자산을 지키고 든든하게 관리하며 풍요롭게 늘려주는 일도 중요하다. 중개업의 특성상 어려움도 많다. 공인중개사를 만날 때마다 듣는 공통적인 고민과 불안감이 세 가지 있다. 첫째, 공인중개사 공급과잉 및 과당경쟁으로 인한 레드오션 시장이라는 점이다. 전국에 45만 공인중개사와 약 11만 명에 이르는 개업공인중개사가 있다. 약 150가구당 사무실 한 곳이라는 통계도 있다. 둘째, 주택 등 부동산거래가 점차 감소하고 있다. 즉, 중개수익이 감소하는 수익구조다. 셋째, 부동산 직거래가 늘어나고 정부도 중개인 없는 직거래시스템을 준비하고 있다는 것이다. 이밖에도 서비스에 비해 중개수수료가 턱없이 높다는 여론으로 정부는 수수료 인하와 체계를 검토 중이다.

그렇다면 공인중개사는 어떻게 미래를 대비해야 할까? 그렉맥커운은 『에센셜리즘』 저서를 통해 본질적인 것과 사소한 것을 구분하고 가장 본질적인 것에 집중할 것을 권한다. 본질주의(Essentialism)는 본질에 집중하는 힘을 말한다. 인생에서 비본질적인 것은 버리고, 선택능력에 눈을 떠야 한다는 것이다. 다시 말해, 지금 가장 중요한 것은 무엇인지 일의 우선순위를 정하고 선택과 집중을 통해 더 적은 노력으로 더 큰 성과를 이루는 에센셜리스트(Essentialist)가 되라는 뜻이다.

활로를 찾아야 한다. 돌파구나 해법은 있을까? 계속 걱정만 하고 있을 때가 아니다. 걱정한다고 걱정이 사라지는 것은 아니다. 문제의 핵심을 파악하고 본질적 문제를 해결하는 데 노력을 집중해야 한다. 내가 하는 일에 확신이 있고, 일하는 과정이 즐거우며 가치 있는 일을 선별할 줄 알아야 한다. 최고 최선의 해결책이란 현실적으로 발견하기 어렵다. 오직 선택 문제만 있다. 내가 선택하지 않으면 누군가가 내 삶의 우선순위를 정할 것이다. '살집팔집'도 가치주의+본질주의 철학과 신념을 바탕으로 본질가치인 주거+투자가치를 측정하는 데서부터 출발했다. 그래서 본질가치를 평가하는 측정지표 개발과 체계, 중요도(가중치), 데이터값 계산 공식과 알고리즘에 많은 노력과 비용을 쏟았다.

'살집팔집'은 중개필수도구

'살집팔집'은 아파트선택을 도와주는 1분 해결사다. 아파트 걱정은 덜고 안심거래하는 방법을 알려주기 때문이다. 누가 사용하면 가장 효과가 있을까? 바로 개업중개사와 자산관리사, 보험설계사다. 중개업에는 과연 어떤 변화와 혁신을 가져다줄 수 있을까? 중개방식과 영업, 마케팅에 획기적 변화와 근본적 혁신을 일으킬 것으로 기대된다.

예를 들어, 감이나 말로 하는 중개에서 데이터와 프롭테크기술로 설명하고 고객을 설득한다면 얼마나 좋을까. 고객 입장에서 업무수행 방식과 고객설득방법을 혁신적으로 개선할 수 있게 된다. 아울러 중개사의 전문가적 위상과 자존감, 고객신뢰도 또한 덤으로 확보할 수 있는 이점도 있다. 더 나아가 중개품질의 향상으로 국민들의 주거생활과 자산관리, 사회적 가치까지 실현할 수 있다면 금상첨화가 아닐까.

이는 바로 필자가 추진하는 자산관리형 안심중개서비스의 지향점이다. 예를 들어 '살집팔집' 회원중개사는 허위매물, 권리하자, 비싼 매물은 취급하지 않는다. 즉, 세 가지가 없는 가짜 매물은 소개하지 않는다. 반면에 진짜 매물, 권리하자 없는 매물, 가격대비 투자가치 있는 슈퍼아파트매물만 취급한다. 세 가지가 있는 진짜 매물만 선별해 고객이 안심하고 선택할 수 있도록 소개한다는 것이다.

중개사는 회계사, 세무사, 변호사, 의사와 마찬가지로 고객신뢰와 전문성이 필수적인 직업군에 속한다. 국가가 인정한 전문직업인으로 자부심과 책임감, 존중받을 만한 자격이 충분하다고 본다. 다만 전문성과 국민의 불편을 덜어주고 부동산 선택문제를 도와주는 고객가치, 사회적 가치 실현에 대한 혁신의지와 사명감, 가치관은 중개사마다 다를 수도 있다. 그러므로 아파트를 전문적으로 취급하는 중개사의 경우 주거가치와 투자가치를 분석하고 미래가치를 설명해 주는 일은 본질적인 문제라고 할 수 있다. 다만, 이를 주관적인 말로 할 것인가, 객관적인 데이터로 할 것인가. 실거래가만 알려줄 것인가, 진짜 집값도 함께 설명해 줄 것인가. 현재가치 외에 지역변화 등의 미래가치까지도 예측해서 알려줄 것인가. 세무, 법무, 대출과 보험, 금융상품은 물론 이사, 인테리어, 가구, 가전까지 통합서비스와 사후관리까지 제공해 줄 것인가. 그리고 이런 것들을 공허한 말로 끝나는 게 아니라 리포트 형태로 요약해 제공할 수 있다면, 고객만족도는 크게 높아질 것이다. 부동산디지털혁신의 끝판왕이 될 것으로 확신한다.

진짜 중개사는 자산관리마스터, 부동산애널리스트

중개업의 미래는 과연 어둡기만 할까? 양면성이 있다. 어떻게 대응하느냐에 달렸지만, 업의 본질을 재정의할 필요가 있다. 단순중개는 한계가 있지만, 자산관리 분야는 성장성이 굉장히 높기 때문이다. 중산층의 경우 집 한 채는 개인에게 자산의 거의 전부나 마찬가지다. 가계자산의 76%를 부동산이 차지한다. 개인의 중요자산인 주택과 부동산을 매매, 교환, 임대, 유통해주는 전문가가 바로 개업공인중개사다. 현장에서 부동산자산을 책임지는 실질적인 자산관리마스터 역할이 요구된다. 이때 디지털혁신과 프롭테크기술의 활용은 중개업과 자산관리에 큰 도움이 된다.

프롭테크 덕분에 부동산시장의 단점이었던 거래은밀성과 정보의 불투명성이 해소되고 있다. 많은 이들이 평등하게 부동산시장에 접근

가능해졌다. 부동산에 초보자인 2030세대와 일반인도 정보투명성이 높아지는 등 고객과 시장의 입장에서 긍정적이고 미래지향적인 변화다. 직방, 다방, 한방, 호갱노노, 랜드북, 스페이스워크 등 프롭테크 기업이 속속 등장하고 성장하고 있는 점은 주목된다.

중개업의 본질도 바뀌고 있다. 단순매매, 유통에서 고객자산을 지켜주고 늘려주는 일, 즉 자산관리서비스로 확대되고 있다. 이는 디지털기술, 프롭테크 기업과 협업이나 결합해야 혁신이 가능하다. 개업 공인중개사는 AI빅데이터기반 프롭테크기술로 무장하고 금융과 부동산 자산관리까지 겸해야 한다. 더불어 법률, 세무, 가치분석, 자산진단 서비스를 종합적으로 제공하는 자산관리마스터, 부동산애널리스트로 대변신하는 등 환골탈태가 필요한 시점이다.

프롭테크산업의 성장과 중개업의 미래

포스트코로나시대 프롭테크기술은 중개업에 과연 큰 도움이 될까? 당연히 큰 도움이 된다. 여기서 프롭테크를 소개하는 내용을 지속해서 다루는 이유다. 프롭테크는 부동산 자산(Property)과 기술(Technology)의 합성어다. 빅데이터분석, 가상현실, 인공지능, 모바일 등의 기술을 활용한 부동산 관련 서비스를 혁신하는 기술과 기업을 말한다. 미국과 유럽에서는 핀테크(Fintech)금융서비스보다 프롭테크 기술이 더 빠르게 성장하고 있다. 세계에 이미 4,000개가 넘는 프롭테크 기업이 활동하고 있다. 매년 새로운 기업들이 쏟아지고 있는 유럽에서는 이미 프롭테크가 일상생활, 주거생활에 깊숙이 관여하고 있다.

프롭테크 분야는 부동산 중개서비스 뿐만 아니라 부동산관리, 건축, 임대 및 공유건물, 건물설계 인테리어, 스마트 빌딩, 투자 및 자금조달, 가격산정, 가치평가, 가격분석 등 다양하고 종합적이다. 프롭테크는 유럽, 북미에서 PC를 이용한 데이터분석을 시작으로 부동산투자, 부동산관리, 마케팅, 임대관리 등 부동산산업의 중심이 된 지 오래다. 프롭테크 기업에 대한 투자도 엄청나게 확대되고 있다. 2020년 한 해만 프롭테크 투자규모는 130억 달러(약 15조 원)를 넘을 것으로 추정된다. 전 세계 약 340개 유니콘 기업 중 20여 곳이 이미 프롭테크 기업이다.

한국의 실정은 어떠할까. 2018년 프롭테크 포럼이 출발해서 회원사만 200개가 넘는다. 실거래가와 함께 아파트 가격예측서비스를 제공하는 '살집팔집' 개발운영회사인 '퓨처스타'도 회원사로 가입돼 있다. 대표적 프롭테크 기업인 직방의 경우 이미 2,000억 원에 가까운 투자를 받았으며 기업가치가 7,000억 원 정도로 유니콘 기업 1순위로 예약된 상태다. 한방, 다방, 호갱노노 등도 마찬가지다. 프롭테크기술과 중개서비스의 품질혁신에 따라 중개산업의 미래가 결정될 것으로 보인다.

자산관리형
안심중개서비스

디지털 금융, 디지털 부동산은 한 쌍

4차 산업혁명과 비대면산업 활성화로 디지털 금융, 디지털 부동산 통합시대가 오고 있다. 모든 산업지형이 바뀌고 있다. 부동산산업도 예외가 될 수는 없는 법이다. 비대면 소비와 유통산업, 온라인 이커머스기업이 빠르게 성장하면서 기존의 아날로그 방식 업무와 영업만으로는 한계에 직면하고 있다. 이러한 환경변화와 위기조짐은 최근에 불거진 문제는 아니다.

카카오 뱅크, K뱅크, 네이버와 카카오, 쿠팡과 배달의 민족 등 플랫폼 기업이 성장을 주도하고 있다. 빅데이터와 인공지능기술이 부동산 시장 판도를 송두리째 흔들고 있다.

금융에 핀테크가 있다면 부동산에는 프롭테크가 있다. 부동산과

IT가 접목된 프롭테크기술은 다양한 부동산 정보를 빅데이터화하고 인공지능 알고리즘은 내게 꼭 필요한 정보를 알아서 찾아준다. 부동산과 자본시장은 빠르게 통합되고 있다. 부동산시장에 대한 금융지배력은 더욱 커지는 한편, 자산관리 측면에서 은행권을 중심으로 고객에게 통합서비스를 제공하는 움직임이 강화되고 있다. 이미 중개업의 영역을 잠식하고 있다. 그러므로 디지털 금융과 디지털 부동산은 쌍두마차처럼 함께 시너지 효과를 극대화할 수 있다. 협업할 경우 성장가능성은 무궁무진하다. 한 쌍이자 양 기둥이라고 할 수 있다.

생각전환, 방법전환, 기술전환

고객가치와 사회적 가치를 실현하는 방법이 있다. 삶의 가치기준이 바뀌듯 부동산업의 가치기준도 바뀌고 있다. 부동산 중개산업도 고객 중심으로 혁신해야 한다. 중개업을 재정의하고 생각전환, 방법전환, 기술전환이 반드시 요구된다. 꼭 필요한 3대 전환을 알아보자.

첫째, 지금껏 단순히 부동산을 거래하는 중개업에서 고객의 자산을 안전하게 지키고 키우는 적극적인 '국민재산지킴이' 혹은 똑똑한 '자산관리인'으로 탈바꿈해야 한다. 둘째, 공급자 중심에서 수요자인 고객가치 중심으로 중개서비스를 전환하고 중개품질을 높여야 한다. 지역의 자산관리서비스 거점으로 대출, 금융과 부동산상품판매, 내 집 마련 및 투자상담, 세무·법률상담은 물론 부동산가치를 분석하고 개별자산의 장단점을 진단하는 애널리스트 역할도 해야 한다. '진짜' 자산관리전문가의 역할과 방법을 실천해야 한다. 셋째, 디지털전환시대에 맞춰 데이터와 인공지능을 활용한 프롭테크기술력을 보유해야 한다. 고객보다 한 수 높은 수준의 지식과 기술로 재무장해야 한다. 전문성, 통찰력, 신뢰도, 마케팅 능력과 넉넉한 인품을 갖춰야 한다. 찰스 다윈에 따르면 거대공룡이 지구상에서 사라진 이유는 힘이 약해서가 아니라 혹독한 빙하기를 이겨내지 못한 탓이 크다. 승자독식, 약육강식, 적자생존이다. 공인중개사도 생존전략을 찾아야 할 때다. 그러지 않으면 퇴보하고 도태할 수밖에 없다.

중개혁신의 근본방향 세 가지는?

부동산중개와 자산관리서비스도 파괴적 혁신이 중요하다. 파괴는 반란이고 창조의 과정이다. 파괴는 또한 사람들의 이목을 집중시킨다. 새로운 방법, 창의적 전략이 중요하다. 남과 똑같이 행동하면 결과도 똑같기 마련이다. 고객 입장에서 역지사지해야 한다. 고객이 가진 욕구에 공감하고 고객의 문제해결에 집중해야 한다. 무엇보다 4차 산업혁명에 걸맞는 인공지능 빅데이터 디지털기술로 무장한 가치분석, 자산진단, 자산관리서비스 시스템을 갖춰야 진짜 게임체인저다.

세 가지 목적과 혁신에 도전한다.

첫째는 부동산과학 중심의 융복합지식혁신이다. 부동산과학을 융복합적으로 공부하고 연구해야 한다. 경영, 경제, 경제예측, 정책, 트렌드, 건축, 인테리어, 부동산지식, 도시계획, 부동산가치분석, 디지털기술과 프롭테크, IT, 수학적 알고리즘, 블록체인, 주식, 채권, 보험, 캐피탈 등 경제 금융 분야학습도 필수다.

둘째는 고객가치와 사회적 가치의 혁신이다. 원하는 서비스를 고객이 편리한 방법으로 적기에 프리미엄 중개서비스를 제공하는 것이다. 고객은 작은 소비에도 가치와 의미를 부여한다. 이른바 가치소비로 가성비를 따진다. 가격대비 소비자가 체감하는 만족도가 낮으면, 즉 의미와 가치가 떨어지면 재구매, 재방문을 포기한다. 반대로 가치소비에 만족한 경우 반복구매, 반복방문, 단골고객이 된다. 아무리 경기가 불황이고 거래가 줄더라도 나를 찾고 나의 서비스를 기다리는 고객이 내 주변에 포진하고 있다면 무엇이 두려울까.

셋째는 디지털기술혁신이다. 2020년 들어 정책변화와 코로나19 사태 여파로 중개 패러다임이 급속히 바뀌고 있다. 비대면 일상생활이 확대되고 온라인 거래가 활성화되고 있다. 중개시장도 게임의 규칙을 바꾸고 세상을 지배하고 창조하는 게임체인저가 출현해야 한다.

혼자 갈래? 함께 갈래? 집단지성, 다중지성

고객 가치, 사회적 가치, 공동체 가치, 즉 3대 가치를 동시에 실천하고자 하는 일이 몹시 중요하다. 집단지성, 다중지성이 이를 가능케 한다. 집단지성이란 집단 구성원들이 서로 협력하거나 경쟁해 쌓은 지적능력의 결과로 얻어진 지성이나 그러한 집단적 능력을 뜻한다. 다중지성이란 한두 명의 리더가 아닌 조직 구성원 전체의 노력이나 능력에 의해 획득한 지식이다. 만나보면 개업공인중개사는 개인적으로 똑똑하고 지식이 많다. 하지만 디지털시대에는 개인지성, 단독지성보다 집단지성, 다중지성이 세상을 바꾼다. 새로운 부동산 세상은 바꾸는 주역은 누구인가? 중개사가 진정한 주체가 되고 주역이 될 수 있다. 혼자 갈 것인가, 함께 갈 것인가? 진짜 부동산전문가를 실천하는 방법은 그리 어려운 일은 아니다. 실천방법 세 가지를 명심하자.

첫째, 의지와 열정, 습관이 중요하다. 확고한 목표를 세우고 나를 바꾸겠다는 굳은 의지로 작은 업무부터 하나씩 중개업무방식을 혁신해 나가는 것이 급선무다. 둘째, 혁신이라고 해서 거창한 계획이나 대단한 일부터 시작할 필요는 없다. 매일 하는 작은 업무부터, 즉 업무방식과 고객설명 방법부터 개선해보자.

셋째, 유능한 마케터가 되자. 마케팅이론에서 고객의 마음을 움직이고 상품을 설명하고 고객을 설득하는 일은 의외로 가까이에 있다. 고객 입장에서 생각하고, 듣고 싶은 말을 알려주고, 공감하는 일이 최선책이 된다.

결론적으로 부동산 중개와 자산관리도 새로운 방법, 창의적 전략이 필요하다. 고객 입장에서 역지사지(易地思之)해야 한다. 고객의 욕구를 공감하고 고객의 문제해결에 집중해야 한다. 무엇보다 4차 산업혁명에 걸맞은 인공지능 빅데이터 디지털기술로 재무장해야 한다. 가치분석, 자산진단, 자산관리형 안심중개서비스를 갖춰야 진짜 전문가가 될 수 있다. 새로운 부동산 세상에는 인간공동체, 가치공동체, 직업공동체가 필수적이며 중심이 되어야 한다.

자산관리형 안심중개서비스의 인증

코로나19 사태로 안심식당이 인기다. 덜어 먹기 도구 비치, 수저 위생 철저, 종사자 마스크 착용을 엄격히 적용하는 식당이 대상이 된다. 해당 지자체에서 심사해 인증서를 발행한다. '살집팔집'은 이를 본떠서 부동산안심서비스 인증제도를 자체 운영할 계획이다.

'세 가지는 없고(NO), 세 가지는 있는(YES)' 모범중개업소를 전국 3,000여 곳에 개설해 운영한다는 취지다.(도표 참고)

이 밖에도 자산관리 안심중개서비스 인증을 받은 중개업소는 공동중개, 구매대행, 분양대행, 경매대행은 물론, 부동산과 금융을 통합하는 자산관리서비스, 세무·법무 등 결합서비스, 전문교육 등 다양한 혜택이 제공될 예정이다. 한마디로 고객에게 부동산 기쁨과 삶의 행복을 선사하는 것이 핵심이다.

세 가지 NO, 세 가지 YES

세 가지는 없고	세 가지는 있고
허위매물 NO ! 권리하자 NO ! 비싼매물 NO !	진짜매물 YES ! 권리분석 YES ! 투자분석 YES !

중개혁신 공동체를 위한 20계명

위기에 빠진 중개업의 파괴적 혁신에 공감하고 동참을 원하는가?

집단지성과 창의력으로 부동산 세상을 바꾸고 싶은가? 중개업의 대 지각변동에 앞장서고 싶은가? 시장지배를 선도하는 중개혁신가를 양성하고 환골탈태를 촉구하는 특별한 글이다. 생존전략과 성공공식이 될 것이다. 얼리어댑터가 돼라! 이노베이터가 돼라! 게임체인저가 돼라!

꼭 지켜야 할 중개공동체 교훈, 20계명이다. 실천이 곧 답이다.

- 남과 똑같이 하면 결과도 똑같다
- 제품, 서비스를 경쟁하지 말고 독점하라
- 작은 업무방식부터 지금 당장 개선하라
- 계약 위주에서 고객가치 중심으로 중개하라
- 선점하라. 고객은 처음만 기억한다
- 가치분석, 고객설득, 마케팅이 경쟁력이다
- 부동산 중개는 말로 하지 말고, 데이터로 하라
- 중개시장을 주도할 것인가? 추종할 것인가?
- 모든 비즈니스는 결국 1·2등만 살아남는다
- 주택은 평생자산, 중개는 평생서비스다
- 익숙한 길을 갈 것인가? 새로운 길인가?
- 디지털 금융과 디지털 부동산은 한 쌍이다
- 단순중개보다 통합자산관리서비스가 더 낫다
- 금융은 핀테크, 부동산은 프롭테크, 합치면 대박이다
- 중개업의 본질은 가치분석, 자산교체, 자산관리다
- 실거래가만 보고 집 사면 바보, 투자가치가 더 중요하다

- 미래중개는 해결사, 애널리스트, 자산관리마스터다
- 은행처럼 정확하게, 편의점처럼 편리하게 서비스하라
- 자산관리 종합서비스를 제공하는 동네거점이 돼라

중개혁신공동체 가입 시 혜택

- 아파트가격예측시스템 '살집팔집(앱과 웹)' 정보를 실시간 공유
- '살집팔집' 통해 상호, 성명, 전화번호 노출
- 대출, 보험, 펀드, 리츠, 카드, 캐피탈 등 금융업무통합서비스
  수행
- 아파트 매물 등록 및 3초 급매물 게재
- 중개네트워크 조직화로 공동중개, 분양대행 가능
- 자산진단센터 및 리서치센터 운영지원
- 자산관리코치, 자산관리마스터, 부동산애널리스트 교육 및
  자격증 부여
- 아파트가치분석, 세무, 법률, 금융 등 종합서비스 제공
- '살집팔집' 독점사용인증서 및 인증마크 제공
- 홍보목적 삼각대(스탠스) 제공
- '살집팔집' 언론홍보 및 광고
- '살집팔집(신간)'에 회원중개사 전화번호 게재
- 고종완TV(유튜브)를 통한 홍보 및 교육
- 대기업, 중소기업협회, 금융기관 등과 구매대행협약 체결

- 퇴직자단체와 구매대행협약 체결
- 집 한 채로 행복한 노후준비운동본부(집행본)와 연계활동

11장

대한민국 슈퍼아파트
'BEST 1000'을 PICK하다

NO	시도	구시군	구	동읍면	아파트명	구분	입주년도	총세대수	용적률(%)	② 용도지역	내재가치 (입지, 수익, 희소)	미래가치	투자가치 등급	회원 공인중개사
1	서울시	강남구		개포동	대치2단지	구축	1992	1,758	174	3종주거	★★★	★★★	높음	
2	서울시	강남구		개포동	대청	구축	1992	822	174	3종주거	★★★	★★★	높음	
3	서울시	강남구		개포동	레미안블레스티지	신축	2019	1,957	249	2종주거	★★★	★★★	높음	
4	서울시	강남구		개포동	주공고층6단지	재건축	1983	1,060	146	3종주거	★★★	★★★	높음	
5	서울시	강남구		개포동	주공고층7단지	재건축	1983	900	146	3종주거	★★★	★★★	높음	
6	서울시	강남구		개포동	주공고층5단지	재건축	1983	940	151	3종주거	★★★	★★★	높음	
7	서울시	강남구		개포동	현대(2차)	재건축	1986	558	156	3종주거	★★★	★★★	높음	
8	서울시	강남구		논현동	논현(신동아)	구축	1997	644	245	3종주거	★★★	★★★	높음	
9	서울시	강남구		논현동	동현	재건축	1986	548	174	3종주거	★★★	★★★	높음	
10	서울시	강남구		대치동	대치아이파크	신축	2008	768	274	3종주거	★★★	★★★	높음	
11	서울시	강남구		대치동	대치삼성(래미안)	구축	2000	960	261	3종주거	★★★	★★★	높음	
12	서울시	강남구		대치동	동부센트레빌	신축	2005	805	297	3종주거	★★★	★★★	높음	
13	서울시	강남구		대치동	래미안대치팰리스1단지	신축	2015	1,278	258	3종주거	★★★	★★★	높음	
14	서울시	강남구		도곡동	역삼럭키	구축	1995	1,094	248	3종주거	★★★	★★★	높음	
15	서울시	강남구		대치동	쌍용대치(1차)	재건축	1983	630	169	3종주거	★★★★	★★★	높음	
16	서울시	강남구		대치동	개포우성2차	재건축	1984	450	179	3종주거	★★★	★★★	높음	

NO	시도	구시군	구	동읍면	아파트명	구분	입주년도	총세대수	용적률(%)	② 용도지역	내재가치(입지수익,최소)	미래가치	투자가치등급	회원 공인중개사
17	서울시	강남구		대치동	한보미도맨션(2차)	재건축	1984	1,232	179	3종주거	★★★	★★★	높음	
18	서울시	강남구		대치동	개포우성1차	재건축	1983	690	178	3종주거	★★★	★★★	높음	
19	서울시	강남구		대치동	한보미도맨션(1차)	재건축	1983	1,204	179	3종주거	★★★	★★★	높음	
20	서울시	강남구		대치동	선경(1차)	재건축	1983	644	179	3종주거	★★★	★★★	높음	
21	서울시	강남구		대치동	은마	재건축	1979	4,424	204	3종주거	★★★	★★★	높음	
22	서울시	강남구		대치동	우성(1차)	재건축	1984	476	179	3종주거	★★★	★★★	높음	
23	서울시	강남구		대치동	쌍용2차	재건축	1983	364	176	3종주거	★★★	★★★	높음	
24	서울시	강남구		도곡동	도곡렉슬	신축	2006	3,002	274	3종주거	★★★	★★★	높음	
25	서울시	강남구		도곡동	개포한신	재건축	1985	620	145	3종주거	★★★	★★★	높음	
26	서울시	강남구		도곡동	개포4차우성(양지우성)	재건축	1985	459	149	3종주거	★★★	★★★	높음	
27	서울시	강남구		삼성동	삼성동힐스테이트1단지	신축	2008	1,144	276	3종주거	★★★	★★★	높음	
28	서울시	강남구		삼성동	롯데캐슬 프레미어	신축	2007	713	269	3종주거	★★★	★★★	높음	
29	서울시	강남구		삼성동	삼성동힐스테이트2단지	신축	2008	926	273	3종주거	★★★	★★★	높음	
30	서울시	강남구		도곡동	레미안도곡카운티	신축	2013	397	261	3종주거	★★★★	★★★	높음	
31	서울시	강남구		세곡동	세곡푸르지오	신축	2012	912	174	3종주거	★★★	★★★	높음	
32	서울시	강남구		세곡동	강남엘에이치2단지(e편한서상)	신축	2013	809	173	3종주거	★★★	★★★	높음	

NO	시도	구시군	구	동읍면	아파트명	구분	입주년도	총세대수	용적률(%)	② 용도지역	내재가치 (입지, 수익, 희소)	미래가치	투자가치 등급	회원 공인중개사
33	서울시	강남구		세곡동	신동아파밀리에	신축	2011	410	192	3종주거	★★★	★★★	높음	
34	서울시	강남구		세곡동	세곡리엔파크3단지	신축	2011	363	160	2종주거	★★★	★★★	높음	
35	서울시	강남구		삼성동	IPARK삼성동	구축	2004	449	296	3종주거/일반상업	★★★	★★★	높음	
36	서울시	강남구		세곡동	세곡리엔파크5단지	신축	2011	546	169	2종주거	★★★	★★★	높음	
37	서울시	강남구		수서동	까치마을	구축	1993	1,404	208	3종주거	★★★	★★★	높음	
38	서울시	강남구		수서동	신동아	구축	1992	1,162	203	3종주거	★★★	★★★	높음	
39	서울시	강남구		수서동	삼익	구축	1992	645	224	3종주거	★★★	★★★	높음	
40	서울시	강남구		역삼동	테헤란아이파크	신축	2014	411	255	3종주거	★★★	★★★	높음	
41	서울시	강남구		수서동	삼성	구축	1997	680	211	3종주거	★★★	★★★	높음	
42	서울시	강남구		수서동	수서한아름	구축	1993	498	249	3종주거	★★★	★★★	높음	
43	서울시	강남구		수서동	강남데시앙포레	신축	2014	787	165	3종주거	★★★	★★★	높음	
44	서울시	강남구		수서동	강남더샵포레스트	신축	2016	400	199	2종주거	★★★	★★★	높음	
45	서울시	강남구		압구정동	현대(사원)13차	재건축	1987	622	150	3종주거	★★★★	★★★	높음	
46	서울시	강남구		압구정동	미성(1차)	재건축	1982	322	93	3종주거	★★★	★★★	높음	
47	서울시	강남구		역삼동	역삼래미안	신축	2005	1,050	276	3종주거	★★★	★★★	높음	
48	서울시	강남구		역삼동	역삼e-편한세상	신축	2005	840	282	3종주거	★★★	★★★	높음	

NO	시도	구시군	구	동읍면	아파트명	구분	입주연도	총세대수	용적률(%)	②용도지역	내재가치(입지,수익,희소)	미래가치	투자가치등급	회원 공인중개사
49	서울시	강남구		역삼동	역삼푸르지오	신축	2006	738	283	3종주거	★★★	★★★	높음	
50	서울시	강남구		역삼동	개나리래미안	신축	2006	438	273	3종주거	★★★	★★★	높음	
51	서울시	강남구		역삼동	래미안그레이튼	신축	2009	476	271	3종주거	★★★	★★★	높음	
52	서울시	강남구		일원동	상록수	구축	1993	740	109	2종주거	★★★	★★★	높음	
53	서울시	강남구		일원동	목련타운	구축	1993	650	249	3종주거	★★★	★★★	높음	
54	서울시	강남구		일원동	가람	구축	1993	496	109	2종주거	★★★	★★★	높음	
55	서울시	강남구		일원동	한솔마을	구축	1994	570	108	2종주거	★★★	★★★	높음	
56	서울시	강남구		일원동	푸른마을	구축	1994	930	249	3종주거	★★★	★★★	높음	
57	서울시	강남구		일원동	수서	구축	1992	720	189	3종주거	★★★	★★★	높음	
58	서울시	강남구		일원동	샘터마을	구축	1994	628	249	3종주거	★★★	★★★	높음	
59	서울시	강남구		일원동	래미안루체하임	신축	2018	850	249	3종주거	★★★	★★★	높음	
60	서울시	강남구		일원동	우성7차(개포)	재건축	1987	802	157	3종주거	★★★	★★★	높음	
61	서울시	강남구		일원동	개포한신	재건축	1984	364	179	3종주거	★★★	★★★	높음	
62	서울시	강남구		자곡동	강남힐스테이트에코	신축	2014	1,304	150	2종주거	★★★	★★★	높음	
63	서울시	강남구		자곡동	니강엔브리즈힐	신축	2014	402	182	3종주거	★★★	★★★	높음	
64	서울시	강남구		자곡동	래미안강남힐즈	신축	2014	1,020	159	3종주거	★★★	★★★	높음	

NO	시도	구시군	구	동읍면	아파트명	구분	입주년도	총세대수	용적률(%)	② 용도지역	내재가치 (입지, 수익, 희소)	미래가치	투자가치 등급	회원 공인중개사
65	서울시	강남구		지곡동	레미안포레	신축	2014	1,070	180	2종주거	★★★	★★★	높음	
66	서울시	강남구		청담동	청담자이	신축	2012	708	266	3종주거	★★★	★★★	높음	
67	서울시	강남구		청담동	청담삼익	재건축	1980	888	185	3종주거	★★★	★★★	높음	
68	서울시	강남구		청담동	진흥	재건축	1984	375	178	3종주거	★★★	★★★	높음	
69	서울시	강동구		강일동	강일리버파크3단지	신축	2009	987	173	2종주거	★★★	★★★	높음	
70	서울시	강동구		강일동	강일리버파크4단지	신축	2009	748	179	2종주거	★★★	★★★	높음	
71	서울시	강동구		강일동	강일리버파크7단지	신축	2009	731	179	2종주거	★★★	★★★	높음	
72	서울시	강동구		강일동	강일리버파크5단지	신축	2009	722	170	2종주거	★★★	★★★	높음	
73	서울시	강동구		강일동	강일리버파크6단지	신축	2009	553	164	2종주거	★★★	★★★	높음	
74	서울시	강동구		강일동	강일리버파크9단지	신축	2009	841	163	2종주거	★★★	★★★	높음	
75	서울시	강동구		고덕동	고덕그라시움	신축	2019	4,932	249	2종주거	★★★	★★★	높음	
76	서울시	강동구		고덕동	고덕아이파크	신축	2011	1,142	240	2종주거	★★★	★★★	높음	
77	서울시	강동구		상일동	고덕숲아이파크	신축	2018	687	249	2종주거	★★★	★★★	높음	
78	서울시	강동구		강일동	고덕리엔파크2단지	신축	2011	636	169	3종주거	★★★	★★★	높음	
79	서울시	강동구		강일동	고덕리엔파크3단지	신축	2011	605	196	3종주거	★★★	★★★	높음	
80	서울시	강동구		고덕동	레미안힐스테이트고덕	신축	2016	3,658	249	2종주거	★★★	★★★	높음	

NO	시도	구시군	구	동읍면	아파트명	구분	입주년도	총세대수	용적률(%)	② 용도지역	내재가치(입지, 수익, 희소)	미래가치	투자가치 등급	회원 공인중개사
81	서울시	강동구		길동	삼익파크맨션	재건축	1982	1,092	188	3종주거	★★★	★★★	높음	
82	서울시	강동구		명일동	삼익그린맨션(2차)	재건축	1983	2,400	175	3종주거	★★★	★★★	높음	
83	서울시	강동구		명일동	신동아	재건축	1986	570	179	3종주거	★★★	★★★	높음	
84	서울시	강동구		상일동	고덕리엔파크3단지	신축	2011	2,283	177	3종주거	★★★	★★★	높음	
85	서울시	강동구		암사동	강동롯데캐슬퍼스트	신축	2008	3,226	276	3종주거	★★★	★★★	높음	
86	서울시	강동구		암사동	선사현대	구축	2000	2,938	393	3종주거	★★★	★★★	높음	
87	서울시	중랑구		묵동	신내(4단지)	구축	1996	1,070	190	2종주거	★★★	★★☆	높음	
88	서울시	강북구		미아동	벽산라이브파크	구축	2004	1,585	231	3종주거	★★★	★★☆	높음	
89	서울시	강북구		미아동	SK북한산시티	구축	2004	3,830	271	3종주거	★★★	★★☆	높음	
90	서울시	중랑구		신내동	신내(9단지)	구축	1996	1,650	223	3종주거	★★★	★★☆	높음	
91	서울시	강서구		가양동	가양9단지(도시개발9)	구축	1993	1,005	196	3종주거	★★★	★★☆	높음	
92	서울시	강서구		가양동	가양6단지	구축	1992	1,476	192	3종주거	★★★	★★☆	높음	
93	서울시	강서구		가양동	강변(도시개발3단지)	구축	1992	1,556	212	3종주거	★★★	★★☆	높음	
94	서울시	강서구		가양동	가양8단지성지	구축	1992	1,624	195	3종주거	★★★	★★☆	높음	
95	서울시	강서구		가양동	대림경동	구축	1993	540	225	3종주거	★★★	★★☆	높음	
96	서울시	강서구		가양동	한강(한강타운)	구축	1993	990	238	3종주거	★★★	★★☆	높음	

NO	시도	구시군	구	동읍면	아파트명	구분	입주 년도	총 세대수	용적률 (%)	② 용도지역	내재가치 (입지, 수익, 희소)	미래 가치	투자가치 등급	회원 공인중개사
97	서울시	강서구		가양동	대아(동신단지)	구축	1993	660	224	3종주거	★★★	★★☆	높음	
98	서울시	강서구		가양동	가양우성	구축	1990	414	263	준공업	★★★	★★☆	높음	
99	서울시	강서구		마곡동	마곡엠밸리6단지	신축	2014	1,466	201	2종주거	★★★	★★☆	높음	
100	서울시	강서구		마곡동	마곡엠밸리15단지	신축	2014	1,171	205	2종주거	★★★	★★☆	높음	
101	서울시	강서구		등촌동	등촌2단지주공	구축	1995	505	209	3종주거	★★★	★★★	높음	
102	서울시	강서구		등촌동	등촌8단지주공	구축	1994	445	185	3종주거	★★★	★★★	높음	
103	서울시	강서구		등촌동	등촌3단지주공	구축	1995	1,016	226	3종주거	★★★	★★★	높음	
104	서울시	강서구		등촌동	등촌5단지주공	구축	1995	1,045	219	3종주거	★★★	★★★	높음	
105	서울시	강서구		등촌동	등촌10단지주공	구축	1995	566	223	3종주거	★★★	★★★	높음	
106	서울시	강서구		등촌동	등촌미주진로	구축	1994	488	219	3종주거	★★★	★★★	높음	
107	서울시	강서구		마곡동	마곡엠밸리8단지	신축	2016	531	179	2종주거	★★★	★★★	높음	
108	서울시	강서구		방화동	방화5단지(도시개발)	구축	1994	1,372	175	3종주거	★★★	★★★	높음	
109	서울시	강서구		마곡동	마곡엠밸리14단지	신축	2014	1,270	206	2종주거	★★★	★★☆	높음	
110	서울시	강서구		마곡동	마곡13단지힐스테이트마스터	신축	2017	1,194	219	2종주거	★★★	★★☆	높음	
111	서울시	강서구		마곡동	마곡엠밸리5단지	신축	2014	439	192	2종주거	★★★	★★☆	높음	
112	서울시	양천구		신정동	목동2차우성	구축	2000	1,140	286	3종주거	★★★	★★☆	높음	

NO	시도	구시군	구	동읍면	아파트명	구분	입주년도	총세대수	용적률(%)	② 용도지역	내재가치 (입지, 수익, 회소)	미래 가치	투자가치 등급	회원 공인중개사
113	서울시	강서구		화곡동	강서힐스테이트	신축	2015	2,603	259	3종주거	★★★	★★☆	높음	
114	서울시	관악구		봉천동	현대	구축	1992	2,134	245	3종주거	★★★	★★★	높음	
115	서울시	관악구		봉천동	관악드림타운	구축	2003	3,544	267	3종주거	★★★	★★★	높음	
116	서울시	구로구		천왕동	천왕연지타운4단지	신축	2013	571	170	2종주거	★★★	★★☆	높음	
117	서울시	관악구		봉천동	관악푸르지오	구축	2004	2,104	294	3종주거	★★★	★★★	높음	
118	서울시	광진구		광장동	광장현대3단지	구축	1990	1,056	249	3종주거	★★★	★★☆	높음	
119	서울시	중랑구		신내동	신내우디안2단지(대아앙포레)	신축	2013	1,896	172	2종주거	★★★	★★☆	높음	
120	서울시	광진구		구의동	구의현대2단지	구축	1996	1,606	307	준주거	★★★	★★☆	높음	
121	서울시	광진구		구의동	래미안구의파크스위트	신축	2018	854	248	2종주거	★★★	★★☆	높음	
122	서울시	구로구		천왕동	천왕연지타운2단지	신축	2014	1,018	192	2종주거	★★★	★★☆	높음	
123	서울시	구로구		구로동	롯데마운	구축	1999	718	253	3종주거	★★★	★★★	높음	
124	서울시	구로구		구로동	구로주공(1차)	재건축	1986	1,400	153	준공업	★★★	★★☆	높음	
125	서울시	구로구		오류동	금강수목원	구축	2003	620	124	2종주거	★★★★	★★☆	높음	
126	서울시	금천구		독산동	한신	구축	1991	1,000	249	3종주거	★★★	★★☆	높음	
127	서울시	금천구		독산동	독산동중앙하이츠빌	구축	2004	554	253	준공업	★★★	★★☆	높음	
128	서울시	금천구		독산동	금천현대	구축	2002	996	280	준공업	★★★	★★☆	높음	

NO	시도	구시군	구	동읍면	아파트명	구분	입주년도	총세대수	용적률(%)	② 용도지역	내재가치(입지, 수익, 희소)	미래가치	투자가치등급	회원 공인중개사
129	서울시	금천구		독산동	주공(독산주공14단지)	구축	1990	840	186	2종주거	★★★	★★☆	높음	
130	서울시	금천구		시흥동	럭키남서울	재건축	1982	986	123	준공업	★★★	★★☆	높음	
131	서울시	금천구		시흥동	현대빌라	재건축	1989	330	89	준공업	★★★	★★☆	높음	
132	서울시	노원구		공릉동	공릉2단지(S영)	구축	1994	660	84	3종주거	★★★	★★☆	높음	
133	서울시	금천구		시흥동	남서울힐스테이트	신축	2014	1,764	249	준공업	★★★	★★☆	높음	
134	서울시	노원구		공릉동	상익(4단지)	구축	1994	525	202	3종주거	★★★	★★☆	높음	
135	서울시	노원구		상계동	수락리버시티4단지	신축	2009	548	189	2종주거	★★★	★★☆	높음	
136	서울시	노원구		상계동	중계센트럴파크	신축	2016	457	224	3종주거	★★★	★★☆	높음	
137	서울시	노원구		상계동	상계주공(14단지)고층	재건축	1989	2,265	158	3종주거	★★★	★★☆	높음	
138	서울시	노원구		상계동	상계주공(10단지)고층	재건축	1988	2,654	169	3종주거	★★★	★★☆	높음	
139	서울시	노원구		상계동	상계주공(14단지)저층	재건축	1989	2,265	158	3종주거	★★★	★★☆	높음	
140	서울시	노원구		상계동	상계주공(10단지)저층	재건축	1988	2,654	169	3종주거	★★★	★★☆	높음	
141	서울시	노원구		상계동	상계주공(3단지)고층	재건축	1987	2,213	178	3종주거	★★★	★★☆	높음	
142	서울시	노원구		상계동	상계주공(2단지)	재건축	1988	2,029	171	3종주거	★★★	★★☆	높음	
143	서울시	노원구		상계동	상계주공(2단지)저층	재건축	1988	2,029	171	3종주거	★★★	★★☆	높음	
144	서울시	노원구		상계동	상계주공(1단지)	재건축	1988	2,064	176	3종주거	★★★	★★☆	높음	

NO	시도	구시군	구	동읍면	아파트명	구분	입주년도	총세대수	용적률(%)	② 용도지역	내재가치(입지,수익,희소)	미래가치	투자가치 등급	회원 공인중개사
145	서울시	노원구		상계동	상계주공(11단지)	재건축	1988	1,944	173	3종주거	★★★	★★☆	높음	
146	서울시	노원구		상계동	상계주공(5단지)	재건축	1987	840	93	2종주거	★★★	★★☆	높음	
147	서울시	노원구		월계동	월계3단지시슴	구축	1995	884	196	3종주거	★★★	★★☆	높음	
148	서울시	노원구		월계동	월계2단지주공	구축	1992	2,002	227	3종주거	★★★	★★☆	높음	
149	서울시	노원구		월계동	월계4단지성원	구축	1995	713	212	3종주거	★★★	★★☆	높음	
150	서울시	노원구		월계동	미성	재건축	1986	1,620	131	3종주거	★★★	★★☆	높음	
151	서울시	노원구		월계동	미륭	재건축	1986	1,050	131	3종주거	★★★	★★☆	높음	
152	서울시	노원구		월계동	삼호3차	재건축	1986	1,260	131	3종주거	★★★	★★☆	높음	
153	서울시	노원구		중계동	중계그린	구축	1990	3,481	191	3종주거	★★★	★★☆	높음	
154	서울시	노원구		중계동	중계무지개	구축	1991	2,433	193	3종주거	★★★	★★☆	높음	
155	서울시	노원구		중계동	중계5단지주공	구축	1992	2,328	182	3종주거	★★★	★★☆	높음	
156	서울시	노원구		중계동	중계4단지주공	구축	1991	690	187	3종주거	★★★	★★☆	높음	
157	서울시	노원구		중계동	중계2단지주공	구축	1992	1,800	207	3종주거	★★★★	★★☆	높음	
158	서울시	양천구		신정동	목동힐스테이트	신축	2016	1,081	252	2종주거	★★★★	★★☆	높음	
159	서울시	노원구		중계동	중계7단지주공	구축	1993	630	176	3종주거	★★★★	★★☆	높음	
160	서울시	노원구		중계동	중계8단지주공	구축	1993	696	191	3종주거	★★★	★★☆	높음	

NO	시도	구시군	구	동읍면	아파트명	구분	입주년도	총세대수	용적률(%)	②용도지역	내재가치(입지, 수익, 희소)	미래가치	투자가치등급	회원 공인중개사
161	서울시	노원구		하계1동	하계1차청구	구축	1997	700	198	3종주거	★★★	★★☆	높음	
162	서울시	노원구		하계1동	하계울청구	구축	1999	1,476	214	3종주거	★★★	★★☆	높음	
163	서울시	도봉구		창동	주공(3단지)	구축	1990	2,856	175	3종주거	★★★	★★★	높음	
164	서울시	도봉구		창동	주공(4단지)	구축	1991	1,710	151	3종주거	★★★	★★★	높음	
165	서울시	도봉구		창동	주공(2단지)	구축	1990	750	203	3종주거	★★★	★★★	높음	
166	서울시	도봉구		창동	주공(1단지)	구축	1990	808	167	3종주거	★★★	★★★	높음	
167	서울시	도봉구		창동	삼성	구축	1992	1,668	249	3종주거	★★★	★★★	높음	
168	서울시	도봉구		창동	동아청솔(1차)	구축	1997	1,981	249	3종주거	★★★	★★★	높음	
169	서울시	도봉구		창동	주공(18단지)(고층)	재건축	1988	750	138	3종주거	★★★	★★☆	높음	
170	서울시	도봉구		창동	주공(상계19단지)	재건축	1988	1,764	164	3종주거	★★★	★★☆	높음	
171	서울시	동대문구		답십리동	두산위브	신축	2007	516	209	3종주거	★★★	★★★	높음	
172	서울시	동대문구		답십리동	두산	구축	2000	739	266	3종주거	★★★	★★★	높음	
173	서울시	동대문구		답십리동	답십리청솔우성	구축	2000	1,542	258	3종주거/준주거	★★★	★★★	높음	
174	서울시	동대문구		답십리동	힐스테이트청계	신축	2018	764	299	3종주거	★★★★	★★★	높음	
175	서울시	동대문구		이문동	래미안이문2차	구축	2004	648	248	3종주거	★★★	★★★	높음	
176	서울시	동대문구		답십리동	답십리파크자이	신축	2019	802	245	2종주거	★★★	★★☆	높음	

NO	시도	구시군	구	동읍면	아파트명	구분	입주년도	총세대수	용적률(%)	② 용도지역	내재가치(입지,수익,희소)	미래가치	투자가치등급	회원 공인중개사
177	서울시	동대문구		장안동	장안힐스테이트	신축	2007	859	249	3종주거	★★★	★★★	높음	
178	서울시	동대문구		장안동	장안현대홈타운	구축	2003	2,182	308	3종주거	★★★	★★★	높음	
179	서울시	동대문구		전농동	전농우성	구축	1992	1,234	228	3종주거	★★★	★★★	높음	
180	서울시	동대문구		전농동	래미안아름숲	신축	2012	719	181	2종주거	★★★	★★★	높음	
181	서울시	동대문구		제기동	한신	구축	2004	1,070	300	3종주거	★★★	★★★	높음	
182	서울시	동대문구		청량리동	한신	구축	1997	960	275	3종주거	★★★	★★★	높음	
183	서울시	동대문구		전농동	동대문롯데캐슬노블레스	신축	2018	584	258	3종주거	★★★	★★★	높음	
184	서울시	동작구		대방동	대방2단지주공	구축	1995	798	183	3종주거	★★★	★★☆	높음	
185	서울시	동작구		대방동	대림	구축	1993	1,628	272	3종주거	★★★	★★☆	높음	
186	서울시	동작구		대방동	대방자이-편한세상	구축	2003	609	289	3종주거/일반상업	★★★★	★★☆	높음	
187	서울시	동작구		사당동	대림	구축	1990	1,152	208	3종주거	★★★	★★☆	높음	
188	서울시	동작구		사당동	사당우성(2단지)	구축	1993	1,079	249	3종주거	★★★	★★☆	높음	
189	서울시	동작구		사당동	신동아(4차)	구축	1993	912	249	3종주거	★★★★	★★☆	높음	
190	서울시	동작구		사당동	사당우성(3단지)	구축	1993	855	249	3종주거	★★★	★★☆	높음	
191	서울시	용산구		이촌동	강촌	구축	1998	1,001	339	3종주거	★★★	★★★	높음	
192	서울시	동작구		사당동	극동	구축	1993	1,550	248	3종주거	★★★	★★☆	높음	

NO	시도	구시군	구	동읍면	아파트명	구분	입주년도	총세대수	용적률(%)	②용도지역	내재가치(입지,수익,희소)	미래가치	투자가치등급	회원 공인중개사
193	서울시	동작구		상도동	상도더샵	신축	2007	1,122	229	2종주거	★★★	★★★	높음	
194	서울시	동작구		상도동	래미안상도3차	구축	2004	1,656	229	3종주거	★★★	★★★	높음	
195	서울시	용산구		한남동	한남더힐	신축	2011	600	120	1종주거/2종주거	★★★	★★★	높음	
196	서울시	동작구		상도동	브라운스톤상도	신축	2007	415	225	3종주거	★★★	★★★	높음	
197	서울시	동작구		상도동	상도동중앙하이츠빌	구축	2003	544	274	3종주거	★★★	★★★	높음	
198	서울시	동작구		상도동	상도삼성래미안1차	구축	2004	681	246	3종주거	★★★	★★★	높음	
199	서울시	동작구		상도동	힐스테이트상도프레스티지	신축	2013	882	202	2종주거/3종주거	★★★	★★★	높음	
200	서울시	동작구		상도동	e편한세상상도노빌리티	신축	2018	893	244	3종주거	★★★	★★★	높음	
201	서울시	동작구		상도동	상도엠코타운센트럴파크	신축	2012	1,559	222	2종주거	★★★	★★★	높음	
202	서울시	동작구		흑석동	아크로리버하임	신축	2018	1,073	193	2종주거	★★★	★★☆	높음	
203	서울시	동작구		신대방동	경남(아너스빌)	구축	2003	427	289	3종주거	★★★	★★★	높음	
204	서울시	동작구		신대방동	보라매파크빌	구축	2002	423	218	3종주거	★★★	★★★	높음	
205	서울시	동작구		흑석동	흑석뉴타운롯데캐슬에듀포레	신축	2018	545	218	2종주거	★★★	★★☆	높음	
206	서울시	마포구		공덕동	래미안공덕3차	구축	2004	616	228	3종주거/준주거	★★★	★★★	높음	
207	서울시	마포구		공덕동	래미안공덕4차	신축	2005	597	199	3종주거	★★★	★★★	높음	
208	서울시	마포구		공덕동	공덕삼성(1차)	구축	1999	651	266	3종주거	★★★	★★	높음	

NO	시도	구시군	구	동읍면	아파트명	구분	입주년도	총세대수	용적률(%)	② 용도지역	내재가치(입지,수익,희소)	미래가치	투자가치등급	회원 공인중개사
209	서울시	마포구		도화동	도화3지구우성	구축	1991	1,222	228	3종주거	★★★	★★☆	높음	
210	서울시	마포구		도화동	현대홈타운(2차)	구축	2000	914	234	3종주거	★★★	★★☆	높음	
211	서울시	마포구		도화동	도화동현대(1차)	구축	1996	1,021	266	3종주거	★★★	★★☆	높음	
212	서울시	마포구		상암동	상암월드컵파크2단지	신축	2005	733	174	3종주거	★★★	★★★	높음	
213	서울시	마포구		상암동	상암월드컵파크2단지	구축	2003	657	243	3종주거	★★★	★★★	높음	
214	서울시	마포구		상암동	상암월드컵파크3단지	구축	2003	540	215	3종주거	★★★	★★★	높음	
215	서울시	마포구		상암동	상암월드컵파크11단지	신축	2010	588	199	2종주거	★★★	★★★	높음	
216	서울시	마포구		상암동	상암월드컵파크9단지	신축	2010	1,036	197	2종주거	★★★	★★★	높음	
217	서울시	마포구		상암동	상암월드컵파크10단지	신축	2010	861	177	2종주거	★★★	★★★	높음	
218	서울시	마포구		상암동	상암월드컵파크12단지	신축	2010	380	149	2종주거	★★★	★★★	높음	
219	서울시	마포구		성산동	성산시영(대우,선경,유원)	재건축	1986	3,710	148	3종주거	★★★	★★☆	높음	
220	서울시	마포구		신공덕동	신공덕3차삼성래미안	구축	2003	366	255	3종주거/일반상업	★★★	★★☆	높음	
221	서울시	마포구		아현동	마포래미안푸르지오	신축	2014	3,885	259	2종주거	★★★★	★★☆	높음	
222	서울시	마포구		염리동	상록	구축	1997	678	217	2종주거	★★★★	★★☆	높음	
223	서울시	마포구		용강동	래미안(상성)	구축	2003	430	220	3종주거	★★★	★★☆	높음	
224	서울시	중랑구		신내동	신내우디안1단지	신축	2014	1,402	184	2종주거	★★★	★★☆	높음	

NO	시도	구시군	구	동읍면	아파트명	구분	입주년도	총세대수	용적률(%)	②용도지역	내재가치(입지,수익,희소)	미래가치	투자가치등급	회원 공인중개사
225	서울시	마포구		용강동	e편한세상마포리버파크	신축	2016	547	237	2종주거	★★★	★★☆	높음	
226	서울시	마포구		창전동	창전동삼성	구축	1998	951	233	2종주거	★★★	★★☆	높음	
227	서울시	마포구		현석동	강변힐스테이트	구축	2004	510	219	3종주거	★★★	★★☆	높음	
228	서울시	서대문구		홍은동	북한산더샵	신축	2017	552	247	3종주거	★★★	★★☆	높음	
229	서울시	서대문구		남가좌동	남가좌삼성(1차)	구축	2000	1,114	289	3종주거	★★★	★★☆	높음	
230	서울시	서대문구		남가좌동	DMC2차아이파크	신축	2018	1,061	234	3종주거	★★★	★★☆	높음	
231	서울시	서대문구		남가좌동	DMC파크뷰자이	신축	2015	4,300	233	2종주거/3종주거	★★★	★★☆	높음	
232	서울시	서대문구		대현동	럭키대현(LG대현)	구축	1999	855	229	3종주거	★★★	★★☆	높음	
233	서울시	서대문구		영천동	독립문삼호	구축	1995	895	259	3종주거	★★★	★★☆	높음	
234	서울시	서대문구		홍제동	홍제센트럴아이파크	신축	2018	906	217	2종주거	★★★	★★☆	높음	
235	서울시	서대문구		홍제동	무악청구(1차)	구축	1994	862	212	3종주거	★★★	★★☆	높음	
236	서울시	서대문구		홍제동	홍제한양	구축	1993	998	229	3종주거	★★★	★★☆	높음	
237	서울시	서초구		내곡동	서초더샵포레	신축	2014	1,264	189	3종주거	★★★	★★☆	높음	
238	서울시	서초구		잠원동	래미안신반포팰리스	신축	2016	843	299	3종주거	★★★	★★★	높음	
239	서울시	서초구		반포동	래미안퍼스티지	신축	2009	2,444	269	3종주거	★★★	★★★	높음	
240	서울시	서초구		반포동	반포자이	신축	2009	3,410	270	3종주거	★★★	★★★	높음	

NO	시도	구시군	구	동읍면	아파트명	구분	입주년도	총세대수	용적률(%)	②용도지역	내재가치(입지,수익,회소)	미래가치	투자가치등급	희망 공인중개사
241	서울시	서초구		반포동	반포리체	신축	2011	1,119	243	3종주거	★★★	★★★	높음	
242	서울시	서초구		반포동	주공단지	재건축	1973	3,590	127	3종주거	★★★	★★★	높음	
243	서울시	서초구		반포동	반포경남	재건축	1978	1,056	183	3종주거	★★★	★★★	높음	
244	서울시	서초구		반포동	신반포(한신3차)	재건축	1978	1,140	203	3종주거	★★★	★★★	높음	
245	서울시	서초구		반포동	반포미도(1차)	재건축	1987	1,260	177	3종주거	★★★★	★★★	높음	
246	서울시	서초구		반포동	반포미도2차	재건축	1989	435	200	3종주거	★★★★	★★★	높음	
247	서울시	서초구		방배동	대우효령	구축	1992	364	194	3종주거	★★★	★★★	높음	
248	서울시	서초구		방배동	방배래미안(1차)	구축	2003	303	201	2종주거	★★★	★★★	높음	
249	서울시	서초구		방배동	방배서리한내	구축	1999	644	272	3종주거	★★★	★★★	높음	
250	서울시	서초구		방배동	래미안방배아트힐	구축	2004	588	294	3종주거	★★★	★★☆	높음	
251	서울시	서초구		방배동	신동아	재건축	1982	493	112	3종주거	★★★	★★☆	높음	
252	서울시	서초구		방배동	삼익	재건축	1981	408	161	3종주거	★★★	★★★	높음	
253	서울시	서초구		잠원동	신반포자이	신축	2018	607	298	3종주거	★★★	★★★	높음	
254	서울시	서초구		방배동	방배서리풀e편한세상	신축	2010	496	206	2종주거	★★★	★★☆	높음	
255	서울시	서초구		반포동	반포래미안아이파크	신축	2018	829	284	3종주거	★★★	★★★	높음	
256	서울시	서초구		반포동	반포센트럴푸르지오써밋	신축	2018	764	293	3종주거	★★★	★★★	높음	

NO	시도	구시군	구	동읍면	아파트명	구분	입주년도	총세대수	용적률(%)	② 용도지역	내재가치 (입지, 수익, 희소)	미래가치	투자가치 등급	회원 공인중개사
257	서울시	서초구		양재동	우성	구축	1991	794	210	3종주거	★★★	★★★	높음	
258	서울시	서초구		우면동	코오롱	구축	1994	300	122	2종주거	★★★	★★★	높음	
259	서울시	서초구		반포동	아크로리버파크	신축	2016	1,612	299	1종주거/ 3종주거	★★★	★★☆	높음	
260	서울시	서초구		우면동	서초힐스	신축	2012	1,082	208	3종주거	★★★★	★★★	높음	
261	서울시	서초구		우면동	서초네이처힐3단지	신축	2013	1,251	197	3종주거	★★★	★★★	높음	
262	서울시	서초구		잠원동	잠원한신	구축	1992	540	237	3종주거	★★★	★★★	높음	
263	서울시	서초구		잠원동	동아	구축	2002	991	316	3종주거	★★★	★★★	높음	
264	서울시	서초구		잠원동	롯데캐슬갤럭시(2차)	구축	2004	428	299	3종주거	★★★	★★★	높음	
265	서울시	서초구		잠원동	신반포(한신6차)	재건축	1983	396	145	3종주거	★★★	★★★	높음	
266	서울시	서초구		잠원동	신반포(한신8차)	재건축	1981	864	186	3종주거	★★★	★★★	높음	
267	서울시	서초구		잠원동	신반포(한신11차)	재건축	1981	398	187	3종주거	★★★★	★★★	높음	
268	서울시	서초구		잠원동	신반포(한신10차)	재건축	1981	876	191	3종주거	★★★	★★★	높음	
269	서울시	서초구		잠원동	신반포(한신2차)	재건축	1978	1,572	199	3종주거	★★★	★★★	높음	
270	서울시	성동구		금호동1가	벽산	구축	2001	1,707	219	3종주거	★★★	★★☆	높음	
271	서울시	성동구		금호동1가	금호삼성래미안	구축	2001	582	227	2종주거/ 3종주거	★★★	★★☆	높음	
272	서울시	성동구		금호동1가	e편한세상금호파크힐스	신축	2018	1,330	256	3종주거	★★★	★★☆	높음	

NO	시도	구시군	구	동읍면	아파트명	구분	입주년도	총세대수	용적률(%)	②용도지역	내재가치(입지, 수익, 희소)	미래가치	투자가치등급	회원 공인중개사
273	서울시	성동구		금호동2가	신금호파크자이	신축	2016	1,156	217	3종주거	★★★	★★☆	높음	
274	서울시	성동구		금호동3가	두산	구축	1994	1,267	249	3종주거	★★★	★★☆	높음	
275	서울시	성동구		성수동2가	성수동아아파크	구축	2003	656	310	준공업	★★★	★★★	높음	
276	서울시	용산구		효창동	용산롯데캐슬센터포레	신축	2019	478	245	2종주거	★★★	★★★	높음	
277	서울시	은평구		진관동	은평뉴타운구파발(섬성래미안)	신축	2010	486	149	2종주거	★★★	★★★	높음	
278	서울시	성동구		마장동	삼성	구축	1996	430	241	3종주거	★★★	★★☆	높음	
279	서울시	성동구		금호동4가	힐스테이트서울숲리버	신축	2018	606	200	2종주거	★★★	★★★	높음	
280	서울시	성동구		성수동1가	쌍용	구축	1997	777	297	준공업	★★★	★★★	높음	
281	서울시	성동구		상왕십리동	텐즈힐(2구역)	신축	2014	1,148	246	3종주거/일반상업	★★★	★★☆	높음	
282	서울시	성동구		성수동1가	강변건영	구축	2002	580	301	3종주거	★★★	★★★	높음	
283	서울시	성동구		성수동1가	동아	재건축	1983	390	175	준공업	★★★	★★★	높음	
284	서울시	성동구		옥수동	래미안옥수리버젠	신축	2012	1,511	238	2종주거	★★★	★★☆	높음	
285	서울시	성동구		성수동2가	성수롯데캐슬파크	구축	2003	604	302	준공업	★★★	★★★	높음	
286	서울시	성동구		옥수동	옥수현대	구축	1990	566	200	1종주거/3종주거	★★★	★★☆	높음	
287	서울시	성동구		옥수동	옥수하이츠	구축	1998	774	212	3종주거	★★★	★★☆	높음	
288	서울시	성동구		옥수동	e편한세상옥수파크힐스	신축	2016	1,976	208	1종주거/2종주거	★★★	★★☆	높음	

NO	시도	구시군	구	동읍면	아파트명	구분	입주년도	총세대수	용적률(%)	②용도지역	내재가치(입지, 수익, 희소)	미래가치	투자가치등급	회원 공인중개사
289	서울시	성동구		응봉동	금호현대	구축	1990	644	213	3종주거	★★★	★★☆	높음	
290	서울시	성동구		하왕십리동	왕십리역롯데캐슬이원	구축	2004	758	245	2종주거/3종주거	★★★	★★☆	높음	
291	서울시	성동구		하왕십리동	청계벽산	구축	1996	1,332	267	2종주거/일반상업	★★★	★★☆	높음	
292	서울시	성동구		하왕십리동	텐즈힐	신축	2015	1,702	224	3종주거	★★★	★★☆	높음	
293	서울시	성동구		하왕십리동	왕십리자이	신축	2017	713	226	2종주거	★★★	★★☆	높음	
294	서울시	성동구		하왕십리동	센트라스1,2차	신축	2016	2,529	312	3종주거	★★★	★★☆	높음	
295	서울시	성동구		행당동	대림	구축	2000	3,404	254	3종주거	★★★	★★★	높음	
296	서울시	성동구		행당동	삼부	구축	1998	498	253	3종주거	★★★	★★★	높음	
297	서울시	성동구		행당동	신동아	구축	1995	636	258	3종주거	★★★	★★★	높음	
298	서울시	성동구		행당동	행당한진타운	구축	2000	2,123	294	3종주거	★★★	★★★	높음	
299	서울시	성동구		행당동	서울숲리버뷰자이	신축	2018	1,034	280	3종주거	★★★	★★☆	높음	
300	서울시	성북구		석관동	래미안아트리치	신축	2019	1,091	232	2종주거	★★★	★★☆	높음	
301	서울시	성북구		종암동	아이파크종암동(현대)	구축	2004	513	222	3종주거	★★★	★★☆	높음	
302	서울시	성북구		종암동	삼성래미안	구축	2004	1,168	238	3종주거	★★★	★★☆	높음	
303	서울시	송파구		가락동	래미안피크팰리스	신축	2007	919	249	3종주거	★★★	★★★	높음	
304	서울시	송파구		문정동	건영	구축	1993	545	282	3종주거	★★★	★★★	높음	

NO	시도	구시군	구	동읍면	아파트명	구분	입주년도	총세대수	용적률(%)	② 용도지역	내재가치 (입지, 수익, 희소)	미래가치	투자가치 등급	회원 공인중개사
305	서울시	송파구		방이동	큐오볼	구축	1991	758	248	3종주거	★★★	★★★	높음	
306	서울시	송파구		방이동	올림픽선수기자촌	재건축	1988	5,540	137	3종주거	★★★	★★☆	높음	
307	서울시	송파구		신천동	파크리오	신축	2008	6,864	283	3종주거	★★★	★★★	높음	
308	서울시	송파구		신천동	미성	재건축	1980	1,230	165	1종주거/ 3종주거	★★★	★★★	높음	
309	서울시	송파구		가락동	가락쌍용(차)	구축	1997	2,064	343	3종주거	★★★	★★★	높음	
310	서울시	송파구		잠실동	리센츠	신축	2008	5,563	275	3종주거	★★★	★★★	높음	
311	서울시	송파구		잠실동	잠실엘스	신축	2008	5,678	275	3종주거	★★★	★★★	높음	
312	서울시	송파구		잠실동	레이크팰리스	신축	2006	2,678	273	3종주거	★★★	★★★	높음	
313	서울시	송파구		가락동	헬리오시티	신축	2018	9,510	285	1종주거/ 2종 주거/ 3종주거	★★★	★★★	높음	
314	서울시	송파구		잠실동	트리지움	신축	2007	3,696	274	3종주거	★★★	★★★	높음	
315	서울시	송파구		잠실동	잠실주공(5단지)	재건축	1978	3,930	152	3종주거	★★★	★★★	높음	
316	서울시	송파구		잠실동	아시아선수촌	재건축	1986	1,356	152	3종주거	★★★	★★★	높음	
317	서울시	송파구		잠실동	우성1,2,3차	재건축	1981	1,842	190	3종주거	★★★	★★★	높음	
318	서울시	송파구		장지동	송파파인타운10단지	신축	2007	545	197	3종주거	★★★	★★★	높음	
319	서울시	송파구		장지동	송파파인타운3단지	신축	2008	625	229	3종주거	★★★	★★★	높음	
320	서울시	송파구		장지동	송파파인타운9단지	신축	2007	796	234	3종주거	★★★	★★★	높음	

NO	시도	구시군	구	읍면동	아파트명	구분	입주년도	총세대수	용적률(%)	② 용도지역	내재가치(입지,수익,희소)	미래가치	투자가치등급	회원 공인중개사
321	서울시	송파구		장지동	송파파인타운8단지	신축	2008	700	238	3종주거	★★★	★★★	높음	
322	서울시	송파구		장지동	송파파인타운11단지	신축	2007	333	199	3종주거	★★★	★★★	높음	
323	서울시	송파구		문정동	송파파크하비오푸르지오	신축	2016	999	599	유통상업지역	★★★	★★★	높음	
324	서울시	송파구		송파동	래미안송파파인탑	신축	2012	794	253	3종주거	★★★	★★★	높음	
325	서울시	송파구		거여동	거여4단지(도시개발)	구축	1997	546	240	3종주거	★★★	★★★	높음	
326	서울시	송파구		장지동	힐스테이트송파위례	신축	2016	490	285	준주거	★★★	★★★	높음	
327	서울시	송파구		장지동	위례22단지(힐스테이트)	신축	2013	1,139	203	3종주거	★★★	★★★	높음	
328	서울시	송파구		장지동	위례24단지(꿈에그린)	신축	2013	1,810	194	3종주거	★★★	★★★	높음	
329	서울시	송파구		장지동	위례신도시송파푸르지오	신축	2015	549	209	3종주거	★★★	★★★	높음	
330	서울시	송파구		풍납동	현대(풍납)	구축	1995	708	249	3종주거	★★★	★★★	높음	
331	서울시	송파구		풍납동	한강극동	구축	1995	895	226	3종주거	★★★★	★★★	높음	
332	서울시	양천구		목동	목동한신청구(1단지)	구축	1997	1,512	233	3종주거	★★★	★★☆	높음	
333	서울시	양천구		목동	목동신시가지(7단지고층)	재건축	1988	2,550	125	3종주거	★★★	★★☆	높음	
334	서울시	양천구		목동	목동신시가지(4단지)	재건축	1986	1,382	129	3종주거	★★★	★★☆	높음	
335	서울시	양천구		목동	목동신시가지(6단지)	재건축	1986	1,368	139	2종주거/3종주거	★★★	★★☆	높음	
336	서울시	양천구		신정동	목동2차삼성래미안	구축	2001	353	238	3종주거	★★★	★★★	높음	

NO	시도	구시군	구	동읍면	아파트명	구분	입주년도	총세대수	용적률(%)	②용도지역	내재가치(입지,수익,희소)	미래가치	투자가치등급	회원 공인중개사
337	서울시	양천구		신정동	목동신시가지(12단지고층)	재건축	1988	1,860	119	3종주거	★★★	★★☆	높음	
338	서울시	양천구		신정동	목동신시가지(14단지)	재건축	1987	3,100	122	3종주거	★★★	★★☆	높음	
339	서울시	양천구		신정동	목동신시가지(13단지)	재건축	1987	2,280	159	3종주거	★★★	★★☆	높음	
340	서울시	양천구		신정동	목동신시가지(10단지)	재건축	1987	2,160	123	3종주거	★★★	★★☆	높음	
341	서울시	양천구		신정동	목동신시가지(11단지고층)	재건축	1988	1,595	120	3종주거	★★★	★★☆	높음	
342	서울시	양천구		신정동	목동신시가지(9단지)	재건축	1987	2,030	133	3종주거	★★★	★★☆	높음	
343	서울시	영등포구		당산동2가	현대(당산2가)	구축	1994	783	299	준공업	★★★	★★★	높음	
344	서울시	영등포구		당산동2가	대우	구축	1999	536	399	준공업	★★★	★★★	높음	
345	서울시	중구		신당동	청구e편한세상	신축	2011	895	224	2종주거	★★★	★★☆	높음	
346	서울시	영등포구		당산동4가	당산2차삼성	구축	1997	392	393	준공업	★★★	★★★	높음	
347	서울시	영등포구		당산동5가	당산동강변성	구축	1999	480	280	준공업	★★★	★★★	높음	
348	서울시	영등포구		당산동5가	당산삼성래미안	구축	2003	1,391	299	준공업/일반상업	★★★	★★★	높음	
349	서울시	영등포구		대림동	현대(1차)	구축	1992	476	259	3종주거	★★★	★★★	높음	
350	서울시	중구		만리동2가	서울역센트럴자이	신축	2017	1,341	234	2종주거	★★★	★★☆	높음	
351	서울시	영등포구		문래동3가	문래자이	구축	2001	1,302	249	준공업	★★★	★★★	높음	
352	서울시	영등포구		문래동3가	문래힐스테이트	구축	2003	776	264	준공업	★★★	★★★	높음	

NO	시도	구시군	구	동읍면	아파트명	구분	입주년도	총세대수	용적률(%)	② 용도지역	내재가치 (입지, 수익, 희소)	미래가치	투자가치 등급	회원 공인중개사
353	서울시	영등포구		당산동4가	당산현대5차	구축	2000	976	373	준공업	★★★	★★★	높음	
354	서울시	영등포구		신길동	신길우성(4차)	구축	1991	476	213	3종주거/일반상업	★★★	★★★	높음	
355	서울시	영등포구		신길동	삼환	구축	1997	1,174	246	2종주거/3종주거	★★★	★★★	높음	
356	서울시	영등포구		신길동	삼성래미안	구축	2001	1,213	289	3종주거	★★★	★★★	높음	
357	서울시	영등포구		신길동	신길뉴타운아이파크	신축	2019	612	228	2종주거	★★★	★★★	높음	
358	서울시	영등포구		신길동	래미안영등포프레비뉴	신축	2015	949	232	2종주거/근린상업	★★★	★★★	높음	
359	서울시	영등포구		신길동	래미안에스티움	신축	2017	1,722	252	2종주거	★★★	★★★	높음	
360	서울시	영등포구		신길동	남서울	재건축	1974	518	147	3종주거	★★★	★★★	높음	
361	서울시	종로구		홍파동	경희궁자이(2단지)	신축	2017	1,148	252	2종주거/3종주거	★★★	★★☆	높음	
362	서울시	영등포구		신길동	신길우성(1차)	재건축	1986	688	176	3종주거	★★★	★★★	높음	
363	서울시	영등포구		양평동2가	양평동벽산블루밍	구축	1990	417	246	준공업	★★★	★★★	높음	
364	서울시	영등포구		영등포동8가	당산푸르지오	구축	2004	538	355	준주거/일반상업	★★★	★★★	높음	
365	서울시	영등포구		양평동3가	양평동6차현대	구축	2000	770	371	준공업	★★★	★★★	높음	
366	서울시	영등포구		영등포동8가	영등포삼환	구축	1999	520	369	준주거/일반상업	★★★	★★★	높음	
367	서울시	영등포구		양평동5가	양평동한신	구축	1996	1,215	282	준공업	★★★	★★★	높음	
368	서울시	영등포구		여의도동	시범	재건축	1971	1,578	169	1종주거/3종주거	★★★	★★★	높음	

NO	시도	구시군	구	동읍면	아파트명	구분	입주년도	총세대수	용적률(%)	② 용도지역	내재가치 (입지, 수익, 희소)	미래가치	투자가치 등급	회원 공인중개사
369	서울시	영등포구		여의도동	삼부	재건축	1975	866	193	3종주거	★★★	★★★	높음	
370	서울시	영등포구		여의도동	광장	재건축	1978	744	194	3종주거	★★★	★★★	높음	
371	서울시	영등포구		여의도동	대교	재건축	1975	576	205	3종주거	★★★	★★★	높음	
372	서울시	영등포구		영등포동	영등포푸르지오	구축	2002	2,462	249	준공업	★★★	★★★	높음	
373	서울시	영등포구		영등포동7가	경남아너스빌	구축	1998	600	360	준공업	★★★	★★★	높음	
374	서울시	용산구		도원동	도원동삼성래미안	구축	2001	1,458	289	3종주거	★★★	★★★	높음	
375	서울시	용산구		이촌동	한가람	구축	1998	2,036	358	3종주거	★★★	★★★	높음	
376	서울시	용산구		이태원동	남산대림	구축	1994	400	106	2종주거	★★★	★★★	높음	
377	서울시	은평구		녹번동	래미안베라힐즈	신축	2018	1,305	241	2종주거	★★★	★★☆	높음	
378	서울시	은평구		녹번동	북한산푸르지오	신축	2015	1,230	222	2종주거	★★★	★★☆	높음	
379	서울시	은평구		불광동	북한산현대홈타운	구축	2004	662	232	3종주거	★★★	★★★	높음	
380	서울시	은평구		불광동	불광롯데캐슬	신축	2018	588	226	2종주거	★★★	★★★	높음	
381	서울시	은평구		녹번동	힐스테이트녹번	신축	2018	952	242	2종주거	★★★	★★☆	높음	
382	서울시	은평구		응암동	백련산SK뷰아이파크	신축	2019	1305	244	3종주거	★★★	★★★	높음	
383	서울시	은평구		응암동	백련산힐스테이트2차	신축	2011	1,148	215	2종주거	★★★	★★★	높음	
384	서울시	은평구		진관동	은평뉴타운박석고개(단지)	신축	2009	947	169	2종주거	★★★	★★★	높음	

NO	시도	구시군	구	동읍면	아파트명	구분	입주년도	총세대수	용적률(%)	②용도지역	내재가치(입지,수익,희소)	미래가치	투자가치등급	회원 공인중개사
385	서울시	은평구		불광동	북한산현대힐스테이트3차	신축	2010	1,185	216	2종주거	★★★	★★★	높음	
386	서울시	은평구		진관동	은평뉴타운박석고개(12단지)	신축	2009	660	186	2종주거	★★★	★★★	높음	
387	서울시	은평구		진관동	상림마을(8단지) 롯데캐슬A-12	신축	2008	551	164	2종주거	★★★	★★★	높음	
388	서울시	은평구		수색동	대림한숲타운	구축	2003	976	252	3종주거	★★★	★★★	높음	
389	서울시	은평구		진관동	상림마을(8단지) 롯데캐슬A-1	신축	2008	707	172	2종주거	★★★	★★★	높음	
390	서울시	은평구		응암동	백련산힐스테이트1차	신축	2011	1,106	191	2종주거	★★★	★★★	높음	
391	서울시	은평구		응암동	백련산힐스테이트4차	신축	2018	963	249	2종주거	★★★	★★★	높음	
392	서울시	종로구		창신동	창신쌍용(2차)	구축	1993	919	243	3종주거	★★★	★★★	높음	
393	서울시	종로구		창신동	창신쌍용(1차)	구축	1992	585	239	3종주거	★★★	★★☆	높음	
394	서울시	중구		신당동	약수하이츠	구축	1999	2,282	255	3종주거	★★★	★★☆	높음	
395	서울시	중구		신당동	남산타운	구축	2002	5,150	231	3종주거	★★★	★★☆	높음	
396	서울시	중구		신당동	현대	구축	1993	942	262	3종주거	★★★	★★☆	높음	
397	서울시	중구		중림동	삼성사이버빌리지	구축	2001	712	251	3종주거	★★★	★★★	높음	
398	서울시	중랑구		상봉동	LG쌍용	구축	1996	858	249	3종주거	★★★	★★★	높음	
399	서울시	중랑구		신내동	신내(6단지)	구축	1996	1,609	187	2종주거	★★★	★☆☆	높음	
400	서울시	중랑구		신내동	동성(4차)	구축	1997	478	133	3종주거	★★★	★★☆	높음	

NO	시도	구시군	구	동읍면	아파트명	구분	입주년도	총세대수	용적률(%)	②용도지역	내재가치(입지,수익,희소)	미래가치	투자가치등급	회원 공인중개사
401	경기도	고양시	덕양구	도내동	원흥동일스위트(고양원흥A~7블록)	신축	2018	1257	204	3종주거	★★★	★★☆	높음	
402	경기도	고양시	덕양구	도내동	원흥호반베르디움더퍼스트	신축	2017	967	204	3종주거	★★★	★★☆	높음	
403	경기도	고양시	덕양구	동산동	동산마을22단지호반베르디움	신축	2012	1,426	173	3종주거	★★★	★★★	높음	
404	경기도	고양시	덕양구	삼송동	삼송2차아이파크(A-20BL)	신축	2015	1,066	183	3종주거	★★★	★★★	높음	
405	경기도	고양시	덕양구	성사동	래미안휴레스트	신축	2009	1,651	266	3종주거	★★★	★★★	높음	
406	경기도	고양시	덕양구	성사동	신원당(대명)	구축	1993	512	229	3종주거	★★★	★★★	높음	
407	경기도	고양시	덕양구	성사동	신원당(2단지태영)	구축	1993	500	222	3종주거	★★★	★★★	높음	
408	경기도	고양시	덕양구	성사동	신원당(6단지태영)	구축	1993	604	228	3종주거	★★★	★★★	높음	
409	경기도	고양시	덕양구	토당동	대림(2차)	구축	1997	640	222	2종주거	★★★	★★★	높음	
410	경기도	고양시	덕양구	토당동	능곡2차현대홈타운	구축	2002	556	275	3종주거	★★★	★★★	높음	
411	경기도	고양시	덕양구	행신동	샘터(2단지)	구축	1996	2,920	222	3종주거	★★★	★★★	높음	
412	경기도	고양시	덕양구	행신동	햇빛(일신건영)	구축	1997	916	229	3종주거	★★★	★★★	높음	
413	경기도	고양시	덕양구	행신동	햇빛(동신)	구축	1998	916	229	3종주거	★★★	★★★	높음	
414	경기도	고양시	덕양구	행신동	서정4휴먼시아	신축	2008	545	156	2종주거	★★★	★★★	높음	
415	경기도	고양시	덕양구	화정동	별빛(건영10단지)	구축	1996	1,080	179	3종주거	★★★	★★★	높음	
416	경기도	고양시	덕양구	화정동	은빛마을(6단지)	구축	1996	1,320	199	3종주거	★★★	★★★	높음	

NO	시도	구시군	구	동읍면	아파트명	구분	입주년도	총세대수	용적률(%)	② 용도지역	내재가치 (입지, 수익, 희소)	미래가치	투자가치 등급	회원 공인중개사
417	경기도	고양시	덕양구	화정동	별빛(벽산9단지)	구축	1996	502	189	3종주거	★★★	★★★	높음	
418	경기도	고양시	덕양구	화정동	별빛(근오롱9단지)	구축	1996	502	189	3종주거	★★★	★★★	높음	
419	경기도	고양시	덕양구	화정동	별빛(기산9단지)	구축	1995	502	189	3종주거	★★★	★★★	높음	
420	경기도	고양시	덕양구	화정동	별빛(한일9단지)	구축	1996	502	189	3종주거	★★★	★★★	높음	
421	경기도	고양시	덕양구	화정동	별빛(부영8단지)	구축	1995	1,232	179	3종주거	★★★	★★★	높음	
422	경기도	고양시	덕양구	화정동	옥빛(신덕가든12단지)	구축	1995	570	190	3종주거	★★★	★★★	높음	
423	경기도	고양시	덕양구	화정동	별빛(현대7단지)	구축	1995	568	179	3종주거	★★★	★★★	높음	
424	경기도	고양시	덕양구	화정동	별빛(청구7단지)	구축	1995	568	179	3종주거	★★★	★★★	높음	
425	경기도	고양시	덕양구	화정동	은빛(부영11단지)	구축	1996	1,350	179	3종주거	★★★	★★★	높음	
426	경기도	고양시	덕양구	화정동	별빛(일신건영13단지)	구축	1995	582	179	3종주거	★★★	★★★	높음	
427	경기도	고양시	덕양구	화정동	옥빛(주공17단지)	구축	1997	1,120	226	3종주거	★★★	★★★	높음	
428	경기도	고양시	덕양구	화정동	달빛(3단지신안)	구축	1995	856	182	3종주거	★★★	★★★	높음	
429	경기도	고양시	덕양구	화정동	옥빛(부영14단지)	구축	1995	720	178	3종주거	★★★	★★★	높음	
430	경기도	고양시	일산서구	일산동	후곡(10단지임광뜨돌0사안)	구축	1995	516	182	3종주거	★★★	★★☆	높음	
431	경기도	고양시	일산서구	일산동	후곡(4단지금호, 한양)	구축	1995	752	181	3종주거	★★★	★★☆	높음	
432	경기도	고양시	일산서구	일산동	후곡(9단지LG,롯데)	구축	1994	936	182	3종주거	★★★	★★☆	높음	

NO	시도	구시군	구	동읍면	아파트명	구분	입주년도	총세대수	용적률(%)	②용도지역	내재가치(입지,수익,회소)	미래가치	투자가치등급	회원 공인중개사
433	경기도	과천시		별양동	주공(4단지)	재건축	1983	1,110	159	3종주거	★★★	★★★	높음	
434	경기도	과천시		부림동	과천주공(8단지)	재건축	1983	1,400	129	3종주거	★★★	★★☆	높음	
435	경기도	과천시		부림동	주공(9단지)	재건축	1982	720	128	3종주거	★★★	★★☆	높음	
436	경기도	과천시		원문동	래미안슈르	신축	2008	2,899	195	3종주거	★★★	★★☆	높음	
437	경기도	광명시		소하동	휴먼시아5단지	신축	2009	731	159	2종주거	★★★	★★☆	높음	
438	경기도	광명시		철산동	주공(8단지)	재건축	1985	1,484	77	1종주거/3종주거	★★★	★★☆	높음	
439	경기도	광명시		철산동	주공(10단지)	재건축	1985	580	85	3종주거	★★★	★★☆	높음	
440	경기도	광명시		하안동	주공(12단지)	구축	1990	2,392	155	2종주거	★★★	★★☆	높음	
441	경기도	광명시		하안동	주공(11단지)	구축	1990	1,080	151	2종주거	★★★	★★☆	높음	
442	경기도	광명시		하안동	주공8단지	구축	1990	1,680	160	2종주거	★★★	★★☆	높음	
443	경기도	광명시		하안동	주공(10단지)	구축	1990	2,032	176	2종주거	★★★	★★☆	높음	
444	경기도	광주시		오포읍	대주파크빌라	구축	2003	832	105	자연녹지	★★☆	★★★	높음	
445	경기도	광주시		태전동	태전동자성현성메벨	구축	2002	550	239	3종주거	★★☆	★★★	높음	
446	경기도	구리시		교문동	금호(베스트빌1단지)	구축	2001	704	229	3종주거	★★★	★★☆	높음	
447	경기도	구리시		교문동	한가람(LG,대림)	구축	1994	712	218	3종주거	★★★	★★☆	높음	
448	경기도	구리시		교문동	덕현	구축	1993	1,077	219	3종주거	★★★	★★☆	높음	

NO	시도	구시군	구	동읍면	아파트명	구분	입주년도	총세대수	용적률(%)	②용도지역	내재가치(입지,수익,희소)	미래가치	투자가치등급	회원 공인중개사
449	경기도	구리시		수택동	토평주공	구축	2002	693	228	3종주거	★★★	★★☆	높음	
450	경기도	구리시		인창동	인창안단지주공	구축	1996	1,344	203	3종주거	★★★	★★☆	높음	
451	경기도	구리시		토평동	한일	구축	2001	526	189	3종주거	★★★	★★☆	높음	
452	경기도	군포시		산본동	가야주공(5단지)	구축	1993	2,550	129	3종주거	★★★	★★☆	높음	
453	경기도	군포시		산본동	주공4단지(한라)	구축	1992	1,248	115	3종주거	★★★	★★☆	높음	
454	경기도	군포시		산본동	매화(14단지)	구축	1995	507	148	3종주거	★★★	★★☆	높음	
455	경기도	군포시		산본동	산본주공1단지	구축	1991	1,400	183	3종주거	★★★	★★☆	높음	
456	경기도	군포시		산본동	주공4단지(한라)(2차)	구축	1997	1,639	209	3종주거	★★★	★★☆	높음	
457	경기도	군포시		산본동	주공6단지세종	구축	1994	1,827	226	3종주거	★★★	★★☆	높음	
458	경기도	군포시		산본동	백합(LG)	구축	1993	536	219	3종주거	★★★	★★☆	높음	
459	경기도	김포시		고촌읍	수기마을힐스테이트2단지	신축	2008	1,149	214	2종주거	★★★	★★★	높음	
460	경기도	김포시		고촌읍	수기마을힐스테이트1단지	신축	2008	1,253	214	2종주거	★★★	★★★	높음	
461	경기도	김포시		북변동	풍년마을(서광/신안)	구축	1999	624	207	3종주거	★★★	★★★	높음	
462	경기도	김포시		북변동	북변신공	구축	1995	909	226	2종주거	★★☆	★★★	높음	
463	경기도	김포시		사우동	풍년마을(현대)	구축	1998	500	208	2종주거	★★★	★★★	높음	
464	경기도	김포시		운양동	전원마을(월드5단지)	구축	1999	1,206	215	3종주거	★★☆	★★★	높음	

NO	시도	구/시군	구	동읍면	아파트명	구분	입주년도	총세대수	용적률(%)	② 용도지역	내재가치(입지, 수익, 희소)	미래가치	투자가치등급	회원 공인중개사
465	경기도	김포시		운양동	김포한강신도시반도유보라2차	신축	2013	1,498	179	3종주거	★★★	★★☆	높음	
466	경기도	김포시		장기동	고창마을자연앤e편한	신축	2009	574	187	3종주거	★★★	★★★	높음	
467	경기도	김포시		장기동	청송마을(현대2단지)	구축	2001	1,326	210	3종주거	★★★	★★★	높음	
468	경기도	김포시		장기동	청송마을(현대3단지)	구축	2001	767	203	3종주거	★★☆	★★★	높음	
469	경기도	김포시		풍무동	양도마을(서해그랑블)	구축	2000	1,265	245	3종주거	★★★	★★★	높음	
470	경기도	김포시		풍무동	풍무센트럴푸르지오	신축	2018	2,467	220	2종주거	★★★	★★☆	높음	
471	경기도	김포시		풍무동	풍무푸르지오	신축	2016	2,712	199	2종주거	★★★	★★☆	높음	
472	경기도	남양주시		다산동	한화꿈에그린	신축	2008	767	259	1종주거/3종주거	★★★	★★★	높음	
473	경기도	남양주시		다산동	힐스테이트다산	신축	2019	1,283	179	3종주거	★★★	★★★	높음	
474	경기도	남양주시		다산동	다산반도유보라메이플타운	신축	2018	1,085	198	3종주거	★★★	★★★	높음	
475	경기도	남양주시		다산동	다산신도시센트럴에일린의뜰	신축	2019	759	199	3종주거	★★★	★★★	높음	
476	경기도	남양주시		다산동	반도유보라메이플타운2.0	신축	2019	1,261	199	3종주거	★★★	★★★	높음	
477	경기도	남양주시		다산동	다산자연앤e편한세상자이	신축	2018	1,685	219	3종주거	★★★	★★★	높음	
478	경기도	남양주시		다산동	자연앤롯데캐슬(B-2블록)	신축	2018	1,186	219	3종주거	★★★	★★★	높음	
479	경기도	남양주시		다산동	유승한내들센트럴	신축	2018	642	200	3종주거	★★★	★★★	높음	
480	경기도	남양주시		다산동	신안인스빌퍼스트리버	신축	2019	800	199	3종주거	★★★	★★★	높음	

NO	시도	구시군	구	동읍면	아파트명	구분	입주년도	총세대수	용적률 (%)	② 용도지역	내재가치 (입지, 수익, 희소)	미래가치	투자가치 등급	회원 공인중개사
481	경기도	남양주시		다산동	다산한양수자인리버팰리스	신축	2017	640	139	2종주거	★★★	★★★	높음	
482	경기도	남양주시		다산동	다산자연앤e편한세상	신축	2018	1,615	220	3종주거	★★★	★★★	높음	
483	경기도	남양주시		다산동	힐스테이트황금산	신축	2015	1,008	253	3종주거	★★★	★★★	높음	
484	경기도	남양주시		오남읍	남양주양지e-편한세상2단지	신축	2009	832	199	3종주거	★★★	★★★★	높음	
485	경기도	남양주시		와부읍	덕소주공단지	구축	1996	910	203	2종주거/3종주거	★★★	★★★	높음	
486	경기도	남양주시		와부읍	덕소주공3단지	구축	1998	782	186	1종주거/3종주거/준주거	★★★	★★★	높음	
487	경기도	남양주시		진접읍	자연앤e음림	신축	2009	509	188	3종주거	★★★	★★★	높음	
488	경기도	남양주시		진접읍	부영사랑으로	신축	2009	1,080	179	2종주거	★★★	★★★	높음	
489	경기도	남양주시		진접읍	해밀마을5단지반도유보라메이플타운	신축	2009	873	136	2종주거	★★★	★★★	높음	
490	경기도	남양주시		호평동	호평마을어아파크	구축	2004	920	209	3종주거	★★★	★★★	높음	
491	경기도	남양주시		화도읍	창현두산(2차)	구축	1997	800	199	3종주거	★★★	★★★	높음	
492	경기도	남양주시		화도읍	모아청광플러스원	신축	2005	758	199	3종주거	★★★	★★★	높음	
493	경기도	남양주시		화도읍	남양주라온프라이빗5단지	신축	2019	520	209	2종주거	★★★	★★★	높음	
494	경기도	부천시		상동	진달래마을(새미트빌)	구축	2002	559	209	3종주거	★★★	★★☆	높음	
495	경기도	부천시		상동	진달래마을상성센트럴타운	구축	2002	708	209	3종주거	★★★	★★☆	높음	
496	경기도	부천시		상동	라일락마을(신성미소지음)	구축	2002	955	209	3종주거	★★★	★★☆	높음	

NO	시도	구시군	구	동읍면	아파트명	구분	입주년도	총세대수	용적률(%)	②용도지역	내재가치(입지, 수익, 희소)	미래가치	투자가치등급	회원 공인중개사
497	경기도	부천시		상동	진달래마을(대림e편한세상)	구축	2002	639	209	3종주거	★★★	★★☆	높음	
498	경기도	부천시		상동	진달래마을(대우로지오)	구축	2002	580	208	3종주거	★★★	★★☆	높음	
499	경기도	부천시		상동	다정한마을(삼성)	구축	2002	718	209	3종주거	★★★	★★☆	높음	
500	경기도	부천시		소사본동	풍림	구축	1996	714	174	3종주거	★★★	★★☆	높음	
501	경기도	부천시		소사본동	주공(1단지)	구축	1995	1,210	181	3종주거	★★★	★★☆	높음	
502	경기도	부천시		소사본동	주공모란채(4단지)	신축	2006	1,104	202	3종주거	★★★	★★☆	높음	
503	경기도	부천시		여월동	여월휴먼시아(3단지)	신축	2007	899	166	2종주거	★★★	★★★	높음	
504	경기도	부천시		중동	포도마을(삼보영남)	구축	1994	1,836	212	3종주거	★★★	★★☆	높음	
505	경기도	부천시		중동	금강(주공)	구축	1994	1,962	203	3종주거	★★★	★★☆	높음	
506	경기도	부천시		중동	보람마을(아주)	구축	1995	1,398	217	3종주거	★★★	★★☆	높음	
507	경기도	부천시		중동	미리내마을(롯데2)	구축	1993	756	219	3종주거	★★★	★★☆	높음	
508	경기도	부천시		중동	은하마을(대우동부)	구축	1993	632	222	3종주거	★★★	★★☆	높음	
509	경기도	성남시	분당구	구미동	까치마을(롯데,선경)	구축	1995	1,124	182	3종주거	★★★	★★☆	높음	
510	경기도	성남시	분당구	구미동	하얀마을(주공5단지)	구축	1995	779	131	3종주거	★★★	★★☆	높음	
511	경기도	성남시	분당구	구미동	까치마을(대우롯데선경)	구축	1995	976	145	3종주거	★★★	★★☆	높음	
512	경기도	성남시	분당구	구미동	까치마을(주공2단지)	구축	1995	768	150	3종주거	★★★	★★☆	높음	

NO	시도	구시군	구	동읍면	아파트명	구분	입주년도	총세대수	용적률(%)	② 용도지역	내재가치 (입지, 수익, 희소)	미래가치	투자가치 등급	회원 공인중개사
513	경기도	성남시	분당구	구미동	무지개마을(주공4단지)	구축	1995	563	170	3종주거	★★★	★★☆	높음	
514	경기도	성남시	분당구	금곡동	청솔마을(주공9단지)	구축	1995	1,020	144	3종주거	★★★	★★☆	높음	
515	경기도	성남시	분당구	금곡동	청솔마을(유천화인)	구축	1995	624	184	3종주거	★★★	★★☆	높음	
516	경기도	성남시	분당구	백현동	백현마을(휴먼시아5단지)	신축	2009	584	170	3종주거	★★★	★★★	높음	
517	경기도	성남시	분당구	백현동	판교푸르지오그랑블	신축	2011	948	199	3종주거	★★★	★★☆	높음	
518	경기도	성남시	분당구	삼평동	봇들마을1단지(판교신미주)	신축	2009	1,147	141	3종주거	★★★	★★★	높음	
519	경기도	성남시	분당구	삼평동	봇들마을4단지	신축	2009	748	149	3종주거	★★★	★★★	높음	
520	경기도	성남시	분당구	삼평동	봇들마을2단지(이지더원)	신축	2009	721	136	3종주거	★★★	★★★	높음	
521	경기도	성남시	분당구	삼평동	봇들마을9단지(금호어울림)	신축	2009	850	184	3종주거	★★★	★★★	높음	
522	경기도	성남시	분당구	삼평동	봇들마을7단지	신축	2009	585	199	3종주거	★★★	★★★	높음	
523	경기도	성남시	분당구	서현동	한양	구축	1991	2,419	201	3종주거	★★★	★★☆	높음	
524	경기도	성남시	분당구	서현동	삼성(한신)	구축	1991	1,781	191	3종주거	★★★	★★☆	높음	
525	경기도	성남시	분당구	서현동	효자촌(임광)	구축	1992	732	186	3종주거	★★★	★★☆	높음	
526	경기도	성남시	분당구	수내동	양지마을(한양)	구축	1992	2,006	157	3종주거	★★★	★★☆	높음	
527	경기도	성남시	분당구	이매동	탑마을(쌍용)	구축	1993	1,166	211	3종주거	★★★	★★☆	높음	
528	경기도	성남시	분당구	이매동	탑마을(경남)	구축	1994	884	212	3종주거	★★★	★★☆	높음	

NO	시도	구시군	구	동읍면	아파트명	구분	입주년도	총세대수	용적률(%)	② 용도지역	내재가치 (입지, 수익, 희소)	미래가치	투자가치 등급	회원 공인중개사
529	경기도	성남시	분당구	야탑동	매화마을공무원(1단지)	구축	1995	562	164	3종주거	★★★	★★☆	높음	
530	경기도	성남시	분당구	야탑동	장미마을(코오롱)	구축	1993	1082	202	3종주거	★★★	★★☆	높음	
531	경기도	성남시	분당구	이매동	이름마을(풍림)	구축	1993	876	204	3종주거	★★★	★★☆	높음	
532	경기도	성남시	분당구	이매동	이매촌(한신)	구축	1993	1184	210	3종주거	★★★	★★☆	높음	
533	경기도	성남시	분당구	이매동	아름마을(선경)	구축	1992	566	198	3종주거	★★★	★★☆	높음	
534	경기도	성남시	분당구	이매동	이매촌삼성	구축	1994	1162	196	3종주거	★★★	★★☆	높음	
535	경기도	성남시	분당구	이매동	아름마을(두산)	구축	1992	566	198	3종주거	★★★	★★☆	높음	
536	경기도	성남시	분당구	이매동	아름마을(건영)	구축	1992	706	191	3종주거	★★★	★★☆	높음	
537	경기도	성남시	분당구	정자동	느티마을공무원(3단지)	구축	1994	770	178	3종주거	★★★	★★★	높음	
538	경기도	성남시	분당구	정자동	느티마을공무원(4단지)	구축	1994	1,006	180	3종주거	★★★	★★★	높음	
539	경기도	성남시	분당구	정자동	한솔마을(4단지)	구축	1994	1651	148	3종주거	★★★	★★★	높음	
540	경기도	성남시	분당구	정자동	한솔마을(6단지)	구축	1995	1,039	173	3종주거	★★★	★★★	높음	
541	경기도	성남시	분당구	정자동	한솔마을주공(5단지)	구축	1994	1,156	170	3종주거	★★★★	★★★	높음	
542	경기도	성남시	분당구	정자동	상록마을(우성,보성)	구축	1995	568	182	3종주거	★★★★	★★★	높음	
543	경기도	성남시	분당구	정자동	정든마을(동아)	구축	1995	1,006	201	3종주거	★★★	★★★	높음	
544	경기도	성남시	분당구	정자동	상록마을(라이프)	구축	1994	750	202	3종주거	★★★★	★★★	높음	

NO	시도	구시군	구	동읍면	아파트명	구분	입주년도	총세대수	용적률(%)	②용도지역	내재가치(입지,수익,희소)	미래가치	투자가치등급	회원 공인중개사
545	경기도	성남시	분당구	정자동	정든마을(한진8단지)	구축	1995	512	188	3종주거	★★★	★★★	높음	
546	경기도	성남시	분당구	정자동	한솔마을(청구)	구축	1994	858	155	3종주거	★★★	★★★	높음	
547	경기도	성남시	분당구	판교동	판교원마을(힐링폴애버9단지)	신축	2009	1045	154	3종주거	★★★	★★☆	높음	
548	경기도	성남시	수정구	고등동	호반써밋판교밸리	신축	2019	768	169	3종주거	★★★	★★☆	높음	
549	경기도	성남시	수정구	수진동	삼부	구축	1996	834	236	2종주거	★★★	★★☆	높음	
550	경기도	성남시	수정구	신흥동	한신	구축	1990	585	228	3종주거	★★★	★★☆	높음	
551	경기도	성남시	수정구	신흥동	두산	구축	1993	570	255	3종주거	★★★	★★☆	높음	
552	경기도	수원시	권선구	금곡동	호반베르디움더센트럴	신축	2017	1100	198	3종주거	★★★	★★★	높음	
553	경기도	수원시	권선구	금곡동	호반베르디움더스트	신축	2017	567	199	3종주거	★★★	★★★	높음	
554	경기도	수원시	권선구	금곡동	수원호매실모아미래도센트럴타운2단지	신축	2017	772	189	3종주거	★★★	★★★	높음	
555	경기도	수원시	권선구	금곡동	수원호매실모아미래도센트럴타운1단지	신축	2017	680	182	3종주거	★★★	★★★	높음	
556	경기도	수원시	권선구	세류동	LH수원센트럴타운3단지	신축	2015	1019	196	2종주거	★★★	★★★	높음	
557	경기도	수원시	권선구	세류동	미영	재건축	1988	600	124	2종주거	★★★	★★★	높음	
558	경기도	수원시	영통구	망포동	늘푸른벽산	구축	2000	1380	245	2종주거/3종주거	★★★	★★★	높음	
559	경기도	수원시	영통구	망포동	방죽마을영통뜨란채(10단지)	신축	2005	699	223	3종주거	★★★	★★★	높음	
560	경기도	수원시	영통구	망포동	동수원자이2차	구축	2001	1829	225	3종주거	★★★	★★★	높음	

NO	시도	구시군	구	동읍면	아파트명	구분	입주년도	총세대수	용적률(%)	② 용도지역	내재가치 (입지, 수익, 희소)	미래가치	투자가치 등급	회원 공인중개사
561	경기도	수원시	영통구	매탄동	힌닥(2차)	구축	1993	768	128	2종주거	★★★	★★★	높음	
562	경기도	수원시	영통구	매탄동	주공그린빌(5단지)	구축	2002	732	187	3종주거	★★★	★★★	높음	
563	경기도	수원시	영통구	매탄동	주공그린빌(1단지)	구축	2002	659	212	3종주거	★★★	★★★	높음	
564	경기도	수원시	영통구	매탄동	성일(연천)	구축	1992	850	173	2종주거	★★★	★★★	높음	
565	경기도	수원시	영통구	매탄동	주공그린빌(2단지)	구축	2002	568	217	3종주거	★★★	★★★	높음	
566	경기도	수원시	영통구	매탄동	매탄주공5단지	재건축	1985	1240	127	3종주거	★★★	★★★	높음	
567	경기도	수원시	영통구	매탄동	주공4단지	재건축	1985	1200	127	3종주거	★★★	★★★	높음	
568	경기도	수원시	영통구	영통동	벽적골주공(8단지)	구축	1997	1548	196	3종주거	★★★	★★★	높음	
569	경기도	수원시	영통구	영통동	황골마을주공1단지	구축	1997	3129	215	3종주거	★★★	★★★	높음	
570	경기도	수원시	영통구	영통동	청명마을주공	구축	1997	946	218	3종주거	★★★	★★★	높음	
571	경기도	수원시	영통구	영통동	벽산(청명)	구축	1997	621	220	3종주거	★★★	★★★	높음	
572	경기도	수원시	영통구	영통동	삼익(청명)	구축	1997	621	220	3종주거	★★★	★★★	높음	
573	경기도	수원시	영통구	원천동	수원원천신2단지주공	구축	1999	1835	221	3종주거	★★★	★★★	높음	
574	경기도	수원시	영통구	이의동	자연앤힐스테이트	신축	2012	1764	209	3종주거	★★★	★★★	높음	
575	경기도	수원시	영통구	이의동	자연앤자이(2단지)	신축	2012	522	198	3종주거	★★★	★★★	높음	
576	경기도	수원시	영통구	이의동	이-편한세상광교	신축	2012	1970	229	3종주거	★★★	★★★	높음	

NO	시도	구시군	구	동읍면	아파트명	구분	입주년도	총세대수	용적률(%)	②용도지역	내재가치(입지, 수익, 희소)	미래가치	투자가치등급	회원 공인중개사
577	경기도	수원시	영통구	이의동	광교호반베르디움	신축	2011	555	99	2종주거	★★★	★★★	높음	
578	경기도	수원시	팔달구	매산로2가	대한대우	구축	1999	1,293	201	1종주거/2종주거/일반상업	★★★	★★★	높음	
579	경기도	수원시	팔달구	화서동	화서4단지주공	구축	1997	1,314	219	3종주거	★★★	★★★	높음	
580	경기도	시흥시		대야동	은암2차	재건축	1987	580	166	3종주거	★★★	★★★	높음	
581	경기도	시흥시		월곶동	월곶2차풍림아이원	신축	2005	1,725	248	3종주거	★★★	★★★	높음	
582	경기도	시흥시		월곶동	월곶3차풍림아이원	신축	2005	560	244	2종주거	★★★	★★★	높음	
583	경기도	시흥시		은행동	시흥은행4주부지오	구축	2004	1216	247	3종주거	★★★	★★★	높음	
584	경기도	시흥시		은행동	은계우미린더퍼스트	신축	2018	731	219	3종주거	★★★	★★☆	높음	
585	경기도	시흥시		은행동	은계센트럴타운	신축	2017	1,025	219	3종주거	★★★	★★☆	높음	
586	경기도	시흥시		장곡동	연성3차대우	구축	2000	518	223	3종주거	★★★	★★★	높음	
587	경기도	시흥시		장곡동	숲속마을(1단지)	구축	1999	1,246	247	3종주거	★★★	★★★	높음	
588	경기도	시흥시		정왕동	보성	구축	1998	760	112	2종주거	★★★	★★★	높음	
589	경기도	시흥시		정왕동	서해(1차)	구축	1997	530	140	2종주거	★★★	★★★	높음	
590	경기도	시흥시		정왕동	영남(2차)	구축	1996	600	132	2종주거	★★★	★★★	높음	
591	경기도	시흥시		정왕동	월드	구축	1995	594	119	2종주거	★★★	★★★	높음	
592	경기도	시흥시		정왕동	서해(2차)	구축	1998	570	123	2종주거	★★★	★★★	높음	

NO	시도	구시군	구	동읍면	아파트명	구분	입주년도	총 세대수	용적률 (%)	② 용도지역	내재가치 (입지, 수익, 희소)	미래 가치	투자가치 등급	회원 공인중개사
593	경기도	시흥시		조남동	나파스트리움	신축	2015	625	179	3종주거	★★★	★★☆	높음	
594	경기도	안산시	단원구	고잔동	안산고잔3차푸르지오	구축	2003	1,134	199	3종주거	★★★	★★☆	높음	
595	경기도	안산시	단원구	고잔동	호수공원(대림)	구축	2001	2,073	190	3종주거	★★★	★★☆	높음	
596	경기도	안산시	단원구	고잔동	내오빌(6단지)	구축	2000	1,043	165	2종주거	★★★	★★☆	높음	
597	경기도	안산시	단원구	고잔동	주공그린빌(7단지)	구축	2001	570	164	2종주거	★★★	★★☆	높음	
598	경기도	안산시	단원구	고잔동	주공(6단지)	재건축	1986	590	117	3종주거	★★★	★★☆	높음	
599	경기도	안산시	상록구	사동	상록수현대2차	구축	1995	520	149	3종주거	★★★	★★☆	높음	
600	경기도	안산시	상록구	사동	안산고잔6차푸르지오	신축	2005	1,790	198	3종주거	★★★	★★☆	높음	
601	경기도	안산시	상록구	성포동	선경	구축	1990	1,768	217	3종주거	★★★	★★☆	높음	
602	경기도	안양시	동안구	관양동	한가람세경	구축	1996	1,292	196	3종주거	★★★	★★☆	높음	
603	경기도	안양시	동안구	관양동	한가람(신라)	구축	1992	1,068	197	3종주거	★★★	★★☆	높음	
604	경기도	안양시	동안구	관양동	한가람삼성	구축	1995	708	204	3종주거	★★★	★★☆	높음	
605	경기도	안양시	동안구	관양동	한가람한양	구축	1995	952	208	3종주거	★★★	★★☆	높음	
606	경기도	안양시	동안구	관양동	공작(부영2차)	구축	1993	1,710	198	3종주거	★★★	★★☆	높음	
607	경기도	안양시	동안구	관양동	공작(LG)	구축	1993	766	214	3종주거	★★★	★★★	높음	
608	경기도	안양시	동안구	호계동	목련(대우,선경)	구축	1992	994	193	3종주거	★★★	★★☆	높음	

NO	시도	시군구	구	읍읍면	아파트명	구분	입주년도	총세대수	용적률(%)	② 용도지역	내재가치(입지,수익,희소)	미래가치	투자가치등급	회원 공인중개사
609	경기도	안양시	동안구	호계동	목련(우성5단지)	구축	1993	683	189	3종주거	★★★	★★☆	높음	
610	경기도	안양시	동안구	호계동	샘마을(한양)	구축	1993	536	208	3종주거	★★★	★★☆	높음	
611	경기도	안양시	동안구	호계동	경남(무궁화)	구축	1994	590	208	3종주거	★★★	★★☆	높음	
612	경기도	안양시	동안구	호계동	목련(우성3단지)	구축	1992	902	196	3종주거	★★★	★★☆	높음	
613	경기도	안양시	동안구	호계동	샘마을(대우)	구축	1994	536	208	3종주거	★★★	★★☆	높음	
614	경기도	안양시	동안구	호계동	목련(신동아)	구축	1994	578	207	3종주거	★★★	★★☆	높음	
615	경기도	안양시	만안구	안양동	주공뜨란채	구축	2004	1,093	278	3종주거	★★★	★★☆	높음	
616	경기도	양주시		고암동	하늘빛마을(7단지)	신축	2007	608	178	3종주거	★★☆	★★★	높음	
617	경기도	양주시		고암동	주연마을(2단지)	구축	2000	1,935	214	3종주거	★★☆	★★★	높음	
618	경기도	양주시		덕정동	봉우마을(주공5단지)	구축	2000	1,732	214	3종주거	★★☆	★★★	높음	
619	경기도	양주시		덕정동	청담마을(주공4단지)	구축	2001	960	214	3종주거	★★☆	★★★	높음	
620	경기도	양주시		덕정동	은동마을(주공1단지)	구축	2001	792	216	3종주거	★★☆	★★★	높음	
621	경기도	양주시		옥정동	세창리베하우스	구축	2003	998	172	2종주거	★★☆	★★★	높음	
622	경기도	오산시		수청동	오산대우(1,2차)	구축	1993	1,144	130	2종주거	★★★	★★☆	높음	
623	경기도	오산시		수청동	우미이노스빌	구축	2004	990	213	3종주거	★★★★	★★☆	높음	
624	경기도	오산시		오산동	오산운암2단지주공	구축	2000	1,036	223	3종주거	★★★	★★☆	높음	

NO	시도	구시군	구	동읍면	아파트명	구분	입주년도	총세대수	용적률(%)	②용도지역	내재가치(입지,수익,희소)	미래가치	투자가치등급	회원 공인중개사
625	경기도	오산시		원동	원동e-편한세상1단지	신축	2007	1,008	228	3종주거	★★★	★★☆	높음	
626	경기도	오산시		원동	원동e-편한세상2단지	신축	2007	1,360	228	3종주거	★★★	★★☆	높음	
627	경기도	오산시		청호동	오산자이	신축	2007	1,060	200	3종주거	★★★	★★☆	높음	
628	경기도	용인시	기흥구	구갈동	한성(1차)	구축	1992	570	123	3종주거	★★★	★★☆	높음	
629	경기도	용인시	기흥구	동백동	호수마을계룡리슈빌	신축	2006	567	167	3종주거	★★★	★★☆	높음	
630	경기도	용인시	기흥구	마북동	삼거마을삼성래미안1차	구축	2002	1,282	193	3종주거	★★★	★★★	높음	
631	경기도	용인시	기흥구	마북동	연원마을삼호벽산	구축	2000	1,576	222	3종주거	★★★	★★☆	높음	
632	경기도	용인시	기흥구	보정동	죽현마을동원로얄듀크	신축	2006	706	179	3종주거	★★★	★★☆	높음	
633	경기도	용인시	기흥구	보정동	죽현마을아이파크(1차)	구축	2004	1,466	199	3종주거	★★★	★★☆	높음	
634	경기도	용인시	기흥구	보정동	행원마을동아솔레시티	구축	2003	1,701	212	3종주거	★★★	★★☆	높음	
635	경기도	용인시	기흥구	보정동	연원마을성원	구축	2000	691	204	3종주거	★★★	★★☆	높음	
636	경기도	용인시	기흥구	보정동	신촌마을포스홈타운(1단지)	구축	2004	884	198	3종주거	★★★	★★☆	높음	
637	경기도	용인시	기흥구	상갈동	금화마을주공3단지	구축	2001	1,070	223	3종주거	★★★	★★☆	높음	
638	경기도	용인시	기흥구	상하동	갈천마을신일유토빌	구축	2004	510	202	3종주거	★★★	★★☆	높음	
639	경기도	용인시	기흥구	신갈동	녹원새천년그린빌4단지	구축	2004	923	180	3종주거	★★★	★★☆	높음	
640	경기도	용인시	기흥구	신갈동	도현마을현대	구축	2001	568	198	3종주거	★★★	★★☆	높음	

NO	시도	구시군	구	동읍면	아파트명	구분	입주년도	총세대수	용적률(%)	② 용도지역	내재가치 (입지 수익,희소)	미래 가치	투자가치 등급	회원 공인중개사
641	경기도	용인시	기흥구	신갈동	갈현마을현대홈타운	구축	2001	584	179	3종주거	★★★	★★☆	높음	
642	경기도	용인시	기흥구	영덕동	흥덕마을5단지 호반베르디움	신축	2009	527	179	3종주거	★★★	★★☆	높음	
643	경기도	용인시	기흥구	영덕동	흥덕마을자연앤스위첸	신축	2009	502	188	3종주거	★★★	★★☆	높음	
644	경기도	용인시	기흥구	중동	어은목마을벽산블루밍	신축	2006	533	158	3종주거	★★★	★★☆	높음	
645	경기도	용인시	기흥구	중동	어은목마을경남아너스빌	신축	2006	592	178	3종주거	★★★	★★☆	높음	
646	경기도	용인시	기흥구	중동	선산마을서해그랑블	신축	2006	564	179	3종주거	★★★	★★☆	높음	
647	경기도	용인시	수지구	상현동	만현마을엘지상현자이	구축	2003	1,034	147	3종주거	★★★	★★☆	높음	
648	경기도	용인시	수지구	상현동	서원마을5단지금호베스트빌	구축	2002	890	192	3종주거	★★★	★★☆	높음	
649	경기도	용인시	수지구	성복동	성동마을LG빌리지2차	구축	2001	758	229	3종주거	★★★	★★☆	높음	
650	경기도	용인시	수지구	성복동	성동마을LG빌리지3차	구축	2002	1,234	197	3종주거	★★★	★★☆	높음	
651	경기도	용인시	풍덕천동	용인수지산정마을9단지		구축	2000	812	205	3종주거	★★★	★★☆	높음	
652	경기도	용인시	수지구	풍덕천동	한성	구축	1995	774	209	3종주거	★★★	★★☆	높음	
653	경기도	용인시	수지구	풍덕천동	수지4차삼성	구축	1994	1,137	208	3종주거	★★★	★★☆	높음	
654	경기도	용인시	수지구	풍덕천동	수지현대.	구축	1994	1,168	220	3종주거	★★★	★★☆	높음	
655	경기도	용인시	수지구	풍덕천동	용인수지산정마을단지	구축	2000	1,044	214	3종주거	★★★	★★☆	높음	
656	경기도	용인시	수지구	풍덕천동	신정마을7단지	구축	2000	670	211	3종주거	★★★	★★☆	높음	

NO	시도	구시군	구	동읍면	아파트명	구분	입주년도	총세대수	용적률(%)	②용도지역	내재가치(입지,수익,희소)	미래가치	투자가치등급	회원 공인중개사
657	경기도	용인시	수지구	풍덕천동	동아,삼익,풍림	구축	1994	1,620	209	3종주거	★★★	★★☆	높음	
658	경기도	용인시	수지구	풍덕천동	보원	구축	1994	619	209	3종주거	★★★	★★☆	높음	
659	경기도	용인시	수지구	풍덕천동	진산마을삼성5차	구축	2003	1,828	186	3종주거	★★★	★★☆	높음	
660	경기도	용인시	수지구	풍덕천동	신정마을(8단지현대)	구축	1999	920	215	3종주거	★★★	★★☆	높음	
661	경기도	용인시	수지구	풍덕천동	신정마을(성지)	구축	2000	538	218	3종주거	★★★	★★☆	높음	
662	경기도	용인시	수지구	풍덕천동	동부	구축	1995	612	210	3종주거	★★★	★★☆	높음	
663	경기도	의왕시		내손동	포일자이	신축	2009	2,540	247	3종주거	★★★	★★☆	높음	
664	경기도	의왕시		내손동	반도보라빌리지1,2단지	구축	2002	1,326	214	3종주거	★★★	★★☆	높음	
665	경기도	의왕시		내손동	래미안에버하임	신축	2009	696	249	3종주거	★★★	★★☆	높음	
666	경기도	의왕시		삼동	정미	구축	1995	520	214	3종주거	★★★	★★☆	높음	
667	경기도	의왕시		삼동	우성5차	재건축	1986	545	149	2종주거/3종주거	★★★	★★★	높음	
668	경기도	의왕시		오전동	동백(경남,코오롱,화성)	구축	1995	1,074	198	3종주거	★★★★	★★☆	높음	
669	경기도	의왕시		포일동	인덕원삼호	구축	1991	684	247	3종주거	★★★	★★☆	높음	
670	경기도	의정부시		가능동	브라운스톤흥선	신축	2008	673	287	3종주거	★★☆	★★★	높음	
671	경기도	의정부시		민락동	한라비발디	구축	2003	636	218	3종주거	★★★	★★☆	높음	
672	경기도	의정부시		민락동	송산주공4단지	구축	2002	735	209	3종주거	★★★	★★☆	높음	

NO	시도	구시군	구	동읍면	아파트명	구분	입주년도	총세대수	용적률(%)	② 용도지역	내재가치 (입지, 수익, 희소)	미래가치	투자가치 등급	회원 공인중개사
673	경기도	의정부시		신곡동	드림밸리	구축	2002	927	227	3종주거	★★★	★★☆	높음	
674	경기도	의정부시		신곡동	이편한세상신곡파크비스타	신축	2019	1,561	229	3종주거	★★★	★★☆	높음	
675	경기도	의정부시		의정부동	의정부롯데캐슬골드파크1단지	신축	2018	919	225	3종주거	★★★	★★☆	높음	
676	경기도	파주시		동패동	책향기마을파주교하상록데시앙	신축	2007	644	176	3종주거	★★★	★★★	높음	
677	경기도	파주시		동패동	교하벽산	구축	2001	1,260	196	3종주거	★★☆	★★★	높음	
678	경기도	파주시		동패동	책향기마을우남퍼스트빌	신축	2006	600	178	3종주거	★★☆	★★★	높음	
679	경기도	파주시		동패동	책향기마을10단지동문굿모닝힐	신축	2005	1,009	179	3종주거	★★☆	★★★	높음	
680	경기도	파주시		동패동	숲속길마을동문굿모닝힐(6단지)	신축	2005	586	179	3종주거	★★☆	★★★	높음	
681	경기도	평택시		고덕면	고덕신도시자연앤자이	신축	2019	755	184	3종주거	★★★	★★★	높음	
682	경기도	평택시		고덕면	평택고덕파라곤	신축	2019	752	168	3종주거	★★★	★★★	높음	
683	경기도	평택시		고덕면	고덕국제도시제일풍경채센트럴	신축	2019	1,022	200	3종주거	★★★	★★★	높음	
684	경기도	평택시		군문동	주공(평택군문2단지)	구축	1999	1,035	168	2종주거	★★★	★★★	높음	
685	경기도	평택시		동삭동	평택센트럴자이3단지	신축	2019	2,324	219	2종주거	★★★	★★★	높음	
686	경기도	평택시		동삭동	평택센트럴자이5단지	신축	2018	775	219	2종주거	★★★	★★★	높음	
687	경기도	평택시		동삭동	평택센트럴자이1단지	신축	2017	998	219	2종주거	★★★	★★★	높음	
688	경기도	평택시		동삭동	평택센트럴자이4단지	신축	2018	684	219	2종주거	★★★	★★★	높음	

NO	시도	구시군	구	동읍면	아파트명	구분	입주년도	총세대수	용적률(%)	② 용도지역	내재가치(입지, 수익, 환소)	미래가치	투자가치등급	회원 공인중개사
689	경기도	평택시		비전동	시대한우리	구축	1995	550	133	3종주거	★★☆	★★★	높음	
690	경기도	평택시		용이동	평택비전지웰푸르지오	신축	2019	717	199	2종주거	★★★	★★★	높음	
691	경기도	평택시		용이동	평택용이금호어울림1단지	신축	2015	1,591	199	2종주거	★★★	★★★	높음	
692	경기도	평택시		용이동	비전아이파크평택	신축	2018	585	199	2종주거	★★★	★★★	높음	
693	경기도	평택시		용이동	이편한세상평택	신축	2015	632	191	2종주거	★★★	★★★	높음	
694	경기도	평택시		용이동	평택용이금호어울림2단지	신축	2015	624	198	2종주거	★★★	★★★	높음	
695	경기도	하남시		망월동	미사강변루나움	신축	2015	1,164	201	3종주거	★★★	★★★	높음	
696	경기도	하남시		망월동	미사강변푸르지오	신축	2016	1,188	209	3종주거	★★★	★★★	높음	
697	경기도	하남시		망월동	미사강변도시28단지	신축	2014	1,541	219	3종주거	★★★	★★★	높음	
698	경기도	하남시		망월동	미사강변도시8단지	신축	2016	1,389	219	3종주거	★★★	★★★	높음	
699	경기도	하남시		선동	미사강변23차푸르지오	신축	2016	1,066	209	3종주거	★★★	★★☆	높음	
700	경기도	하남시		선동	미사강변리버스위트칸타빌	신축	2018	550	209	3종주거	★★★	★★☆	높음	
701	경기도	하남시		선동	미사강변센트리버	신축	2016	1,145	212	3종주거	★★★	★★☆	높음	
702	경기도	하남시		선동	미사강변더삼림버포레	신축	2016	875	209	3종주거	★★★★	★★☆	높음	
703	경기도	하남시		신장동	하남U-CITY대명루첸리버파크	신축	2018	854	199	2종주거	★★★	★★★	높음	
704	경기도	하남시		풍산동	미사강변센트럴자이	신축	2017	1,222	209	3종주거	★★★	★★☆	높음	

NO	시도	구시군	구	동읍면	아파트명	구분	입주년도	총세대수	용적률(%)	②용도지역	내재가치(입지,수익,희소)	미래가치	투자가치등급	회원 공인중개사
705	경기도	하남시		풍산동	미사강변동원로얄듀크	신축	2016	808	209	3종주거	★★★	★★☆	높음	
706	경기도	하남시		풍산동	미사강변제일풍경채	신축	2019	726	209	3종주거	★★★	★★☆	높음	
707	경기도	화성시		남양읍	동광부엘	신축	2018	673	193	3종주거	★★★	★★★	높음	
708	경기도	화성시		남양읍	시티프라디움1차	신축	2018	813	179	3종주거	★★★	★★★	높음	
709	경기도	화성시		목동	힐스테이트동탄	신축	2019	1,479	185	3종주거	★★★	★★★	높음	
710	경기도	화성시		목동	e편한세상동탄	신축	2018	1,526	163	3종주거	★★★	★★★	높음	
711	경기도	화성시		목동	한신휴플러스	신축	2018	930	179	3종주거	★★★	★★★	높음	
712	경기도	화성시		목동	동탄2신도시2차동원로얄듀크	신축	2019	761	189	3종주거	★★★	★★★	높음	
713	경기도	화성시		목동	금강펜테리움센트럴파크IV	신축	2018	1,195	155	2종주거/3종주거	★★★	★★★	높음	
714	경기도	화성시		목동	동탄2신도시베리체	신축	2018	859	160	3종주거	★★★	★★★	높음	
715	경기도	화성시		봉담읍	e편한세상봉담	신축	2019	898	170	3종주거	★★★	★★★	높음	
716	경기도	화성시		신축동	반도유보라아이비파크10.0	신축	2018	1,241	172	3종주거	★★★	★★★	높음	
717	경기도	화성시		신축동	동탄더샵레이크에듀타운	신축	2019	1,538	174	2종주거	★★★	★★★	높음	
718	경기도	화성시		염천동	동탄센트럴자이	신축	2015	559	179	3종주거	★★★	★★★	높음	
719	경기도	화성시		염천동	동탄에듀밸리사랑으로부영	신축	2017	1,316	169	3종주거	★★★	★★★	높음	
720	경기도	화성시		염천동	동탄역센트럴상록	신축	2017	1,005	189	3종주거	★★★	★★★	높음	

NO	시도	구시군	구	동읍면	아파트명	구분	입주년도	총세대수	용적률(%)	②용도지역	내재가치(입지,수익,희소)	미래가치	투자가치등급	회원 공인중개사
721	경기도	화성시		영천동	동탄역푸르지오	신축	2017	832	175	3종주거	★★★	★★★	높음	
722	경기도	화성시		영천동	반도유보라2차	신축	2016	999	169	3종주거	★★★	★★★	높음	
723	경기도	화성시		오산동	동탄역시범더샵센트럴시티2차	신축	2018	745	149	3종주거	★★★	★★★	높음	
724	경기도	화성시		오산동	반도유보라아이비파크3	신축	2016	1,135	159	3종주거	★★★	★★★	높음	
725	경기도	화성시		청계동	시범우남퍼스트빌	신축	2015	1,442	171	3종주거	★★★	★★★	높음	
726	경기도	화성시		청계동	시범호반베르디움(A-22BL)	신축	2015	1,002	173	3종주거	★★★	★★★	높음	
727	경기도	화성시		청계동	시범계룡리슈빌	신축	2015	656	141	3종주거	★★★	★★★	높음	
728	경기도	화성시		청계동	시범반도유보라아이비파크	신축	2015	904	170	3종주거	★★★	★★★	높음	
729	경기도	화성시		청계동	동탄역시범한화꿈에그린프레스티지	신축	2015	1,817	197	3종주거	★★★	★★★	높음	
730	경기도	화성시		청계동	동탄역시범더샵센트럴시티	신축	2015	874	209	3종주거	★★★	★★★	높음	
731	인천광역시	계양구		계산동	계산주공	구축	1990	1,140	173	3종주거	★★★	★★☆	높음	
732	인천광역시	남동구		간석동	간석래미안자이	구축	2008	2,432	249	3종주거	★★★	★★☆	높음	
733	인천광역시	남동구		간석동	극동	재건축	1989	760	192	3종주거	★★★	★★★	높음	
734	인천광역시	남동구		간석동	금호	재건축	1987	630	195	3종주거	★★★	★★★	높음	
735	인천광역시	남동구		논현동	에코메트로12단지한화꿈에그린	신축	2009	1,298	198	3종주거	★★★	★★☆	높음	
736	인천광역시	남동구		논현동	에코메트로11단지한화꿈에그린	신축	2009	1,622	199	3종주거	★★★	★★☆	높음	

NO	시도	구.시.군	구	동.읍.면	아파트명	구분	입주년도	총 세대수	용적률 (%)	② 용도지역	내재가치 (입지, 수익, 희소)	미래 가치	투자가치 등급	회원 공인중개사
737	인천광역시	남동구		만수동	만수주공(2단지)	재건축	1987	1,920	110	2종주거/3종주거	★★★	★★☆	높음	
738	인천광역시	남동구		만수동	만수주공(4단지)	재건축	1987	2,220	163	3종주거	★★★	★★☆	높음	
739	인천광역시	남동구		만수동	주공1단지	재건축	1985	516	119	2종주거/3종주거	★★★	★★☆	높음	
740	인천광역시	남동구		만수동	주공5단지.	재건축	1987	900	135	2종주거/3종주거	★★★	★★☆	높음	
741	인천광역시	남동구		만수동	만수주공(3단지.저층)	재건축	1986	510	78	2종주거	★★★	★★☆	높음	
742	인천광역시	미추홀구		주인동	주안더월드스테이트	신축	2008	3,160	317	3종주거/일반상업	★★★	★★☆	높음	
743	인천광역시	미추홀구		학익동	장미	재건축	1984	580	135	준공업	★★★	★★★	높음	
744	인천광역시	부평구		부개동	대동	재건축	1988	708	117	3종주거	★★★	★★☆	높음	
745	인천광역시	부평구		부평동	부평동아	재건축	1986	2,475	181	3종주거	★★★	★★☆	높음	
746	인천광역시	부평구		산곡동	현대(1차)	재건축	1985	2,204	182	3종주거/준주거	★★★	★★☆	높음	
747	인천광역시	부평구		삼산동	삼산타운(7단지)	구축	2004	1,314	201	3종주거	★★★	★★☆	높음	
748	인천광역시	서구		가정동	한신그랜드힐빌리지	구축	1992	920	109	2종주거	★★★	★★★	높음	
749	인천광역시	서구		가정동	한라	구축	1992	620	216	3종주거	★★★	★★★	높음	
750	인천광역시	서구		가정동	루원시티프라디움	신축	2018	1,598	220	3종주거	★★★	★★☆	높음	
751	인천광역시	서구		검암동	풍림아이원2차	구축	2004	718	232	3종주거	★★★	★★★	높음	
752	인천광역시	서구		검암동	서해그린빌	구축	2003	950	196	3종주거	★★★	★★★	높음	

NO	시도	구시군	구	동읍면	아파트명	구분	입주년도	총세대수	용적률(%)	②용도지역	내재가치(입지,수익,희소)	미래가치	투자가치등급	회원 공인중개사
753	인천광역시	서구		당하동	당하IKCC스위첸	신축	2005	1,015	248	3종주거	★★★	★★★	높음	
754	인천광역시	서구		당하동	태평	구축	1999	528	201	3종주거	★★★	★★★	높음	
755	인천광역시	서구		마전동	검단자피오레	신축	2007	917	233	3종주거	★★★	★★★	높음	
756	인천광역시	서구		마전동	당하3차롯데이이편	구축	2004	579	213	3종주거	★★★	★★★	높음	
757	인천광역시	서구		신현동	루원시티센트럴타운	신축	2017	743	175	3종주거	★★★	★★☆	높음	
758	인천광역시	서구		신현동	루원시티대성베르힐	신축	2017	1,147	219	3종주거	★★★	★★☆	높음	
759	인천광역시	서구		청라동	청라국제도시대광로제비앙	신축	2018	674	181	3종주거	★★★★	★★★	높음	
760	인천광역시	서구		청라동	청라한양수자인레이크블루	신축	2019	1,534	225	3종주거	★★★	★★★	높음	
761	인천광역시	서구		청라동	청라린피바탈디	신축	2011	992	179	3종주거	★★★★	★★★	높음	
762	인천광역시	서구		청라동	청라힐데스하임	신축	2011	1,284	169	3종주거	★★★	★★★	높음	
763	인천광역시	서구		청라동	청라2차블럭호반베르디움	신축	2012	2,134	219	3종주거	★★★	★★★	높음	
764	인천광역시	연수구		동춘동	한대(1차)	구축	1993	1,040	111	2종주거	★★★	★★★	높음	
765	인천광역시	연수구		동춘동	무지개마을	구축	1995	1,068	135	3종주거	★★★	★★★	높음	
766	인천광역시	연수구		동춘동	삼환	구축	1994	888	206	3종주거	★★★★	★★★	높음	
767	인천광역시	연수구		동춘동	연수2차대우	구축	1993	888	206	3종주거	★★★	★★★	높음	
768	인천광역시	연수구		동춘동	연수타운(금호동아)	구축	1993	1,056	140	3종주거	★★★	★★★	높음	

NO	시도	구시군	구	읍면동	아파트명	구분	입주년도	총세대수	용적률(%)	② 용도지역	내재가치(입지,수익,희소)	미래가치	투자가치등급	회원 공인중개사
769	인천광역시	연수구		동춘동	연수2차풍림	구축	1993	1,200	112	2종주거	★★★	★★★	높음	
770	인천광역시	연수구		동춘동	한양(1차)	구축	1994	1,020	210	3종주거	★★★	★★★	높음	
771	인천광역시	연수구		동춘동	송도동힐하이빌파크레인	신축	2019	1,180	219	3종주거	★★★	★★☆	높음	
772	인천광역시	연수구		송도동	송도해모로	신축	2006	661	159	3종주거	★★★	★★★	높음	
773	인천광역시	연수구		송도동	송도성지리벨루스	신축	2006	626	159	3종주거	★★★	★★★	높음	
774	인천광역시	연수구		송도동	송도풍림아이원(4단지)	신축	2005	504	134	3종주거	★★★	★★★	높음	
775	인천광역시	연수구		송도동	송도풍림아이원(1단지)	신축	2005	1,024	174	3종주거	★★★	★★★	높음	
776	인천광역시	연수구		송도동	아이파크송도	신축	2005	616	157	3종주거	★★★	★★★	높음	
777	인천광역시	연수구		송도동	송도풍림아이원(3단지)	신축	2005	504	174	3종주거	★★★	★★★	높음	
778	인천광역시	연수구		송도동	송도금호어울림	신축	2005	510	134	3종주거	★★★	★★★	높음	
779	인천광역시	연수구		송도동	송도풍림아이원(2단지)	신축	2005	958	174	3종주거	★★★	★★★	높음	
780	인천광역시	연수구		송도동	송도웰가온티1단지	신축	2008	980	159	3종주거	★★★★	★★★	높음	
781	인천광역시	연수구		송도동	송도웰가온티2단지	신축	2007	798	154	3종주거	★★★★	★★★	높음	
782	인천광역시	연수구		송도동	더삽엑스포(9단지)	신축	2009	520	226	3종주거	★★★	★★★	높음	
783	인천광역시	연수구		송도동	e편한세상송도	신축	2018	2,708	233	준주거	★★★	★★★	높음	
784	인천광역시	연수구		송도동	인천송도SK뷰	신축	2019	2,100	232	준주거	★★★	★★★	높음	

NO	시도	구시군	구	동읍면	아파트명	구분	입주년도	총세대수	용적률(%)	② 용도지역	내재가치(입지, 수익, 희소)	미래가치	투자가치등급	회원 공인중개사
785	인천광역시	연수구		송도동	힐스테이트레이크송도	신축	2019	886	207	3종주거	★★★	★★★	높음	
786	인천광역시	연수구		송도동	송도국제도시호반베르디움(RC-1블럭)	신축	2017	1,153	199	3종주거	★★★	★★★	높음	
787	인천광역시	연수구		송도동	송도에듀포레푸르지오(RC2블럭)	신축	2016	1,406	204	3종주거	★★★	★★★	높음	
788	인천광역시	연수구		송도동	송도웰카운티3단지	신축	2010	515	144	3종주거	★★★	★★★	높음	
789	인천광역시	연수구		연수동	승기마을	구축	1992	1,000	154	3종주거	★★★	★★★	높음	
790	인천광역시	연수구		연수동	우성(2차)	구축	1995	2,044	200	3종주거	★★★	★★★	높음	
791	인천광역시	연수구		연수동	솔밭마을	구축	1993	1,200	154	3종주거	★★★	★★★	높음	
792	인천광역시	연수구		연수동	대림	구축	1993	640	113	3종주거	★★★	★★★	높음	
793	인천광역시	연수구		연수동	연수풍림1차	구축	1992	769	200	3종주거	★★★	★★★	높음	
794	인천광역시	연수구		연수동	연수주공3차	구축	1993	1,170	193	3종주거	★★★★	★★★	높음	
795	인천광역시	연수구		연수동	세경	구축	1997	567	117	3종주거	★★★	★★★	높음	
796	인천광역시	연수구		연수동	대동	구축	1993	768	130	2종주거	★★★	★★★	높음	
797	인천광역시	연수구		연수동	연수주공우성	구축	1994	1,088	220	3종주거	★★★★	★★★★	높음	
798	인천광역시	연수구		연수동	연수주공2차	구축	1992	960	154	3종주거	★★★★	★★★	높음	
799	인천광역시	중구		운남동	영종자이	신축	2009	1,022	204	3종주거	★★★	★★★	높음	
800	인천광역시	중구		운서동	영종주공스카이빌(10단지)	구축	2001	740	128	2종주거	★★★	★★★	높음	

NO	시도	구시군	구	동읍면	아파트명	구분	입주년도	총 세대수	용적률 (%)	② 용도지역	내재가치 (입지, 수익, 희소)	미래 가치	투자가치 등급	회원 공인중개사
801	부산광역시	강서구		명지동	영어도시권덤1차림컨타운	신축	2009	1,102	217	3종주거	★★★	★★★	높음	
802	부산광역시	강서구		명지동	영어도시권덤1차아인슈타인타운	신축	2009	1,112	215	3종주거	★★★	★★★	높음	
803	부산광역시	강서구		명지동	명지롯데캐슬	신축	2008	1,122	219	3종주거	★★★	★★★	높음	
804	부산광역시	강서구		명지동	더메뉴팰리스부영	신축	2019	1,210	199	2종주거	★★☆	★★★	높음	
805	부산광역시	강서구		명지동	에일린의뜰	신축	2015	980	199	2종주거	★★☆	★★★	높음	
806	부산광역시	강서구		명지동	명지대방노블랜드오션부처	신축	2015	737	199	2종주거	★★☆	★★★	높음	
807	부산광역시	기장군		기장읍	주공	구축	2001	702	179	3종주거	★★★	★★★	높음	
808	부산광역시	기장군		기장읍	한신(2차)	구축	1995	575	158	3종주거	★★★	★★★	높음	
809	부산광역시	기장군		기장읍	한신(1차)	구축	1995	556	158	3종주거	★★★	★★★	높음	
810	부산광역시	동래구		낙민동	동래한양맨션	재건축	1980	552	170	3종주거	★★★	★★★	높음	
811	부산광역시	동래구		명룬동	명륜2차PARK1단지	신축	2015	1,609	268	3종주거	★★☆	★★★	높음	
812	부산광역시	동래구		안락동	인락브란채2단지	신축	2005	1,420	209	3종주거	★★★	★★★	높음	
813	부산광역시	동래구		온천동	럭키	재건축	1983	1,536	201	3종주거	★★★	★★★	높음	
814	부산광역시	부산진구		당감동	삼익	재건축	1978	1,070	209	3종주거	★★★	★★☆	높음	
815	부산광역시	수영구		남천동	남천코오롱하늘채플드비치	신축	2009	987	287	3종주거	★★★	★★☆	높음	
816	부산광역시	해운대구		반여동	이사이언수촌	구축	2002	2,290	243	3종주거	★★★	★★★	높음	

NO	시도	구시군	구	동읍면	아파트명	구분	입주년도	총세대수	용적률(%)	② 용도지역	내재가치(입지, 수익, 희소)	미래가치	투자가치 등급	회원 공인중개사
817	부산광역시	해운대구		반여동	센텀롯데캐슬2차	신축	2005	1,165	210	3종주거	★★★	★★★	없음	
818	부산광역시	해운대구		반여동	해운대메가센텀한화꿈에그린	신축	2008	1,564	279	2종주거/3종주거	★★★	★★★	없음	
819	부산광역시	해운대구		우동	롯데	구축	1993	852	206	2종주거	★★★	★★★	없음	
820	부산광역시	해운대구		우동	경남마리나	구축	1996	624	230	3종주거	★★★	★★★	없음	
821	부산광역시	해운대구		우동	동부올림픽타운	구축	1999	1,680	278	준주거	★★★	★★★	없음	
822	부산광역시	해운대구		우동	해운대벤도보라빌	신축	2006	548	260	2종주거	★★★	★★★	없음	
823	부산광역시	해운대구		우동	대우마리나(1차)	구축	1991	714	470	3종주거	★★★	★★★	없음	
824	부산광역시	해운대구		우동	센텀상환	구축	1996	926	470	3종주거/준주거	★★★	★★★	없음	
825	부산광역시	해운대구		우동	대우마리나(3차)	구축	1994	750	470	3종주거	★★★	★★★	없음	
826	부산광역시	해운대구		우동	경동	구축	1995	892	354	3종주거	★★★	★★★	없음	
827	부산광역시	해운대구		우동	해운대자이1단지	신축	2013	935	265	3종주거	★★☆	★★★	없음	
828	부산광역시	해운대구		우동	해운대센텀두산위브	신축	2014	581	244	3종주거	★★☆	★★★	없음	
829	부산광역시	해운대구		우동	해운대베스타동원	신축	2019	504	1,061	일반상업	★★☆	★★★	없음	
830	부산광역시	해운대구		우동	해운대자이2차	신축	2018	813	253	2종주거/3종주거	★★☆	★★★	없음	
831	부산광역시	해운대구		재송동	더샵센텀파크1차	신축	2005	2,752	555	일반상업	★★★	★★★	없음	
832	부산광역시	해운대구		재송동	더샵센텀파크2차	신축	2005	998	597	일반상업	★★★	★★★	없음	

NO	시도	구시군	구	동읍면	아파트명	구분	입주년도	총세대수	용적률(%)	② 용도지역	내재가치(입지, 수익, 회소)	미래가치	투자가치등급	회원 공인중개사
833	부산광역시	해운대구		재송동	센텀e-편한세상	신축	2006	1,190	299	3종주거	★★★	★★★	높음	
834	부산광역시	해운대구		재송동	센텀동부센트레빌	신축	2006	703	279	2종주거	★★★	★★★	높음	
835	부산광역시	해운대구		재송동	부산센텀리슈빌2단지	신축	2017	502	267	3종주거	★★☆	★★★	높음	
836	부산광역시	해운대구		재송동	80재송시영.	재건축	1981	500	108	2종주거	★★★	★★★	높음	
837	부산광역시	해운대구		좌동	삼성	구축	1997	728	200	2종주거	★★★	★★★	높음	
838	부산광역시	해운대구		중동	롯데캐슬마린	구축	2004	792	513	일반상업	★★★	★★★	높음	
839	대구광역시	달서구		월성동	월성보성타운(1차)	구축	1991	1,185	196	3종주거	★★★	★★☆	높음	
840	대구광역시	달성군		다사읍	대실역청아람2단지	신축	2008	1,316	209	3종주거	★★★	★★★	높음	
841	대구광역시	달성군		옥포읍	옥포대성베르힐4단지	신축	2016	1,067	199	2종주거	★★☆	★★★	높음	
842	대구광역시	달성군		유가읍	대구테크노폴리스인이너재	신축	2016	730	208	3종주거	★★☆	★★★	높음	
843	대구광역시	달성군		유가읍	제일풍경채센트럴	신축	2016	1,029	197	3종주거	★★☆	★★★	높음	
844	대구광역시	달성군		현풍읍	제일풍경채디파스트	신축	2016	601	189	3종주거	★★☆	★★★	높음	
845	대구광역시	동구		각산동	대구혁신나4단지	신축	2017	572	172	3종주거	★★☆	★★★	높음	
846	대구광역시	동구		방촌동	영남네오빌	구축	2000	930	207	3종주거	★★★	★★★	높음	
847	대구광역시	동구		신기동	모던3차	재건축	1988	640	135	3종주거	★★★	★★★	높음	
848	대구광역시	동구		신서동	동화해오름타운	구축	2003	604	209	3종주거	★★★	★★★	높음	

NO	시도	구시군	구	동읍면	아파트명	구분	입주년도	총 세대수	용적률 (%)	② 용도지역	내재가치 (입지, 수익, 희소)	미래 가치	투자가치 등급	회원 공인중개사
849	대구광역시	동구		신서동	영조아름다운나날(3단지)	구축	2003	1,140	209	3종주거	★★★	★★★	높음	
850	대구광역시	동구		신서동	영조아름다운나날(2단지)	구축	2003	830	209	3종주거	★★★	★★★	높음	
851	대구광역시	동구		신서동	영조아름다운나날(1단지)	구축	2003	782	208	3종주거	★★★	★★★	높음	
852	대구광역시	동구		신서동	신서그린빌	구축	2001	568	247	준주거	★★★	★★★	높음	
853	대구광역시	동구		신서동	신서롯데캐슬레전드	신축	2007	619	276	준주거	★★★	★★★	높음	
854	대구광역시	동구		신암동	신암보성타운(1차)	재건축	1985	545	152	3종주거	★★★	★★★	높음	
855	대구광역시	동구		용계동	강변동서마을	구축	1999	647	221	3종주거	★★★	★★★	높음	
856	대구광역시	동구		효목동	진로이스트타운	구축	1998	897	190	3종주거	★★★	★★★	높음	
857	대구광역시	북구		동천동	동화골든빌	구축	2002	1,123	214	3종주거	★★★	★★☆	높음	
858	대구광역시	북구		읍내동	신흥한양	구축	1993	768	174	3종주거	★★★	★★☆	높음	
859	대구광역시	수성구		만촌동	만촌지우방타운	구축	1997	1,224	237	3종주거	★★★	★★★	높음	
860	대구광역시	수성구		매호동	해뜨안	구축	1995	1,200	218	3종주거	★★★	★★★	높음	
861	대구광역시	수성구		범물동	범물서한화성	구축	1992	612	252	3종주거	★★★	★★★	높음	
862	대구광역시	수성구		범어동	유림노르웨이숲	신축	2006	576	288	3종주거	★★★	★★★	높음	
863	대구광역시	수성구		수성동3가	수성3가롯데캐슬	신축	2008	802	285	3종주거	★★★	★★★	높음	
864	대구광역시	수성구		시지동	전원타운(정구)	구축	1990	678	248	3종주거	★★★	★★★	높음	

NO	시도	구시군	구	동읍면	아파트명	구분	입주년도	총세대수	용적률(%)	용도지역②	내재가치(입지,수익,희소)	미래가치	투자가치등급	회원 공인중개사
865	대구광역시	수성구		시지동	교산노변타운	구축	1996	885	226	3종주거	★★★	★★★	높음	
866	대구광역시	수성구		지산동	지산한라타운	구축	1991	555	222	3종주거	★★★	★★★	높음	
867	대구광역시	수성구		지산동	지산봄휴먼시아	구축	1991	552	222	3종주거	★★★	★★★	높음	
868	대구광역시	수성구		지산동	지산보성맨션	구축	1991	526	222	3종주거	★★★	★★★	높음	
869	대구광역시	수성구		지산동	지산타운(3단지)	구축	1991	630	222	3종주거	★★★	★★★	높음	
870	대구광역시	수성구		지산동	지산2단지	구축	1991	694	222	3종주거	★★★	★★★	높음	
871	대구광역시	수성구		황금동	캐슬골드파크	신축	2006	4,256	288	3종주거	★★★	★★★	높음	
872	광주광역시	광산구		도산동	송정KTX우방아이유쉘	신축	2019	591	175	2종주거	★★☆	★★★	높음	
873	광주광역시	광산구		선암동	광주선운지구이지더원3단지	신축	2016	562	233	3종주거	★★☆	★★★	높음	
874	광주광역시	광산구		수완동	은빛마을모아엘가	신축	2009	570	199	3종주거	★★★	★★★	높음	
875	광주광역시	광산구		수완동	해솜마을현진에버빌1단지	신축	2009	672	199	3종주거	★★★	★★★	높음	
876	광주광역시	광산구		수완동	수완2차우미린	신축	2008	866	197	3종주거	★★★	★★★	높음	
877	광주광역시	광산구		수완동	광주수완6차대방노블랜드	신축	2013	659	199	3종주거	★★☆	★★★	높음	
878	광주광역시	광산구		신가동	수완1단지중흥에스-클래스	신축	2009	968	199	3종주거	★★★	★★★	높음	
879	광주광역시	광산구		신가동	아름마을대방노블랜드	신축	2009	707	199	3종주거	★★★	★★★	높음	
880	광주광역시	광산구		월계동	첨단건지리안(주)	구축	1995	1,050	108	3종주거	★★★	★★★	높음	

NO	시도	구/시/군	구	동/읍/면	아파트명	구분	입주년도	총세대수	용적률(%)	②용도지역	내재가치(입지,수익,희소)	미래가치	투자가치 등급	회원 공인중개사
881	광주광역시	광산구		월계동	첨단두산위브	구축	1996	600	105	3종주거	★★★	★★★	높음	
882	광주광역시	광산구		월계동	호반(2차)	구축	1997	590	110	3종주거	★★★	★★★	높음	
883	광주광역시	광산구		월계동	첨단선경	구축	1997	552	199	3종주거	★★★	★★★	높음	
884	광주광역시	광산구		월계동	대우	구축	1997	590	196	3종주거	★★★	★★★	높음	
885	광주광역시	광산구		월곡동	영천마을주공(10단지)	구축	2003	1,300	185	3종주거	★★★	★★★	높음	
886	광주광역시	광산구		월곡동	한성1차.	재건축	1988	780	142	3종주거	★★★	★★★	높음	
887	광주광역시	광산구		장덕동	광주수완진센데시벌1.2단지	신축	2009	509	147	3종주거	★★★	★★★	높음	
888	광주광역시	광산구		하남동	하남3지구모아엘가	신축	2018	703	197	3종주거	★★☆	★★★	높음	
889	광주광역시	남구		백운동	힐스테이트백운	신축	2016	528	221	2종주거/3종주거|준주거	★★☆	★★★	높음	
890	광주광역시	남구		주월동	재석산호반힐하임	신축	2014	687	177	2종주거/3종주거	★★☆	★★★	높음	
891	광주광역시	동구		계림동	푸른길두산위브	신축	2018	648	225	3종주거	★★☆	★★★	높음	
892	광주광역시	북구		풍향동	교대금호어울림	신축	2017	960	218	3종주거	★★☆	★★★	높음	
893	대전광역시	동구		용운동	한화꿈에그린	신축	2006	641	183	3종주거	★★★	★★☆	높음	
894	대전광역시	서구		관저동	관저예미지명가의봄경	신축	2017	994	169	3종주거	★★★	★★★	높음	
895	대전광역시	서구		도안동	도안아이파크	신축	2013	1053	187	3종주거	★★★	★★★	높음	
896	대전광역시	서구		둔산동	녹원	구축	1994	1,200	181	2종주거	★★★	★★☆	높음	

NO	시도	구시군	구	동읍면	아파트명	구분	입주년도	총세대수	용적률(%)	② 용도지역	내재가치 (입지, 수익, 희소)	미래가치	투자가치 등급	회원 공인중개사
897	대전광역시	서구		둔산동	한마루	구축	1992	1,400	228	3종주거	★★★	★★☆	높음	
898	대전광역시	서구		복수동	복수센트럴자이	신축	2019	1102	217	3종주거	★★★	★★★	높음	
899	대전광역시	유성구		관평동	대덕테크노밸리10단지	신축	2008	1,001	213	3종주거	★★★	★★★	높음	
900	대전광역시	유성구		관평동	대덕테크노밸리6단지	신축	2006	703	216	3종주거	★★★	★★★	높음	
901	대전광역시	유성구		관평동	대덕테크노밸리5단지	신축	2006	922	219	3종주거	★★★	★★★	높음	
902	대전광역시	유성구		노은동	열매마을9단지	구축	2002	646	228	3종주거	★★★	★★★	높음	
903	대전광역시	유성구		문지동	대전문지구숲속에림트플레이스	신축	2017	1,142	220	3종주거	★★☆	★★★	높음	
904	대전광역시	유성구		봉명동	도안신도시2건지에메이지벡조의호수	신축	2014	1,102	187	3종주거	★★☆	★★★	높음	
905	대전광역시	유성구		상대동	도안신도시15블럭럭트리롤시티	신축	2014	1,220	189	3종주거	★★☆	★★★	높음	
906	대전광역시	유성구		송강동	한마을	구축	1999	1,206	197	3종주거	★★★	★★★	높음	
907	대전광역시	유성구		원신흥동	아울림하트	신축	2011	1,056	185	3종주거	★★☆	★★★	높음	
908	대전광역시	유성구		장대동	장매푸르지오	신축	2006	562	190	2종주거	★★★	★★★	높음	
909	대전광역시	유성구		장대동	월드컵메밀리타운	구축	2002	556	212	3종주거	★★★	★★★	높음	
910	대전광역시	유성구		장대동	드림월드	구축	2002	592	214	3종주거	★★★	★★★	높음	
911	대전광역시	유성구		전민동	엑스포	구축	1994	3,958	181	3종주거	★★★	★★★	높음	
912	대전광역시	유성구		전민동	세종	구축	1994	980	206	3종주거	★★★	★★★	높음	

NO	시도	구시군	구	동읍면	아파트명	구분	입주년도	총세대수	용적률(%)	②용도지역	내재가치(입지, 수익, 회소)	미래가치	투자가치등급	회원 공인중개사
913	대전광역시	유성구		전민동	나래(청구)	구축	1994	894	199	3종주거	★★★	★★★	높음	
914	대전광역시	유성구		지족동	열매마을6단지(현대2차)	구축	2000	582	233	3종주거	★★★	★★★	높음	
915	대전광역시	중구		유두동	미르미을(주공)	신축	2005	1,135	218	3종주거	★★★★	★★★	높음	
916	울산광역시	남구		무가동	주공(삼호)	구축	1991	550	229	2종주거	★★★★	★★★	높음	
917	울산광역시	남구		무가동	굴화주공(1단지)	구축	1997	1,046	229	3종주거	★★★★	★★★	높음	
918	울산광역시	남구		무가동	무거현대	구축	1995	677	111	3종주거	★★★	★★★	높음	
919	울산광역시	남구		신정동	문수로IPARK(2단지)	구축	2003	600	245	3종주거	★★★	★★☆	높음	
920	울산광역시	남구		아음동	울산힐스테이트수암단지	신축	2019	725	200	3종주거	★★★	★★★	높음	
921	울산광역시	북구		송정동	울산송정반도유보라아이비파크	신축	2019	1,162	180	2종주거	★★★★	★★★	높음	
922	울산광역시	북구		연암동	LG진로	구축	1995	628	108	2종주거	★★★	★★☆	높음	
923	울산광역시	북구		천곡동	삼성코이루	신축	2005	1,522	181	3종주거	★★★	★★★	높음	
924	울산광역시	울주군		범서읍	동문굿모닝힐	신축	2007	731	202	3종주거	★★★★	★★★	높음	
925	울산광역시	울주군		범서읍	구영2차우미린	신축	2007	614	197	3종주거	★★★	★★★	높음	
926	울산광역시	울주군		범서읍	문수산동원로얄듀크	신축	2017	625	248	3종주거	★★★★	★★☆	높음	
927	울산광역시	중구		약사동	래미안차	구축	2001	594	168	2종주거	★★★	★★☆	높음	
928	울산광역시	중구		약사동	래미안2차(4단지)	구축	2004	569	184	2종주거	★★★	★★☆	높음	

NO	시도	구시군	구	동읍면	아파트명	구분	입주년도	총세대수	용적률(%)	②용도지역	내재가치(입지,수익,희소)	미래가치	투자가치등급	회원 공인중개사
929	울산광역시	중구		유곡동	우정혁신도시2차동원로얄듀크	신축	2014	652	178	3종주거	★★★	★★☆	높음	
930	세종특별자치시			고운동	가락마을5단지	신축	2015	663	180	2종주거	★★★	★★★	높음	
931	세종특별자치시			도담동	도램마을14단지(세종힌림풀에버)	신축	2015	979	167	2종주거	★★★	★★★	높음	
932	세종특별자치시			도담동	도램마을15단지(세종힐스테이트)	신축	2014	876	167	2종주거	★★★	★★★	높음	
933	세종특별자치시			도담동	도램마을20단지(한양수자인에듀파크)	신축	2014	718	167	2종주거	★★★	★★★	높음	
934	세종특별자치시			아름동	범지기마을10단지(푸르지오)	신축	2014	1,970	172	2종주거	★★★	★★☆	높음	
935	세종특별자치시			종촌동	가재마을4단지	신축	2015	1,623	173	2종주거	★★★	★★☆	높음	
936	세종특별자치시			종촌동	가재마을2단지(중흥S클래스센텀파크2차)	신축	2015	371	176	2종주거	★★★	★★☆	높음	
937	경상남도	김해시		관동동	죽림마을한림풀에버3단지	신축	2013	1,497	199	3종주거	★★★	★★★	높음	
938	경상남도	김해시		구산동	구지마을2단지지안림UNI	구축	2004	1,308	234	3종주거	★★★	★★★	높음	
939	경상남도	김해시		내동	삼성	구축	1996	862	179	3종주거	★★★	★★★	높음	
940	경상남도	김해시		내동	건영	구축	1998	558	205	3종주거	★★★	★★★	높음	
941	경상남도	김해시		삼계동	구지마을3단지푸르지오	신축	2007	1,098	217	3종주거	★★★	★★★	높음	
942	경상남도	김해시		외동	힌국(1차)	구축	1994	1,530	211	3종주거	★★★	★★★	높음	
943	경상남도	김해시		외동	한국(2차)	구축	1998	2,250	207	3종주거	★★★	★★★	높음	
944	경상남도	김해시		외동	뜨린채	구축	1996	1,349	192	3종주거	★★★	★★★	높음	

NO	시도	구시군	구	동읍면	아파트명	구분	입주년도	총 세대수	용적률 (%)	② 용도지역	내재가치 (입지, 수익, 희소)	미래 가치	투자가치 등급	회원 공인중개사
945	경상남도	김해시		율하동	율상마을푸르지오3단지	신축	2008	632	199	3종주거	★★★	★★★	높음	
946	경상남도	김해시		율하동	신리마을중앙하이츠8단지	신축	2009	1,290	200	3종주거	★★★	★★★	높음	
947	경상남도	김해시		율하동	율현마을율하e편한세상	신축	2009	585	199	3종주거	★★★	★★★	높음	
948	경상남도	김해시		장유동	김해율하엘펜하임메이지자이트	신축	2018	1,052	195	2종주거	★★★	★★★	높음	
949	경상남도	김해시		장유동	김해율하연메이지자이	신축	2018	708	195	2종주거	★★★	★★★	높음	
950	경상남도	김해시		장유동	김해율하연메이지푸르지오	신축	2018	631	194	2종주거	★★★	★★★	높음	
951	경상남도	김해시		주촌면	김해센텀두산위브더제니스	신축	2019	3,435	220	3종주거	★★★	★★★	높음	
952	경상남도	창원시	마산회원구	석전동	창원메트로시티석전	신축	2019	1,763	248	3종주거	★★★	★★☆	높음	
953	경상남도	창원시	의창구	대원동	대원꿈에그린	신축	2018	1,530	215	2종주거	★★★	★★☆	높음	
954	경상남도	창원시	의창구	신월동	주공	재건축	1987	1,500	91	2종주거	★★★	★★★	높음	
955	경상남도	창원시	의창구	용호동	용지아이파크	신축	2017	1,036	209	2종주거	★★★	★★☆	높음	
956	경상남도	창원시	의창구	용호동	용지더샵레이크파크	신축	2017	883	210	2종주거	★★★	★★☆	높음	
957	경상남도	창원시	의창구	용호동	용지무학	재건축	1987	1,040	132	2종주거	★★★	★★★	높음	
958	경상남도	창원시	의창구	중동	창원중동유니시티1단지	신축	2019	1,803	247	3종주거	★★★	★★★	높음	
959	경상남도	창원시	의창구	중동	창원중동유니시티2단지	신축	2019	1,064	247	3종주거	★★★	★★★	높음	
960	경상북도	포항시	남구	대잠동	포항자이	신축	2018	1,567	270	3종주거	★★★	★★☆	높음	

NO	시도	구시군	구	동읍면	아파트명	구분	입주년도	총세대수	용적률(%)	②용도지역	내재가치(입지, 수익, 회소)	미래가치	투자가치등급	회원 공인중개사
961	경상북도	포항시	남구	지곡동	효자그린(2단지고층)	구축	1998	2,130	155	3종주거	★★★	★★☆	높음	
962	경상북도	포항시	남구	지곡동	그린빌라(1차)	구축	1999	748	82	3종주거	★★★	★★☆	높음	
963	경상북도	포항시	북구	창포동	창포주공단지	구축	1994	1,696	190	3종주거	★★★	★★★	높음	
964	경상북도	포항시	북구	흥해읍	초곡삼구트리니엔시티	신축	2018	1,609	219	3종주거	★★★	★★★	높음	
965	경상북도	포항시	북구	흥해읍	초곡리슈빌	신축	2018	646	212	3종주거	★★★	★★★	높음	
966	전라북도	전주시	덕진구	만성동	골드클래스	신축	2018	1,070	174	3종주거	★★★	★★☆	높음	
967	전라북도	전주시	덕진구	만성동	제일풍경채	신축	2018	553	179	3종주거	★★★	★★☆	높음	
968	전라북도	전주시	덕진구	송천동1가	송천아이파크	신축	2009	782	207	2종주거	★★★	★★★	높음	
969	전라북도	전주시	덕진구	송천동2가	전주송천주공2차	구축	2004	710	146	2종주거/3종주거	★★★	★★★	높음	
970	전라북도	전주시	덕진구	송천동2가	송천주공	구축	1998	1,992	179	3종주거	★★★	★★★	높음	
971	전라북도	전주시	덕진구	송천동2가	대명공결	구축	1992	525	166	3종주거	★★★	★★★	높음	
972	전라북도	전주시	덕진구	송천동2가	에코시티더샵	신축	2018	724	209	3종주거	★★★	★★★	높음	
973	전라북도	전주시	덕진구	장동	호반베르디움더센트럴2	신축	2016	634	180	3종주거	★★★	★★☆	높음	
974	전라북도	전주시	완산구	서신동	동흥	구축	1998	630	223	3종주거	★★★	★★☆	높음	
975	전라북도	전주시	완산구	효자동3가	서부신시가지아이파크	신축	2007	622	229	3종주거	★★★	★★☆	높음	
976	전라북도	전주시	완산구	효자동3가	호반베르디움	신축	2007	836	229	3종주거	★★★	★★☆	높음	

NO	시도	구시군	구	동읍면	아파트명	구분	입주년도	총세대수	용적률(%)	②용도지역	내재가치(입지,수익,회소)	미래가치	투자가치등급	회원 공인중개사
977	충청남도	천안시	동남구	신방동	신방한라비발디	신축	2009	764	227	2종주거	★★★	★★☆	높음	
978	충청남도	천안시	동남구	신부동	대림한내	구축	1995	556	200	2종주거	★★★	★★☆	높음	
979	충청남도	천안시	서북구	백석동	주공그린빌	구축	2002	510	155	2종주거	★★★	★★★	높음	
980	충청남도	천안시	서북구	불당동	불당아이파크	구축	2004	1,046	205	2종주거	★★★	★★★	높음	
981	충청남도	천안시	서북구	불당동	동일하이빌	구축	2004	1,203	209	2종주거	★★★	★★★	높음	
982	충청남도	천안시	서북구	불당동	천안불당린스트라우스1,2단지	신축	2017	1,152	209	준주거	★★★	★★★	높음	
983	충청남도	천안시	서북구	불당동	불당호반베르디움더퍼스트	신축	2016	1,096	161	3종주거	★★★	★★★	높음	
984	충청남도	천안시	서북구	불당동	불당더힐스	신축	2016	744	170	3종주거	★★★	★★★	높음	
985	충청남도	천안시	서북구	불당동	불당호반써밋플레이스	신축	2017	573	214	준주거	★★★	★★★	높음	
986	충청남도	천안시	서북구	쌍용동	청솔(2단지)	구축	2000	1335	210	2종주거	★★★	★★★	높음	
987	충청남도	천안시	서북구	와촌동	신동아파밀리에	신축	2005	621	222	2종주거	★★★	★★★	높음	
988	충청북도	청주시	상당구	방서동	청주센트럴자이	신축	2018	1,500	229	2종주거	★★★	★★☆	높음	
989	충청북도	청주시	서원구	개신동	청주개신주공단지	구축	2001	1,398	204	3종주거	★★★	★★☆	높음	
990	충청북도	청주시	청원구	오창읍	중앙하이츠빌	신축	2006	1,338	194	3종주거	★★★	★★★	높음	
991	충청북도	청주시	청원구	오창읍	한라비발디	신축	2006	1,529	192	3종주거	★★★	★★★	높음	
992	충청북도	청주시	청원구	오창읍	쌍용스윗닷홈오창예가	신축	2006	622	165	3종주거	★★★	★★★	높음	

NO	시도	구시군	구	읍면동	아파트명	구분	입주 년도	총 세대수	용적률 (%)	② 용도지역	내재가치 (입지, 수익, 희소)	미래 가치	투자가치 등급	회원 공인중개사
993	충청북도	청주시	흥덕구	가경동	가경무르지오	신축	2006	575	232	3종주거	★★★	★★★	높음	
994	충청북도	청주시	흥덕구	가경동	청주가경아이파크	신축	2019	905	221	2종주거	★★★	★★★	높음	
995	충청북도	청주시	흥덕구	복대동	금호어울림1,2단지	신축	2009	1,234	229	2종주거	★★★	★★★	높음	
996	충청북도	청주시	흥덕구	복대동	현대2차	구축	1999	1,464	203	2종주거	★★★	★★★	높음	
997	충청북도	청주시	흥덕구	봉명동	봉명아이파크	신축	2005	1,222	206	준공업	★★★	★★★	높음	
998	충청북도	청주시	흥덕구	송절동	청주테크노폴리스무르지오	신축	2018	1,034	197	2종주거	★★★	★★★	높음	
999	제주특별자치도	제주시		노형동	노형뜨란채	신축	2006	1,068	149	2종주거	★★★	★★★	높음	
1000	제주특별자치도	제주시		화북일동	화북2(주공2단지)	구축	1998	566	140	2종주거	★★★	★★★	높음	

| 감사의 글 |

많은 분이 도와줬다. 건국대 부동산대학원의 신종칠 원장님, 조주현 교수님, 손재영 교수님, 고성수 교수님, 심교언 교수님, 한양대 부동산융합대학원의 이주형 교수님, 원제무 교수님, 김홍배 교수님, 구자훈 교수님, 최창규 교수님께 한없는 가르침을 받았다.

지금껏 성장할 수 있도록 삶의 멘토가 되어주신 송희영 (전)건국대 총장님, 김성환 (전)현화 고등학교 교장선생님, 이성희 서울시체육회 부회장님, 강완석 곡물협회 회장님, 심형구 (전)국민은행 부행장님, 박정림 KB증권 사장님, 백남선 이대여성병원 원장님, 정징대 위키리크스 부회장님, 임성재 제모피아 회장님, 송기택 연합정보통신 회장님, 배경율 (전)상명대 부총장님, 허은영 (팀장전)캠코 이사님, 박재현 KDX 대표님, 신동욱 TV조선 보도본부장님, 윤형식 (전)매경닷컴 사장님, 임장원 KBS 국장님, 김종현 연합뉴스 국장님, 고광철 (전)한국경제 편집국장님, 임상균 매경이코노미 국장님, 송의달 조선일보 국장님, 차학봉 조선일보 국장님, 정창원 MBN 부국장님, 정혁훈 매일경제 부장님,

김대영 매일경제 부장님, 박영신 한경닷컴연구소 소장님, 유하룡 조선일보 땅집고 대표님, 진중언 조선일보 차장님, 윤용건 동국대 교수님께 깊은 사의를 표한다.

중개업의 현황과 활로개척에 해법을 제공한 윤성열 공인중개사협회 강남지회장님, 류상규 박사님(관악지회장), 박석창 박사님, 하호성 박사님께도 적극적 지원에 감사드린다.

가까이에서 동고동락한 정수철 이사, 최호성 팀장, 고수환 팀장, 김예림 차장과 여러 어려움에도 끝까지 인내하고 기다려준 다산북스 김선식 사장님, 박현미 팀장님 등 여러분의 노고를 잊을 수가 없다.

무엇보다 이 책을 선택한 독자들께 커다란 감사와 찬사를 드린다. 고객의 시간과 비용을 절감한다는 스타트업 정신으로 경쟁하지 않고 창조하는 부동산DNA연구가, 미래부동산과학자로 기억되고 싶다. 실패를 배움의 출발로, 마법 같은 성과를 일구는 독자 여러분이 되기를 응원한다.

도시와 부동산은 끊임없이 변화한다. 그만큼 내 집 마련과 부동산 투자도 여러 문제와 어려움에 직면할 수밖에 없는 게 현실이다. 전국 모든 아파트의 가치측정과 가격예측으로 아파트 선택 문제를 도와주는 진짜 해결사다.

권대중 명지대부동산학과교수

좋은 집이란 무엇인가? 살기 좋고, 사기 좋은 집이라는 주택의 개념정의는 주거문제로 고민하는 중산층과 정책에도 필요불가결한 교훈이 된다. 행복한 주거생활과 내 집 마련의 나침반 역할을 할 것으로 기대된다.

김광두 국가미래연구원장(전, 서강대경제학과 교수)

사람이든 기업이든 부동산이든 표면적 표층가치보다는 내면의 심층가치를 알고 관계를 맺거나 투자를 한다면 절대 실패하지 않는 법이다. 필자와는 오랜 인간관계와 신뢰를 쌓은 만큼, 믿고 읽는 기쁨을 함께 누리고 싶다.

김영철 바인그룹 회장

경제학, MBA, 경제부처 30년, 부동산을 안다고 생각했는데, 아뿔사! 이 책을 좀 더 일찍 읽었더라면 삶의 모습이 어떻게 달라졌을까? 만시지탄의 심정으로 남녀노소 모두 서문부터 끝까지 차분한 일독을 권한다.

김주현 금융위원장

4차 산업혁명의 물결은 AI 빅데이터, 블록체인 등 첨단 IT 기술과 부동산이 결합한 프롭테크로 발전하고 있다. 주거트렌드, 가치분석, 집값 예측, 효율적이고 투명한 시장거래, 중개혁신 등 내 집 마련의 훌륭한 표준과 지침서가 될 것이다.

김진표 국회의장

이 책의 하이라이트는 '언제, 어디에, 어떻게 내 집 마련을 실천해야 하는가? 노후를 대비해 지금 우리는 무엇을 준비해야 하는가?'를 돌직구 형태로 명쾌하게 해답을 알려준다는 점이다. 재미 포인트가 많다.

김차수 채널A 사장(전, 동아일보 편집국장)

살기(Live) 좋고, 사기(Buy) 좋은 '슈퍼아파트'를 고르는 디지털기술로 성공비책을 알려주는 원리, 법칙과 함께 전략서를 겸비하고 있다. 부동산을 보는 새로운 생각과 통찰력으로 주거생활의 신세계를 개척하는 부동산 바이블이다.

나종호 강소기업협회 상근부회장

기업과 부동산은 닮은 점이 많다. 지속가능성과 성장력, 창의력이다. 미래성장과 내재가치 이론은 많은 영감과 상상력을 자극한다. 기업도 도시도 부동산도 성공하는 마법의 비밀은 성장으로, 이를 강조한 대체불가한 명작이다.

반원익 중견기업연합회 상근부회장

성공투자를 위한 '시기, 지역, 상품' 선택이라는 3대 비법과 슈퍼아파트를 선별하는 알고리즘은 실수요자에게 유용한 가치투자원칙이다. 도시부동산변화법칙과 아파트투자해법, 미래좌표는 가히 명불허전이다.

서찬동 매일경제신문부동산 부장

기대를 얻기는 쉬우나 기대에 부응하기는 어려운 법이다. 저자만이 알고 있던 주거가치, 투자가치기반의 학술적 지식과 현장실무, 실행전략을 제시함은 물론 손자병법처럼 비장의 무기, 비밀병기를 한 권에 모두 담았다.

심교언 건국대부동산대학원 교수

3기 신도시 등 국토개발과 도심권재정비사업으로 도시공간구조와 부동산시장이 빠르게 변화하고 있다. 실수요자를 위한 내 집 마련 표준과 성장지역, 진짜 아파트를 고르는 기술은 최고 최상의 수준이다.

윤영식 아주대공공정책대학원 교수

이 책은 다른 책들과 달리 실수요자들을 위해 좋은 집에 대한 객관적 지표와 기준을 제시해 줬다는 점에서 차별적 의미가 있다. 좋은 주택의 선택에 대한 과학적 기법이 취합되어 있으니 이 책은 보는 이들에게 큰 선물이 될 것이다.

윤영준 현대건설 대표이사사장

도시가 성장과 쇠퇴를 반복하듯 부동산도 상승과 하락을 주기적으로 반복한다. 경기변동사이클을 비롯해 도시성장법칙, 부동산예측은 도시공학과 부동산학의 융복합지식으로 새롭게 탄생했다. 헌신적인 역작이다.

이명훈 한양대부동산융합대학원 원장

전통적인 방식에서 벗어나 부동산문제를 해결하는 새로운 관점과 접근방식은 독창적이고 인상적이다. 학술적 이론과 부동산실무가 결합한 융복합지식은 우리가 직면하는 정책, 경제, 주거문제를 해결하는 과학적 해법서로 손색이 없다.

장세정 중앙일보 논설위원

부동산시장과 언론, 독자로부터 무한한 사랑을 받아온 만큼 이론부터 사례, 실전분석까지 논리적이고 체계적이다. 거칠 것 없는 필력으로 무변광대한 깊이와 넓이를 더해 궁극적 해결서로 평가되는 전대미문의 역작이다.

장원준 TV조선 경제부장 겸 보도국 부국장

금융과 부동산으로 노후를 준비하는 은퇴계층과 젊은 실수요자에게 멀리서도 빛을 보내는 등대처럼 꿈과 희망을 주는 행복지침서다. 부동산문제로 고민하거나 불편을 겪는 이들에게 교본과 전범이 된다.

진중언 조선일보 부동산팀장

인공지능(AI) 빅데이터를 기반으로 워런 버핏의 가치투자법을 부동산에 응용한 밸류에이션, 레이팅, 추천, 큐레이션 등 새로운 서비스는 혁신적이다. 국내 최초 특허기술기반의 과학적 가치분석과 경제적 가격예측모형은 대표적 창작품이다.

최은수 MBN 보도국장

4차산업과 디지털대전환으로 핀테크와 프롭테크가 각광받고 있다. 데이터분석기술로 내재가치와 미래 집값을 예측하는 디지털기술은 압도적이며, 글로벌시장을 주도하는 모범사례로 현장감과 생동감이 넘친다.

한상춘 한국경제신문 논설위원

(가나다순임)

슈퍼 아파트의 진짜 비밀

살집팔집

초판 1쇄 인쇄 2021년 5월 6일
초판 3쇄 발행 2022년 11월 30일

지은이 고종완
펴낸이 김선식

경영총괄 김은영
책임편집 박현미 **디자인** 마가림 **크로스교정** 차혜린, 김민정 **책임마케터** 김지우
콘텐츠사업5팀장 박현미 **콘텐츠사업5팀** 차혜린, 마가림, 김현아, 이영진
편집관리팀 조세현, 백설희 **저작권팀** 한승빈, 김재원, 이슬
마케팅본부장 권장규 **마케팅2팀** 이고은, 김지우
미디어홍보본부장 정명찬 **홍보팀** 안지혜, 김민정, 오수미, 송현석
뉴미디어팀 허지호, 박지수, 임유나, 홍수경 **디자인파트** 김은지, 이소영
재무관리팀 하미선, 윤이경, 김재경, 안혜선, 이보람
인사총무팀 강미숙, 김혜진
제작관리팀 박상민, 최완규, 이지우, 김소영, 김진경, 양지환
물류관리팀 김형기, 김선진, 한유현, 민주홍, 전태환, 전태연, 양문현, 최창우
외부스태프 design co*kkiri(표지 디자인) 얼앤똘비악(본문 조판) 노경녀(표. 그래프 디자인) 이경진(표) 수작팩토리(교정교열) 김민정, 사랑(자료정리)

펴낸곳 다산북스 **출판등록** 2005년 12월 23일 제313-2005-00277호
주소 경기도 파주시 회동길 490
전화 02-704-1724
팩스 02-703-2219 **이메일** dasanbooksdasanbooks.com
홈페이지 www.dasan.group **블로그** blog.naver.com/dasan_books
종이 (주)IPP **제본** (주)정문바인텍 **후가공** 제이오엘앤피 **인쇄** (주)민언

ISBN 979-11-306-3099-1(13320)

다산북스(DASANBOOKS)는 독자 여러분의 책에 관한 아이디어와 원고 투고를 기쁜 마음으로 기다리고 있습니다.
책 출간을 원하는 아이디어가 있으신 분은 다산북스 홈페이지 '투고원고'란으로 간단한 개요와 취지, 연락처 등을
보내주세요. 머뭇거리지 말고 문을 두드리세요.